Sammlung Luchterhand 220

Pablo Neruda

Ich bekenne ich habe gelebt

Memoiren

Deutsch und mit einem Nachwort von Curt Meyer-Clason

Luchterhand

Titel der Originalausgabe: Confieso que he vivido, Memorias

Sammlung Luchterhand April 1977
5. Auflage Februar 1980

Umschlag: Kalle Giese
Ausstattung: Martin Faust
Gesamtherstellung bei der
Druck- und Verlags-Gesellschaft mbH, Darmstadt
ISBN 3-472-61220-7

Inhalt

Diese Memoiren oder Erinnerungen brechen häufig ab und sind bisweilen vergeßlich wie das Leben. Die Unterbrechungen des Schlafs erlauben uns, die Tage der Arbeit zu ertragen. Viele meiner Erinnerungen sind im Akt der Anrufung zerronnen, sind Staub geworden wie ein unwiederbringlich zerbrochenes Glas.

Die Memoiren des Memoirenschreibers sind nicht die Memoiren des Dichters. Jener hat vielleicht weniger gelebt, doch mehr fotografiert und erfreut uns mit der Schönheit der Einzelheiten. Dieser liefert uns eine Galerie von Gespenstern, erschüttert vom Feuer und Schatten seiner Zeit.

Vielleicht habe ich nicht in mir selbst gelebt; vielleicht habe ich das Leben der anderen gelebt.

Von dem, was ich in diesen Blättern hinterlasse, werden sich – wie in den Baumalleen des Herbstes und wie zur Zeit der Weinernte – die gelben Blätter lösen, die sterben werden und die Trauben, die auferstehen werden im heiligen Wein.

Mein Leben ist ein Leben aus allen Leben: den Leben des Dichters.

I

Der junge Provinzler

Der chilenische Wald

... Unter den Vulkanen, vor den Schneebergen, zwischen den großen Seen – der wohlriechende, der stille, der wilde chilenische Wald ... Die Füße versinken im toten Laub, ein brüchiger Zweig knackt, die riesigen Araukarien recken ihre krause Gestalt, ein Vogel des kalten Urwalds kommt geflogen, flattert, läßt sich im schattigen Gezweig nieder. Und wie eine Oboe tönt es aus seinem Versteck ... Durch die Nasenflügel bis in die Seele hinein dringt das wilde Aroma des Lorbeers, das dunkle Aroma des Boldostrauchs ... Die Zypresse der Guaitecas hemmt meinen Schritt ... Es ist eine senkrechte Welt: ein Volk von Vögeln, Massen von Blättern ... Ich stoße an einen Stein, durchwühle die entdeckte Höhlung, eine riesige, rotbehaarte Spinne blickt mich an mit starren Augen, reglos, groß wie ein Krebs ... Ein goldener Laufkäfer entsendet seinen giftigen Hauch gegen mich, während wie ein Blitz sein strahlender Regenbogen verschwindet ... Weiter laufe ich in einem Wald aus Farnen, die viel höher sind als ich: sechzig Tränen fallen aus ihren grünen kalten Augen auf mein Gesicht, und noch lange zittern ihre Fächer hinter mir ... Ein morscher Stamm: welch ein Schatz! ... Schwarze und blaue Pilze haben ihm Ohren angehängt, rote Schmarotzerpflanzen haben ihn mit Rubinen besät, andere träge Pflanzen haben ihm ihre Bärte geliehen, und blitzschnell schießt aus seinen morschen Eingeweiden eine Schlange hervor wie ein Geist, als entweiche dem toten Stamm die Seele ... Weiter entfernt hat sich ein jeder Baum von seinesgleichen getrennt ... Sie ragen auf dem Teppich des verschwiegenen Urwalds, und eines jeden Laubwerk, linear, kraus, astreich, lanzenförmig, besitzt seinen eigenen Stil, wie von einer Schere mit unendlichen Bewegungen geschnitten ... Ein Steilhang; unten gleitet durchscheinendes Wasser über Granit und Jaspis ... Rein wie eine Zitrone, fliegt ein Falter tänzelnd zwischen Wasser und Licht ... Neben mir grüßen mit gelben Köpfchen unendliche Pantoffelblüten ... Hoch oben, wie Pulsadertropfen des zauberischen Urwalds, schwingen die roten Schlingpflanzen ... Die rote Schlingpflanze (Lapageria Rósea) ist die Blume des Bluts, die weiße Schlingpflanze ist die Blume des Schnees ... Mit einem Zittern der Blätter durchbrach die Geschwindigkeit eines Fuchses die Stille, doch die Stille ist das Gesetz dieses Blätterreichs ... Nur der ferne Schrei eines verstörten Tiers ... Der durchdringende Zwischenruf eines verborgenen Vogels ... Die Pflanzenwelt murmelt nur, bis ein Gewitter alle irdische Musik zum Tönen bringt.

Wer den chilenischen Wald nicht kennt, kennt diesen Planeten nicht.

Von dieser Erde, diesem Lehm, von dieser Stille bin ich ausgezogen, um zu singen für die Welt.

Kindheit und Dichtung

Über die Tage und Jahre meiner Kindheit will ich zunächst sagen, daß die einzige mir unvergeßliche Persönlichkeit der Regen war. Der große australe Regen, der wie eine Kaskade des Pols vom Himmel des Kap Horn bis zur Grenze fällt. An dieser Grenze, dem Far West meines Vaterlandes, wurde ich für das Leben geboren, für die Erde, für die Dichtung und für den Regen.

Mag ich auch viel gewandert sein, so scheint mir, als sei die Kunst des Regnens, die in meinem heimischen Araukanien als schreckliche unauffällige Macht waltete, verlorengegangen. Es regnete ganze Monate, ganze Jahre. Der Regen fiel in Fäden langer Glasnadeln, die auf den Dächern zerbrachen oder in durchsichtigen Wellen gegen die Fensterscheiben schlugen, und jedes Haus war ein Schiff, das in diesem Wintermeer mühsam in den Hafen gelangte.

Im kalten Regen des südlichen Amerika fehlen die jähen Böen des warmen Regens, der wie ein Peitschenhieb fällt und den Himmel blau zurückläßt. Im Gegenteil, der Polregen ist geduldig und fällt endlos aus dem grauen Himmel.

Vor meinem Haus verwandelte die Straße sich in ein riesiges Schlammmeer. Durch das regenschraffierte Fenster sehe ich, daß ein Karren mitten in der Straße steckengeblieben ist. Ein Bauer im schwarzen Langhaarumhang schlägt auf seine Rinder ein, die im Regen und Morast nicht weiterkommen.

Auf den Gehsteigen, von einem Stein auf den nächsten tretend, marschierten wir gegen Kälte und Regen der Schule zu. Regenschirme nahm der Wind mit. Regenmäntel waren teuer, Handschuhe gefielen mir nicht, die Stiefel saugten sich voll. Nie werde ich die nassen Hosen an der Ofenglut vergessen und die vielen, wie kleine Lokomotiven dampfenden Stiefel. Dann kamen die Überschwemmungen, welche die Siedlungen mitnahmen, dort wo die Ärmsten wohnten, am Fluß. Auch die Erde schüttelte sich, bebend. Andere Male erschien auf der Kordillere ein Helmbusch aus schrecklichem Licht: der Vulkan Llaima erwachte.

Temuco ist eine Pionierstadt, eine jener Städte ohne Vergangenheit, aber mit Eisenwarenhandlungen. Da die Indios nicht lesen können, tragen die Eisenwarenhandlungen in den Straßen ihre bemerkenswerten Wahrzeichen zur Schau: eine gewaltige Blattsäge, einen riesigen Kochtopf, ein zyklopisches Hängeschloß, einen antarktischen Schöpflöffel. Dahinter die Schuhgeschäfte mit einem kolossalen Stiefel.

Wenn Temuco die Vorhut des chilenischen Lebens in südchilenischem Gebiet war, so kam dies einer langen langen blutigen Geschichte gleich.

Unter dem Druck der spanischen Konquistadoren fielen die Araukaner nach dreihundert Jahren Kampf in jene kalten Gegenden zurück. Doch die Chilenen führten weiter, was die „Befriedung Araukaniens" genannt wurde, das heißt, die Fortführung eines Kriegs mit Feuer und Schwert, um unsere Landsleute aus ihren Ländereien zu vertreiben. Gegen die Indios wurden großzügig alle Waffen angewendet: der Schuß eines Karabiners, das Anzünden ihrer Hütten, dann, als väterlichere Form, das Gesetz und der Alkohol. Der Anwalt spezialisierte sich auf die Enteignung ihrer Felder, der Richter verurteilte sie, wenn sie protestierten, der Priester bedrohte sie mit dem Feuer der ewigen Verdammnis. Endlich vollendete der Schnaps die Vernichtung einer stolzen Rasse, deren Taten, Tapferkeit und Schönheit Don Alonso de Ercilla einst in seiner *Araucana* in Strophen aus Erz und Jaspis stach.

Meine Eltern stammten aus Parral, wo ich geboren bin. Dort, im Zentrum Chiles, gedeihen die Weinberge und fließt der Wein. Ohne daß ich mich daran erinnere, ohne zu wissen, daß ich sie anblickte mit meinen Augen, starb meine Mutter, Doña Rosa Basoalto. Ich wurde am 12. Juli 1904 geboren, einen Monat danach, im August, von der Schwindsucht verzehrt, war meine Mutter nicht mehr.

Das Leben war hart für die kleinen Bauern im Zentrum des Landes. Mein Großvater, Don José Angel Reyes, besaß wenig Land und viele Kinder. Die Namen meiner Onkel klangen mir wie Namen von Fürsten versunkener Reiche. Sie hießen Amós, Oseas, Joel, Abadías. Mein Vater hieß einfach José del Carmen. Blutjung verließ er das väterliche Land, verdingte sich als Arbeiter in den Docks des Hafens von Talcahuano und wurde schließlich Eisenbahner in Temuco.

Er war Führer eines Schotterzugs. Wenige wissen, was ein Schotterzug ist. In dem von Südwinden heimgesuchten Polargebiet würden die Schienen vom Wasser fortgerissen, wären nicht die Zwischenräume der Schwellen mit Schotter gefüllt. Man muß den Schotter aus den Steinbrüchen in Kiepen füllen und den zerkleinerten Stein in die flachen Wagen leeren. Vor vierzig Jahren muß die Besatzung eines derartigen Zuges eisenhart gewesen sein. Diese Männer kamen von den Feldern, aus den Vorstädten, aus den Gefängnissen. Es waren riesenhafte, muskulöse Landarbeiter. Die Gesellschaft zahlte erbärmliche Löhne, ein Lebenslauf wurde von den Bewerbern für die Arbeit in den Schotterzügen nicht verlangt. Mein Vater war Zugführer. Er hatte sich daran gewöhnt, zu befehlen und zu gehorchen. Manchmal nahm er mich mit. Wir klopften Stein in Boroa, dem waldigen Kern des Grenzlandes, Schauplatz furchtbarer Kämpfe zwischen Spaniern und Araukanern.

Dort machte die Natur mich wie trunken. Mich fesselten die Vögel, die Mistkäfer, die Rebhuhneier. Es war wunderbar, sie in den Schluchten zu finden, metallblau, dunkel-leuchtend, flintenlauffarben. Ich staunte über die Vollkommenheit der Insekten. Ich sammelte die »Schlangenmütter«. Mit diesem ausgefallenen Namen bezeichnete man den größten Käfer, schwarzpoliert und stark, den Titan unter Chiles Insekten. Man erschauert unwillkürlich, wenn man ihn plötzlich in den Stämmen des Maquis sieht, der Waldapfelbäume, der Coihues, aber ich wußte, daß er so stark war, daß ich mich auf ihn stellen konnte, ohne daß er zerbrach. Dank seinem Verteidigungspanzer braucht er kein Gift.

Meine Forschungszüge machten die Arbeiter neugierig. Bald nahmen sie Anteil an meinen Entdeckungen. Kaum ließ meines Vaters Aufmerksamkeit nach, wagten sie sich in den Urwald und, geschickter, intelligenter und stärker als ich, fanden sie für mich unerhörte Schätze. Einer von ihnen hieß Mönch. Meinem Vater zufolge ein gefährlicher Messerstecher. Sein dunkelhäutiges Gesicht wies zwei lange Furchen auf. Die eine war die senkrechte Narbe eines Messerstichs, die andere sein helles, waagrechtes Lächeln voller Leutseligkeit und Hinterlist. Dieser Mönch brachte mir weiße Schlingpflanzen, behaarte Spinnen, Ringeltaubenjunge, und einmal entdeckte er für mich das Erstaunlichste, den Käfer des Coihue- und des Lumabaums. Ich weiß nicht, ob ihr ihn jemals gesehen habt. Ich habe ihn nur damals gesehen. Er war ein Blitz im Regenbogenkleid. Das Rot und Violett und Grün und Gelb blendete von seinen Deckflügeln. Wie ein Blitz entwischte er meinen Händen und entschwebte in den Urwald. Und Mönch war nicht mehr da, um ihn mir wieder einzufangen. Nie hat mich jene betörende Erscheinung verlassen. Und nie habe ich jenen Freund vergessen. Mein Vater erzählte mir von seinem Tod. Er fiel vom Zug und stürzte einen Steilhang hinunter. Der Zug hielt, aber er war nur noch ein Bündel Knochen, sagte mein Vater.

Es ist schwer, eine Vorstellung von einem Haus wie dem meinen zu vermitteln, einem vor sechzig Jahren typischen Grenzlandhaus.

Zunächst einmal gingen die Familienwohnungen ineinander über. Durch die Innenhöfe tauschten die Reyes und die Ortegas, die Candias und die Masons Werkzeuge aus oder Bücher, Geburtstagstorten, Salben zum Einreiben, Regenschirme, Tische und Stühle. In diesen Pionierhäusern vollzog sich alles Tun und Treiben eines Dorfs.

Don Carlos Mason, ein weißgelockter Nordamerikaner, der Emerson ähnlich sah, war der Patriarch dieser Familie. Seine Kinder, lauter Masons, waren echte Kreolen. Don Carlos Mason kannte das Gesetzbuch und die Bibel. Er war kein Imperialist, sondern ein origineller Erfinder. Diese Familie gründete, ohne daß jemand Geld besessen hätte, Druckereien, Hotels, Schlachthäuser. Einige Söhne waren Direktoren von Zeitungen, andere Handwerker in deren Druckerei. Alles verging mit der Zeit, und alle wurden wieder so arm wie anfangs. Nur den Deutschen gelang, was sie im Grenzgebiet auszeichnete: ihren Besitz zu wahren.

Unsere Häuser hatten etwas von einem Feldlager. Oder von einem Entdeckungsunternehmen. Beim Eintreten sah man Fässer, Handwerksgerät, Pferdegeschirre und allerhand undefinierbare Gegenstände.
Stets gab es Zimmer im Rohbau, unfertige Treppen. Man redete unablässig von der Beendigung der Bauarbeiten. Die Väter begannen bereits an die Universitätslaufbahn ihrer Söhne zu denken.
Die großen Feste wurden in Don Carlos Masons Haus gefeiert.
Bei jedem Namenstag gab es Puter in Sellerie, Lamm am Spieß und zum Nachtisch Eiermilchschnee. Der weißhaarige Patriarch setzte sich an den Kopf des endlos langen Tisches mit seiner Frau, Doña Micaela Candia. Hinter ihm hing eine riesige chilenische Flagge, an die mit einer Nadel eine winzige nordamerikanische Fahne geheftet war. So lag auch das Verhältnis des Blutes. Den Vorrang hatte Chiles einsamer Stern.
In diesem Haus der Masons gab es ein Wohnzimmer, zu dem Kinder keinen Zutritt hatten. Ich habe nie die wahre Farbe der Möbel erfahren, weil sie mit weißen Überzügen bedeckt waren, bis ein Brand sie fortnahm. Es gab ein Album mit Familienfotografien. Diese Fotos waren feiner und zarter als die fürchterlichen, verzierten Vergrößerungen, die später das Grenzland heimsuchten.
Dort hing ein Bild meiner Mutter. Sie war eine schwarzgekleidete Frau, schlank und versonnen. Man hat mir gesagt, sie habe Verse geschrieben, doch ich habe sie nie gesehen; gesehen habe ich nur ihr schönes Abbild.
Mein Vater hatte in zweiter Ehe Doña Trinidad Candia Marverde geheiratet, meine Stiefmutter. Es scheint mir unglaublich, dem Schutzengel meiner Kindheit diesen Namen geben zu müssen. Sie war besorgt und sanft, besaß einen bäuerlichen Sinn für Humor, eine tätige, unermüdliche Güte.
Kaum erschien mein Vater, wurde sie zu einem milden Schatten wie alle Frauen von damals und von dort.
In jenem Wohnzimmer sah ich getanzte Mazurkas und Quadrillen.
Es gab in meinem Haus auch eine Truhe mit faszinierenden Gegenständen. In ihrer Tiefe leuchtete ein wundervoller Kalenderpapagei. Eines Tages, als meine Mutter in diesem heiligen Kasten wühlte, fiel ich bei dem Versuch, den Papagei zu erreichen, kopfüber hinein. Doch als ich größer wurde, öffnete ich ihn heimlich. Da lagen auch kostbare, hauchdünne Fächer.
Ich bewahre noch eine andere Erinnerung an diesen Kasten. Den ersten Liebesroman, der mich entflammte. Es waren Hunderte von Postkarten, alle an Maria Thielman adressiert und unterzeichnet von einem Enrique oder Alberto, ich weiß nicht mehr. Die Postkarten waren wunderbar. Abbildungen von den großen Schauspielerinnen jener Zeit

mit eingelegten Glasaugen und bisweilen aufgeklebtem Haar. Auch Schlösser waren abgebildet, Städte und ferne Landschaften. Jahrelang erfreute ich mich an den Bildern. Doch als ich heranwuchs, las ich nach und nach die in vollendeter Schönschrift gemalten Botschaften der Liebe. Ich stellte mir den Liebhaber immer als einen Mann mit steifem Hut, Spazierstock und einer Brillantkrawattennadel vor. Doch die Zeilen waren von heftigster Leidenschaftlichkeit. Der Reisende hatte sie von allen Punkten des Erdballs aus gesandt. Sie strotzten von betörenden Sätzen, von verliebter Kühnheit. Auch ich begann mich in Maria Thielman zu verlieben. Ich stellte sie mir als perlengekrönte herablassende Schauspielerin vor. Doch wie waren diese Briefe in meiner Mutter Truhe gelangt? Ich habe es nie erfahren.

In die Stadt Temuco hielt das Jahr 1910 Einzug. In diesem denkwürdigen Jahr trat ich in das Gymnasium ein, ein weitläufiger Bau mit unwirklichen Klassenzimmern und düsteren Untergeschossen. Von der Höhe des Gymnasiums aus konnte man im Frühling den wogenden, köstlichen Fluß Cautín mit seinen von Waldapfelbäumen bestandenen Ufern sehen. Wir entwischten aus dem Unterricht, um die Füße ins kalte Wasser zu tauchen, das über weißes Gestein sprang.

Das Gymnasium war ein Gelände von ungeahnten Ausmaßen für meine sechs Jahre. Alles verhieß Geheimnisse. Der Physiksaal, dessen Zutritt mir verwehrt war, angefüllt mit betörenden Instrumenten, Retorten und Reagenzgläsern. Die ewig geschlossene Bibliothek. Die Söhne der Pioniere fanden keinen Gefallen an der Gelehrsamkeit. Im übrigen war der faszinierendste Ort das Untergeschoß. Dort herrschte tiefe Stille und Dunkelheit. Bei Kerzenlicht spielten wir Krieg. Die Sieger fesselten die Gefangenen an alte Säulen. Noch heute bewahre ich in der Erinnerung den Feuchtigkeits-, den Versteck- und Grabesgeruch, der dem Untergeschoß des Gymnasiums von Temuco entströmte.

Ich wuchs heran. Nun begannen mich Bücher zu interessieren. In Buffalo Bills Großtaten, in Salgaris Reisen durchwanderte mein Geist die Regionen des Traums. Meine erste reine Liebe blühte in Briefen an Blanca Wilson. Das junge Mädchen war die Tochter des Schmieds, und einer der sterblich in sie verliebten Jungen bat mich, ich möge seine Liebesbriefe für ihn schreiben. Ich weiß nicht mehr, was in diesen Briefen stand, doch vielleicht waren sie meine ersten literarischen Werke, denn einmal, als ich mit der Schülerin zusammentraf, fragte sie mich, ob ich der Verfasser der Briefe sei, die ihr Verehrer ihr brachte. Ich wagte nicht, mein Werk zu verleugnen, und antwortete höchst verwirrt Ja. Sie gab mir eine Quitte, die ich natürlich nicht aß, sondern wie einen Schatz aufbewahrte. Als mein Schulkamerad auf diese Weise aus dem Herzen des Mädchens verbannt war, schrieb ich weiter endlose Liebesbriefe und erhielt dafür Quitten.

Die Jungen im Gymnasium kannten nicht meine Dichtereigenschaft, noch interessierten sie sich dafür. Das Grenzland trug diesen wunderbaren Stempel des Far West ohne Vorurteile. Meine Kameraden hießen Schnake, Schlers, Hauser, Smith, Taitos, Seranis. Wir waren gleich mit den Aracenas und den Ramírez und den Reyes. Baskische Familiennamen gab es nicht. Es gab sephardische: Albalas, Francos. Es gab irische: McGyntis. Polnische: Janichewsky. In dunklem Licht glänzten nach Holz und Wasser riechende araukanische Familiennamen: Melivilus, Catrileos.

Manchmal kämpften wir im großen verschlossenen Schuppen mit den Eicheln der Steineiche. Niemand, den der Eichelschuß nicht traf, weiß, wie sehr er schmerzt. Auf dem Weg zum Gymnasium füllten wir unsere Taschen mit Munition. Ich war ein schlechter Kämpfer, ich besaß keine Kraft und wenig Schlauheit. Immer zog ich den kürzeren. Während ich mich vergnügte, die wunderbare Eichel zu betrachten, so grün und glatt, mit ihrer runzligen, grauen Kapuze, während ich mich ungeschickt mühte, eine Pfeife daraus zu machen, die sie mir sogleich entrissen, war mir bereits ein Hagel von Eicheln an den Kopf geprallt. Als ich im zweiten Schuljahr war, kam mir die Idee, einen wasserdichten, hellgrünen Hut aufzusetzen. Der Hut gehörte meinem Vater, so wie sein Wollumhang, seine grünen und roten Signallampen, die voller Faszination für mich waren und die ich, so oft ich konnte, in die Schule mitnahm, um mich mit ihnen zu brüsten . . . diesmal regnete es erbarmungslos, und nichts war wunderbarer als der grüne Wachstuchhut, der einem Papagei glich. Kaum hatte ich den Schuppen erreicht, in dem dreihundert Lausbuben wie wahnsinnig tollten, als mein Hut davonflog wie ein Papagei. Ich rannte ihm nach, und kaum kam ich ihm nahe, entflog er von neuem unter dem ohrenbetäubendsten Geheul, das ich je gehört habe. Ich habe ihn nie wieder gesehen.

In diesen Erinnerungen sehe ich nur undeutlich die periodische Ordnung der Zeit. Kleine Ereignisse, die Bedeutung für mich gehabt haben, bringe ich durcheinander, und es scheint, als sei dies mein erstes erotisches Abenteuer gewesen – seltsam vermengt mit der Naturgeschichte. Vielleicht sind Liebe und Natur schon früh die Grundelemente meiner Dichtung gewesen.

Meinem Haus gegenüber wohnten zwei Mädchen, die mir fortwährend Blicke zuwarfen, die mich zum Erröten brachten. Was an mir scheu und schweigsam war, war bei ihnen frühreif und diabolisch. Einmal, als ich vor der Haustür stand, versuchte ich, sie nicht anzublicken. Sie hielten etwas in der Hand, das mich fesselte. Vorsichtig ging ich näher, und sie zeigten mir ein aus Moos und kleinen Federn geflochtenes Waldvogelnest und darin ein paar wunderschöne türkisfarbene winzige Eier. Als ich es in die Hand nehmen wollte, sagte mir eine von ihnen, zuerst müßten sie meine Kleider durchsuchen. Ich zitterte vor Schrecken und machte mich aus dem Staub, verfolgt von den beiden jungen

Nymphen, die den verlockenden Schatz schwenkten. Während der Verfolgungsjagd rannte ich durch ein Gäßchen auf eine meinem Vater gehörende, leerstehende Bäckerei zu. Die Angreiferinnen holten mich ein und begannen mir die Hose herunterzuziehen, als sie die Schritte meines Vaters im Hausgang hörten. Das war das Ende des Nestes. Die wunderschönen Eier zerbrachen in der unbenutzten Bäckerei, während wir, der Angegriffene und die Angreifer, vor dem Ladentisch den Atem anhielten.

Ich erinnere mich auch, daß ich einmal, als ich die kleinen Gegenstände und winzigen Wesen meiner Welt hinter unserem Haus suchte, ein Loch in einem Brett der Umzäunung fand. Ich spähte durch die Öffnung und erblickte ein leeres Grundstück, wildbewachsen wie das unsrige. Ich trat ein paar Schritte zurück, unbestimmt fühlend, daß etwas geschehen würde. Und schon erschien eine Hand. Die kleine Hand eines Knaben meines Alters. Als ich nähertrat, erschien statt der Hand ein winziges weißes Schaf.

Es war ein Schaf aus verblichener Wolle. Die Räder, auf denen es einst fuhr, waren verlorengegangen. Nie hatte ich ein so schönes Schaf gesehen. Ich ging ins Haus und kehrte mit einem Geschenk zurück, das ich am selben Ort niederlegte: einen Kiefernzapfen, halboffen, balsamisch duftend, den ich heiß liebte.

Ich sah nie die Hand des Kleinen wieder, und nie wieder sah ich ein solches Schäfchen. Ich habe es bei einem Brand verloren. Noch heute, in diesen Jahren, wenn ich an einem Spielwarengeschäft vorübergehe, blicke ich verstohlen in die Schaufenster. Vergeblich. Nie wieder wurde ein Schaf gemacht wie dieses.

Die Kunst des Regens

So wie die Kälte, der Regen und der Schlamm der Straßen, das heißt wie der tückische, lähmende Winter aus dem Süden von Amerika wich, so erreichte auch der Sommer diese Gegenden, gelb und sengend. Wir waren umgeben von jungfräulichen Bergen, deshalb wollte ich das Meer kennenlernen. Zum Glück trieb mein zielstrebiger Vater ein Haus auf, das ihm einer seiner zahlreichen Eisenbahner-Kollegen lieh. Mein Vater, der Zugführer, weckte im Stockfinsteren, um vier Uhr nachts (ich habe nie begriffen, warum man vier Uhr morgens sagt) das ganze Haus mit seiner Zugführerpfeife. Von diesem Augenblick an gab es weder Ruhe noch Licht, und zwischen Kerzen, deren Flammen sich im überall hereinwehenden Wind bogen, rannten meine Mutter, meine Geschwister Laura, Rodolfo und die Köchin hin und her, rollten große Matratzen auf, die sich in riesige, von den Frauen in Juteplanen genähte Knäuel verwandelten. Man mußte die Betten in den Zug verladen. Die Matratzen waren noch warm, als sie zur nahen Bahnstation gelangten. Schwächlich und kraftlos von Natur, mitten im Traum aufgeschreckt, befiel mich Brechreiz und Schüttelfrost. Mittlerweile nahm das endlose Gewühl im Hause seinen Fortgang. Es gab nichts, was für diesen Ferienmonat der Armen nicht mitgeschleppt wurde. Sogar die Weidengestelle, die man zum Trocknen der vom Klima ewig feuchten Bettlaken und Wäsche auf die brennenden Kohlenbecken stellte, wurden mit Schildern versehen und auf den wartenden Karren verladen.

Der Zug fuhr durch einen Teil jener kalten Provinz von Temuco bis nach Carahue. Er durchquerte riesige unbewohnte und unbebaute Strecken, durchquerte Urwald, dröhnte wie ein Erdbeben durch Tunnels und über Brücken. Die Bahnstationen lagen mutterseelenallein mitten auf freiem Feld zwischen blühenden Duftakazien und Apfelbäumen. Die araukanischen Indios in ihrer rituellen Kleidung und ihrer uralten Hoheit warteten auf den Stationen, um den Fahrgästen Lämmer zu verkaufen, Hühner, Eier und Stoffe. Mein Vater kaufte stets etwas nach endlosem Feilschen. Man mußte seinen kleinen blonden Bart sehen, wenn er ein Huhn vor einer undurchdringlichen Araukanerin aufhob, die den Preis ihrer Ware nicht um einen halben Centavo senkte.

Jede Station hatte einen schöneren Namen, fast alle waren ererbt von den alten araukanischen Besitzungen. Es war das Gebiet der erbittertsten Kämpfe zwischen den spanischen Eindringlingen und den ersten Chilenen, tiefverwurzelten Söhnen jener Erde.

Labranza war die erste Station, dann kamen Boroa und Ranquilco. Namen mit dem Geruch wilder Pflanzen, mich betörte ihr Silbenklang. Stets bedeuteten diese araukanischen Namen etwas Köstliches: Versteckter Honig, Lagunen oder ein Fluß in Waldesnähe, ein Berg mit einem Vogelnamen. Wir kamen durch das Dörfchen Imperial, wo der spanische Gouverneur den Dichter Don Alonso de Ercilla beinahe hinrichten ließ. Hier lag im 15. und 16. Jahrhundert die Hauptstadt der Konquistadoren. Die Araukaner erfanden in ihrem vaterländischen Krieg die Taktik der *verbrannten Erde*. Sie ließen in der durch Ercilla als schön und stolz geschilderten Stadt keinen Stein auf dem anderen.

Und dann die Ankunft in der Flußstadt. Der Zug stieß seine fröhlichsten Pfiffe aus, verdunkelte das Feld und die Eisenbahnstation mit gewaltigen Federbüschen aus Kohlenrauch, die Glocken klingelten, und schon roch man den breiten, himmelblauen, stillen Flußlauf des Imperial, der sich dem Ozean näherte. Die ungezählten Gepäckstücke ausladen, die kleine Familie zusammentrommeln und im Ochsenkarren zum Dampfer befördern, der den Imperial hinunterfahren würde, war Vaters Aufgabe, die er mit seinen blauen Augen und seinem Eisenbahnerpfiff erfüllte. Wir verstauten die Gepäckstücke und uns selbst auf

dem Schiffchen, das uns zum Meer bringen sollte. Kabinen gab es nicht. Ich setzte mich in die Nähe des Bugs. Die Schaufelräder durchpflügten die Flußströmung, die Maschinen des kleinen Fahrzeugs schnaubten und keuchten, die wortkargen Leute des Südens hockten an Deck, unbeweglich wie verstreute Möbelstücke.
Ein Akkordeon entsandte seine romantische Klage, seine Aufforderung zur Liebe. Es gibt für ein fünfzehnjähriges Herz nichts Eindrucksvolleres als eine Fahrt auf einem breiten unbekannten Fluß zwischen bergigen Ufern, auf dem Weg zum geheimnisvollen Meer.
Nieder-Imperial war nur eine Häuser-Zeile mit bunten Dächern. Es lag an der Stirnseite des Flusses. Von dem Haus aus, das uns erwartete, und schon vorher, von der wackeligen Mole, wo der kleine Dampfer anlegte, hörte ich in der Ferne das Meeresdonnern, fernen Aufruhr. Die Brandung trat in mein Dasein.
Das Haus gehörte Don Horacio Pacheco, einem riesenhaften Landwirt, der während des Monats, in dem wir sein Haus bewohnten, über die Hügel und unbefahrbaren Wege seine Lokomobile und Dreschmaschine steuerte. Mit seiner Maschine erntete er den Weizen der von der Küstenbevölkerung abgeschnittenen Indios und Bauern. Er war ein Mannsbild, das plötzlich in unsere Eisenbahnerfamilie einbrach, mit Stentorstimme redend, staub- und strohbedeckt. Dann kehrte er ebenso lärmend zu seiner Arbeit in die Berge zurück. Er war für mich ein Beispiel mehr für das harte Leben meines Australgebiets.
Alles war für mich geheimnisvoll in diesem Haus, in den vernachlässigten Gassen, in den unbekannten Existenzen, die mich umgaben, in dem tiefen Ton der Meeresferne. Zu dem Haus gehörte ein Garten, der mir riesig und ungepflegt vorkam, mit einer vom Regen beschädigten Mittellaube, einer von Winden überrankten Laube aus weißem Holz. Außer meiner unbedeutenden Person betrat nie jemand diese schattige Einsamkeit, wo Efeu gedieh, Geißblatt und meine Dichtung. Natürlich gab es in jenem seltsamen Garten noch einen anderen faszinierenden Gegenstand: das war ein großes Boot, Waise eines großen Schiffbruchs, das da im Garten ruhte ohne Wogen und Sturm, gestrandet im Mohn.
Das Seltsame an jenem verwilderten Garten war nämlich, daß dort beabsichtigt oder unbeabsichtigt nur Mohn wuchs. Die anderen Pflanzen hatten sich aus der schattigen Umfriedung zurückgezogen. Große Blüten, weiß wie Tauben, gab es dort, scharlachrote wie Blutstropfen, maulbeerfarbene und schwarze wie vergessene Witwen. Ich hatte nie solche Unmengen von Mohn gesehen und sah dergleichen auch nie wieder. Wenn ich sie auch respektvoll anblickte, mit einer gewissen abergläubischen Scheu, die unter allen Blumen nur sie einflößen, so riß ich doch dann und wann eine ab, deren gebrochener Stengel eine säuerliche Milch in meinen Händen zurückließ und einen Hauch von

unmenschlichem Duft. Dann streichelte ich die prächtigen seidenen Blütenblätter und verwahrte sie in einem Buch. Sie waren für mich Flügel großer Falter, die nicht fliegen konnten.
Als ich zum ersten Mal vor dem Ozean stand, war ich überwältigt. Dort tobte zwischen hohen Bergen – dem Huilque und dem Maule – die Wut des großen Meeres. Da waren nicht nur die riesigen schneeigen Wolken, die sich viele Meter über unseren Köpfen erhoben, sondern das Donnergetöse eines kolossalen Herzens, das Beben des Universums.
Hier breitete die Familie Tischdecken aus, stellte Teekannen auf. Die Bissen erreichten sandig meinen Mund, was mich wenig störte. Was mich schreckte, war der apokalyptische Augenblick, in dem mein Vater uns das tägliche Meerbad befahl. Weit entfernt von den riesenhaften Wellen, besprühte das Wasser meine Schwester Laura und mich mit seinen kalten Peitschenhieben. Wir zitterten, daß der Finger einer Woge uns hinauszerren würde, in die Berge des Meers. Wenn meine Schwester und ich mit klappernden Zähnen und blauen Lippen Hand in Hand schon bereit waren zu sterben, ertönte der Eisenbahnerpfiff, und mein Vater befahl uns, das Martyrium zu verlassen.
Ich will andere Geheimnisse von jener Gegend erzählen. Eines waren die Percherons, ein anderes das Haus der drei verwunschenen Frauen.
Am Ende des ärmlichen Orts standen einige große Häuser, vermutlich Gerbereien. Sie gehörten französischen Basken. Fast immer hatten die Basken im Süden Chiles die Lederindustrien in der Hand. Ich wußte eigentlich nicht, worum es ging. Ich wollte nur gerne sehen, wie zu einer bestimmten Stunde des Abends ein paar große Pferde die Tore verließen und das Dorf durchquerten. Es waren Percherons, Fohlen und Stuten von riesiger Statur. Ihre langen Mähnen fielen wie Perücken über ihre haushohen Rücken. Sie hatten mächtige, gleichfalls mit Fellbüschen bedeckte Hufe, die beim Galopp wie Federsträuße schwankten. Sie waren rot, weiß, falb, gewaltig. So wären die Vulkane gewandert, wären sie fähig gewesen zu traben und zu galoppieren wie jene gigantischen Pferde. Gleich eines Erdbebens Aufruhr schritten sie durch die staubigen steinernen Gassen. Sie wieherten heiser und machten ein unterirdisches Geräusch, das die stille Atmosphäre erzittern ließ. Sie waren hochmütig, unvergleichlich und standbildhaft – nie mehr habe ich solche Pferde gesehen, es sei denn jene in China, in Stein gehauen, die Grabdenkmäler der Ming-Dynastie. Doch der verehrungswürdigste Stein vermag nicht das Schauspiel jener ungeheuren Tierleben wiederzugeben, die meinen Kinderaugen dem Dunkel der Träume zu enttauchen schienen, um überzugehen in eine andere Welt von Giganten.
In Wirklichkeit war jene wilde Waldwelt voll von Pferden. In allen Gassen sah man Reiter, chilenische, deutsche, araukanische, alle in Ponchos aus schwarzer Langhaarwolle, die auf- und absaßen. Die

Tiere, mager oder gutgenährt, schmutzig oder glänzend, blieben stehen, wo ihre Reiter sie ließen, das Gras der Gehsteige kauend oder Dampf durch die Nüstern stoßend. Sie waren an ihre Herren gewöhnt und an das einsame Leben im Dorf. Später kehrten sie, beladen mit Säcken voller Nahrungsmittel oder Werkzeuge, in das unwegsame Bergland zurück, erklommen jämmerliche Saumpfade oder galoppierten stundenlang am Meeresstrand dahin. Manchmal trat aus einer Pfandleihe oder einer düsteren Taverne ein araukanischer Reiter und bestieg unter Schwierigkeiten sein standhaftes Pferd, machte sich auf den Heimweg zu seinem Haus in den Bergen, von einer Seite zur anderen torkelnd, bis zur Bewußtlosigkeit betrunken. Wenn ich sah, wie er losritt und weiterritt, schien mir, der alkoholisierte Zentaur müsse jedesmal, wenn er gefährlich kippte, zu Boden stürzen, doch ich irrte: immer richtete er sich wieder auf, um sofort zur anderen Seite zu schwanken und, an sein Tier geklammert, stets wieder Halt zu finden. So mußte er reitend Kilometer um Kilometer zurücklegen, bis er mit der wilden Natur verschmolz wie ein taumelndes, auf dunkle Weise unverwundbares Tier.

Viele Sommer kehrten wir nach den gleichen häuslichen Zeremonien in diese faszinierende Gegend zurück. Ich wuchs heran, las, verliebte mich und schrieb schritthaltend mit der Zeit, zwischen den bitteren Wintern von Temuco und den geheimnisvollen Sommern der Küste.

Ich gewöhnte mich ans Reiten. Mein Leben gewann Höhe und Raum auf der steilen Tonerde, auf Wegen voller unerwarteter Biegungen. Die verschlungenen Pflanzen begegneten mir, das Schweigen und Tönen der Waldvögel, das plötzliche Erblühen eines Baums, der wie ein gewaltiger Erzbischof der Berge bedeckt war mit einem Scharlachgewand oder schneeweiß als Korso unbekannter Blüten. Oder auch dann und wann, unerwartet, die Blüte der Copihue-Schlingpflanze, wild, unbezähmbar, unbeugsam, dem Gestrüpp einen frischen Blutstropfen schenkend. Ich gewöhnte mich an das Pferd, an das Reittier, an das harte komplizierte Pferdegeschirr, an die grausamen Sporen, die an meinen Absätzen klirrten. So begann auf endlosen Stränden oder in verschlungenen Bergen eine Verbindung zwischen meiner Seele, das heißt, zwischen meiner Dichtung und der einsamsten Erde der Welt. Das ist Jahre her, doch diese Verbindung, diese Offenbarung, dieser Pakt mit dem Raum hat mein Leben lang gehalten.

Mein erstes Gedicht

Ich werde euch eine Vogelgeschichte erzählen. Auf dem Budi-See wurden die Schwäne grausam gejagt. Man näherte sich ihnen heimlich in Booten, dann ruderte man rasch, rasch . . . Die Schwäne fliegen

schwerfällig auf wie die Albatrosse, zuerst müssen sie auf dem Wasser Schlittschuh laufen. Schwerfällig heben sie die Flügel. Man holte sie ein und machte ihnen mit Knüttelhieben den Garaus.
Man brachte mir einen halbtoten Schwan. Es war einer dieser wunderbaren Vögel, die ich nicht mehr auf der Welt gesehen habe, der Schwan mit schwarzem Hals. Ein Schneeschiff mit schlankem, wie mit einem engen schwarzen Seidenstrumpf bekleideten Hals. Der orangenfarbene Schnabel und die roten Augen.
Es war nahe am Meer, in Puerto Saavedra, Süd-Imperial.
Man brachte ihn mir fast tot. Ich wusch seine Wunden und schob ihm Brot- und Fischbrocken in den Rachen. Er erbrach alles. Dennoch erholte er sich von seinen Verletzungen und begann zu begreifen, daß ich sein Freund war. Und ich begann zu begreifen, daß die Sehnsucht ihn töten würde. Ich trug den schweren Vogel in meinen Armen durch die Gassen und brachte ihn zum Fluß. Er schwamm ein wenig neben mir. Ich wollte, daß er fischte und zeigte ihm die Steinchen am Grund, den Sand, auf dem die silbrigen Fische des Südens dahinglitten. Aber er blickte mit traurigen Augen in die Ferne.
Jeden Tag, mehrmals, zwanzig Tage lang, brachte ich ihn zum Fluß und trug ihn nach Hause. Der Schwan war fast so groß wie ich. Eines Nachmittags war er versonnener als sonst, schwamm neben mir, aber ließ sich nicht von den Spitzmäusen ablenken, mit denen ich ihn wieder das Fischen lehren wollte. Er verhielt sich sehr still, und so nahm ich ihn von neuem in die Arme, um ihn nach Hause zu tragen. Als ich ihn in Höhe meiner Brust hielt, fühlte ich, wie sich ein Band entschlang, wie etwas wie ein schwarzer Arm mein Gesicht streifte. Es war sein langer welliger Hals, der herabsank. So lernte ich, daß Schwäne nicht singen, wenn sie sterben.
Der Sommer ist sengend in Cautín. Er verbrennt den Himmel und den Weizen. Die Erde will sich von ihrer Lethargie erholen. Die Häuser sind nicht für den Sommer gemacht, ebensowenig für den Winter. Ich gehe hinaus aufs Feld und wandere, wandere. Verirre mich auf dem Ñielol-Hügel. Ich bin allein, habe die Tasche voller Käfer. In einer Büchse trage ich eine frischgefangene behaarte Spinne. Droben sieht man den Himmel nicht. Der Urwald ist immer feucht, ich rutsche aus; plötzlich schreit ein Vogel, es ist der Gespensterschrei des Chucao. Von meinen Füßen steigt eine erschreckende Warnung auf. Nur die Copihue-Schlingpflanzen sind erkennbar wie Blutstropfen. Ich bin ein winziges Wesen unter den Riesenfarnen. Vor meinem Mund fliegt eine Ringeltaube mit trockenem Flügelschlag vorüber. Weiter oben verspotten mich andere Vögel mit heiserem Gelächter. Mühsam finde ich meinen Weg. Es ist schon spät.
Mein Vater ist noch nicht da. Er kommt erst um drei oder vier Uhr morgens. Ich gehe in mein Zimmer hinauf. Ich lese Salgari. Der Regen

entlädt sich wie ein Katarakt. In einer Minute füllen Nacht und Regen die Welt. Hier bin ich allein und schreibe Verse in mein Rechenheft. Am nächsten Morgen stehe ich früh auf. Die Pflaumen sind grün. Ich springe auf die Hügel hinauf. Ich habe eine Tüte mit Salz bei mir. Ich erklimme einen Baum, richte mich bequem ein, beiße behutsam ein Stück aus einer Pflaume, salze sie ein. Ich esse sie. Und so hundert andere. Ich weiß, daß es zu viele sind.
Da man uns das Haus angezündet hat, ist das neue voller Geheimnisse. Ich steige auf den Zaun und blicke zu den Nachbarn hinüber. Es ist niemand da. Ich hebe ein paar Pfähle auf. Nichts außer ein paar elenden kleinen Spinnen. Ganz hinten ist das Klosett. Die Bäume daneben haben Raupen. Die Mandelbäume zeigen ihre mit weißem Samt überzogenen Früchte. Ich weiß, wie man Schmeißfliegen fängt, ohne ihnen wehzutun, mit einem Taschentuch. Ich halte sie eine Weile gefangen und halte sie ans Ohr. Welch köstliches Summen!
Welche Einsamkeit, die eines kleinen schwarzgekleideten Dichters im weiten schrecklichen Grenzland! Das Leben und die Bücher lassen mich nach und nach bedrückende Geheimnisse ahnen.
Ich kann nicht vergessen, was ich am Vorabend gelesen habe: Die Brotfrucht hat Sandokan und seine Gefährten in einem fernen Malaysia gerettet.
Buffalo Bill gefällt mir nicht, weil er die Indianer umbringt. Aber was für ein Reiter! Wie schön die Prärien und die kegelförmigen Zelte der Rothäute!
Man hat mich oft gefragt, wann ich mein erstes Gedicht geschrieben habe, wann die Dichtung in mir erwacht ist.
Ich will versuchen, mich daran zu erinnern. Weit zurück in meiner Kindheit, kaum daß ich schreiben gelernt hatte, fühlte ich einmal eine starke Erregung und kritzelte ein paar halbgereimte Wörter nieder, die mir fremd waren und anders als die Alltagssprache. Ich schrieb sie ins Reine, gefangen von tiefer Beklommenheit, von einem bis dahin unbekannten Empfinden, einer Art Angst und Trauer. Es war ein meiner Mutter gewidmetes Gedicht, das heißt, der, die ich als solche kannte, an die engelsgleiche Stiefmutter, deren sanfter Schatten meine ganze Kindheit beschützte. Völlig unfähig, mein erstes Erzeugnis zu beurteilen, brachte ich es meinen Eltern. Sie waren im Eßzimmer, vertieft in eine jener Unterhaltungen mit leiser Stimme, die mehr als ein Fluß die Welt der Kinder und der Erwachsenen trennen. Ich reichte ihnen das linierte Blatt, noch zitternd vom ersten Besuch der Inspiration. Mein Vater nahm es zerstreut in die Hände, las es zerstreut und gab es mir zerstreut mit den Worten zurück:
»Wo hast du das abgeschrieben?«
Und fuhr fort, mit meiner Mutter leise von seinen wichtigen und fernliegenden Angelegenheiten zu sprechen.

Ich glaube mich zu erinnern, daß so mein erstes Gedicht entstand und daß ich so die erste zerstreute Probe der literarischen Kritik erhielt.
Währenddessen schritt ich in der Welt der Erkenntnis vor, als einsamer Seefahrer im regellosen Fluß der Bücher. Meine Lesegier ruhte nicht Tag noch Nacht. An der Küste, in dem kleinen Hafen Saavedra, fand ich eine Stadtbibliothek und einen alten Dichter, Don Augusto Winter, der über meinen literarischen Heißhunger staunte. »Hast du sie schon gelesen?« fragte er mich und hielt mir einen neuen Vargas Vila hin, einen Ibsen, einen Rocambole. Wie ein Vogel Strauß verschlang ich wahllos alles.
Zu jener Zeit kam nach Temuco eine hochgewachsene Dame in langen Kleidern und Schuhen mit niedrigen Absätzen. Sie war die neue Direktorin der Mädchenschule. Sie kam aus unserer australen Stadt, von den Schneefeldern der Magellanstraße. Sie hieß Gabriela Mistral. Ich sah sie in ihren Priestergewändern durch die Gassen meines Dorfes gehen und hatte Angst vor ihr. Doch als man mich zu einem Besuch bei ihr mitnahm, fand ich sie menschenfreundlich. In ihrem brünetten Gesicht, in dem das Indioblut vorherrschte wie bei einem schönen araukanischen Krug, zeigten sich ihre schneeweißen Zähne in freiem, großmütigem Lächeln, das den Raum erhellte.
Ich war zu jung, um ihr Freund zu sein und zu schüchtern und versonnen. Ich sah sie sehr selten. Doch oft genug, um jedes Mal mit ein paar Büchern heimzukommen, die sie mir geschenkt hatte. Es waren stets russische Romane, die sie als das Außergewöhnlichste der Weltliteratur ansah. Ich kann sagen, daß Gabriela mich in diese ernste, schreckliche Vision der russischen Romanschriftsteller einführte und daß Tolstoi, Dostojewski, Tschechow meine Vorliebe gewannen. Sie begleiten mich noch heute.

Das Haus der drei Witwen

Einmal wurde ich zu einer Stutendrusch eingeladen. Der Ort lag hoch in den Bergen und ziemlich weit entfernt vom Dorf. Mir gefiel das Abenteuer, allein dort hinzugehen und die Gebirgspfade zu erraten. Ich dachte, wenn ich mich verirrte, würde mir jemand zu Hilfe kommen. Auf meinem Reittier entfernte ich mich von Nieder-Imperial und kam nahe an der Sandbank des Flusses vorbei. Dort wütet der Pazifik und überfällt in Abständen Felsen und Gestrüpp des Cerro Maule, des letzten, sehr hohen Hügels. Sogleich wich ich ans Ufer des Budi-Sees aus. Die Brandung hämmerte mit wütenden Schlägen gegen den Fuß des Hügels. Es galt, die wenigen Minuten zu nutzen, in denen eine Woge zerfloß und zurückwich, um neue Kraft zu sammeln. Eilends durchquerten wir, Reiter und Pferd, den Streifen zwischen Hügel und

Wasser, bevor eine neue Woge mein Reittier und mich gegen den schroffen Hügel schleudern konnte.

Nach überstandener Gefahr begann gen Westen die regungslose blaue Klinge des Sees. Der Sandstreifen der Küste erstreckte sich endlos der Mündung des Toltén-Sees entgegen, weit weg von dort. Chiles Küsten, oft klippen- und felsenreich, gehen plötzlich in endlose Gürtel über, auf deren meerschaumgesäumtem Sand man zwei Tage und Nächte lang reisen kann.

Es sind Strände, die unendlich scheinen. Sie bilden um Chile eine Art Planetenring, eine vom Donner der Polarmeere bestürmte Kranzhülle: eine Bahn, welche die chilenische Küste bis über den Südpol hinaus zu umziehen scheint.

Auf der Seite der Wälder grüßten mich die Haselnußsträucher mit dunkelgrün glänzendem Laub, manchmal mit Fruchtbüscheln besetzt von Haselnüssen, die mit Zinnober bemalt schienen, so rot sind sie in dieser Jahreszeit. Die gigantischen Farne Südchiles waren so hoch, daß wir unter ihren Zweigen dahinritten, ohne daß ich oder mein Reittier sie berührten. Wenn aber mein Kopf ihr Grün streifte, fiel eine Ladung Tau auf uns herab. Zu meiner Rechten erstreckte sich der Budi-See: eine anhaltende blaue Klinge, welche die fernen Wälder begrenzte.

Erst an deren Ende sah ich Bewohner. Es waren seltsame Fischer. Auf jener Strecke, wo Ozean und See sich vereinen, sich küssen, sich befehden, gab es zwischen zwei Gewässern einige vom gewalttätigen Wasser ausgestoßene Seefische. Besonders begehrt waren die großen Lisas, breite silbrige Fische, die sich in diesen Untiefen gegen ihre Verbannung sträubten. Die Fischer, einer, zwei, vier, fünf, senkrecht und versunken, belauerten die Spuren der verirrten Fische und ließen plötzlich mit furchterregendem Stoß einen langen Dreizack auf das Wasser niedersausen. Dann hoben sie jene ovalen Geschöpfe aus silbrigem Mark in die Höhe, die in der Sonne zitterten und schillerten, bevor sie in den Körben der Fischer starben. Es wurde spät. Ich hatte das Seeufer verlassen und war auf der Suche nach dem Weg in die krausen Ausläufer der Berge vorgedrungen. Allmählich wurde es dunkel. Plötzlich tönte mit heiserem Geflüster die Klage eines unbekannten Waldvogels über mir. Ein Adler oder Kondor in dämmriger Höhe, meine Gegenwart verkündend, schien in seinem schwarzen Flügelschlag einzuhalten und mich in schwerfälligem Flug zu verfolgen. Es heulten oder bellten oder huschten über den Weg blitzschnell die Füchse mit rotem Schwanz oder unbekanntes Raubzeug des verschwiegenen Waldes.

Ich begriff, daß ich mich verirrt hatte. Die Nacht und der Wald, die meine Lust waren, jetzt bedrohten sie mich und erfüllten mich mit Schrecken. Ein einziger, einsamer Reisender kreuzte plötzlich in dunkelnder Einsamkeit meinen Pfad. Als er näherkam und ich stehen blieb, sah ich, daß es wieder einer der abgerissenen Bauern mit armseligem Poncho und knochendürrem Pferd war, die dann und wann der Stille enttauchten.

Ich erzählte ihm, was mir geschehen war.

Er erwiderte, ich könne in der Nacht nicht mehr zum Dreschplatz gelangen. Er kannte jeden Winkel der Gegend und wußte genau, wo gedroschen wurde. Ich sagte, ich wolle nicht gerne im Freien übernachten und bat ihn um Rat, wo ich bis zum Tagesanbruch unterkommen könne. Worauf er mich wortkarg anwies, zwei Meilen einem schmalen Seitenpfad zu folgen. Man könne von weitem die Lichter eines großen zweistöckigen Holzhauses sehen, sagte er.

»Ist es ein Hotel?« fragte ich.

»Nein, kleiner Mann. Aber man wird Sie gut aufnehmen. Es sind drei französische Damen, Holzhändlerinnen, die hier seit dreißig Jahren wohnen. Sie sind sehr gut zu jedem. Sie werden Sie aufnehmen.«

Ich dankte dem Landmann für seinen kargen Rat, und er trabte auf seinem wackeligen Pferdchen davon. In meiner Seelennot ritt ich auf dem schmalen Pfad weiter. Ein jungfräulicher, gekrümmter weißer Mond wie das frisch abgeschnittene Stück eines Fingernagels begann seinen Aufstieg am Himmel.

Gegen neun Uhr abends konnte ich die unverwechselbaren Lichter eines Hauses unterscheiden. Ich spornte mein Pferd, bevor Schlösser und Riegel mir den Zutritt zu diesem wundersamen Heiligtum verwehren konnten. Ich ritt in die Umfriedung des Besitzes ein und gelangte, gefällte Stämme und Sägemehlberge umgehend, zu der Tür oder dem weißen Säulengang des in jenen Einsamkeiten so ungewöhnlich verlorenen Hauses. Ich klopfte an die Tür, erst sanft, dann stärker. Als die Minuten vergingen und ich mir in meiner Angst vorstellte, es könne niemand da sein, erschien eine Dame mit weißem Haar, schlank und in Trauer. Sie musterte mich mit strengen Augen und öffnete halb die Tür, um den späten Reisenden auszufragen.

»Wer sind Sie und was wünschen Sie?« fragte eine sanfte Gespensterstimme.

»Ich habe mich im Wald verirrt. Ich bin Schüler. Ich bin zum Dreschplatz der Hernández eingeladen. Ich bin sehr müde. Man hat mir gesagt, Sie und Ihre Schwestern seien sehr gütig. Ich möchte nur gerne in irgendeiner Ecke schlafen und bei Tagesanbruch zum Ernteplatz der Hernández weiterreiten.«

»Kommen Sie herein«, erwiderte sie. »Fühlen Sie sich wie zu Hause.«

Sie führte mich in einen dunklen Salon und zündete selbst zwei oder drei Paraffinlampen an. Ich bemerkte, daß es schöne Jugendstillampen aus Opalglas und vergoldeter Bronze waren. Der Salon roch feucht. Große rote Vorhänge verhüllten die hohen Fenster. Die Sessel waren mit weißen Schutzhüllen bedeckt. Wogegen?

Es war der Salon eines anderen Jahrhunderts. Undefinierbar und beunruhigend wie ein Traum. Die nostalgische, weißhaarige Dame in Trauer bewegte sich, ohne daß ich ihre Füße sah, ohne daß ihre Schritte zu hören waren, während ihre Hände dies oder das betasteten, ein Album, einen Fächer; sie bewegte sich da hin, dort hin, in tiefem Schweigen.
Mir schien, als sei ich auf den Grund eines Sees gesunken und überlebe in seinen Tiefen, todmüde, träumend. Plötzlich traten zwei Damen ein, die haargenau der glichen, die mich empfangen hatte. Es war spät und kalt. Sie setzten sich zu mir, die eine mit leichtem, vage kokettem Lächeln, die andere mit den gleichen melancholischen Augen derjenigen, die mir die Tür geöffnet hatte.
Plötzlich wagte sich die Unterhaltung weit über jene entlegenen Felder hinaus, weit hinaus auch über die von Tausenden von Insekten, Froschgequake und nächtlichem Vogelgesang durchschrillte Nacht. Sie fragten nach meinen Studien. Unvermutet nannte ich Baudelaire, sagte, ich hätte begonnen, seine Verse zu übertragen.
Das war wie ein elektrischer Funke. Die drei erloschenen Damen entbrannten. Ihre erschöpften Augen und ihre strengen Gesichter verwandelten sich, als hätten sie von ihren alten Gesichtszügen drei alte Masken abgerissen.
»Baudelaire!« riefen sie aus. »Es ist seit Bestehen der Welt vielleicht das erste Mal, daß sein Name in dieser Einsamkeit fällt. Hier haben wir seine *Fleurs du mal*. Wir sind die einzigen, die in einem Umkreis von fünfhundert Kilometern seine wundervollen Seiten lesen können. In diesen Bergen spricht kein Mensch Französisch.«
Zwei der Schwestern waren in Avignon geboren. Die jüngste, gleichfalls Französin dem Blut nach, war Chilenin von Geburt. Ihre Großeltern, ihre Eltern, ihre gesamten Verwandten waren lange tot. Die drei hatten sich an den Regen gewöhnt, an den Wind, an das Sägemehl der Sägemühle, an den Umgang mit einer äußerst spärlichen Anzahl zurückgebliebener Bauern und ländlicher Dienstboten. Sie hatten beschlossen, hier zu bleiben, in dem einzigen Haus jener unwirtlichen Berglandschaft.
Ein einheimisches Dienstmädchen trat ein und flüsterte der älteren Dame etwas ins Ohr. Wir verließen den Raum und gelangten durch eiskalte Flure ins Eßzimmer. Ich war sprachlos. Mitten im Zimmer war ein runder Tisch mit wallendem weißem Tischtuch, von zwei silbernen Kandelabern voller brennender Kerzen erleuchtet. Silber und Kristall schimmerten um die Wette auf der überraschenden Tafel.
Große Schüchternheit befiel mich, als habe Königin Viktoria mich zum Abendessen in ihr Schloß geladen. Ich war zerzaust angekommen, müde und staubig, und da war ein Tisch, der auf einen Fürsten gewartet zu haben schien. Und ich war alles andere als ein Fürst. Ich

mußte ihnen eher wie ein verschwitzter Viehtreiber vorkommen, der seine Herde vor der Tür gelassen hatte.
Ich habe selten so gut gegessen. Meine Gastgeberinnen waren Meisterköchinnen und hatten von ihren Großeltern die Rezepte des lieblichen Frankreich geerbt. Jedes Gericht war unerwartet, wohlschmeckend, wohlriechend. Aus ihren Kellern holten sie alte, nach den Gesetzen des französischen Weins gelagerte Weine.
Obwohl mir vor Müdigkeit auf einmal die Augen zufielen, hörte ich aus ihrem Munde seltsame Dinge. Der größte Stolz der Schwestern war die feine Küche; die Tafel war für sie die Pflege eines heiligen Erbes, einer Kultur, zu der sie, von ihrem Vaterland durch Zeit und riesige Meere getrennt, nie mehr zurückkehren würden. Wie ihrer selbst spottend, zeigten sie mir ein merkwürdiges Archiv.
»Wir sind ein paar alte Verrückte«, sagte die Jüngste.
In dreißig Jahren waren sie von siebenundzwanzig Reisenden besucht worden, die zu ihrem entlegenen Haus gelangt waren, die einen in Geschäften, andere aus Neugierde, dritte wie ich durch Zufall. Das Niegesehene bestand darin, daß sie von jedem eine Kartei aufbewahrten, mit dem Besuchsdatum und der Speisenfolge, die sie ihm aufgetischt hatten.
»Die Speisenfolge halten wir fest, um nicht ein einziges Gericht zu wiederholen, sollte der Gast einmal wiederkehren.«
Dann ging ich schlafen und fiel ins Bett wie ein Sack Zwiebeln auf einem Freimarkt. Im Morgengrauen, noch im Dunkeln, zündete ich eine Kerze an, wusch mich und kleidete mich an. Es tagte bereits, als einer der Hausburschen mir das Pferd sattelte. Ich wagte nicht, mich von den liebenswürdigen trauertragenden Damen zu verabschieden. Im tiefsten Innern sagte mir etwas, all das sei ein seltsamer, berückender Traum gewesen, aus dem ich nicht erwachen dürfe, um nicht den Zauber zu brechen.
Fünfundvierzig Jahre sind vergangen seit diesem Erlebnis, das in die Frühzeit meiner Jugend fällt. Was mag aus den mit ihren *Fleurs du mal* mitten im Urwald verbannten drei Damen geworden sein? Was aus ihren alten Weinbeständen, aus ihrer von zwanzig Kerzen erleuchteten glänzenden Tafel? Welches Schicksal mag die Sägemühle und das zwischen Bäumen versteckte weiße Haus ereilt haben?
Fraglos das natürlichste von allem: Tod und Vergessen. Vielleicht hat der Urwald diese Leben und diese Salons verschlungen, die mich in einer unvergeßlichen Nacht aufnahmen. Doch in meiner Erinnerung leben sie weiter wie auf dem durchsichtigen Grund des Sees der Träume. Ein Hoch auf diese drei melancholischen Frauen, die in ihrer wilden Einsamkeit nutzlos kämpften, um einen alten Stil aufrechtzuerhalten. Sie verteidigten das, worauf sich die Hände ihrer Vorfahren verstanden hatten, das heißt, die letzten Blutstropfen einer köstlichen

Kultur, in fernster Ferne, am letzten Grenzpunkt der undurchdringlichsten und einsamsten Berge der Welt.

Liebe im Weizen

Vor Mittag erreichte ich frisch und fröhlich das Feldlager der Hernández. Mein einsamer Ritt auf verlassenen Pfaden, der erquickende Schlaf, all das strahlte meine schweigsame Jugend wieder.
Das Dreschen des Weizens, des Hafers, der Gerste wurde noch mit Stuten durchgeführt. Es gibt nichts Lustigeres auf der Welt als die Stuten zum aufmunternden Ruf der Reiter um die Tenne traben zu sehen. Die Sonne stand herrlich hoch, und die Luft war ein Walddiamant, der die Berge zum Funkeln brachte. Das Dreschen ist ein goldenes Fest. Das gelbe Stroh türmt sich in goldenen Bergen; alles ist Tätigkeit und Umtrieb; Säcke laufen und füllen sich; Frauen kochen; Pferde scheuen; Hunde bellen; Kinder müssen alle Augenblicke, als seien sie Früchte des Strohs, zwischen Pferdebeinen hervorgeholt werden.
Die Hernández waren eine eigenartige Sippe. Die ungekämmten und unrasierten Männer in Hemdsärmeln, den Revolver im Gürtel, waren fast immer mit Öl, Kornstaub, Lehm beschmiert oder regennaß bis auf die Knochen. Väter, Söhne, Neffen, Vettern besaßen alle den gleichen Gesichtsschnitt. Sie mochten stundenlang unter einem Motor liegen, auf einem Dach oder einer Dreschmaschine kauern. Sie unterhielten sich nie. Sie sprachen von allem im Scherzton, sofern sie nicht rauften. Beim Raufen legten sie wie eine Springflut jeden aufs Kreuz, der ihnen in die Quere kam. Aber auch beim Kälberbraten auf freiem Feld, beim Rotwein und der Gitarre waren sie die ersten. Sie waren Grenzbewohner, Männer nach meinem Geschmack. Ich, ein bleicher Student, kam mir vor wie ein Däumling neben diesen schuftenden Berserkern; aber sie, warum weiß ich nicht, gingen so zartfühlend mit mir um wie mit niemandem sonst.
Nach dem Spießbraten, dem Gitarrenspiel, bis zur Blindheit ermattet vom Weizen und von der Sonne, richtete man sich für die Nacht ein. Die Ehepaare und alleinstehenden Frauen betteten sich in den aus frischgeschnittenen Brettern verfertigten Feldlager auf den Boden. Wir, die jungen Leute, mußten mit der Tenne vorlieb nehmen. Auf der Tenne häufte sich ein Berg Stroh, in dessen weichem gelbem Lager ein ganzes Dorf unterkommen konnte.
Für mich war das Ganze ungewohnt und unbequem. Ich wußte nicht, wie ich mich verhalten sollte. Behutsam schob ich meine Stiefel unter eine Schicht Weizenstroh, die mir als Kopfkissen dienen sollte. Ich zog meine Kleider aus, wickelte mich in meinen Poncho und tauchte in dem

Strohberg unter. Ich lag weit von den anderen entfernt, die sofort einmütig losschnarchten.
Lange lag ich auf dem Rücken mit offenen Augen, Gesicht und Arme mit Stroh bedeckt. Die Nacht war klar, kalt, durchdringend. Kein Mond, aber die Sterne schienen vom Regen frisch gewaschen, und über dem blinden Schlaf der anderen funkelten sie nur für mich im Schoß des Himmels. Dann schlief ich ein. Plötzlich erwachte ich, weil etwas auf mich zukam, ein unbekannter Körper bewegte sich unter dem Stroh und näherte sich mir. Ich bekam Angst. Dieses Etwas kroch langsam näher. Ich spürte die Strohhalme unter der nähergleitenden unbekannten Gestalt knacken. Mein ganzer Körper war wach, wartete. Vielleicht sollte ich aufstehen oder schreien. Ich rührte mich nicht. Ich hörte Atmen, dicht an meinem Kopf.
Und schon kam eine Hand näher, eine große Arbeiterhand, allerdings eine Frauenhand. Sie strich über meine Stirn, meine Augen, mein ganzes Gesicht, zärtlich. Dann drückte sich ein gieriger Mund auf meinen, und ich fühlte am ganzen Körper bis zu den Beinen einen Frauenkörper, der sich an mich preßte.
Nach und nach ging meine Angst über in fiebernde Lust. Meine Hand entdeckte Haar und Zöpfe, eine glatte Stirn, Augen mit geschlossenen Lidern, seidig wie Mohn. Meine Hand suchte weiter und berührte zwei große feste Brüste, Hüften und runde Gesäßbacken, Beine, die mich umschlangen, und ich senkte die Finger in eine Scham wie Bergmoos. Kein Wort entwich diesem namenlosen Mund.
Wie schwierig ist es, sich geräuschlos zu lieben in einem Berg Stroh, in dem noch sieben oder acht Männer liegen, schlafende Männer, die um nichts auf der Welt geweckt werden dürfen. Sicher aber ist, daß alles möglich ist, selbst wenn es Mühe kostet. Bald darauf schlief auch die Unbekannte neben mir plötzlich ein, und ich, in Aufregung wegen der Situation, bekam es mit der Angst. Bald würde es hell, und die ersten Arbeiter würden die nackte Frau neben mir auf der Tenne finden. Doch auch ich schlief ein. Beim Erwachen streckte ich erschrocken die Hand aus und fand nur eine lauwarme Vertiefung, ihre lauwarme Abwesenheit. Ein Vogel begann zu singen, und bald füllte sich der ganze Urwald mit Gezwitscher. Dann das Pfeifen eines Motors, und Männer und Frauen kamen in Bewegung und machten sich auf der Tenne an die Arbeit. Der neue Dreschtag begann.
Zu Mittag aßen wir gemeinsam an einigen langen Brettern. Während des Essens blickte ich verstohlen um mich und suchte unter den Frauen die, welche die nächtliche Besucherin hätte sein können. Aber die einen waren zu alt, die anderen zu mager, viele blutjung und schlank wie Sardinen. Ich suchte eine füllige Frau mit voller Brust und langen Zöpfen. Plötzlich kam eine, die ein Stück gebratenes Fleisch für ihren Mann brachte, einen von den Hernández. Diese hätte es sein können.

Als ich sie von meinem Tischende aus betrachtete, glaubte ich zu bemerken, daß diese schöne Frau mit langen Zöpfen mir einen raschen Blick und ein winziges Lächeln zuwarf. Und mir war, als würde dieses Lächeln größer und tiefer und entfalte sich in meinem Körper.

2

Verloren in der Stadt

Die Pensionen

Nach vielen Jahren im Gymnasium, in denen ich im Dezember stets bei der Mathematikprüfung scheiterte, war ich äußerlich darauf vorbereitet, mich der Universität in Santiago de Chile zu stellen. Ich sage äußerlich, denn innerlich summte mein Kopf wie ein Bienenschwarm aus Büchern, Träumen, Gedichten.
Mit einem Blechkoffer ausgestattet, im unerläßlichen schwarzen Anzug des Dichters, fadendünn und spitz wie ein Messer, bestieg ich einen Dritter-Klasse-Wagen des Nachtzuges, der einen endlosen Tag und eine endlose Nacht brauchte, um nach Santiago zu gelangen.
Dieser langsame Zug, der verschiedene Zonen und Klimata durchquerte, mit dem ich so oft gereist bin, bewahrt für mich noch heute seinen seltsamen Zauber. Landleute mit feuchten Ponchos und Hühnerkörben, wortkarge Araukaner, ein ganzes Leben entfaltete sich in so einem Dritter-Klasse-Wagen. Viele reisten ohne zu zahlen, unter den Bänken. Wenn der Schaffner erschien, vollzog sich eine Verwandlung. Die einen verschwanden, andere versteckten sich unter einem Poncho, auf dem zwei Reisende sofort taten, als spielten sie Karten, ohne daß dieser improvisierte Tisch dem Schaffner auffiel.
Mittlerweile fuhr der Zug weiter von den Feldern mit Eichen, Araukarien und nassen Holzhäusern bis zu den Pappeln im Zentrum Chiles, zu den staubigen Lehmbauten. Ich habe diese Hin- und Rückreise zwischen Hauptstadt und Provinz oft gemacht, aber immer befiel mich Atemnot, wenn die großen Wälder hinter mir lagen, das mütterliche Holz. Die Lehmhäuser, die Städte ohne Vergangenheit, schienen mir wie angefüllt mit Spinnetzen und Schweigen. Bis heute bin ich ein Dichter der freien Natur, des kalten Urwalds, den ich damals verlor.
Ich hatte eine Empfehlung für eine Pension in der Calle Maruri 513. Ich habe diese Nummer aus keinem ersichtlichen Grund behalten. Ich vergesse sonst alle Daten und sogar die Jahre, doch die Nummer 513 blieb in meinem Kopf eingegraben, in den ich sie vor so vielen Jahren gesteckt habe aus Angst, nie zu dieser Pension zu gelangen und mich in der großartigen und unbekannten Hauptstadt zu verirren. In der genannten Straße setzte ich mich auf den Balkon und betrachtete das Sinken jedes Abends, den grün- und karminbeflaggten Himmel, die Trostlosigkeit der vom Himmelsbrand bedrohten Vorstadtdächer.
Das Leben jener Jahre in der Studentenpension war eine Hungerkur. Ich schrieb viel mehr als bis dahin, aß dafür aber viel weniger. Einige der Dichter, die ich in jenen Tagen kennenlernte, erlagen der strengen Armenkost. Unter ihnen erinnere ich an einen meines Alters, doch größer und unansehnlicher als ich, dessen feinsinnige Lyrik voller Wesenhaftigkeit jeden Hörer in ihren Bann zog. Er hieß Romeo Murga.
Romeo Murga und ich lasen unsere Gedichte in dem Städtchen San

Bernardo, nahe der Hauptstadt. Bevor wir auf der Bühne erschienen, war alles wie ein Volksfest abgelaufen: die Königin der Blumenspiele mit ihrem weißroten Hofstaat, die Reden der Honoratioren des Dorfs und die mittelmäßigen Musikkapellen der Veranstaltung. Doch als ich auftrat und meine Verse mit der klagendsten Stimme von der Welt aufsagte, schlug die Stimmung um: das Publikum hustete, riß Witze und amüsierte sich königlich über meine melancholische Poesie. Als ich sah, wie die Barbaren reagierten, beschleunigte ich meine Lesung und überließ das Rednerpult meinem Gefährten Romeo Murga. Es war ein denkwürdiger Auftritt. Als das massenhaft herbeigeströmte Publikum den zwei Meter langen Don Quijote im dunklen fadenscheinigen Anzug vor sich sah und ihn mit noch viel klagenderer Stimme als mich lesen hörte, konnte es seinen Unmut nicht länger beherrschen und schrie: »Hungerpoeten! Raus mit euch! Verderbt uns nicht unser Fest!«

Aus der Pension der Calle Maruri zog ich mich zurück wie ein Weichtier aus seiner Muschel. Ich verabschiedete mich von dieser Höhle, um das Meer kennenzulernen, das heißt, die Welt. Das unbekannte Meer waren die Straßen Santiagos, die ich kaum kannte von meinen Wegen zwischen der alten Universitätsschule und dem menschenleeren Zimmer der Familienpension.

Ich wußte, daß mein aufgestauter Heißhunger bei diesem Abenteuer nur zunehmen würde. Die entfernt mit meiner Heimatprovinz verbundenen Pensionswirte kamen mir bisweilen mit einer barmherzigen Kartoffel oder Zwiebel zu Hilfe. Doch da war kein Ausweg: Das Leben rief mich, die Liebe, der Ruhm, die Befreiung. Jedenfalls schien es mir so.

Das erste sturmfreie Zimmer, das ich fand, mietete ich: es lag in der Calle Argüelles, nahe beim Instituto de Pedagogía. An einem Fenster dieser grauen Straße hing ein Schild: *Zimmer zu vermieten.* Der Hausbesitzer bewohnte die Vorderzimmer. Er war ein vornehm aussehender Mann mit weißem Haar und Augen, die mir seltsam erschienen. Er war redselig und beredt. Er verdiente seinen Lebensunterhalt als Damenfriseur, eine Beschäftigung, die er nicht wichtig nahm. Was ihn beschäftigte, war, wie er mir erklärte, die unsichtbare Welt, das Jenseits.

Ich packte meine Bücher und spärlichen Kleider aus der Handtasche und dem Koffer, die von Temuco mit mir gereist waren und legte mich aufs Bett, um zu lesen und zu schlafen, stolz auf meine Unabhängigkeit und meine Faulheit.

Das Haus besaß keinen Innenhof, sondern eine Galerie, auf die zahllose verschlossene Zimmer gingen. Als ich am darauffolgenden Vormittag die vielen Schleichwege des einsamen Herrenhauses durchforschte, stellte ich fest, daß an allen Wänden und sogar am Klosett Schilder mit folgender ziemlich gleichbleibender Aufschrift hingen: »Finde dich ab.

Du kannst dich uns nicht mitteilen. Du bist tot.« Beunruhigende Warnung, die von Raum zu Raum wiederkehrte, im Eßzimmer, in den Gängen, in den kleinen Salons.
Es war einer jener kalten Winter von Santiago de Chile. Spanien hat meinem Land die Unbequemlichkeit und die Geringschätzung gegenüber der Strenge der Natur vermacht. (Fünfzig Jahre später sagte mir Ilja Ehrenburg, er habe nie so gefroren wie in Chile, er, der aus den schneebedeckten Straßen Moskaus kam.) In jenem Winter waren die Fensterscheiben blau angelaufen. Die Bäume der Straße klirrten vor Kälte. Es war der schlimmste Moment, in ein Haus wie dieses einzuziehen mit seinen dunklen Andeutungen aus dem Jenseits.
Der Hausherr, *coiffeur pour dames* und Okkultist, erklärte mir seelenruhig, während er mich mit den Augen eines Wahnsinnigen durchbohrte:
»Meine Frau, die Charito, ist vor vier Monaten gestorben. Dieser Augenblick ist schwierig für die Toten. Sie besuchen noch häufig die Orte, an denen sie gewohnt haben. Wir sehen sie nicht, aber sie merken nicht, daß wir sie nicht sehen. Das muß man ihnen zu verstehen geben, damit sie uns nicht für gleichgültig halten und deswegen leiden. Daher habe ich für Charito diese Schilder aufgehängt, sie werden es ihr erleichtern, ihren augenblicklichen Zustand einer Toten zu begreifen.«
Mitten im Winter mußte ich durch die feindseligen Straßen stolpern auf der Suche nach einer neuen Unterkunft, wo ich meine bedrohte Unabhängigkeit beherbergen konnte. Ich fand sie einige Meter weiter in einer Wäscherei. Es sprang ins Auge, daß die Inhaberin nichts mit dem Jenseits zu tun hatte. An kalte Innenhöfe mit Brunnen stehenden Wassers, bedeckt von festen grünen Kissen aus Wassermoos, grenzten ungeschützte Gärten. Dahinter lag ein Zimmer mit sehr niedriger Decke und Fenstern, die über der Oberschwelle der hohen Türen lagen, was in meinen Augen die Entfernung zwischen Fußboden und Decke vergrößerte. Hier blieb ich, in diesem Haus und in diesem Zimmer.
Wir Studentendichter führten ein ausschweifendes Leben. Ich verteidigte meine Provinzgewohnheiten und arbeitete in meinem Zimmer, schrieb mehrere Gedichte am Tag und trank dazu ungezählte Tassen Tee, den ich mir selber braute. Doch außerhalb meines Zimmers und meiner Straße zog das turbulente Leben der Schriftsteller jener Zeit mich besonders an. Diese trafen sich nicht in Cafés, sondern in Bierkellern und Tavernen. Unterhaltungen und Verse machten die Runde bis zum Morgengrauen. Mein Studium hatte das Nachsehen.
Die Eisenbahngesellschaft hatte meinem Vater für seine Arbeit im Freien einen dicken grauen Tuchmantel gestellt, den er nie benutzte. Ich bestimmte ihn für die Poesie. Drei oder vier Dichter begannen gleichfalls einen Mantel zu tragen, ähnlich dem meinen, der nun seinerseits von Hand zu Hand wanderte. Dieses Kleidungsstück for-

derte die Wut der guten und weniger guten Leute heraus. Es war die Zeit des Tango, der nach Chile kam nicht nur mit seinen Schritten und seiner schleifenden »Schere«, seinen Akkordeons und seinem Rhythmus, sondern auch mit einer Horde von Raufbolden, die in das Nachtleben eindrangen und in die Winkel, in denen wir uns trafen. Dieses Gesindel, Eintänzer und Radaubrüder, hatten es auf unsere Mäntel und unsere Lebensweise abgesehen. Wir Dichter schlugen uns wacker.
In jenen Tagen gewann ich die unerwartete Freundschaft einer unverwüstlichen Witwe mit riesigen blauen Augen, die sich in Erinnerung an ihren jüngst verstorbenen Mann zärtlich verschleierten. Er war ein junger Romancier gewesen, berühmt für sein glänzendes Aussehen. Die beiden hatten ein denkwürdiges Paar abgegeben, sie mit ihrem weizenfarbenen Haar, ihrem makellosen Körper und ihren ultramarinblauen Augen, er hochgewachsen und athletisch. Den Romancier hatte die sogenannte galoppierende Schwindsucht dahingerafft. Später vermutete ich, daß es die Vor-Penizillin-Ära war mitsamt der feurigen Blonden als galoppierender Venus, die den monumentalen Ehemann in wenigen Monaten ins Grab gebracht haben.
Die schöne Witwe hatte für mich noch nicht ihre dunkle Kleidung abgelegt, schwarze und violette Seiden, die ihr das Aussehen einer schneeigen Frucht in Trauergewand verliehen. Dieses Gewand fiel eines Abends in meiner Kammer im Hinterhof der Wäscherei, so daß ich die ganze Frucht aus glühendem Schnee betasten und erforschen konnte. Der Höhepunkt stand bevor, als sie unter meinen Augen die ihren schloß und ausrief: »Ach, Roberto, Roberto!« – seufzend, schluchzend. (Es kam mir vor wie ein liturgischer Akt. Die Vestalin rief den entschwundenen Gott an, bevor sie sich einem neuen Ritus überließ.)
Übrigens fühlte ich mich in meiner schutzlosen Jugend von der Witwe überfordert. Ihre Anrufungen wurden immer drängender, und ihr feuriges Herz drohte mich vorzeitiger Vernichtung zu überantworten. Die Liebe in solchen Dosen verträgt sich nicht mit Unterernährung. Und meine Unterernährung wurde täglich dramatischer.

Die Schüchternheit

In Wirklichkeit erlebte ich viele meiner ersten, vielleicht auch meiner zweiten und dritten Jahre als eine Art Taubstummer.
Seit meiner frühesten Jugend in rituelles Schwarz gekleidet wie die echten Poeten des vergangenen Jahrhunderts, fühlte ich unbestimmt, daß ich gar nicht so schlecht aussah. Doch statt mich den Mädchen zu nähern, wohlwissend, daß ich vor ihnen stottern und erröten würde, zog ich vor, ihnen die kalte Schulter zu zeigen und Interesselosigkeit

zu heucheln. Sie waren alle ein großes Geheimnis für mich. Ich hätte nichts lieber gewünscht als auf diesem geheimen Scheiterhaufen zu verbrennen, in diesem Brunnen rätselhafter Tiefe zu ertrinken, aber ich wagte nicht, mich ins Feuer und ins Wasser zu stürzen. Da mir niemand begegnete, der mich hätte stoßen können, bewegte ich mich am Rande der Faszination, ohne es mit einem Blick, geschweige denn einem Lächeln zu versuchen.

Ebenso erging es mir mit den Erwachsenen, kleinen Leuten, Eisenbahn- und Postbeamten und ihren »Frau Gemahlinnen«, so genannt weil der Kleinbürger an dem Wort »Frau« prüden Anstoß nimmt. Zwar hörte ich den Tischgesprächen im Elternhaus zu. Begegnete ich aber am nächsten Tag auf der Straße Menschen, die am Vorabend bei uns gegessen hatten, wagte ich nicht zu grüßen und wechselte sogar den Gehsteig, um der Unannehmlichkeit zu entgehen.

Die Schüchternheit ist ein merkwürdiger Seelenzustand, eine Kategorie, eine Dimension, die sich der Einsamkeit öffnet. Sie ist ein untrennbares Leiden, als habe man zwei Epidermen, und als werde die zweite innere Haut gereizt und verschließe sich dem Leben. Im Gefüge des Menschen gehört diese Eigenschaft oder dieser Schaden zu der Legierung, welche die Dauer des Seins in hohem Maße sicherstellt.

Meine regenhafte Schwerfälligkeit, meine hartnäckige Versonnenheit dauerte unnötig lang. Als ich in die Hauptstadt kam, gewann ich langsam Freunde und Freundinnen. Je weniger wichtig sie mich nahmen, desto leichter schenkte ich ihnen meine Freundschaft. In jener Zeit war meine Neugierde auf das Menschengeschlecht gering. Ich kann nicht alle Personen dieser Welt kennenlernen, sagte ich mir. Trotzdem erwachte in gewissen Kreisen eine blasse Neugierde auf den jungen, soeben sechzehn Jahre alten Dichter, einem wortkargen Einzelgänger, der kam und ging, ohne ein Wort der Begrüßung oder des Abschieds. Überdies erschien ich in einem langen spanischen Mantel, in dem ich wie eine Vogelscheuche aussah. Niemand ahnte, daß mein auffallender Aufzug die sichtbare Folge meiner Armut war.

Unter den Leuten, die meine Gesellschaft suchten, waren zwei große Snobs der Zeit: Pilo Yáñez und seine Frau Mina. Sie verkörperten das vollkommene Beispiel der schönen Muße, in der ich gerne gelebt hätte – ferner als ein Traum. Zum ersten Mal betrat ich ein Haus mit Zentralheizung, mit intimer Beleuchtung, mit bequemen Sesseln, mit Wänden voller Bücher, deren bunte Rücken einen unnahbaren Frühling bedeuteten. Die Yáñez luden mich häufig ein, sie waren freundlich und diskret, ohne auf meine verschiedenen Mäntel der Stummheit und Fremdheit zu achten. Ich verließ ihr Haus befriedigt, das wußten sie und luden mich wieder ein.

In diesem Haus sah ich zum ersten Mal kubistische Bilder, darunter einen Juan Gris. Sie erklärten mir, Juan Gris sei ein Freund der Familie

in Paris gewesen. Was aber meine größere Aufmerksamkeit auf sich zog, war der Pyjama meines Freundes. Ich nutzte jede Gelegenheit, ihn verstohlen voller Bewunderung anzusehen. Es war Winter, es war ein Pyjama aus dickem Stoff wie Billardfilz, jedoch ultramarinblau. Damals konnte ich mir keine andere Pyjamafarbe vorstellen als die gestreifte der Sträflingskleidung. Pilo Yáñez' Pyjama fiel aus jeder Norm. Sein dicker Stoff und sein leuchtendes Blau weckten den Neid eines armen Dichters, der in Santiagos Vorstädten hauste. Allerdings bin ich im Verlauf von fünfzig Jahren keinem Pyjama wie diesem mehr begegnet.
Viele Jahre hindurch verlor ich die Yáñez aus den Augen. Sie verließ ihren Mann, sie verließ ihre zarten Lampen und großartigen Sessel dem Akrobaten des russischen Zirkus zuliebe, der in Santiago gastierte. Später verkaufte sie von Australien bis zu den Britischen Inseln Eintrittskarten für die Auftritte des Akrobaten, der sie betört hatte. Zuletzt war sie Rosenkreuzlerin oder dergleichen in einem mystischen Feldlager im Süden Frankreichs. Was Pilo Yáñez, ihren Mann, betrifft, so nahm dieser den Namen Juan Emar an und wurde mit der Zeit ein fruchtbarer, heimlicher Schriftsteller. Wir wurden Freunde fürs Leben. Schweigsam und gütig, aber arm, starb er. Seine zahlreichen Bücher blieben bis heute unveröffentlicht, seine Schaffenskraft aber ist unbestritten.
Ich will zum Schluß über Pilo Yáñez oder Juan Emar (und damit über meine Schüchternheit) noch sagen, daß mein Freund Pilo mich während meiner Studentenzeit seinem Vater vorstellen wollte. »Er wird dir mit Sicherheit zu einer Reise nach Europa verhelfen«, sagte er. Zu jener Zeit schielten alle südamerikanischen Dichter und Maler nach Paris. Pilos Vater war eine bedeutende Persönlichkeit, ein Senator. Er wohnte in einem jener riesigen häßlichen Häuser in einer Straße nahe der Plaza de Armas und dem Präsidentenpalais, fraglos der Ort, den er selbst am liebsten bewohnt hätte.
Meine Freunde warteten im Vorzimmer, nachdem sie mir den Mantel ausgezogen hatten, damit ich eine normalere Figur abgäbe. Sie öffneten die Tür zum Arbeitsraum des Senators und schlossen sie hinter mir. Es war ein riesiger Saal, der vielleicht zu anderen Zeiten als großer Empfangssalon gedient hatte; jetzt war er leer. Nur hinten, im hintersten Winkel des Raums konnte ich unter einer Stehlampe einen Sessel erkennen, darin den Senator. Die Zeitung, die er las, verbarg ihn wie eine spanische Wand.
Als ich den ersten Schritt auf dem spiegelblanken, verbrecherisch gewachsten Parkett tat, glitt ich aus wie ein Skiläufer. Meine Geschwindigkeit wuchs schwindelerregend; ich bremste, um zum Stehen zu kommen, schlingerte aber nur und stürzte mehrmals. Mein letzter Fall vollzog sich zu Füßen des Senators, der mich nun kalt beobachtete, ohne seine Zeitung aus der Hand zu legen.

Es gelang mir gerade noch, mich auf ein Stühlchen neben ihn zu setzen. Der große Mann musterte mich mit den Augen des müden Insektenforschers, dem man ein Exemplar bringt, das er bereits auswendig kennt, eine harmlose Spinne. Er fragte mich vage nach meinen Plänen. Ich war nach meinem Sturz schüchterner und noch weniger redselig als gewöhnlich. Ich weiß nicht mehr, was ich ihm antwortete. Nach Ablauf von zwanzig Minuten reichte er mir eine winzige Hand zum Zeichen des Abschieds. Ich glaubte ihn mit sehr sanfter Stimme versprechen zu hören, er werde mir eine Nachricht zukommen lassen. Schon nahm er seine Zeitung wieder auf, und ich trat auf dem gefährlichen Parkett den Rückzug an unter übertriebener Vorsicht, die ich beim Eintritt hätte walten lassen sollen. Natürlich ließ der Senator, der Vater meines Freundes, mir nie eine Nachricht zukommen. Andererseits scheuchte eine freilich törichte und reaktionäre Militärrevolte ihn später mitsamt seiner obligaten Zeitung aus seinem Amtssessel. Ich gestehe, daß ich mich darüber freute.

Der Studentenbund

Ich war in Temuco Korrespondent der Zeitschrift *Claridad* gewesen, Organ des Studentenbunds, und hatte zwanzig bis dreißig Exemplare unter meinen Gymnasiumskameraden verkauft. Die Nachrichten, die das Jahr 1920 uns nach Temuco brachte, zeichneten meine Generation mit blutigen Wunden. Die »Goldene Jugend«, Kind der Oligarchie, hatte den Sitz des Studentenbundes überfallen und demoliert. Die Gerichtsbarkeit, seit der Kolonialzeit bis zur Gegenwart im Dienst der Reichen, nahm nicht die Angreifer fest, sondern die Angegriffenen. Domingo Gómez Rojas, junge Hoffnung der chilenischen Dichtung, wurde wahnsinnig und starb an der Folter im Gefängnis. Der Widerhall dieses Verbrechens war dank den Gegebenheiten eines kleinen Landes so tief und weit wie es die Ermordung Federico García Lorcas in Granada werden sollte.

Als ich im März 1921 nach Santiago kam, um mich bei der Universität einzuschreiben, besaß die chilenische Hauptstadt kaum mehr als fünfhunderttausend Einwohner. Sie roch nach Gas und Kaffee. Tausende von Häusern waren von Unbekannten und Wanzen bewohnt. Das Verkehrsmittel waren kleine hinfällige Straßenbahnen, die sich klappernd und bimmelnd mühsam fortbewegten. Endlos war die Fahrt zwischen der Avenida Independencia und dem anderen Ende der Stadt in der Nähe des Hauptbahnhofs, wo mein Kolleg lag.

Im Sitz des Studentenbundes gingen die berühmtesten Figuren der mit der mächtigen anarchistischen Bewegung der Zeit ideologisch verknüpften Studentenrebellion ein und aus. Afredo Demaría, Daniel

Schweitzer, Santiago Labarca, Juan Gandulfo waren die führenden Persönlichkeiten. Juan Gandulfo war fraglos der hervorragendste unter ihnen, gefürchtet wegen seiner kühnen politischen Konzeption und seines langerprobten Muts. Mich behandelten sie, als sei ich ein Kind, was ich in Wirklichkeit auch war. Einmal, als ich verspätet in seine Sprechstunde zu einer ärztlichen Untersuchung kam, blickte er mich stirnrunzelnd an und sagte: »Warum sind Sie nicht zur vereinbarten Stunde gekommen? Es warten noch andere Patienten.« »Ich wußte nicht, wieviel Uhr es war«, antwortete ich. »Hier, damit Sie es nächstes Mal wissen«, sagte er, zog seine Uhr aus der Weste und schenkte sie mir.
Juan Gandulfo war klein von Wuchs, rundgesichtig und vorzeitig kahl. Dennoch war seine Gegenwart immer eindrucksvoll. Bei einer bestimmten Gelegenheit forderte ihn ein Militär mit dem Ruf eines Raufbolds und Haudegens zum Duell. Gandulfo nahm an, lernte in vierzehn Tagen fechten und hinterließ seinen Gegner übel zugerichtet und verstört. In denselben Tagen machte er die Holzschnitte für das Titelblatt und alle Illustrationen zu *Crepusculario – Buch der Morgendämmerungen* – meinem ersten Band, beachtliche Arbeiten eines Mannes, den niemand für einen Künstler gehalten hatte.
Im literarisch-revolutionären Leben war die bedeutendste Gestalt Roberto Meza Fuentes, Redakteur der Zeitschrift *Juventud*, die, wenn auch wählerischer und dezidierter als *Claridad*, gleichfalls zum Studentenbund gehörte. Hier stachen González Vera und Manuel Rojas hervor, Männer, die für mich einer viel älteren Generation angehörten. Manuel Rojas war unlängst nach vielen Jahren aus Argentinien gekommen, wir bestaunten seine imposante Erscheinung und seine Worte, die er mit einem Gemisch aus Geringschätzung, Stolz oder Würde fallen ließ. Er war Setzer. González Vera hatte ich in Temuco kennengelernt, als Flüchtling nach dem Polizeiüberfall auf den Studentenbund. Er kam unmittelbar vom Bahnhof, der wenige Schritt von meinem Haus entfernt lag, zu mir. Für einen sechzehnjährigen Dichter war er zwangsläufig eine denkwürdige Erscheinung. Nie hatte ich einen so bleichen Menschen gesehen. Sein überaus schmales Gesicht schien aus Bein oder Elfenbein geschnitten. Er trug Schwarz, ein an Ärmeln und Hosenbeinen ausgefranstes Schwarz, ohne daß seine Eleganz dadurch gelitten hätte. Seine Gegenwart bewegte mich in jener Regennacht, die ihn in mein Haus brachte, ohne daß ich vorher von seiner Existenz gewußt hätte, wie die Ankunft des revolutionären Nihilisten im Haus von Sascha Jegulew, Andrejews Romangestalt, die der lateinamerikanischen Rebellenjugend als Vorbild diente.

Alberto Rojas Giménez

Die Zeitschrift *Claridad*, in die ich als politischer und literarischer Kämpfer eintrat, wurde praktisch von Alberto Rojas Giménez geleitet, der einer meiner liebsten Generationsgefährten werden sollte. Er trug einen Korduaner und lange Honoratiorenkoteletten. Elegant und adrett trotz der Misere, in der er zu tanzen schien wie ein goldener Vogel, verkörperte er alle Eigenschaften des neuen Dandytums, eine geringschätzige Haltung, unmittelbares Verständnis für die zahlreichen Konflikte und ein fröhliches Wissen um (und Neugier auf) alle Dinge des Lebens. Bücher und Mädchen, Flaschen und Boote, Reiserouten und Inselgruppen, alles kannte und benutzte er in seinen kleinsten Gebärden. In der literarischen Welt gab er sich das Air des schlecht gelaunten Verlorenen, des berufsmäßigen Vergeuders seiner Talente und seines Zaubers. Seine Krawatten waren inmitten der allgemeinen Armut stets glänzende Zeugnisse von Luxus. Da er dauernd Haus und Stadt wechselte, erfreute er als beharrlicher, ursprünglicher Bohemien mit seiner ungezwungenen Fröhlichkeit oft wochenlang die überraschten Bewohner von Rancagua, Curicó, Valdivia, Concepción oder Valparaíso. Er ging wie er gekommen war und hinterließ überall Verse, Zeichnungen, Krawatten, Liebschaften und Freundschaften. Da er das Wesen eines Märchenprinzen besaß und von unwahrscheinlicher Selbstlosigkeit war, verschenkte er alles, seinen Hut, sein Hemd, seinen Rock und sogar seine Schuhe. Wenn ihm nichts Greifbares geblieben war, schrieb er einen Satz auf ein Stück Papier, eine Verszeile oder irgendeinen lustigen Vorfall und überreichte dir dieses Angebinde zum Abschied, als vertraue er dir ein unschätzbares Juwel an.

Er schrieb seine Verse nach der letzten Mode, gemäß den Lehren Apollinaires und Spaniens Ultraisten-Gruppe. Er hatte eine poetische Schule mit dem Namen *Agu* gegründet, der ihm zufolge der Urschrei des Menschen war, der erste Vers des Neugeborenen.

Rojas Giménez auferlegte uns kleine Moden der Kleidung, die Art zu rauchen, Schönschrift. Indem er mich mit unendlichem Zartgefühl verspottete, half er mir, meinen düsteren Tonfall loszuwerden. Nie versuchte er, mich mit seinen skeptischen Anwandlungen, mit seinem sturzbachhaften Alkoholismus anzustecken, doch bis heute entsinne ich mich tiefbewegt seiner Gestalt, die alles erhellte, die überall Schönheit aufflattern ließ, als rufe er einen verborgenen Falter zum Flug.

Von Don Miguel de Unamuno hatte er gelernt, Papiervögel zu falten. Er machte einen mit langem Hals und ausladenden Schwingen und hauchte ihn sogleich an. Er nannte das: ihnen den »Lebenstrieb« geben.

Er entdeckte Frankreichs Dichter, in Kellern begrabene staubdunkle Flaschen, richtete Liebesbriefe an Francis Jammes' Heldinnen.

Seine herrlichen Verse ruhten zerdrückt in seinen Taschen, ohne daß sie bis heute veröffentlicht wurden.
Seine verschwenderische Persönlichkeit erregte solches Aufsehen, daß eines Tages in einem Café ein Unbekannter auf ihn zutrat und sagte: »Señor, ich habe Sie reden hören und empfinde große Sympathie für Sie. Darf ich Sie um etwas bitten?« »Und das wäre?« erwiderte mürrisch Rojas Giménez. »Daß Sie mir erlauben, Sie zu überspringen«, sagte der Unbekannte. »Aber wie?« antwortete der Dichter. »Haben Sie soviel Kraft, daß Sie über mich hier, am Tisch sitzend, springen können?« »Nein, Señor«, entgegnete der Unbekannte bescheiden. »Ich möchte später über Sie hinwegspringen, wenn Sie still in Ihrem Grab liegen. Das ist meine Art, die interessanten Menschen zu ehren, denen ich in meinem Leben begegnet bin: wenn Sie es mir gestatten, nach Ihrem Tode über sie hinwegzuspringen. Ich bin ein einsamer Mensch, und das ist mein einziges Hobby.« Und ein Taschenbuch hervorziehend, sagte er: »Hier habe ich die Liste der Personen, die ich übersprungen habe.« Verrückt vor Freude, nahm Rojas Giménez den sonderbaren Vorschlag an. Einige Jahre später, im regnerischsten Winter, an den ich mich in Chile erinnere, starb Rojas Giménez. Er hatte seinen Rock wie üblich in einer Bar im Zentrum Santiagos gelassen. In Hemdsärmeln durchquerte er in jenem antarktischen Winter die Stadt bis zur Quinta Normal, dem Haus seiner Schwester Rosita. Zwei Tage später raffte eine Lungenentzündung einen der faszinierendsten Menschen dahin, die ich gekannt habe. Fort war der Dichter mit seinen Papiervögeln, unter dem Regen zum Himmel fliegend.
Aber in jener Nacht empfingen seine Freunde, die bei ihm wachten, einen ungewöhnlichen Besuch. Sturzbachartiger Regen fiel auf die Dächer, Blitz und Wind erleuchteten und schüttelten die hohen Platanen der Quinta Normal, als die Tür aufging und ein vom Regen durchnäßter Mann in tiefer Trauer eintrat. Niemand kannte ihn. Vor der erwartungsvollen Freunden, die Totenwache hielten, nahm der Unbekannte einen Anlauf und sprang über den Sarg. Dann zog er sich wortlos und so überraschend zurück wie er gekommen war und verschwand in Regen und Nacht. So wurde Alberto Rojas Giménez' erstaunliches Leben mit einem geheimnisvollen Ritus besiegelt, den sich noch immer niemand zu erklären weiß.
Ich war erst unlängst in Spanien angekommen, als ich die Nachricht seines Todes erhielt. Selten habe ich solch durchdringenden Schmerz gefühlt. Es war in Barcelona. Unverzüglich begann ich meine Elegie *Alberto Rojas naht im Fluge* zu schreiben, die später die *Revista de Occidente* veröffentlichte.
Überdies mußte ich etwas Rituelles tun, um mich von ihm zu verabschieden. Er war so weit fort von mir gestorben, in Chile, in Tagen schlimmen Regens, der den Friedhof unter Wasser setzte. Nicht bei

seinen leiblichen Resten sein, ihn nicht auf seiner letzten Reise begleiten zu können, ließ mich an eine Zeremonie denken. Ich setzte mich mit meinem Freunde, dem Maler Isaías Cabezón in Verbindung, und gemeinsam begaben wir uns zu der herrlichen Basilika Santa Maria del Mar. Wir kauften zwei riesige, fast mannshohe Kerzen, und betraten mit ihnen das Halbdunkel dieses seltsamen Gotteshauses. Denn Santa Maria del Mar war der Dom der Seefahrer. Fischer und Matrosen hatten ihn vor vielen Jahrhunderten Stein für Stein erbaut. Sie war mit Tausenden von Weihgeschenken geschmückt; kleine Schiffe aller Größen und Formen, durch die Ewigkeit segelnd, tapezieren vollkommen die Mauern und Decken der schönen Basilika. Mir kam der Gedanke, das sei der geeignete Rahmen für den verstorbenen Poeten, sein Lieblingsort, hätte er ihn gekannt. Wir ließen die Riesenkerzen in der Mitte der Kathedrale unter dem Himmelsgewölbe der Kassettierung entzünden und setzten uns, mein Malerfreund und ich, in die leere Kirche, eine Flasche herben Wein neben jedem von uns, und dachten, daß diese stille Zeremonie uns trotz unseres Agnostizismus auf irgendeine geheimnisvolle Weise unserem toten Freund nahebringe. Die im höchsten Punkt der leeren Basilika brennenden Kerzen waren etwas Lebendiges, Leuchtendes, als blickten uns aus dem Dunkel zwischen den Weihgeschenken die beiden Augen jenes verrückten Dichters an, dessen Herz für immer erloschen war.

Winterverrückte

Da von Rojas Giménez die Rede ist: Der Wahnsinn, ein bestimmter Wahnsinn, geht oft Hand in Hand mit der Dichtung. So wie es den vernünftigsten Menschen schwerfallen würde, Dichter zu sein, fällt es den Dichtern vielleicht schwer, vernünftig zu sein. Im übrigen gewinnt die Vernunft die Partie, und es ist die Vernunft, Grundlage der Gerechtigkeit, welche die Welt regieren muß. Miguel de Unamuno, der Chile liebte, hat einmal gesagt: »Was mir nicht gefällt, ist dieser Wahlspruch. Was heißt das *mit Vernunft oder Gewalt*? Mit Vernunft und immer mit Vernunft.«

Unter den verrückten Dichtern, die ich damals kannte, war auch Alberto Valdivia. Der Dichter Alberto Valdivia war einer der magersten Männer der Welt und so vergilbt, als bestehe er nur aus Knochen, mit wilder grauer Mähne und einer Brille, die seine kurzsichtigen, weitblickenden Augen bedeckte. Wir nannten ihn »den Leichnam Valdivia«.

Er besuchte und verließ stillschweigend Bars und literarische Zirkel, Cafés und Konzerte, ohne ein Geräusch zu verursachen, mit einem geheimnisvollen kleinen Paket von Zeitungen unter dem Arm. »Lieber

Leichnam«, sagten wir, seine Freunde, zu ihm und umarmten seinen körperlosen Körper in dem Gefühl, einen Luftzug zu umarmen.
Er schrieb kostbare Verse von zarter Empfindung und schmerzlicher Süße. Einige davon lauten: »Alles vergeht, der Abend, die Sonne, das Leben: / Das Böse triumphiert, das Unwiederbringliche / Nur du bleibst, unzertrennliche / Schwester des Untergangs meines Lebens.«
Ein echter Dichter war er, den wir »Leichnam Valdivia« nannten, und wir nannten ihn so aus Zärtlichkeit. Oft sagten wir zu ihm: »Leichnam, bleib da und iß mit uns.« Dieser Beiname störte ihn nie. Manchmal lag auf seinen strichdünnen Lippen ein Lächeln. Seine Rede war knapp, aber bedeutsam. Wir machten einen Ritus daraus, ihn alljährlich zum Friedhof zu führen. Am Vorabend des 1. November luden wir ihn zu einem so üppigen Mahl ein, wie es die spärlichen Börsen unserer studentischen und literarischen Jugend erlaubten. Unser »Leichnam« nahm den Ehrenplatz ein. Punkt zwölf Uhr wurde die Tafel aufgehoben, und in fröhlicher Prozession zogen wir zum Friedhof. Im nächtlichen Schweigen wurde eine Festrede auf den »verstorbenen« Dichter gehalten. Dann verabschiedete sich ein jeder von ihm in aller Feierlichkeit, und wir zogen ab und ließen ihn mutterseelenallein am Portal des Gottesackers zurück. »Leichnam Valdivia« hatte diese Tradition bereits akzeptiert, an der nichts Grausames war, da er die Posse bis zur letzten Minute mitmachte. Bevor man ging, übergab man ihm ein paar Pesos, damit er ein Sandwich im Nischengrab essen könnte.
Zwei oder drei Tage später überraschte es niemanden, wenn der Dichter Leichnam von neuem verschwiegen in Plauderzirkeln und Cafés erschien. Bis zum nächsten 1. November war ihm seine Ruhe sicher.

In Buenos Aires kannte ich einen äußerst exzentrischen argentinischen Schriftsteller, der Omar Vignole hieß. Ich weiß nicht, ob er noch lebt. Er war ein hochgewachsener Mann mit einem dicken Stock in der Hand. Einmal, als wir in einem Restaurant der Innenstadt, in das er mich zum Essen eingeladen hatte, schon am Tisch standen, wandte er sich mit einladender Geste an mich und sagte mit lauter Stimme, die im ganzen mit Stammgästen gefüllten Saal zu hören war: »Setz dich, Omar Vignole!« Ich setzte mich verdrossen und fragte sogleich: »Warum nennst du mich Omar Vignole, wo du weißt, daß du Omar Vignole bist und ich Pablo Neruda?« »Ich weiß«, erwiderte er, »aber in diesem Restaurant sind viele, die mich nur dem Namen nach kennen, und da mehrere unter ihnen mir eine Tracht Prügel zugedacht haben, ist es mir lieber, wenn du sie bekommst.«
Dieser Vignole war Agronom in einer argentinischen Provinz gewesen und hatte von dort eine Kuh mitgebracht, mit der er innige Freundschaft geschlossen hatte. Diese Kuh führte er an einem Strick durch

ganz Buenos Aires spazieren. Zu jener Zeit veröffentlichte er einige Bücher mit Titeln wie *Was die Kuh denkt, Meine Kuh und ich* und so weiter. Als der Weltkongreß des Pen Club zum ersten Mal in Buenos Aires tagte, zitterten die unter Victoria Ocampos Vorsitz versammelten Schriftsteller bei dem Gedanken, Vignole könne mit seiner Kuh beim Kongreß erscheinen. Sie klärten die Behörden über die drohende Gefahr auf, worauf die Polizei die ans Hotel Plaza grenzenden Straßen absperrte, damit mein exzentrischer Freund nicht mit seinem Wiederkäuer zu dem luxuriösen Versammlungsort des Kongresses gelangen könne. Doch vergebens. Als das Fest auf seinem Höhepunkt war und die Schriftsteller die Beziehungen zwischen der klassischen Welt der Griechen und dem Geschichtssinn der Moderne untersuchten, brach in den Konferenzsaal der große Vignole ein mitsamt seiner unzertrennlichen Kuh, die zum Überfluß zu muhen begann, als wolle sie sich an der Debatte beteiligen. Er hatte sie aus der Innenstadt in einem riesigen Viehwagen mitgebracht, der der Polizeiaufsicht entgangen war.
Vom selben Vignole ist noch zu berichten, daß er einmal einen Ringer des Catch-as-catch-can herausforderte. Der Berufsringer nahm die Herausforderung an, der Abend der Begegnung im ausverkauften Luna-Park kam heran. Mein Freund erschien pünktlich mit seiner Kuh, band sie in einer Ecke des Rings an, legte seinen hocheleganten Hausrock ab und stellte sich dem »Würger von Kalkutta«.
Doch hier nützte die Kuh wenig, und noch weniger der prächtige Putz des Dichter-Ringers. Der »Würger von Kalkutta« stürzte sich auf Vignole, verwandelte ihn im Handumdrehen in einen wehrlosen Knoten und setzte zum Zeichen der Demütigung einen Fuß auf die Kehle des literarischen Stiers unter dem tosenden Hohngelächter des Publikums, das die Fortsetzung des Kampfes forderte.
Wenige Monate später veröffentlichte er ein neues Buch, *Unterhaltungen mit der Kuh*. Ich werde nie die hochoriginelle Widmung auf der ersten Seite des Werks vergessen. Sie lautete, wenn ich mich richtig erinnere: »Ich widme dieses philosophische Buch den vierzigtausend Hurensöhnen, die mich am 24. Februar im Luna-Park auspfiffen und meinen Tod forderten.«

In Paris lernte ich vor dem letzten Krieg den Maler Alvaro Guevara kennen, der sich in Europa Chile-Guevara nannte. Er rief mich eines Tages hastig an: »Es handelt sich um etwas äußerst Wichtiges«, sagte er.
Ich kam aus Spanien, und unser damaliger Kampf galt dem Nixon jener Zeit, genannt Hitler. Mein Haus in Madrid war bombardiert worden, ich hatte Männer, Frauen und Kinder von Bomben zerrissen gesehen. Der Weltkrieg nahte. Gemeinsam mit anderen Schriftstellern schickten wir uns an, den Faschismus auf unsere Weise zu bekämpfen:

mit unseren Büchern, die dazu aufforderten, die ernste Gefahr unverzüglich zu erkennen.
Mein Landsmann hatte sich abseits vom Kampf gehalten. Er war ein wortkarger Mann und emsiger Maler, der nur ans Arbeiten dachte. Doch die Luft war mit Pulver geladen. Als die Großmächte die Waffenlieferungen an das republikanische Spanien verhinderten und bald darauf in München Hitlers Armeen die Tore öffneten, brach der Krieg aus.
Ich kam Chile-Guevaras Anruf nach. Es war etwas sehr Wichtiges, was er mir mitzuteilen hatte.
»Worum handelt es sich?« fragte ich.
»Es ist keine Zeit zu verlieren!« antwortete er. »Du hast kein Antifaschist zu sein. Du hast kein Anti-Etwas zu sein. Du mußt zum Kern der Sache kommen, und diesen Kern habe ich gefunden. Ich will ihn dir sofort mitteilen, damit du deine antinazistischen Kongresse läßt und dich voll und ganz ans Werk machst. Es ist keine Zeit zu verlieren.«
»Gut, sag mir worum es geht. Wirklich, Alvaro, ich habe sehr wenig Zeit.«
»Wirklich, Pablo, ich habe meine Gedanken in einem Theaterstück von drei Akten ausgedrückt. Ich habe es dir mitgebracht, damit du es liest.«
Mit dem Gesicht eines alten Boxers sah er mich unter seinen buschigen Brauen fest an, während er ein umfangreiches Manuskript auspackte.
Von Entsetzen gepackt und Zeitmangel vorschützend, überredete ich ihn, mir die Ideen, mit denen er die Menschheit retten wollte, mündlich zu erläutern.
»Es ist das Ei des Kolumbus«, sagte er. »Ich werd's dir erklären. Wieviel Kartoffeln erhältst du aus einer Saatkartoffel?«
»Gut, vier oder fünf«, sagte ich, um etwas zu sagen.
»Viel mehr«, erwiderte er. »Manchmal vierzig, manchmal mehr als hundert Kartoffeln. Stell dir vor, daß jeder Mensch eine Kartoffel in seinem Garten pflanzt, auf seinem Balkon, wo immer. Wie viele Einwohner hat Chile? Acht Millionen. Acht Millionen gepflanzte Kartoffeln. Multipliziere, Pablo, mit vier, mit hundert. Dann ist der Hunger zu Ende, der Krieg zu Ende. Wie viele Einwohner hat China? Fünfhundert Millionen, nicht wahr? Jeder Chinese pflanzt eine Kartoffel. Aus jeder gesäten Kartoffel wachsen vierzig Kartoffeln. Fünfhundert Millionen mal vierzig Kartoffeln. Die Menschheit ist gerettet.«
Als die Nazis in Paris einmarschierten, nahmen sie keine Notiz von dieser rettenden Idee, vom Ei des Kolumbus, richtiger: von der Kartoffel des Kolumbus. In einer kalten Nebelnacht verhafteten sie Alvaro Guevara in seiner Pariser Wohnung, verschleppten ihn in ein Konzentrationslager und hielten ihn dort mit einer Tätowierung im Arm bis Kriegsende fest. Er verließ die Hölle als menschliches Skelett und kam nie wieder zu Kräften. Ein letztes Mal fuhr er nach Chile, wie um sich von seinem Land zu verabschieden, ihm einen Abschiedskuß,

einen Schlafwandlerkuß zu geben, und kehrte nach Frankreich zurück, wo er schließlich starb.
Großer Maler, lieber Freund, Chile-Guevara, ich möchte dir etwas sagen: Ich weiß, daß du tot bist, daß die unpolitische Kartoffel dir nichts genützt hat. Ich weiß, daß die Nazis dich umgebracht haben. Doch abgesehen davon: Im Juni letzten Jahres bin ich in der National Gallery gewesen. Ich wollte nur die Turners sehen, doch bevor ich in den großen Saal gelangte, sah ich ein eindrucksvolles Bild: ein Bild, das für mich so schön war wie die Turners, ein blendendes Gemälde. Es war das Porträt einer Dame, einer berühmten Dame: Edith Sitwell. Und dieses Porträt war dein Werk, das einzige Werk eines lateinamerikanischen Malers, dem jemals die Ehre zuteil wurde, zwischen den Meisterwerken dieses großen Londoner Museums zu hängen.
Mir ist der Ort unwichtig, auch die Ehre, im Grunde ist mir sogar das schöne Porträt ziemlich unwichtig. Wichtiger ist mir, daß wir uns nicht besser kannten, nicht besser verstanden, sondern daß unsere Leben sich kreuzten und wir uns wegen einer Kartoffel nicht verstanden.

Ich bin ein allzu argloser Mensch gewesen: das ist meine Ehre und meine Schande zugleich. Ich bin mit dem Komödiantentum meiner Gefährten einhergegangen, ich habe sie um ihr glänzendes Gefieder beneidet, um ihre satanischen Attitüden, ihre Papiervögel und sogar um ihre Kühe, die vielleicht auf geheimnisvolle Weise etwas mit der Literatur zu tun haben. Jedenfalls habe ich das Gefühl, nicht zum Verdammen, sondern zum Lieben geboren zu sein. Selbst die Spaltpilze, die mich angreifen, die, welche sich haufenweise zusammenrotten, um mir die Augen auszukratzen, sich aber vorher von meiner Dichtung nährten, verdienen zumindest mein Stillschweigen. Ich habe nie Angst gehabt, mich anzustecken, wenn ich mich unter die Masse meiner Feinde mischte, denn die einzigen, die ich habe, sind die Feinde des Volkes.
Apollinaire hat gesagt: »Erbarmen mit uns, die wir die Grenzen des Unwirklichen erforschen« – ich zitiere aus dem Gedächtnis und denke an die Geschichten, die ich erzählt habe, Geschichten von Menschen, die mir wegen ihrer Extravaganz nicht weniger teuer, wegen ihrer Unverständlichkeit nicht weniger wertvoll sind.

Große Geschäfte

Wir Dichter haben immer geglaubt, daß unsere großen Ideen uns bereicherten, daß wir Genies sind, die Geschäfte planen, wenn auch unverstandene Genies. Ich erinnere mich, daß ich, getrieben von einer dieser blühenden Kombinationen, meinem chilenischen Verleger im

Jahre 1924 das Copyright meines Buches *Crepusculario* verkaufte, nicht etwa für eine Ausgabe, sondern für die Ewigkeit. Ich glaubte, ich würde mit diesem Verkauf ein reicher Mann werden und ließ den Vertrag notariell eintragen. Der Mensch zahlte mir fünfhundert Pesos, was in jenen Tagen weniger war als fünf Dollar. Rojas Giménez, Alvaro Hinojosa und Homero Arce erwarteten mich vor dem Notariat, um diesen geschäftlichen Erfolg durch ein Festmahl zu feiern. Tatsächlich dinierten wir im damals besten Restaurant, *La Bahía,* mit erlesenen Weinen, Tabaken und Likören. Vorher hatten wir uns die Schuhe putzen lassen, die nun wie Spiegel glänzten. Von dem Geschäft profitierten: das Restaurant, vier Schuhputzer und ein Verleger. Den Poeten erreichte der Wohlstand nicht.
Wer sich einen Adlerblick für alle Arten von Geschäften zusprach, war Alvaro Hinojosa. Er beeindruckte uns mit seinen grandiosen Vorhaben, die uns, in die Praxis umgesetzt, einen Geldsegen bescheren würden. Für uns, zerlumpte Bohemiens, waren seine Beherrschung des Englischen, seine blonden Zigaretten, seine New Yorker Universitätsjahre Gewähr für den Pragmatismus seines kaufmännischen Verstandes.
Eines Tages lud er mich zu einem Geheimgespräch ein, um mich teilnehmen und teilhaben zu lassen an einem formidablen Versuch, der auf die Eroberung unseres sofortigen Reichtums abzielte. Ich sollte mit fünfzig Prozent sein Teilhaber werden mittels einer Einlage von wenigen Pesos, die ich mir irgendwo beschaffen müßte. Er wollte den Rest aufbringen. An jenem Tag fühlten wir uns wie gottlose und gesetzlose Kapitalisten, zu allem entschlossen.
»Um was für eine Ware handelt es sich?« fragte ich schüchtern den unverstandenen König der Finanzen.
Alvaro verengte die Augen, stieß einen Mundvoll Rauch aus, der sich in kleine Kreise auflöste und erwiderte schließlich mit geheimnisvoller Stimme:
»Um Felle!«
»Um Felle?« wiederholte ich erstaunt.
»Vom Seelöwen. Genauer gesagt, Seelöwenfelle aus einem Stück.«
Ich wagte nicht, um weitere Einzelheiten zu bitten. Ich wußte nicht, daß die Robben oder Seehunde Felle aus einem Stück haben. Wenn ich sie auf den Felsen der Südstrände betrachtete, sah ich ihr schimmerndes in der Sonne glänzendes Fell, ohne eine Spur von Haar auf ihren faulen Bäuchen zu vermuten.
Ich trieb mein Guthaben mit Blitzesschnelle ein, ohne meine Miete, die fällige Abzahlung beim Schneider, die Schusterrechnung zu begleichen und legte meine Barbeteiligung in die Hände meines Finanzpartners.
Wir gingen und besichtigten die Felle. Alvaro hatte sie einer seiner Tanten abgekauft, einer Südchilenin, die Eigentümerin mehrerer ertragloser Inseln war. Die Seehunde zelebrierten ihre Liebeszeremo-

nien auf diesen verlassenen Felseninseln. Nun sah ich mit eigenen Augen die großen Bündel der gelblichen Felle, die von den Karabinern der Diener dieser bösartigen Tante durchlöchert waren. Bis zur Decke stapelten sich die Fellpakete in dem von Alvaro gemieteten Weinkeller, um die vermeintlichen Käufer zu beeindrucken.

»Und was tun wir mit den Unmengen, mit diesen Bergen von Fellen?« fragte ich verschüchtert.

»Die ganze Welt braucht solche Felle. Du wirst sehen.« Wir verließen den Keller, Alvaro Energiefunken versprühend, ich geknickt und kleinlaut.

Alvaro lief von Pontius zu Pilatus, bewaffnet mit einer Aktentasche aus unseren echten »Seehundsfellen aus einem Stück«, einer mit Blankobogen gefüllten Mappe, die ihm ein kommerzielles Air geben sollte. Zeitungsinserate verschlangen unsere letzten Centavos. Es sollte sie nur ein interessierter, einsichtiger Magnat lesen, und wir waren gemachte Leute. Der sehr adrette Alvaro beabsichtigte, sich ein halbes Dutzend Anzüge aus englischen Stoffen maßschneidern zu lassen. Ich, wesentlich bescheidener, nährte unter meinen sehnsuchtsvollen Träumen den, einen guten Weihwedel oder Rasierpinsel zu erwerben, da mein derzeitiger den Weg der restlosen Kahlheit gegangen war.

Schließlich präsentierte sich der Käufer. Es war ein robuster, untersetzter Sattler mit unerschrockenen Augen, höchst wortkarg, dessen Freimut in meinen Augen an Unverfrorenheit grenzte. Alvaro empfing ihn mit gönnerhafter Geringschätzung und bestellte ihn für drei Tage später, um ihm unsere fabelhafte Ware zu zeigen.

Im Verlauf dieser drei Tage erwarb Alvaro luxuriöse englische Zigaretten und etliche kubanische *Romeo y Julieta*-Zigarren, die er sichtbar in die Brusttasche seines Jacketts steckte, als die Stunde des vereinbarten Kundenbesuchs naherückte. Die Häute ansehnlichster Qualität hatten wir auf dem Boden ausgebreitet.

Der Mann erschien pünktlich. Ohne den Hut zu ziehen, begrüßte er uns mit einem Knurren. Musterte verächtlich und blitzschnell die auf dem Fußboden ausgebreiteten Felle. Dann ließ er seine listigen eisenharten Augen über die vollgestopften Regale gleiten. Hob eine fette Hand mitsamt einem zweifelhaften Fingernagel und deutete auf ein Fellbündel, eines jener, die am höchsten und fernsten lagen. Genau in den Winkel, wohin ich die minderwertigsten Felle verstaut hatte.

Alvaro nutzte den Höhepunkt, um ihm eine seiner echten Cubanos zu offerieren. Der Kleinhändler ergriff sie in Windeseile, biß die Spitze ab und schob sie in den Schlund. Doch er ließ sich nicht aus dem Konzept bringen und deutete unbeirrt auf das Bündel, das er zu inspizieren wünschte.

Da half nichts, man mußte es ihm zeigen. Mein Teilhaber stieg auf die Leiter und kehrte, lächelnd wie ein Todeskandidat, mit dem dicken

Paket unter dem Arm herunter. Der Käufer, pausierend, um Rauch und mehr Rauch aus Alvaros Zigarre zu ziehen, prüfte die Felle des Pakets, eines nach dem anderen.
Der Mann hob ein Fell, rieb es gegeneinander, faltete es, spuckte darauf und ging zum nächsten über, das seinerseits bekratzt, bescheuert, beschnüffelt und fallen gelassen wurde. Als er endlich seine Inspektion beendet hatte, ließ er seinen Aasgeierblick von neuem über die mit unseren Seehundsfellen aus einem Stück vollgefüllten Gestelle gleiten, um seine Augen schließlich auf die Stirn meines Teilhabers und Finanzexperten zu heften. Der Augenblick war aufregend.
Dann sagte er mit fester, rauher Stimme einen – zumindest für uns – unsterblichen Satz.
»Meine Herren, *ich verheirate mich nicht mit diesen Fellen*«, und fort ging er für immer, den Hut auf dem Kopf wie er gekommen war, Alvaros Prunkzigarre paffend, ohne sich zu verabschieden, unbarmherziger Mörder all unserer Millionärsillusionen.

Meine ersten Bücher

Mit der Wut des Schüchternen floh ich in die Poesie. Über Santiago flatterten die neuen literarischen Schulen. In der Calle Maruri Nummer 513 schrieb ich mein erstes Buch zu Ende. Ich verfaßte zwei, drei, vier und fünf Gedichte am Tag. Gegen Abend, wenn die Sonne sank, vollzog sich vor meinem Balkon täglich ein Schauspiel, das ich um nichts auf der Welt verpassen wollte. Es war der Sonnenuntergang mit großartigen Farbschichtungen, Lichtbrechungen, riesigen Pfauenschwänzen in Orange und Scharlach. Das Hauptstück meines Buches heißt *Die Abenddämmerungen von Maruri.* Niemand hat mich je gefragt, was Maruri bedeutet. Vielleicht wissen sehr wenige, daß es sich nur um eine bescheidene, von außergewöhnlichen Sonnenuntergängen besuchte Straße handelt.
Im Jahr 1923 wurde dies mein erstes Buch veröffentlicht, *Crepusculario.* Um die Druckkosten zu bestreiten, erlebte ich täglich Niederlagen und Siege. Meine spärlichen Möbel wurden verkauft. Zur Pfandleihe wanderte eilends die Uhr, die mein Vater mir feierlich geschenkt hatte, eine Uhr, die er mit zwei verschränkten Fähnchen hatte bemalen lassen. Der Uhr folgte meine schwarze Dichtertracht. Der Drucker war unerbittlich, und als endlich die Auflage gedruckt und gebunden war, sagte er mit finsterer Miene: »Bevor nicht alles bezahlt ist, geht hier kein Exemplar raus.« Der Kritiker Alone spendete großzügig die letzten fehlenden Pesos, die alsbald im Schlund meines Druckers verschwanden. Dann trat ich mit geschulterten Büchern und zerrissenen Schuhen, aber wahnsinnig vor Freude, auf die Straße.

Mein erstes Buch! Ich habe immer behauptet, die Aufgabe des Schriftstellers sei weder geheimnisvoll noch magisch, die des Dichters indes sei zumindest eine persönliche Aufgabe von allgemeinem Nutzen. Der Dichtung am ähnlichsten ist ein Laib Brot oder ein Tonteller oder ein wenn auch von ungeschickter Hand liebevoll bearbeitetes Stück Holz. Im übrigen glaube ich, erlebt kein Kunsthandwerker auch nur einmal dieses berauschende Gefühl wie der Dichter, erstmalig etwas Neues mit seinen Händen, mit der noch zitternden Ratlosigkeit seiner Träume geschaffen zu haben. Es ist ein Augenblick, der nie wiederkehrt. Wiederkehren werden viele sorgfältigere schöne Buchausgaben.

Es werden seine in den Kelch anderer Sprachen umgegossenen Wörter kommen, wie ein Wein, der an anderen Orten der Erde singt und duftet. Aber diese Minute, in der druckfrisch und papierzart das erste Buch erscheint, diese berückende, berauschende Minute mit dem Tönen flatternder Flügel und der ersten Blüte, die sich entfaltet in der eroberten Höhe, diese Minute gibt es nur einmal im Leben des Dichters.

Einer meiner Verse scheint sich aus diesem kindlichen Buch gelöst und seinen eigenen Weg gefunden zu haben: *Farewell*, das bis heute viele Menschen, denen ich begegnete, auswendig kennen. Am unerwartetsten Ort sagte man mir das Gedicht auf oder bat mich, es aufzusagen. Mochte es mich auch noch so sehr belästigen, kaum daß ich in einer Versammlung vorgestellt wurde, begann irgendein junges Mädchen die Stimme mit diesen drängenden Versen zu erheben, manchmal auch empfingen mich Staatsminister, nahmen militärisch Haltung an und spießten mich mit der ersten Strophe auf.

Jahre später erzählte mir in Spanien Federico García Lorca, wie ihm das gleiche mit seinem Gedicht *Die untreue Ehefrau* geschehen ist. Der größte Freundschaftsbeweis, den Federico geben konnte, war einem seine so volkstümliche und schöne Dichtung vorzusprechen. Wir sind allergisch gegen den reißenden Erfolg einer einzigen unserer Arbeiten. Dies ist ein gesundes, ja biologisches Gefühl. Ein derartiger Zwang des Lesers nagelt den Dichter auf eine einzige Minute fest, während in Wirklichkeit das Schaffen mit wachsendem Können und Bewußtsein kreist wie ein stetiges Rad, wenn vielleicht auch mit weniger Frische und Unmittelbarkeit.

Schon ließ ich *Crepusculario* hinter mir. Rasende Unrast trieb meine Dichtung. Auf flüchtigen Reisen in den Süden erneuerte ich meine Kräfte. Im Jahr 1923 machte ich eine merkwürdige Erfahrung. Ich war in mein Vaterhaus nach Temuco zurückgekehrt. Es war nach Mitternacht. Bevor ich mich zu Bett legte, öffnete ich die Fenster meines Zimmers. Der Himmel betörte mich. Er war bevölkert von einer keimenden Fülle von Sternen. Die Nacht war frisch, und die antarktischen Sterne blühten über mir.

Sternenrausch ergriff mich, himmlischer, kosmischer. Ich lief zum Tisch und schrieb hingerissen, als empfinge ich ein Diktat, das erste Gedicht eines Buchs, das viele Namen erhalten und schließlich *Der begeisterte Schleuderer* heißen sollte. Ich bewegte mich in Rhythmen, als schwämme ich in meinen wahren Gewässern.
Am nächsten Tag las ich in vollen genießerischen Zügen mein nächtliches Gedicht. Später, als ich nach Santiago kam, hörte der Magier Alirio Oyarzún verwundert meine Verse. Und fragte mich mit seiner tiefen Stimme:
»Bist du sicher, daß diese Verse nicht von Sabat Ercasty beeinflußt sind?«
»Ich glaube nicht. Ich habe sie wie im Fluge niedergeschrieben.«
Dann kam mir der Gedanke, mein Gedicht Sabat Ercasty zuzusenden, einem heute zu Unrecht vergessenen großen uruguayischen Dichter. Bei diesem Dichter hatte ich meine eigene Vorstellung von Dichtung verwirklicht gesehen: eine Dichtung, die außer dem Menschen auch die Natur, die verborgenen Kräfte umfaßt; eine epopäische Dichtung, die sich dem großen Mysterium des Universums und den Möglichkeiten des Menschen stellt. Ich trat mit ihm in Briefwechsel. Während mein Werk fortschritt und reifte, las ich mit großer Aufmerksamkeit die Briefe, die Sabat Ercasty einem so unbekannten jungen Dichter widmete.
Ich schickte ihm das Gedicht jener Nacht nach Montevideo und fragte ihn, ob ein Einfluß seiner Dichtung darin zu spüren sei oder nicht. Er erwiderte sofort in einem edelmütigen Brief: »Ich habe selten ein so gelungenes, so herrliches Gedicht gelesen, aber ich muß Ihnen sagen: Es ist etwas von Sabat Ercasty in Ihren Versen.«
Ich bin bis heute dankbar für diese nächtliche Erleuchtung. Den Brief trug ich mehrere Tage in meiner Tasche herum, bis er zerdrückt und zerfranst war. Vieles stand auf dem Spiel. Vor allem war ich besessen von dem unfruchtbaren Wahn jener Nacht. Umsonst war ich in Sternen versunken, umsonst hatten meine Sinne jenen Australsturm empfangen. Ich hatte mich getäuscht. Ich mußte der Inspiration mißtrauen. Die Vernunft mußte mich Schritt für Schritt auf schmalen Pfaden leiten. Ich mußte lernen, bescheiden zu sein. Ich zerriß viele Originale, verlegte andere. Erst zehn Jahre später tauchten diese wieder auf und wurden veröffentlicht.
Sabat Ercastys Brief bereitete meiner zyklischen Ambition nach einer weitgespannten Poesie das Ende, ich schloß meiner Beredtsamkeit die Tür; sie fortzuführen schien mir unmöglich, bewußt straffte ich Stil und Ausdruck. Indem ich meine schlichteren Anlagen aufspürte, meine eigene harmonische Welt, begann ich mit der Niederschrift eines neuen Buchs der Liebe. Das Ergebnis waren die *Zwanzig Liebesgedichte*.
Die *Zwanzig Liebesgedichte und ein Lied der Verzweiflung* sind ein

schmerzliches Hirtenbuch, die meine gequältesten jugendlichen Leidenschaften enthalten, vereint mit der überwältigenden Natur des Südens meines Vaterlandes. Es ist ein Buch, das ich liebe, weil neben schneidender Schwermut auch Lebensfreude darin ist. Ein Fluß und seine Mündung halfen mir dabei: der Imperial. Die *Zwanzig Liebesgedichte* sind der Roman Santiagos mit seinen Studentenstraßen, der Universität und dem Geißblattduft geteilter Liebe.
Die Santiago-Stücke wurden geschrieben zwischen der Calle Echaurren, der Avenida España und dem Innern des alten Gebäudes des Instituto Pedagógico, aber das Panorama bilden immer die Gewässer und die Bäume des Südens. Die Molen in *Lied der Verzweiflung* sind die alten Molen von Carahue und von Nieder-Imperial, die morschen Bohlen und die zapfengleichen, vom breiten Fluß behämmerten Balken, das Möwengeflatter, das damals wie heute die Flußmündung belebt.
Im schlanken, lange verlassenen Boot eines weiß Gott wann gestrandeten Schiffs las ich *Juan Cristóbal* von A bis Z und schrieb *Das Lied der Verzweiflung*. Über mir war der Himmel von gewalttätigem Blau, wie ich es nie wieder gesehen habe. Ich schrieb im Boot, verborgen in der Erde. Ich glaube, ich habe nie wieder Höhen und Tiefen erreicht wie in jenen Tagen. Hoch oben der undurchdringliche blaue Himmel. In meinen Händen *Juan Cristóbal* und die entstehenden Verse meines Gedichts. Mich umgab alles, was immer da war und immer da ist in meiner Dichtung: das entfernte Rauschen des Meeres, der Schrei der wilden Vögel und die sich nie verzehrende Liebe, brennend wie ein unsterblicher Dornbusch.
Man hat mich immer gefragt, wer die Frau der *Zwanzig Liebesgedichte* ist, eine schwer zu beantwortende Frage. Die zwei oder drei, die in dieser schwermütig brennenden Poesie verschmelzen, entsprechen, sagen wir, Marisol und Marisombra. Marisol ist die Idylle der verzauberten Provinz mit riesigen nächtlichen Sternen und Augen dunkel wie der feuchte Himmel von Temuco. Sie erscheint mit ihrer Fröhlichkeit und lebendigen Schönheit auf fast allen Seiten, umgeben von den Wassern des Hafens, beschienen vom Halbmond über den Bergen. Marisombra ist die Studentin der Hauptstadt. Graue Mütze, sanfteste Augen, steter Geißblattduft wandernder Studentenliebe, das körperliche Ausruhen von leidenschaftlichen Begegnungen in den Verstecken der Großstadt.

Mittlerweile veränderte sich das Leben in Chile.
Vernehmlich erhob sich die chilenische Volksbewegung und suchte unter den Studenten und Schriftstellern stärkere Unterstützung. Indes riß der große Führer des Kleinbürgertums, der dynamisch-demagogische Arturo Alessandri Palma die Präsidentschaft der Republik an sich, nicht ohne vorher das ganze Land mit seiner flammend-drohenden

Rednerkunst aufgerüttelt zu haben. Trotz seiner außergewöhnlichen Persönlichkeit verwandelte er sich, kaum an der Macht, sofort zum klassischen Herrscher unseres Amerika; der dominierende Teil der Oligarchie, die er bekämpfte, öffnete das Maul und schluckte seine revolutionären Reden. Und weiter blieb das Land in die schrecklichsten Konflikte verstrickt.

Gleichzeitig organisierte ein Arbeiterführer, Luis Emilio Recabarren, mit unerhörter Aktivität das Proletariat, bildete Gewerkschaftszentren, gründete neun oder zehn über das ganze Land verbreitete Arbeiterzeitungen. Eine Lawine der Arbeitslosigkeit brachte die Institutionen ins Wanken. Ich schrieb wöchentlich für *Claridad*. Wir Studenten unterstützten die Forderungen des Volkes und wurden von der Polizei in den Straßen Santiagos niedergeknüppelt. Tausende aus den Schwefel- und Kupferminen entlassene Arbeiter strömten in die Hauptstadt. Die Kundgebungen und die daraus erwachsende Repression färbten auf tragische Weise das Leben der Nation.

Von dieser Zeit an mischte sich in Abständen die Politik in meine Dichtung und in mein Leben. Ich konnte meinen Gedichten nicht die Tür zur Straße verriegeln, wie ich meinem jungen Dichterherzen auch nicht die Tür zur Liebe verriegeln konnte, zum Leben, zur Freude oder zur Trauer.

Das Wort

... Alles was Sie wünschen, ja mein Herr, denn es sind die Wörter, die singen, die steigen und fallen ... Vor ihnen werfe ich mich nieder ... Ich liebe sie, ich schätze sie, verfolge sie, zerbeiße sie, lasse sie im Mund zergehen ... So sehr liebe ich die Wörter ... Die unerwarteten ... Sie, die man gierig erwartet, belauert, bis sie plötzlich fallen ... Geliebte Vokabeln ... Sie glänzen wie bunte Steine, hüpfen wie Fische aus Platin, sind Schaum, Strahl, Metall und Tau ... Manche Wörter verfolge ich ... Sie sind so schön, daß ich sie alle in meinem Gedicht verwenden will ... Ich fange sie im Flug, wenn sie summen, und halte sie fest, reinige sie, schäle sie, setze mich vor den Teller, fühle sie kristallin, zitternd, aus Ebenholz, pflanzlich, ölig, wie Früchte, wie Algen, wie Achate, wie Oliven ... Dann lasse ich sie kreisen, bewege sie, schlürfe sie, verschlinge sie, zermalme sie, putze sie heraus, befreie sie ... Lasse sie wie Stalaktiten in meinem Gedicht, wie poliertes Holz, wie Kohle, wie Strandgut, Geschenke der Woge ... Alles ist im Wort ... Eine Idee verändert sich, weil ein Wort von der Stelle gerückt ist, weil ein anderes sich wie eine kleine Königin im Satz niederläßt, der sie nicht erwartet hat und ihr nun gehorcht ... Sie haben Dunkelheit, Durchsichtigkeit, Gewicht, Federn, Haare, sie haben alles, was an ihnen haften blieb auf der langen Irrfahrt durch den Fluß, auf der langen Wanderschaft in ihrem Vaterland, während ihres langen Wurzeldaseins ... Sie sind uralt und blutjung ... Sie leben im verborgenen Sarg und in der kaum begonnenen Blüte ... Welch gute Sprache die meine, welch gute Zunge haben wir von den fürchterlichen Konquistadoren ererbt ... Mit Riesenschritten durchwanderten sie die gewaltigen Kordilleren, die verwilderten Amerikas, auf der Suche nach Kartoffeln, nach Preßkopf, Bohnen, schwarzem Tabak, Gold, Mais, Spiegeleiern – mit jenem Heißhunger, den die Welt nie mehr erlebt hat ... Alles haben sie verschlungen, Religionen, Pyramiden, Volksstämme, Abgötterei gleich der, die sie in ihren großen Taschen trugen ... Wo sie auftraten, hinterließen sie verheerte Erde ... Doch von den Stiefeln der Barbaren, von den Bärten, den Helmen, den Hufen fielen wie Kiesel die leuchtenden Wörter, die uns blieben, funkelnd ... die Sprache. Am Ende verloren wir ... Am Ende gewannen wir ... Sie nahmen Gold und ließen uns Gold ... Sie nahmen alles und ließen uns alles. Sie ließen uns die Wörter.

3

Die Wege der Welt

Der Vagabund von Valparaíso

Valparaíso liegt nahe bei Santiago. Sie sind nur durch die zottigen Berge getrennt, auf deren Gipfeln wie Obelisken große Kakteen ragen, feindselige, blühende. Außerdem trennt etwas ewig Unbestimmbares Valparaíso von Santiago. Santiago ist eine gefangene Stadt, umzingelt von ihren Mauern aus Schnee. Valparaíso dagegen öffnet seine Tore dem offenen Meer, dem Geschrei der Straßen, den Augen der Kinder.

In der zügellosesten Zeit unserer Jugend warfen wir uns auf einmal, stets bei Tagesanbruch, stets ohne geschlafen zu haben, stets ohne einen Centavo in der Tasche, in einen Wagen dritter Klasse. Wir waren Dichter oder Maler von mehr oder weniger zwanzig Jahren, ausgestattet mit der wertvollen Fracht unüberlegter Verrücktheit, die sich betätigen, die ausgreifen, ausbrechen wollte. Der Stern von Valparaíso rief uns mit seinem magnetischen Pulsschlag.

Erst Jahre später spürte ich wieder in einer anderen Stadt den gleichen unerklärlichen Ruf. Das war während meiner Jahre in Madrid. Plötzlich, in einem Bierlokal, wenn ich bei Tagesanbruch ein Theater verließ oder auch einfach durch die Straßen ging, hörte ich die Stimme Toledos, die mich rief, die stumme Stimme seiner Gespenster, seines Schweigens. Und zu dieser vorgerückten Stunde, mit Freunden, so verrückt wie jene meiner Jugend, brachen wir dann auf zu der alten ausgeglühten, gewundenen Stadtfeste. Um auf dem Sand des Tajo angezogen zu schlafen, unter den Steinbrücken.

Ich weiß nicht, warum mir unter meinen wunderlichen Reisen nach Valparaíso eine im Gedächtnis geblieben ist, durchtränkt vom Duft der auf einsamen Feldern gepflückten Gräser. Wir wollten uns von einem Dichter und einem Maler verabschieden, die dritter Klasse nach Frankreich dampfen sollten. Da unsere gemeinsame Barschaft nicht für die Unterkunft in einer Rattenherberge ausreichte, suchten wir Novoa auf, einen unserer Lieblingsverrückten im großen Valparaíso. Zu seinem Haus zu gelangen, war nicht ganz einfach. Über Hügel und Hügel in die Unendlichkeit aufsteigend und abgleitend, sahen wir im Dunklen vor uns die unerschütterliche Silhouette Novoas, die uns führte.

Es war ein imposanter Mann mit buschigem Backen- und wuchtigem Schnauzbart. Die Rockschöße seines dunklen Gewandes schlugen wie Flügel auf den geheimnisvollen Gipfeln jener Kordillere, die wir blind und umnebelt erklommen hatten. Er redete unablässig. Er war ein verrückter Heiliger, ausschließlich von uns, den Dichtern, kanonisiert. Er war natürlich Naturalist, ein vegetativer Vegetarier. Er pries die nur ihm bekannten geheimen Verbindungen zwischen körperlicher Gesundheit und den naturgemäßen Gaben der Erde. Er predigte im Laufen; lenkte seine donnernde Stimme rückwärts, als wären wir seine Jünger. Seine ungewöhnliche Gestalt schritt voran wie die eines Sankt

Christophorus, geboren in den nächtlichen, einsamen Vorstädten.
Schließlich gelangten wir zu seinem Haus, das sich als Zwei-Zimmer-Hütte entpuppte. Das eine Zimmer war vom Bett unseres Heiligen Christophorus ausgefüllt, das andere weitgehend von einem riesigen Rohrsessel, dessen Rücken mit überflüssigen Strohrosen durchflochten war und dessen Armlehnen mit sonderbaren kleinen Fächern behängt waren – ein Meisterwerk viktorianischen Stils. Der große Sessel wurde mir zur Übernachtung angewiesen. Meine Freunde breiteten die Abendblätter auf den Boden und betteten sich spartanisch auf Nachrichten und Leitartikel.
Bald erfuhr ich durch Atmen und Schnarchen, daß alle schliefen. In dem Monumentalmöbel sitzend, hatte ich Mühe, meine Schläfrigkeit mit dem Schlaf zu versöhnen. Man hörte die Stille der Höhen, der einsamen Berggipfel. Nur das Gebell von Sternenhunden, das die Nacht durchkreuzte, nur der fernste Pfeifton eines ein- oder auslaufenden Schiffs bestätigten mir die Nacht von Valparaíso.
Plötzlich spürte ich, wie etwas Berückendes mich einnahm. Es war Gebirgsluft, Duft von Wiesen und Pflanzen, die ich aus meiner Kindheit kannte und im Lärm meines Stadtlebens vergessen hatte. Ich fühlte mich ausgesöhnt mit dem Schlaf, eingehüllt in das Wiegenlied meiner mütterlichen Erde. Woher kam dieses Beben des Waldes, die Jungfräulichkeit der Gerüche? Ich steckte die Finger in das verschlungene Korbgeflecht des riesigen Sessels, entdeckte ungezählte kleine Fächer und betastete trockene glatte Pflanzen, rauhe runde Zweige, lanzenförmige Blätter, zarte oder eisenharte. Dies gesamte gesundheitspendende Arsenal unseres Vegetarierpredigers, dies Aufgebot eines Lebens, das dem Sammeln von Gestrüpp gewidmet war, mit den großen Händen eines wortgewaltigen, schnellfüßigen Sankt Christophorus. Nachdem das Geheimnis sich offenbart hatte, schlief ich friedvoll ein, beschützt vom Aroma der wachsamen Kräuter.

In einer schmalen Gasse von Valparaíso wohnte ich einige Wochen gegenüber dem Haus von Don Zoilo Escobar. Unsere Balkone berührten sich fast. Mein Nachbar trat früh auf seinen Balkon hinaus und trieb Anachoretengymnastik, welche die Harfe seiner Rippen enthüllte. Stets mit einem armseligen Overall bekleidet oder einer fadenscheinigen Jacke, halb Seemann, halb Erzengel, hatte er sich vor Zeiten von seinen Seereisen zurückgezogen, vom Zollamt, vom Seehandel. Jeden Tag bürstete er seine Galatracht mit peinlicher Sorgfalt. Es war ein illustres Gewand aus schwarzem Tuch, das ich ihn durch lange Jahre hindurch nie tragen sah; ein Rock, den er immer in seinem altertümlichen Schrank zwischen seinen Schätzen aufbewahrte.
Aber sein größter und herzzerreißendster Schatz war eine Stradivari-Geige, die er eifersüchtig sein ganzes Leben lang bewahrte, ohne sie je

zu berühren oder von einem Menschen berühren zu lassen. Don Zoilo gedachte sie in New York zu verkaufen. Dort würde man ihm ein Vermögen für das berühmte Instrument zahlen. Manchmal holte er sie aus dem armseligen Schrank hervor und erlaubte uns, sie mit religiöser Ergriffenheit zu betrachten. Eines Tages würde Don Zoilo Escobar gen Norden reisen und ohne Geige zurückkehren, jedoch beladen mit prunkvollen Ringen und Goldzähnen, die in seinem Mund die Lücken füllen würden, die der lange Lauf der Zeit hinterlassen hatte.

Eines Morgens trat er nicht auf den Balkon. Wir begruben ihn dort oben, auf dem Hügelfriedhof, in seiner Tracht aus schwarzem Stoff, die zum ersten Mal sein kleines Eremitengerippe bedeckte. Die Saiten der Stradivari konnten seine Abreise nicht beweinen. Niemand verstand sie zu spielen. Überdies kam die Geige nicht zum Vorschein, als man den Schrank öffnete. Vielleicht war sie zum Meer geflogen, vielleicht nach New York, um Don Zoilos Träume zu erfüllen.

Valparaíso ist verschwiegen, gewunden, gekrümmt. Über die Hügel ergießt sich das Bettelvolk wie eine Kaskade. Man weiß, wieviel das unermeßliche Hügelvolk verzehrt und wie es sich kleidet (auch, wieviel es nicht verzehrt und wie es sich nicht kleidet). Trocknende Wäsche beflaggt jedes Haus und die unablässige Vervielfältigung nackter Füße verrät mit ihrem Gewimmel die unauslöschliche Liebe.

Aber nahe am Meer, in der Ebene, stehen Häuser, die wenig betreten werden, mit Balkons und verschlossenen Fenstern. Unter ihnen war das Herrenhaus des Forschers. Ich schlug mehrmals mit dem Bronzeklopfer an die Tür, um gehört zu werden. Schließlich näherten sich zaghafte Schritte, und mißtrauisch öffnete ein forschendes Gesicht das Portal einen Spalt, als sähe es mich lieber draußen. Es war die alte Dienerin des Hauses, ein Schatten in Umhang und Schürze, der nur mit seinen Schritten flüsterte. Der Forscher war gleichfalls sehr alt. Nur er und die Dienerin bewohnten das geräumige Haus mit seinen verschlossenen Fenstern. Ich war gekommen, um seine Sammlung von Götterbildern kennenzulernen. Gänge und Wände füllten die rotbraunen Geschöpfe, die weißgrau gestreiften Masken, die Statuen, die verschwundene Anatomien ozeanischer Götter wiedergaben, die verdorrten polynesischen Haartrachten, die feindseligen, mit Leopardenfell überzogenen Holzschilde, die Halsbänder aus wütenden Zähnen, die Ruder von Booten, die vielleicht den Schaum stürmischer Gewässer durchschnitten hatten. Gewalttätige Messer zitterten an den Wänden mit ihren silberfarbenen Klingen, die aus dem Dunkel hervorzüngelten.

Ich bemerkte, daß die männlichen Holzgottheiten erniedrigt worden waren. Ihre Phalli waren sorgfältig mit Schamschürzen bedeckt aus dem gleichen Stoff, aus dem Umhang und Schürze der Dienerin gefertigt waren; das war ganz offensichtlich.

Der alte Forscher bewegte sich lautlos zwischen seinen Trophäen. Saal auf Saal gab er mir die bald spöttischen, bald entschiedenen Erläuterungen eines Mannes, der lange für seine Bildnisse gesorgt hat, und weitersorgt. Sein weißer kleiner Bart schien einem Fetisch aus Samoa zu gehören. Er zeigte mir die Flinten und Pistolen, mit denen er den Feind verfolgt oder Antilopen und Tiger zur Strecke gebracht hatte. Er erzählte seine Abenteuer, ohne den Tonfall seines Murmelns zu verändern. Es war, als dringe die Sonne durch die geschlossenen Fenster ein und hinterlasse einen einzigen kleinen Strahl, einen kleinen lebenden Falter, der zwischen den Götzenbildern umherflatterte.
Beim Abschied teilte ich ihm meinen Plan mit, zu den Inseln zu reisen, meinen Wunsch, alsbald zu den goldenen Sandstränden aufzubrechen. Worauf er sich nach allen Seiten umblickte, seinen schütteren weißen Bart meinem Ohr näherte und zitternd flüsterte: »Sie darf es nicht erfahren, darf es nicht wissen, auch ich bereite eine Reise vor.«
So blieb er einen Augenblick stehen, einen Finger auf den Lippen und dem vermeintlichen Schreiten eines Tigers durch den Busch nachlauschend. Dann schloß sich die Tür, dunkel, plötzlich, wie wenn die Nacht über Afrika einfällt.

Ich fragte die Nachbarn:
»Gibt es einen neuen Sonderling? Hat es sich gelohnt, wieder nach Valparaíso zu kommen?«
Sie antworteten:
»Es gibt kaum etwas Gutes zu berichten. Aber wenn Sie diese Gasse hinaufgehen, werden Sie auf Don Bartolomé stoßen.«
»Wie erkenne ich ihn?«
»Sie können nicht irren. Er reist immer in einer Karrosse.«
Wenige Stunden später kaufte ich Äpfel in einem Obstladen, als ein Pferdewagen vor der Tür hielt. Eine hochgewachsene Persönlichkeit, schlaksig und schwarzgekleidet, stieg aus.
Auch dieser Herr wollte Äpfel kaufen. Auf der Schulter trug er einen grasgrünen Papagei, der sofort auf mich zuflog und sich ohne Umschweife auf meinem Kopf niederließ.
»Sind Sie Don Bartolomé?« fragte ich den Herrn.
»So ist es. Ich heiße Bartolomé.« Und zog einen langen Degen unter seinem Umhang und reichte ihn mir, während er seinen Korb mit den gekauften Äpfeln und Trauben füllte. Es war ein alter Degen, lang und spitz mit einem reichgeschmückten silbernen Degengriff, ein Griff wie eine erblühte Rose.
Ich lernte ihn nicht kennen, sah ihn nie wieder. Aber ich begleitete ihn respektvoll auf die Straße, öffnete stumm den Wagenschlag, damit er mit seinem Korb Früchte einsteigen konnte und übergab ihm feierlich Vogel und Degen.

Kleine Welten von Valparaíso, grundlos und zeitlos verlassen, wie Kisten, die einmal in der Tiefe eines Weinkellers zurückblieben und die niemand mehr abholt, von denen man nicht weiß, woher sie kommen und die nun nie mehr ihrer Enge entfliehen werden. Vielleicht ist in diesen geheimen Bereichen, in diesen Seelen von Valparaíso auf immer die entschwundene Hoheit einer Woge bewahrt, der Sturm, das Salz, das Meer, das rauscht und schimmert. Eines jeden Meer, bedrohlich und verschlossen: ein nicht mitteilbarer Laut, eine einsame Bewegung, die zu Mehl wurde und zum Schaum der Träume.

In den exzentrischen Leben, die ich entdeckte, überraschte mich die hohe Übereinstimmung zwischen ihnen und dem herzzerreißenden Hafen. Droben, auf den Hügeln, blüht das Elend aus rasendem Gesprudel von Teer und Fröhlichkeit. Kräne, Verlader, die Arbeiten des Menschen bedecken den Küstengürtel mit einer bunten Maske flüchtigen Glücks. Andere indes gelangten weder hinauf zu den Hügeln, noch hinunter zum Meeresdienst. Sie bewahrten in ihrer Kiste die eigene Unendlichkeit, ihr Teil vom Meer.

Und sie bewachten es mit ihren eigenen Waffen, während das Vergessen sich ihnen näherte wie Nebel.

Valparaíso schüttelt sich manchmal wie ein verwundeter Wal. Schwankt in der Luft, ringt mit dem Tod, stirbt und ersteht von neuem.

Hier trägt jeder Bürger eine Erinnerung an Erdbeben mit sich. Es ist eine lebendige Blüte des Entsetzens, die am Herzen der Stadt haftet. Jeder Bürger ist vor seiner Geburt ein Held. Denn in der Erinnerung des Hafens gibt es diese Mißlichkeit, dieses Erschaudern der Erde, die zittert und das heisere Geräusch, das aus den Tiefen steigt, als setze eine unterseeische, unterirdische Stadt ihre beerdigten Glockentürme mit doppelter Kraft in Bewegung, um den Menschen zu bedeuten, daß alles zu Ende sei.

Manchmal, wenn schon Mauern und Dächer barsten in Staub und Flammen, zwischen Schreien und Verstummen, wenn schon alles endgültig still schien im Tod, trat aus dem Meer wie ein letzter Schrecken die große Woge, die riesige grüne Hand, die, hoch und bedrohlich, sich reckte wie ein Turm der Rache und alles Leben löschte, das in Reichweite war.

Manchmal beginnt es mit einer vagen Regung, welche die Schläfer weckt. Zwischen Träumen verständigt sich die Seele mit ihren tiefen Wurzeln, mit ihrem irdischen Urgrund. Immer wollte sie es wissen. Nun weiß sie es. Im großen Erdbeben gibt es keine Zuflucht, die Götter sind fort und die eitlen Kirchen haben sich in zermahlene Erdhaufen verwandelt.

Die Angst des Menschen, der vor dem erzürnten Stier flieht, vor dem Dolch, der ihn bedroht oder vor dem Wasser, das ihn verschlingt, ist nicht die gleiche. Dies ist kosmische Angst, ein augenblickliches

Ausgesetztsein, das einstürzende und zerfallende Universum. Währenddessen tönt die Erde wie dumpfer Donner mit einer nie gehörten Stimme.
Nach und nach senkt sich der Staub, den die einstürzenden Häuser aufwirbelten. Wir bleiben allein zurück mit unseren Toten und allen anderen Toten, ohne zu wissen, warum wir am Leben geblieben sind.

Die Treppen beginnen unten und oben und winden sich steigend. Sie werden fein wie Haar, gewähren kurze Rast, sind steil. Werden seekrank. Stürzen vornüber. Breiten sich aus. Weichen zurück. Enden nie.
Wie viele Treppen? Wie viele Treppenstufen? Wie viele Füße auf Stufen? Wie viele Jahrhunderte von Schritten, treppauf, treppab, mit dem Buch, den Tomaten, dem Fisch, den Flaschen, dem Wein? Wie viele Tausende von Stunden, die die Stufen abgenützt, bis sie Kanäle waren, in denen Regen rinnt, spielt und weint?
Treppen!
Keine Stadt hat sie in ihrer Geschichte so verschwendet und aufgeblättert, hat sie in ihrem Angesicht so ausgestreut und vereint wie Valparaíso. Kein Antlitz einer Stadt besitzt diese Furchen, über die Leben kommen und gehen, als stiegen sie immerfort auf zum Himmel, als stiegen sie immerfort hernieder zur Schöpfung.
Treppen, die auf halbem Wege eine Distel mit purpurfarbenen Blüten zur Welt brachten! Treppen, die der aus Asien zurückgekehrte Seemann erklomm, den zu Hause ein neues Lächeln erwartete oder eine schreckliche Abwesenheit! Treppen, die ein Betrunkener wie ein schwarzer Meteor hinabstürzte! Treppen, auf denen die Sonne steigt, um den Hügeln Liebe zu spenden! Wenn wir alle Treppen Valparaísos begangen haben, sind wir um die Welt gereist.

Valparaíso meiner Schmerzen! ... Was geschah in den Einsamkeiten des Südpazifik? Verirrter Stern oder Würmerschlacht, dessen Leuchten die Katastrophe überlebt hatte?
Nacht von Valparaíso! Ein Punkt des Planeten leuchtete auf, erlosch im leeren Universum. Es zitterten die Leuchtkäfer, und zwischen den Bergen begann ein goldenes Hufeisen zu brennen.
Bald sandte die ungeheure entvölkerte Nacht gewaltige Gestalten aus, die das Licht vervielfältigten. Aldebarán bebte mit seinem fernen Pulsschlag, Kassiopeia hängte ihr Priestergewand an die Tore des Himmels, während über dem nächtlichen Sperma der Milchstraße still der Wagen vom Kreuz des Südens kreiste.
Dann entfiel Sagittarius, schwingend und behaart, aus seinen verlorenen Klauen ein Diamant, aus seinem fernen Fell ein Floh.

Valparaíso war geboren, feurig und lärmend, schaumig und hurentoll. Die Nacht seiner Gassen füllte sich mit schwarzen Najaden. In der Dunkelheit belauerten dich Türen, fesselten dich Hände, die Bettlaken des Südens verführten den Seemann. Polyanta, Tritetonga, Carmela, Flor de Dios, Multicula, Berenice, »Baby Sweet« bevölkerten die Bierkeller, beschützten die Schiffbrüchigen gegen den Wahnsinn, sie ersetzten und erneuerten einander, tanzten ohne Zügellosigkeit, mit der Melancholie meiner regenreichen Rasse.
Aus dem Hafen fuhren die wetterfestesten Schnellsegler aus zur Bezwingung der Wale. Andere Schiffe segelten zum Kalifornien des Goldes. Die letzten überquerten die sieben Meere, um später in der chilenischen Wüste Nitrat zu sammeln, das wie der zahllose Staub einer zerstörten Statue unter den ausgedörrtesten Landstrichen der Erde liegt.
Das waren die großen Abenteuer.
Valparaíso funkelte in der allumfassenden Nacht. Aus der Welt und in die Welt kamen Schiffe, wie unglaubliche Tauben herausgeputzt, duftende Barken, hungrige Fregatten, die das Kap Horn zu lange festgehalten hatte ... Oft stürzten sich die eben an Land gegangenen Männer an die Krippe ... Wilde, fantastische Tage, an denen die Ozeane sich nur über die Fernen der patagonischen Landenge verständigten. Zeiten, in denen Valparaíso mit guter Münze die Besatzungen bezahlte, die es bespuckten und liebten.
Auf irgendeinem Schiff kam ein Konzertflügel, auf einem anderen fuhr Flora Tristan, Gauguins peruanische Großmutter, auf einem dritten, dem »Wager«, kam Robinson Crusoe an, der erste, aus Fleisch und Knochen, unlängst in Juan Fernández aufgegriffen ... Andere Fahrzeuge brachten Ananas, Kaffee, Pfeffer aus Sumatra, Bananen aus Guayaquil, Jasmintee von Assam, Anis aus Spanien ... Die entlegene Bucht, der verrostete Huf des Zentauren füllte sich mit wechselnden Düften: in einer Straße überfiel dich die Süße von Zimt, in einer anderen durchstieß deine Seele wie ein weißer Pfeil der Geruch von Zuckerbirnen, aus einer breiten Gasse bestürmten dich kampflustig Algenreste des Meeres, des gesamten chilenischen Meeres.
Nun strahlte Valparaíso, kleidete sich in dunkles Gold, verwandelte sich in eine Meerorange, trieb Blätter, gewann Frische und Schatten, gewann die Pracht einer Frucht.

Valparaísos Berggipfel beschlossen, ihre Menschen abzuschütteln, die Häuser abzulösen, damit sie ins Schwanken gerieten an den Hängen, die der Ton rötet, die die goldenen Fingerhüte vergolden, die die Wildwuchsnatur mit ungeselligem Grün färbt. Aber Häuser und Menschen klammerten sich an die Höhe, sie wanden sich, nagelten sich fest, plagten sich, richteten sich nach der Senkrechten, hängten sich mit

Zähnen und Krallen an jeden Steilhang. Der Hafen ist ein Zankapfel zwischen dem Meer und der nachgiebigen Natur der Anden. Aber den Kampf gewann der Mensch. Hügel und Meeresfülle machten die Stadt gleichförmig, nicht wie eine Kaserne, sondern wie der Frühling mit seiner Widersprüchlichkeit der Bemalung, seiner klingenden Tatkraft. Die Häuser wurden zu Farben: sie vereinten Amarant und Gelb, Scharlach und Kobalt, Grün und Purpur. So erfüllte Valparaíso seine Aufgabe als echter Hafen, als gestrandetes aber lebendiges Schiff, als Schiffe mit ihren Flaggen im Wind. Der Wind des großen Ozeans verdiente eine beflaggte Stadt.

Ich habe zwischen diesen aromatischen, verletzten Hügeln gelebt. Es sind saftige Hügel, auf denen das Leben pulsiert in endlosen Ausläufern, in unergründlichen Schneckenwindungen und Krümmungen einer Trompete. In einer Spirale erwartet dich ein orangefarbenes Karussell, ein absteigender Mönch, ein kleines Mädchen, das in seiner Wassermelone versinkt, ein Wirbel von Matrosen und Frauen, eine Krambude mit verrostetem Eisenzeug, ein Miniaturzirkus, dessen Zelt nur Platz hat für den Schnauzbart des Dompteurs, eine Leiter, die zu den Wolken steigt, ein Fahrstuhl, der auffährt mit einer Ladung Zwiebeln, sieben Esel, die Wasser befördern, ein Feuerwehrwagen, der von einem Brand zurückkehrt, ein Glasschrank, der Flaschen über Leben und Tod vereint.

Doch diese Hügel haben tiefgründige Namen. Zwischen diesen Namen zu reisen, ist eine nie endende Reise, denn die Reise Valparaísos endet nicht in der Erde und nicht im Wort. Fröhlicher Hügel, Falter-Hügel, Palanco-Hügel, Hügel des Spitals, des Tischchens, des Hauswinkels, des Wolfsrudels, des Takelwerks, der Töpferwaren, der Zwergeiche, der Calahuala, des Litre, der kleinen Windmühle, der Mandelbaumpflanzung, der Eulen, der Nachtigallen, von Acevedo, des Espartograsfelds, des Gefängnisses, der Füchse, der Doña Elvira, von Sankt Stefan, von Astorga, der Esmeralda, des Mandelbaums, von Rodríguez, der Artillerie, der Milchkühe, der Empfängnis, des Friedhofs, des Distelhains, des Kronenbaums, des Englischen Spitals, des Palmbaums, der Königin Viktoria, der Eiche, des Heiligen Johannes vom Gott, von Pocuro, des Schlupfhafens, vom Ziegenfleischstand, von Biskayen, des Don Elías, des Kaps, des Rieds, des Wartturms, der Weinlauben, des Quittenbaums, des Rinds, von Floridá.

Ich kann unmöglich so viele Orte besuchen. Valparaíso bedarf eines neuen Meerungeheuers, eines Achtfüßlers, der es zu durcheilen vermag. Ich nutze seine Unermeßlichkeit, seine intime Unermeßlichkeit, aber es gelingt mir nicht, seine vielfarbene Rechte zu umfassen, sein linkisches Keimen, seine Höhe und seinen Abgrund.

Ich folge allein seinen Glocken, seinen Schwingungen und seinen Namen.

Besonders seinen Namen, denn sie haben Wurzeln und Wurzelkraft, Luft und Öl, Geschichte und Werke: ihre Silben haben Blut.

Chilenischer Konsul in einem Mauseloch

Ein Literaturpreis für Studenten, eine gewisse Beliebtheit meiner neuen Bücher und mein berühmter Mantel hatten mir eine kleine Aureole des Ansehens über die ästhetischen Zirkel hinaus eingebracht. Doch das kulturelle Leben unserer Länder in den zwanziger Jahren hing bis auf seltene heroische Ausnahmen ausschließlich von Europa ab. In jeder unserer Republiken gab eine kosmopolitische »Elite« den Ton an, und was die Schriftsteller der Oligarchie betraf, so lebten sie in Paris. Unser großer Dichter Vicente Huidobro schrieb nicht nur Französisch, er änderte auch seinen Vornamen von Vicente in Vincent.

Fest steht indes: kaum besaß ich eine Andeutung von jugendlichem Ruhm, fragte mich alle Welt auf der Straße:

»Aber was machen Sie denn hier? Sie müssen nach Paris.«

Ein Freund empfahl mich einem Abteilungsleiter im Außenministerium. Ich wurde sofort empfangen. Er kannte bereits meine Verse.

»Ich kenne auch Ihre Bestrebungen. Setzen Sie sich in diesen bequemen Sessel. Von hier aus haben Sie einen schönen Ausblick auf den Platz, auf den Markt des Platzes. Sehen Sie sich die Autos an. All das ist Eitelkeit. Seien Sie froh, daß Sie ein junger Dichter sind. Sehen Sie diesen Palast? Er gehörte meiner Familie. Und nun sehen Sie mich hier in diesem Loch, eingeengt von der Bürokratie. Während das Einzige, was Wert hat, der Geist ist. Mögen Sie Tschaikowski?«

Als er mir nach einer Stunde künstlerischer Unterhaltung zum Abschied die Hand reichte, sagte er, ich solle mir keine Sorgen machen, er sei der Leiter des Konsulardiensts.

»Sie können sich schon jetzt für einen Auslandsposten bestimmt erachten.«

Zwei Jahre lang sprach ich in regelmäßigen Abständen bei dem aufmerksamen, jedes Mal entgegenkommenderen Diplomaten vor. Kaum sah er mich eintreten, rief er nachlässig einen seiner Sekretäre und sagte, die Brauen runzelnd:

»Ich bin für niemanden zu sprechen. Man lasse mich die Alltagsprosa vergessen. Das einzig Geistige in diesem Ministerium ist der Besuch des Poeten. Hoffentlich werden Sie uns nie verlassen.«

Er sprach aufrichtig, dessen bin ich sicher. Und schon ging er zum Thema Rassehunde über. »Wer Hunde nicht liebt, liebt auch keine Kinder.« Dann kam der englische Roman an die Reihe, anschließend behandelte er Anthropologie und Spiritismus, um sich später über Fragen der Heraldik und Genealogie auszulassen. Beim Abschied wie-

derholte er nochmals wie ein zwischen uns beiden ängstlich gehütetes Geheimnis, mein Auslandsposten sei garantiert. Wenngleich ich kein Geld zum Essen hatte, atmete ich an jenem Abend, als ich auf die Straße trat, wie ein Gesandtschaftsrat. Und wenn meine Freunde mich fragten, was ich treibe, so antwortete ich bedeutsam:
»Ich bereite meine Abreise nach Europa vor.«
Das dauerte an, bis ich meinen Freund Bianchi traf. Die Familie Bianchi von Chile ist ein edler Clan. Maler und volkstümliche Musiker, Juristen und Schriftsteller, Forscher und Andinisten, sie verleihen allen Bianchis einen Anflug von Rastlosigkeit und raschem Verstehen. Mein Freund, der Botschafter gewesen war und die geheimen Kanäle der Ministerien kannte, fragte mich:
»Ist deine Ernennung noch nicht heraus?«
»Ich soll sie jeden Augenblick bekommen, wie mir ein hoher Förderer der Künste versichert, der im Ministerium arbeitet.«
Er lächelte und sagte:
»Komm, wir wollen zum Minister gehen.«
Er nahm mich am Arm, und wir schritten die Marmorstufen hinauf. Bei unserem Eintritt wichen Ordonnanzen und Beamte eilends zur Seite. Ich war so überrascht, daß ich kein Wort herausbrachte. Zum ersten Mal sah ich einen Außenminister. Er war sehr klein von Statur und um das abzuschwächen, setzte er sich mit einem Sprung auf sein Schreibpult. Mein Freund trug mein ungestümes Verlangen vor, Chile zu verlassen. Der Minister drückte auf einen seiner zahlreichen Klingelknöpfe und sofort erschien, um meine Verwirrung zu steigern, mein geistiger Beschützer.
»Welche Posten sind im Dienst frei?« fragte der Minister.
Der adrette Beamte, der nun nicht von Tschaikowski sprechen konnte, nannte die Namen mehrerer, über die ganze Welt verstreuter Städte, von denen ich nur einen aufzuschnappen vermochte, den ich nie gehört oder gelesen hatte: Rangoon.
»Wohin wollen Sie gehen, Pablo?« fragte der Minister.
»Nach Rangoon«, antwortete ich ohne Zaudern.
»Ernennen Sie ihn«, befahl der Minister meinem Beschützer, der hinauslief und alsbald mit der Ernennungsurkunde zurückkehrte.
Im Salon des Ministers gab es eine Erdkugel. Freund Bianchi und ich suchten darauf die unbekannte Stadt Rangoon. Der alte Globus hatte eine tiefe Beule in einer Gegend Asiens, und in dieser Aushöhlung entdeckten wir sie.
»Rangoon. Hier ist Rangoon.«
Als ich aber Stunden später meine Dichterfreunde traf, und diese meine Ernennung feiern wollten, hatte ich den Namen der Stadt völlig vergessen. Ich konnte ihnen nur mit überschäumendem Jubel erklären, daß ich im sagenhaften Orient zum Konsul ernannt und daß der

Dienstort, für den ich bestimmt worden sei, in einem Loch des Globus liege.

Montparnasse

Eines Tages im Juni 1927 brachen wir in die fernen Gebiete auf. In Buenos Aires tauschten wir meine Passage erster Klasse um gegen zwei in der dritten und schifften uns auf der »Baden« ein. Das war ein deutsches Schiff mit sogenannter Einheitsklasse, doch diese »Einheitsklasse« war vermutlich die fünfte. Die Bedienung war in zwei Schichten geteilt: die erste bediente hastig die portugiesischen und gallizischen Einwanderer, die zweite die restlichen gemischten Passagiere, sonderlich Deutsche, die aus Minen oder Fabriken Lateinamerikas zurückkehrten. Mein Gefährte Alvaro nahm sofort eine Klassifizierung der weiblichen Passagiere vor. Er war ein aktiver Frauenheld. Er teilte sie in zwei Gruppen. In solche, die den Mann bekämpfen und solche, die der Peitsche gehorchen. Diese Formeln stimmten nicht immer. Er kannte alle Arten von Tricks, um die Liebe der Damen zu gewinnen. Wenn ein paar interessante Frauen auf Deck erschienen, nahm er rasch meine Hand und gab mit geheimnisvollen Gebärden vor, ihre Linien zu lesen. Bei der zweiten Runde blieben die Spaziergängerinnen stehen und flehten ihn an, doch ihr Schicksal zu lesen. Bei der Prozedur ergriff er umständlich ihre Hände, liebkoste sie übertrieben, und die Zukunft, die er ihnen voraussagte, prophezeite stets Besuch in unserer Kabine.

Für mich wandelte sich die Reise sehr bald, und ich sah nicht mehr die Fahrgäste, die lautstark gegen die ewige Kartoffel auf der Speisekarte protestierten, ich sah nicht mehr die Welt und den eintönigen Atlantik, ich betrachtete nur noch die dunklen großen Augen einer jungen unendlich brasilianischen Brasilianerin, die in Rio de Janeiro mit ihren Eltern und zwei Brüdern an Bord kam.

Das fröhliche Lissabon jener Jahre mit Fischern in den Straßen und ohne Salazar auf dem Thron füllte mich mit Staunen. Köstlich war das Essen in dem kleinen Hotel. Große Tabletts mit Früchten krönten die Tafel. Die bunten Häuser, die alten Paläste mit Portikos vor den Türen, die ungeheuerlichen Dome wie Riesenschalen, aus denen Gott vor Jahrhunderten anderswohin gezogen war, die Spielhöllen in alten Palais, die kindlich neugierige Menge auf den Avenidas, die Herzogin von Braganza, die den Verstand verloren hatte und priesterlich durch eine gepflasterte Straße wandelte, im Schlepptau hundert staunende verwahrloste Straßenjungen – das war mein Einzug in Europa.

Dann Madrid mit seinen überfüllten Cafés, der einfältige Primo de Rivera, der einem Land, das anschließend den ganzen Lehrgang erhalten sollte, die erste Lektion in Tyrannei gab. Meine ersten Gedichte aus *Aufenthalt auf Erden*, welche die Spanier zunächst nicht verstanden; sie sollten sie erst verstehen, als die Generation der Alberti, Lorca, Aleixandre, Diego auf den Plan trat. Spanien war für mich auch der endlose Eisenbahnzug und der härteste Dritter-Klasse-Wagen der Welt, der uns in Paris entließ.

Wir verschwanden in der dampfenden Menschenmenge des Montparnasse, unter Argentiniern, Brasilianern, Chilenen. Noch träumten die Venezolaner, die damals unter der Regierung von Gómez schmachteten, nicht von einem Auftritt in Paris. Und etwas entfernt die ersten Hindus mit ihren wallenden Gewändern. Und meine Tischnachbarin mit ihrer um den Hals geschlungenen kleinen Schlange, die mit melancholischer Langsamkeit einen *café crème* nahm. Unsere südamerikanische Kolonie trank Cognac, tanzte Tango und wartete nur auf die geringste Gelegenheit, einen riesengroßen Streit vom Zaun zu brechen und sich mit jedermann anzulegen.

Für uns, Provinzbohemiens Südamerikas, bestanden Paris, Frankreich und Europa aus zweihundert Metern und zwei Ecken: Montparnasse, La Rotonde, Le Dôme, La Coupole und drei oder vier weitere Cafés. Die Neger-boîtes kamen gerade in Mode. Unter den Südamerikanern waren die Argentinier die zahlreichsten, die streitsüchtigsten und die reichsten. Jeden Augenblick gab es Radau, und schon wurde ein Argentinier von vier Kellnern gepackt, durch die Luft über die Tische bugsiert und unsanft auf die Straße gesetzt. Unseren Vettern aus Buenos Aires gefiel diese rüde Art keineswegs, bei der ihre Hosen zerknittert, bei der, weit schlimmer, ihre Frisur zerstört wurde. Zu jener Zeit war Haarpomade ein wesentlicher Bestandteil der argentinischen Kultur.

Fest steht: in jenen ersten Pariser Tagen, deren Stunden nur so verflogen, lernte ich keinen einzigen Franzosen, keinen einzigen Europäer, keinen einzigen Asiaten und viel weniger Bürger aus Afrika oder Ozeanien kennen. Die Amerikaner spanischer Sprache von den Mexikanern bis hinunter zu den Patagoniern lebten in Banden, erzählten sich ihre Defekte, machten sich gegenseitig herunter, ohne indes aufeinander zu verzichten. Ein Guatemalteke verliert seine Zeit lieber auf erlesene Art in der Gesellschaft eines paraguayischen Stromers als in der Gesellschaft Pasteurs.

In jenen Tagen lernte ich César Vallejo, den großen Mischling kennen, Dichter einer runzeligen Poesie, beim Berühren beschwerlich wie Urwaldhaut, aber eine großartige Poesie von übermenschlichen Dimensionen.

Natürlich gerieten wir leicht aneinander, kaum daß wir uns kannten. Es war in La Rotonde. Als wir einander vorgestellt wurden, sagte er mit seinem herrlichen peruanischen Akzent:

»Sie sind der größte unter allen unseren Dichtern. Nur Rubén Darío kann sich mit Ihnen messen.«

»Vallejo«, sagte ich. »Wenn Sie wollen, daß wir Freunde werden, sagen Sie bitte nie mehr so etwas. Wohin kommen wir, wenn wir anfangen, einander wie Literaten zu traktieren.«

Anscheinend bekam er meine Worte in den falschen Hals. Meine antiliterarische Erziehung trieb mich dazu, unerzogen zu sein. Er hingegen gehörte einem älteren Volk an als ich, einem mit Vizekönigtum und Höflichkeit. Als ich sah, daß er gekränkt war, kam ich mir vor wie ein ungehobelter Bauer.

Doch das ging vorüber wie ein Nebelstreif. Vom selben Augenblick an wurden wir echte Freunde. Jahre später, als ich mich längere Zeit in Paris aufhielt, sahen wir uns täglich. So lernte ich ihn immer näher kennen.

Vallejo war kleiner von Statur als ich, schlanker, knochiger. Er hatte auch mehr Indioblut als ich, dunklere Augen und eine sehr hohe gewölbte Stirn. Er besaß ein schönes, hoheitsvoll trauriges Inkagesicht. Eitel wie alle Dichter behagte es ihm, wenn er auf seine Gesichtszüge des Ureinwohners angesprochen wurde. Er hob den Kopf, damit ich ihn bewunderte und sagte:

»Ich habe etwas, nicht?« Und lachte lautlos über sich selbst.

Seine Begeisterungsfähigkeit war sehr verschieden von der Vicente Huidobros, Dichter-Antipode von Vallejo in vieler Hinsicht. Huidobro ließ sich eine Strähne in die Stirn fallen, schob die Finger in die Weste, drückte die Brust heraus und fragte: »Habt ihr meine Ähnlichkeit mit Napoléon Bonaparte bemerkt?«

Vallejo war nur äußerlich düster wie ein Mann, der lange vergessen, verlassen im Halbdunkel gelebt hat. Er war von Natur aus feierlich, und sein Gesicht glich einer starren, fast priesterlichen Maske. Aber seine innere Wahrheit war anders. Ich sah ihn oft (zumal wenn es uns gelang, ihn der Herrschaft seiner Frau, einer tyrannischen, eingebildeten Französin, Tochter eines Hausmeisters, zu entreißen), ich sah ihn schulbubenhafte Freudensprünge machen. Dann kehrte er wieder zu seiner Feierlichkeit und Unterwürfigkeit zurück.

Plötzlich tauchte aus dem Schatten von Paris der Mäzen, auf den wir immer gewartet hatten und der nie gekommen war. Er war Chilene, Schriftsteller, Freund Rafael Albertis, der Franzosen, der halben Welt. Außerdem, als wichtigste Eigenschaft, war er der Sohn des größten Reeders von Chile. Und berühmt für seine Verschwendungssucht.

Dieser jüngst vom Himmel gefallene Mäzen wollte mich feiern und führte uns alle in eine *boîte* von Weißrussen mit Namen »Kaukasischer Keller«. Die Wände waren mit kaukasischen Trachten und Landschaften dekoriert. Und schon sahen wir uns umringt von Russinnen, oder

falschen Russinnen, aufgeputzt wie Bergbäuerinnen.
Condon, denn so hieß unser Amphitryon, glich dem letzten Russen der Dekadenz. Zart und blond, bestellte er unermüdlich Champagner, machte verrückte Sprünge und ahmte die Tänze der Kosaken nach, die er nie gesehen hatte.
»Champagner, mehr Champagner!« Und unvermutet sank unser bleicher Amphitryon-Millionär unter den Tisch und schlief fest ein wie der blutleere Leichnam eines von einem Knochen erschlagenen Kaukasiers.
Eisiger Schrecken durchfuhr uns. Der Mensch erwachte weder mit Hilfe von Eiskompressen, noch von Amoniakflaschen, die wir unter seiner Nase entkorkten. Angesichts unserer Ratlosigkeit und Verstörung flohen bis auf eine alle Tänzerinnen. In den Taschen unseres Gastgebers fanden wir nur ein dekoratives Scheckbuch, dessen Schecks dieser in seinem leichenhaften Zustand nicht mehr unterzeichnen konnte.
Der größte Kosake der *boîte* forderte unverzüglich die Bezahlung der Zeche und verriegelte die Eingangstür, damit wir nicht entwischen konnten. Wir entkamen der Kerkerhaft nur dadurch, daß ich meinen funkelnagelneuen Diplomatenpaß als Bürgschaft hinterlegte.
Unseren leblosen Millionär schulternd, zogen wir ab. Es kostete Riesenanstrengung, ihn zu einem Taxi zu schleppen, ihn hineinzubugsieren, ihn vor seinem prunkvollen Hotel auszuladen. Wir überließen ihn den Armen zweier riesiger rotlivrierter Portiers, die ihn nach oben transportierten, als trügen sie einen auf der Kommandobrücke seines Schiffs gefallenen Admiral.
Im Taxi wartete das Mädchen aus der *boîte*, die einzige, die uns in unserem Unglück nicht verlassen hatte. Alvaro und ich luden sie ins Les Halles ein, zur köstlichen Zwiebelsuppe der Morgenröte. Wir kauften ihr Blumen auf dem Markt, küßten sie zum Dank für ihr Samariterverhalten und stellten fest, daß sie einen gewissen Charme besaß. Sie war weder hübsch noch häßlich; den Ausschlag gab das Stubsnäschen der Pariserinnen. Wir luden sie in unser erbärmliches Hotel ein. Sie zierte sich nicht.
Sie ging mit Alvaro aufs Zimmer. Ich fiel halbtot ins Bett, spürte aber bald, daß jemand an mir zupfte. Es war Alvaro. Sein Gesicht eines friedlichen Verrückten kam mir sonderbar vor.
»Das ist etwas«, sagte er. »Diese Frau hat etwas Außerordentliches, Ungewöhnliches an sich, ich kann's dir nicht erklären. Du mußt sie sofort ausprobieren.«
Wenige Minuten später legte sich die Unbekannte schlaftrunken und nachsichtig zu mir ins Bett. Als ich sie liebte, bestätigte sich ihre geheimnisvolle Gabe. Es war etwas Unbeschreibliches, das da aus ihrer Tiefe aufsproß, das zurückging auf den Ursprung der Lust, zur Geburt einer Welle, zum Geschlechtsgeheimnis der Venus. Alvaro hatte recht.

Am nächsten Tag warnte Alvaro mich während einer Frühstückspause auf spanisch:
»Wenn wir diese Frau nicht sofort loswerden, wird aus unserer Reise nichts. Wir würden nicht auf dem Meer Schiffbruch erleiden, sondern im unergründlichen Sakrament des Geschlechts.«
Wir beschlossen, sie mit kleinen Geschenken zu überhäufen: mit Blumen, Schokolade und der Hälfte der uns verbliebenen Franken. Sie gestand, sie sei nicht in dem kaukasischen Kabarett angestellt, sie habe es in der vergangenen Nacht zum ersten und letzten Mal besucht. Wir stiegen mit ihr in ein Taxi. Der Chauffeur fuhr durch ein undefinierbares Viertel, als wir ihn anhalten ließen. Wir verabschiedeten uns von ihr mit fetten Küssen und ließen sie dort, verwirrt aber lächelnd.
Wir sahen sie nie wieder.

Reise in den Orient

Genausowenig werde ich den Zug vergessen, der uns nach Marseille brachte, der beladen war wie ein Korb mit exotischen Früchten, mit buntscheckigen Leuten, Bäuerinnen und Matrosen, Akkordeons und Liedern, in die das ganze Abteil einstimmte. Wir fuhren dem Mittelmeer, den Häfen des Lichts entgegen ... Das war 1927. Mich faszinierte Marseille mit seiner geschäftstüchtigen Romantik und dem Vieux Port, beflügelt mit Takelwerk, siedend im eigenen dunklen Flattern. Das Schiff der Messageries Maritimes, das wir nach Singapur gebucht hatten, war ein Stück Frankreich auf See mit seiner »petite bourgeoisie«, die auf Posten in die fernen Kolonien fuhr. Als während der Reise die Besatzungsmitglieder unsere Schreibmaschinen und unseren Schriftsteller-Papierkram sahen, baten sie uns, ihre Briefe zu tippen. Wir nahmen im Diktat unglaubliche Liebesbriefe des Schiffsvolks auf an ihre Bräute in Marseille, Bordeaux, auf dem Land. Im Grunde interessierte sie nicht der Inhalt, sondern nur, daß sie mit Maschine geschrieben waren. Doch was sie in ihnen sagten, waren die reinsten Gedichte von Tristan Corbière, rauhe und zarte Botschaften. Das Mittelmeer öffnete sich unserem Bug mit seinen Häfen, seinen Teppichen, seinen Händlern, seinen Märkten. Im Roten Meer beeindruckte mich der Hafen von Dschibuti. Der dürre Sand, so oft gefurcht von Arthur Rimbauds Kommen und Gehen; die standbildhaften Negerinnen mit ihren Obstkörben, die elenden Hütten der primitiven Bevölkerung, und das verwahrloste Aussehen der vom senkrechten gauklerischen Licht beleuchteten Cafés ... Man trank dort Eistee mit Zitrone.
Wichtig war, das Nachtleben von Shanghai kennenzulernen. Übelbeleumdete Städte ziehen an wie vergiftete Frauen. Shanghai tat uns beiden seinen nächtlichen Mund auf, uns Provinzlern der Welt, Passa-

gieren der dritten Klasse mit wenig Geld und trauriger Neugierde.
Eines nach dem anderen betraten wir die großen Kabaretts. Es war ein Abend mitten in der Woche, sie waren leer. Trostlos anzusehen waren die riesigen Tanzflächen, wie zum Vergnügen Hunderter von Elefanten angelegt, auf denen niemand tanzte. Aus halbdunklen Ecken tauchten spindeldürre Russinnen der Zarenzeit, die gähnend baten, man möge sie zum Champagner einladen. So durchliefen wir sechs oder sieben dieser Orte der Verlorenheit, wo man nichts verlor als seine Zeit.
Es war spät, um zum Schiff zurückzukehren, das weit weg lag, hinter den verwinkelten Hafengäßchen. Wir nahmen jeder eine Rikscha. Wir waren nicht an diese Beförderung durch menschliche Pferde gewöhnt. Unermüdlich trabend, zogen diese Chinesen des Jahres 1928 den kleinen Wagen lange Strecken.
Da es zu regnen begonnen hatte und der Regen stärker wurde, hielten unsere Rikschakulis ihre Wagen sanft an und zogen das wasserdichte Verdeck über den Vorderteil, auf daß nicht ein Tropfen unsere ausländischen Nasen besprühe.
Was für eine feine, rücksichtsvolle Rasse. Nicht umsonst hat sie zweitausend Jahre Kultur hinter sich, dachten Alvaro und ich, ein jeder auf seinem rollenden Sitz.
Trotzdem begann etwas mich zu beunruhigen. Ich sah nichts, da ich eingeschlossen im Kreis der Vorsichtsmaßnahmen saß, hörte aber durch die imprägnierte Leinwand die Stimme meines Wagenführers, der eine Art Summen von sich gab. Dem Tappen seiner bloßen Füße gesellten sich rhythmische Geräusche, anderer bloßer Füße, die auf dem nassen Pflaster trabten. Endlich hörten sie auf, ein Zeichen dafür, daß das Pflaster zu Ende und wir jetzt sicherlich auf unbebautem Gelände außerhalb der Stadt fuhren.
Plötzlich blieb meine Rikscha stehen. Der Fahrer zog behende das Verdeck ab, das mich gegen den Regen geschützt hatte. In dem menschenleeren Vorort war nicht der Schatten eines Schiffs zu sehen. Die andere Rikscha stand neben der meinen, und Alvaro stieg bestürzt von seinem Sitz.
»Money! Money!« wiederholten gelassen die sieben oder acht Chinesen, die uns umringten.
Mein Freund tat, als hole er eine Waffe aus der Hosentasche, und das genügte, damit wir beide einen Schlag ins Genick bekamen. Ich fiel hintenüber, aber die Chinesen fingen meinen Kopf in der Luft auf, damit ich ihn nicht aufschlüge und betteten mich sanft auf den nassen Erdboden. Blitzschnell durchwühlten sie meine Taschen, mein Hemd, meinen Hut, meine Schuhe, meine Socken und meine Krawatte, wobei sie die Geschicklichkeit von Trapezkünstlern an den Tag legten. Sie ließen nicht einen Zentimeter meiner Kleidung undurchsucht, ließen uns nicht einen Centime unserer gesamten spärlichen Barschaft. Doch

mit der traditionellen Liebenswürdigkeit der Diebe von Shanghai verschonten sie mit fast religiösem Respekt unsere Papiere und Pässe.
Als wir allein waren, marschierten wir auf die Lichter zu, die in der Ferne zu erkennen waren. Bald stießen wir auf Hunderte von nächtlichen, doch ehrbaren Chinesen. Keiner sprach Französisch, keiner Englisch, Spanisch, aber alle wollten uns in unserer Ratlosigkeit behilflich sein und geleiteten uns nach bestem Vermögen zu unserer ersehnten, paradiesischen Kabine dritter Klasse.

Wir gelangten nach Japan. Das aus Chile erwartete Geld sollte bereits auf dem Konsulat liegen. Mittlerweile mußten wir mit einer Matrosenherberge in Yokohama vorliebnehmen. Wir schliefen auf schlechten Strohsäcken. Eine Fensterscheibe war zerbrochen, es schneite, und die Kälte drang uns bis ins Herz. Kein Mensch beachtete uns. Eines Morgengrauens brach ein Öldampfer vor der japanischen Küste auseinander, und die Herberge füllte sich mit Schiffbrüchigen. Unter ihnen befand sich ein baskischer Seemann, der außer Spanisch und seiner eigenen keine andere Sprache sprach und uns sein Abenteuer erzählte: vier Tage und Nächte war er auf einer Planke getrieben, umspült von den Feuerwellen des brennenden Petroleums. Die Schiffbrüchigen wurden mit Decken und Proviant versorgt und der Baske, großherziger Junge!, wurde unser Beschützer.
Dagegen empfing uns der Generalkonsul von Chile – ich glaube, er hieß De la Marina oder De la Rivera – von seiner stolzen Höhe herab und ließ uns die Nichtigkeit unseres Schiffbrüchigenzustands fühlen. Er hatte keine Zeit für uns. Er mußte an jenem Abend bei der Gräfin Yufú San speisen. Der Kaiserliche Hof hatte ihn zum Tee gebeten. Oder aber er war mit tiefschürfenden Studien über die herrschende Dynastie beschäftigt.
»Welch feiner Mensch, der Kaiser, und so weiter . . .«
Nein, er hatte kein Telefon. Wozu ein Telefon in Yokohama? Man würde ihn doch nur auf japanisch anrufen. Was Nachrichten über unser Geld betraf, so hatte der Bankdirektor, ein intimer Freund von ihm, nichts von sich hören lassen. Er bedauerte, sich verabschieden zu müssen. Er werde bei einem Galaempfang erwartet. Bis morgen.
Und so jeden Tag. Wir verließen das Konsulat vor Kälte schlotternd, weil unsere Kleidung bei dem Überfall zerfetzt worden war und wir nur über ein paar armselige Schiffbrüchigen-Sweater verfügten. Am letzten Tag erfuhren wir, daß unsere Überweisung vor uns in Yokohama eingetroffen war. Die Bank hatte drei Benachrichtigungen an den Herrn Konsul geschickt, aber der aufgeblasene Lackaffe und allerhöchste Beamte hatte diese für seinen Rang viel zu belanglose Bagatelle übersehen. (Wenn ich in den Zeitungen lese, daß irgendwelche Konsuln von übergeschnappten Landsleuten ermordet wurden, denke

ich mit Sehnsucht an jenen erlauchten Ordensträger.)
An jenem Abend gingen wir ins beste Café von Tokio, das »Kuroncko« an der Ginza. Zu jener Zeit aß man gut in Tokio, ein Amen der Hungerwoche, welche die Gerichte würzte. In der guten Gesellschaft bezaubernder junger Japanerinnen tranken wir mehrmals auf das Wohl aller unglücklichen Reisenden, die von den über die Welt verstreuten verdorbenen Konsuln vernachlässigt werden.

Singapur. Wir glaubten uns in nächster Nähe von Rangoon. Bittere Enttäuschung! Was auf dem Atlas wenige Millimeter entfernt lag, entpuppte sich als fürchterlicher Abgrund. Mehrere Tage Schiffsreise erwarteten uns, und zu allem Überfluß war der einzige Dampfer, der die Route fuhr, am Vortage ausgelaufen. Wir hatten kein Geld fürs Hotel, und noch weniger für die Passagen. Eine neue Anweisung erwartete uns in Rangoon.
Ah! Aber der chilenische Konsul in Singapur, mein Kollege, mußte doch für etwas gut sein. Señor Mansilla ließ uns nicht warten. Doch nach und nach wurde sein Lächeln dünner, bis es schwand und einem gereizten Grinsen Platz machte.
»Ich kann Ihnen überhaupt nicht helfen. Wenden Sie sich ans Ministerium!«
Umsonst appellierte ich an die Solidarität der Konsuln. Der Mann hatte das Gesicht eines erbarmungslosen Kerkermeisters. Er nahm seinen Hut und lief schon zur Tür, als mir ein machiavellischer Gedanke kam:
»Señor Mansilla, ich werde wohl gezwungen sein, einige Vorträge über unser Vaterland gegen bezahlten Eintritt zu halten, um das Geld für die Überfahrt zusammenzubringen. Ich bitte Sie daher, das passende Lokal, einen Dolmetscher und die notwendige Genehmigung zu besorgen.«
Der Mann erbleichte.
»Vorträge über Chile in Singapur? Das erlaube ich nicht. Hier habe ich zu bestimmen, und niemand außer mir darf hier über Chile sprechen.«
»Beruhigen Sie sich, Señor Mansilla«, erwiderte ich. »Je mehr Leute von unserem fernen Vaterland sprechen, desto besser. Ich verstehe nicht, warum Sie so gereizt sind.«
Schließlich tätigten wir das nach patriotischer Erpressung riechende wunderliche Geschäft. Zornbebend hieß er uns zehn Quittungen unterzeichnen und händigte uns das Geld aus. Beim Nachzählen merkten wir, daß die Quittungen einen höheren Betrag auswiesen.
»Das sind die Zinsen«, erklärte er.
(Zehn Tage später sollte ich ihm aus Rangoon den Rückzahlungsscheck schicken, doch natürlich ohne die Zinsen mitzuüberweisen.)

Vom Deck des Schiffes aus, das in Rangoon einlief, sah ich den riesigen

goldenen Trichter der großen Pagode Swei Dagon aufragen. Eine Fülle merkwürdiger Trachten belebte bunt die Mole. Ein breiter schmutziger Fluß mündete dort, im Golf von Martabán. Dieser Fluß hat den schönsten Namen aller Flüsse der Welt: Irrawadhy.
An seinen Wassern begann mein neues Leben.

Alvaro

... Ein Teufelskerl dieser Alvaro ... Jetzt nennt er sich Alvaro de Silva ... Lebt in New York ... Fast sein ganzes Leben hat er im Urwald von New York verbracht ... Ich sehe ihn zu beleidigenden Stunden Orangen essen, mit dem Streichholz Zigarettenpapier verbrennen, der halben Welt peinliche Fragen stellen ... Er war immer ein schlampiger Meister, Besitzer einer funkelnden Intelligenz, einer bohrenden Intelligenz, die ihn nirgendwo hingeführt hat, ausgenommen nach New York. Das war im Jahre 1925 ... Zwischen den Veilchen, die seiner Hand entglitten, als er einer unbekannten Fußgängerin nachlief, um sie ihr zu schenken, mit der er sofort schlafen wollte, ohne zu wissen wie sie hieß noch woher sie kam, und seiner endlosen Lektüre von Joyce, offenbarte er mir und vielen anderen unvermutete Meinungen, Gesichtspunkte des großen Städters, der inmitten der Großstadt in seiner Höhle haust und auftaucht, um Ausschau zu halten nach Musik, nach Malerei, nach Büchern, nach Tanz ... Immer Orangen essend, Äpfel schälend, unerträglicher Diätetiker, aufs erstaunlichste in alles seine Nase steckend, gewahrten wir schließlich den Antiprovinzler der Träume, der wir Provinzler alle sein wollten, ohne Hotelschilder an den Koffern, sondern in sich selber kreisend, mit einem Gemisch von Ländern und Konzerten, von Cafés im Morgengrauen, von Universitäten mit schneebedecktem Dach ... Zu guter Letzt vergällte er mir das Leben ... Wohin ich komme, mache ich mir einen pflanzlichen Traum zu eigen, ich lasse mich nieder und suche Wurzeln zu schlagen, um nachzudenken, um da zu sein ... Alvaro hingegen raste von einem Kurzschluß zum anderen, fasziniert von den Filmen, in denen wir auftreten könnten, und so eilten wir, als Muselmanen verkleidet, in die Studios ... Es gibt irgendwo Fotos von mir in Bengalitracht (solange ich in einem Zigarrengeschäft in Kalkutta kein Wort sprach, glaubte man, ich gehöre zur Familie Tagores), wie wir uns in den Studios Dum-Dum vorstellten, um engagiert zu werden ... Und dann mußten wir schleunigst den Christlichen Verein Junger Männer verlassen, weil wir die Übernachtung nicht bezahlt hatten ... Und die Krankenschwestern, die uns liebten ... Alvaro ließ sich auf die unwahrscheinlichsten Geschäfte ein ... Er wollte Assamtee verkaufen, Kaschmirstoffe, Uhren, alte Kunstschätze ... Immer fiel alles ins Wasser ... Er ließ die Kaschmirstoffmuster, die Teesäckchen auf den Tischen, auf den Betten liegen ... Er hatte bereits eine Handtasche gepackt und war woanders ... In München ... In New York ...

Wenn ich Schriftsteller gekannt habe, beständige, unverwüstliche, fruchtbare, so ist er der größte ... Er veröffentlicht so gut wie nie ... Ich verstehe ihn nicht ... Gleich morgens, ohne aus dem Bett zu steigen, eine Brille auf den Höcker seiner Nase geklemmt, hockt er eifrig vor seiner Schreibmaschine und verbraucht Riesenstapel Papier, alle Arten Papier . . . Trotz seiner Quirligkeit, seines Kritizismus, seiner Orangen, seiner zyklischen Übertragungen, seiner Höhle in New York, seiner Veilchen, seiner Verwirrung, die so klar scheint, seiner so verwirrten Klarheit – erscheint nicht das Werk, das man seit Ewigkeiten von ihm erwartet . . . Ob ihm dazu die Lust fehlt . . . Ob er es nicht schafft . . . Weil er immer so beschäftigt ist . . . Weil er so unbeschäftigt ist . . . Und doch weiß er alles, sieht alles über die Erdteile hin mit seinen unerschrockenen blauen Augen, mit seinem feinen Tastsinn, dem zum Trotz ihm dennoch der Sand der Zeit zwischen den Fingern zerrinnt . . .

4

Die leuchtende Einsamkeit

Versunken in diesen Erinnerungen erwache ich plötzlich. Es ist das Rauschen des Meeres. Ich schreibe in Isla Negra, der Schwarzen Insel, an der Küste in der Nähe von Valparaíso. Unlängst sind große Südwestwinde zur Ruhe gekommen, die sonst den Küstenstreifen peitschten. Der Ozean – der mich, je mehr ich ihn von meinem Fenster aus anblicke, mit tausend Schaumaugen ansieht – bewahrt noch in seinem Wogengang die furchtbare Beharrlichkeit des Sturms.
Welch ferne Jahre! Sie nachzugestalten ist, als dringe der Laut der Wellen, den ich jetzt höre, in Abständen in mich ein, bald mich einschläfernd, bald mit dem jähen Funkeln einer Degenspitze. Ich will diese Bilder sammeln ohne Zeitfolge wie jene Wellen, die kommen und gehen.
1929. Abends. Ich sehe die versammelte Menge auf der Straße. Es ist ein muselmanisches Fest. Man hat einen breiten Graben mitten auf der Straße ausgehoben und ihn mit Kohlenglut gefüllt. Ich trete näher. Mein Gesicht brennt von der unter einer hauchdünnen Aschenschicht aufgehäuften Glut über dem scharlachroten Gürtel des lebendigen Feuers. Plötzlich erscheint eine sonderbare Gestalt. Mit weiß und rot gefärbtem Gesicht naht er auf den Schultern von vier gleichfalls rotgekleideten Männern. Sie setzen ihn ab, und er beginnt taumelnd über die Glut zu laufen, während er schreit:
»Allah! Allah!«
Die ungeheure Menschenmenge verschlingt sprachlos den Auftritt. Schon hat der Magier den breiten Glutgürtel unbeschadet durcheilt. Ein Mann löst sich aus der Menge, streift die Sandalen ab und legt barfuß die gleiche Strecke zurück. Endlos treten Freiwillige vor. Einige halten mitten im Graben inne, um zum Schrei von Allah! Allah! auf dem Feuer zu tanzen, heulend unter schauerlichen Gebärden und himmelwärts verdrehtem Blick. Andere gehen darüber mit ihren Kindern im Arm. Keiner verbrennt sich; oder sie verbrennen sich, und man weiß es nicht.
Am heiligen Fluß erhebt sich der Tempel Khalis, der Todesgöttin. Unter Hunderten von Pilgern, die aus der tiefsten Hindu-Provinz gekommen sind, um die Gnade zu finden, treten wir ein. Verschreckt, zerlumpt werden sie von den Brahmanen, die sich bei jedem Schritt für irgend etwas bezahlen lassen, vorwärtsgetrieben. Die Brahmanen lüften einen der sieben Schleier der greulichen Göttin, dabei ertönt ein Gongschlag, als stürze die Welt ein. Die Pilger sinken in die Knie, grüßen mit vereinten Händen, berühren den Erdboden mit der Stirn und marschieren zum nächsten Schleier weiter. Die Priester treiben sie in einem Innenhof zusammen, wo sie Ziegenböcke mit einem einzigen Axthieb köpfen und neue Tribute fordern. Das Blöken der Tiere geht in

den Gongschlägen unter. Die schmutzigen Kalkwände werden bis zur Decke mit Blut bespritzt. Die Göttin ist eine Gestalt mit dunklem Gesicht und weißen Augen. Eine zwei Meter lange Scharlachzunge hängt aus ihrem Mund bis auf den Boden. An ihren Ohren, an ihrem Hals hängen Ketten aus Schädeln und Todesembleme. Die Pilger zahlen ihre letzten Münzen, bevor sie auf die Straße gestoßen werden.
Sehr verschieden von diesen demütigen Pilgern waren die Dichter, die mich umringten, um mir ihre Lieder und Verse aufzusagen. Sich auf ihren Tamburinen begleitend, in ihre weißen wallenden Gewänder gekleidet, im Gras auf den Fersen kauernd, stieß einer von ihnen einen heiseren, abgerissenen Schrei aus, und von seinen Lippen stieg ein Lied, das er in Form und Versmaß der alten, tausendjährigen Lieder komponiert hatte. Nur der Sinn der Lieder hatte sich verändert. Es waren keine Lieder der Sinnlichkeit, der Lust, sondern Lieder des Protestes, Lieder gegen den Hunger, in den Gefängnissen geschriebene Lieder. Viele dieser jungen Dichter, die ich überall in Indien traf und deren düstere Blicke ich nicht vergessen kann, waren gerade aus dem Kerker gekommen und würden vielleicht morgen schon wieder in seine Mauern zurückkehren. Denn sie waren entschlossen, sich gegen das Elend und gegen die Götter aufzulehnen. Dies ist die Zeit, in der wir leben müssen. Und dies ist das goldene Zeitalter der Weltdichtung. Während die neuen Gesänge verfolgt werden, schläft eine Million Menschen Nacht für Nacht an der Straße in den Ausläufern von Bombay. Dort schlafen sie, werden geboren und sterben. Es gibt keine Häuser, kein Brot, keine Medikamente. Unter derartigen Umständen hat das zivilisierte, stolze England sein Kolonialimperium aufgegeben. Es hat sich von seinen einstigen Untertanen verabschiedet, ohne ihnen Schulen zu hinterlassen, Industrien, Wohnstätten, Spitäler, nur Gefängnisse und Gebirge von leeren Whiskyflaschen.

Die Erinnerung an den Orang-Utan Rango ist ein anderes zartes Bild, das aus den Wellen taucht. In Medán auf Sumatra klopfte ich einige Male an die Tür des verfallenen Botanischen Gartens. Zu meinem Erstaunen war er es, der mir jedes Mal öffnete. Hand in Hand wanderten wir einen Pfad entlang, bis wir uns an einen Tisch setzten, auf den er mit beiden Händen und Füßen hämmerte. Ein Kellner erschien und brachte uns einen Krug Bier, der weder sehr klein noch sehr groß, aber richtig war für den Orang-Utan und für den Dichter.
Im Zoologischen Garten von Singapur sahen wir den Leiervogel in einem Käfig, schillernd und cholerisch, prachtvoll in seiner Schönheit des jüngst dem Garten Eden entwichenen Vogels. Etwas weiter wanderte in seinem Käfig ein schwarzer Panther auf und ab, noch nach dem Urwald riechend, aus dem er gekommen war. Er war ein merkwürdiger Teil der gestirnten Nacht, ein magnetisches Band, das sich unauf-

hörlich bewegte, ein schwarzer, federnder Vulkan, der die Welt dem Erdboden gleichmachen wollte, ein wogender Dynamo reinster Kraft; und zwei gelbe, dolchstoßsichere Augen, die nur fragten mit ihrem Feuer, die weder die Gefangenschaft verstanden noch das Menschengeschlecht.

Wir kamen zum seltsamen Tempel der Schlange in den Vorstädten der Stadt Penang im früheren Indochina.
Dieser Tempel ist viel von Reisenden und Journalisten beschrieben worden. Ob er nach all den Kriegen, all den Zerstörungen, aller Zeit und allem Regen, der in den Straßen von Penang gefallen ist, noch steht, weiß ich nicht. Unter dem Ziegeldach ein niederes, schwärzliches, vom Tropenregen wurmstichig gewordenes Gebäude zwischen großblätterigem Platanendickicht. Feuchter Geruch. Jasminduft. Beim Betreten des Tempels sehen wir im Halbdunkel nichts. Starker Weihrauchgeruch, tief innen etwas, was sich bewegt. Eine Schlange, die sich streckt. Nach und nach merken wir, daß mehrere da sind. Dann sehen wir, daß es vielleicht Dutzende sind. Später begreifen wir, daß Hunderte oder Tausende von Schlangen vorhanden sind. Es gibt kleine, um die Kandelaber gewickelte, dunkle, metallische, schlanke, alle wirken schlafend, gesättigt. In der Tat stehen überall feine Porzellanschüsseln, manche überfließend von Milch, andere mit Eiern gefüllt. Die Schlangen beachten uns nicht. Wir schlüpfen durch die engen Irrgänge des Tempels, sie hängen über unseren Köpfen in der vergoldeten Architektur, sie schlafen im Mauerwerk, sie winden sich über die Altäre. Dort ist die fürchterliche Russell-Viper, sie schlürft gerade ein Ei neben einem Dutzend tödlicher Korallenschlangen, deren scharlachrote Ringe ihr todbringendes Gift verkünden. Ich erkannte die »fer de lance«, mehrere große Pythonschlangen, die »coluber de rusi« und die »coluber noya«. Grüne Schlangen, graue, blaue, schwarze füllen den Raum. All das in völliger Stille. Dann und wann durchschreitet ein safrangelbgekleideter Bonze das Schattenreich. Die glänzende Farbe seines Leibrocks macht ihn einer Schlange ähnlich, die sich träge auf ein Ei zubewegt oder auf eine Schüssel Milch.
Wurden diese Reptile hierher gebracht? Wie haben sie sich hier eingewöhnt? Auf unsere Fragen antwortet man uns mit einem Lächeln, sie seien von selbst gekommen, sie würden auch von selbst fortgehen, wenn sie Lust dazu hätten. Sicher ist, daß die Türen offen stehen und daß weder Gitter noch Glasscheiben vorhanden sind, die sie dazu zwingen, im Tempel zu bleiben.

Der Omnibus verließ Penang und mußte den Urwald sowie die Dörfer Indochinas durchfahren, um nach Saigon zu gelangen. Niemand verstand meine Sprache, und ich verstand niemanden. Wir hielten an

Wegbiegungen des jungfräulichen Dschungels im Verlauf der endlosen Strecke, und die Reisenden, Bauern in merkwürdigen Kleidern, stiegen aus mit schweigsamer Würde und schrägen Augen. Schon saßen nur noch drei oder vier in dem unverwüstlichen Vehikel, das knatterte und in der heißen Nacht auseinanderzufallen drohte.
Plötzlich fühlte ich mich von panischem Schrecken ergriffen. Wo war ich? Wohin fuhr ich? Warum verbrachte ich diese endlos lange Nacht unter Unbekannten? Wir fuhren durch Laos und Kambodscha. Ich beobachtete die undurchdringlichen Gesichter meiner letzten Reisegefährten. Sie saßen mit offenen Augen. Für mich hatten sie Galgengesichter. Ich befand mich fraglos unter den typischen Banditen einer orientalischen Fabel.
Sie tauschten verständnisinnige Blicke und beobachteten mich verstohlen. In diesem Augenblick hielt der Autobus im tiefsten Urwald. Ich wählte mir einen Ort zum Sterben. Ich würde nicht zulassen, daß sie mich unter jenen unbekannten Bäumen massakrierten, deren düsterer Schatten den Himmel verdunkelte. Hier würde ich sterben, auf einer Bank des ausgeleierten Omnibus zwischen Gemüsekörben und Hühnerställen, die für mich das einzig Vertraute in jener schrecklichen Minute waren. Ich blickte umher, entschlossen, mich der Wut meiner Henker zu stellen, und stellte fest, daß sie verschwunden waren.
Ich wartete lange, allein, das Herz beklommen von der tiefen Dunkelheit der fremden Nacht. Ich würde sterben, ohne daß jemand es erfuhr. So weit entfernt von meinem kleinen geliebten Land! So getrennt von allen meinen Lieben und Büchern!
Plötzlich erschien ein Licht und dann noch eines. Der Weg füllte sich mit Lichtern. Eine Trommel dröhnte, es platzten die schrillen Laute kambodschanischer Musik. Flöten, Tamburine und Fackeln erfüllten den Weg mit Helligkeit und Getöse. Ein Mann stieg ein und sagte zu mir auf englisch:
»Der Autobus hat eine Panne. Da der Aufenthalt lange, vielleicht bis zum frühen Morgen dauern wird und es hier keine Unterkunft gibt, haben die Passagiere eine Musik- und Ballett-Gruppe zu Ihrer Unterhaltung geholt.«
Stunden hindurch wohnte ich unter jenen Bäumen, die mich nicht mehr erschreckten, den herrlichen Kulttänzen einer edlen uralten Kultur bei und lauschte bis zum Sonnenaufgang der köstlichen Musik, die den Weg überflutete.
Der Dichter darf sich nicht vor dem Volk fürchten. Mir schien, das Leben schickte mir eine Warnung und gab mir eine Lehre auf meinen Lebensweg: die Lehre der verborgenen Ehre, der Brüderlichkeit, die wir nicht kennen, der Schönheit, die im Dunkeln blüht.

Kongreß in Indien

Heute ist ein glanzvoller Tag. Wir sind beim Indienkongreß. Eine Nation im vollen Freiheitskampf. Tausende von Abgeordneten füllen die Galerien. Ich kenne Gandhi persönlich. Auch Pandit Motilal Nehru, gleichfalls Patriarch der Bewegung. Und seinen Sohn, den unlängst aus England eingetroffenen eleganten jungen Jawahrlal. Nehru ist Parteigänger der Unabhängigkeit, während Gandhi die einfache Autonomie für einen notwendigen Schritt hält. Gandhi: ein feines, erzschlaues Fuchsgesicht, ein Praktiker, ein unseren alten Kreolenführern vergleichbarer Politiker, meisterhafter Leiter von Ausschüssen, weiser, unermüdlicher Taktiker. Während die Menge ein nichtendenwollender Strom ist, die den Rand seines weißen Oberkleides verehrungsvoll berührt und »Gandhiji, Gandhiji!« schreit, grüßt er nur flüchtig und lächelt, ohne die Brille abzunehmen. Er empfängt und liest Botschaften, beantwortet Telegramme, alles mühelos, er ist ein Heiliger, der sich nicht verbraucht. Nehru: intelligenter Theoretiker seiner Revolution.

Eine große Figur jenes Kongresses war Subhas Chandra Bose, stürmischer Demagoge, wütender Anti-Imperialist, faszinierende politische Gestalt seines Vaterlandes. Im Krieg von 1914 verbündete er sich mit den japanischen Invasoren gegen das britische Imperium. Viele Jahre später erzählt mir hier in Indien einer seiner Gefährten, wie die Festung von Singapur fiel:

»Wir hatten unsere Waffen gegen die belagernden Japaner gerichtet. Plötzlich fragten wir uns: Wozu? Wir ließen unsere Soldaten kehrt machen und gegen die englischen Truppen zielen. Das war ganz einfach. Die Japaner waren vorübergehende Belagerer. Die Engländer schienen ewige zu sein.«

Subhas Chandra Bose wurde festgesetzt, vor Gericht gestellt und vom britischen Kriegsgericht Indiens wegen Hochverrat zum Tode verurteilt. Es hagelte Proteste, von der Unabhängigkeitsbewegung ausgelöst. Schließlich erreichte sein Anwalt – Nehru – nach langen gerichtlichen Kämpfen seine Amnestie. Von jenem Augenblick an wurde er ein Volksheld.

... Überall die Standbilder Buddhas, Lord Buddhas ... Die strengen, senkrechten, wurmstichigen Standbilder mit einem Goldton wie Tierglanz, im Zustand der Auflösung, als habe die Luft sie zersetzt ... Auf ihren Wangen, in den Falten ihrer Gewänder, in Ellbogen und Nabel und Mund und Lächeln sprießen kleine Makel: Schwämme, poröse Stellen, Exkrementspuren des Urwalds ... Oder auch die ruhenden, die riesigen ruhenden Buddhas, die Standbilder von vierzig Meter Länge Stein, aus sandigem Granit, bleich hingestreckt zwischen flüsterndem Laubwerk, unvermutet auftauchend aus einem Winkel des Walds, auf einer Plattform in der Nähe ... Schlummernd oder nicht schlummernd – sie sind hundert Jahre, tausend Jahre alt, tausendmal tausend Jahre ... Aber sie sind weich, von jener bekannten metairdischen Zweideutigkeit, begierig zu bleiben und fortzugehen ... Und dies Lächeln aus weichstem Stein, diese unwägbare Hoheit, und dennoch geschaffen aus hartem, immerwährendem Stein, wem lächeln sie zu, wem auf der blutigen Erde? ... Vorübergegangen sind die fliehenden Bäuerinnen, die Männer der Brandstiftung, die maskierten Krieger, die falschen Priester, die neugierig starrenden Touristen ... Aber das Standbild blieb auf seinem Platz, der riesige Stein auf Knien mit Falten im Steingewand, der Blick verloren und dennoch seiend, völlig unmenschlich und auf gewisse Weise zugleich menschlich, auf gewisse widerspruchsvolle Weise standbildhaft, Gott seiend und nicht seiend, Stein seiend und nicht seiend, unter dem Gekränz der schwarzen Vögel, zwischen dem Geflatter der roten Vögel, der Vögel des Urwalds ... Irgendwie denken wir an die schrecklichen spanischen Christusfiguren, die wir ererbt haben mit Wunden und allem übrigen, mit Schwären und allem übrigen, mit Narben und allem übrigen, mit diesem Geruch nach Kerzen, nach Feuchtigkeit, nach verschlossenen Stuben, den die Kirchen an sich haben ... Diese Christusfiguren zweifelten auch, ob sie Menschen waren oder Götter ... Um sie zu Menschen zu machen, um sie den Leidenden näherzubringen, den Wöchnerinnen und den Enthaupteten, den Gelähmten und den Geizigen, den Leuten der Kirchen und denen, welche die Kirchen umkreisen, um sie menschlich zu machen, bedachten die Bildhauer sie mit fürchterlichen Wunden, bis all das zur Religion der Marter wurde, zum Sündige und Leide, zum Sündige nicht und du leidest, zum Lebe und Leide, ohne daß irgendein Ausweg dich befreit ... Hier nicht, hier ist der Friede zum Stein gekommen ... Die Bildhauer lehnten sich auf gegen den Kanon des Schmerzes, und diese kolossalen Buddhas mit Füßen von Riesengöttern tragen im Gesicht ein Lächeln aus Stein, das gelassen ist und menschlich ohne so viel Leiden ... Von ihnen geht ein Geruch aus, nicht nach Totenhaus, nicht nach Sakristei und Spinnwe-

ben, sondern nach einem pflanzlichen Raum, nach Stürmen, die plötzlich orkanartig einfallen mit Federn, Blättern, Pollen des unendlichen Urwalds . . .

Ich habe in einigen Essays über meine Dichtung gelesen, mein Aufenthalt im Fernen Osten habe mein Werk in bestimmten Aspekten, zumal in *Aufenthalt auf Erden*, beeinflußt. In der Tat sind meine einzigen Gedichte jener Zeit *Aufenthalt auf Erden*, doch ohne bissig sein zu wollen, scheint mir die These von einem Einfluß ziemlich irrig.
Die ganze philosophische Esoterik östlicher Länder in ihrer Konfrontation mit dem wirklichen Leben erwies sich als Nebenprodukt der Unruhe, der Neurose, der Ratlosigkeit und des Opportunismus des Westens, das heißt, als Krise der Grundsätze des Kapitalismus. Es gab im Indien jener Jahre kaum Stätten tiefer Nabelschau. Ein Leben brutaler materieller Anforderungen, ein auf letzter Verworfenheit gegründetes Kolonialsystem, Tausende von Toten täglich durch Cholera, Pocken, Fieber und Hunger, Feudalorganisationen, die durch eine riesige Bevölkerung und industrielle Armut aus dem Gleichgewicht gebracht waren, all das verrohte das Leben dergestalt, daß jeder mystische Abglanz schwand.
Fast immer waren theosophische Zellen von westlichen Abenteurern geleitet, wobei auch nord- und südamerikanische nicht fehlten. Fraglos gab es unter ihnen Leute guten Glaubens, die Allgemeinheit indes beutete einen billigen Markt aus, auf dem im Großen exotische Amulette und Fetische in metaphysischer Schundverpackung verhökert wurden. Diese Leute stopften sich den Mund mit Dharma und Joga. Sie begeisterten sich für eine von Hohlheit und Geschwätz durchtränkte religiöse Gymnastik.
Aus diesen Gründen beeindruckte mich der Osten als eine große unglückliche menschliche Familie, ohne daß ihre Riten und ihre Götter sich in meinem Bewußtsein niederschlugen. Ich glaube daher nicht, daß meine Dichtung von damals etwas anderes spiegelt als die Einsamkeit eines in eine gewalttätige fremde Welt verpflanzten Ausländers.
Ich entsinne mich eines jener Touristen des Okkultismus, eines vegetarischen Vortragsreisenden. Er war ein kleines Kerlchen mittleren Alters mit leuchtendem Kahlkopf, wasserblauen Augen, durchdringendem, zynischem Blick namens Powers. Er kam aus Nordamerika, aus Kalifornien, bekannte sich zur buddhistischen Religion und beendete seine Vorträge stets mit folgendem Diätrezept: »Wie Rockefeller sagte: Ernähren Sie sich von einer Orange täglich.«
Dieser Powers war mir wegen seiner fröhlichen Frische sympathisch. Er sprach Spanisch. Nach seinen Vorträgen verschlangen wir gemeinsam gewaltige Berge gebratenes Lamm (khebab) mit Zwiebeln. Er war theologischer Buddhist, ich weiß nicht ob ein echter oder unechter, mit einer Freßgier, die viel überzeugender war als der Inhalt seiner Vorträge.

Bald verliebte er sich zunächst in ein Mischlingsmädchen, der es sein Smoking und seine Theorien angetan hatten, ein blutarmes Geschöpf mit leidendem Blick, das ihn für einen Gott hielt, für einen lebenden Buddha. So beginnen die Religionen.
Nach einigen Monaten dieser Liebschaft suchte er mich eines Tages auf, um zu einer neuen Verehelichung einzuladen. Auf seinem Motorrad, das ihm eine Handelsfirma stellte, für die er Eisschränke verkaufte, ließen wir eilends Wälder hinter uns, Klöster und Reisfelder. Schließlich gelangten wir zu einem kleinen Dorf von chinesischer Bauart und mit chinesischen Einwohnern. Sie empfingen Powers mit Feuerwerk und Musik, während die blutjunge Braut, wie ein Götterbild weiß geschminkt, auf ihrem erhöhten Stuhl sitzen blieb. Zum Takt der Musik tranken wir Limonaden in allen Farben. Nicht einen Augenblick tauschten Powers und seine neue Gattin ein Wort.
Wir fuhren in die Stadt zurück. Powers erklärte mir, bei diesem Ritus heirate nur die Braut. Die Feierlichkeiten würden weitergehen, ohne daß er zugegen sein müsse. Später würde er zurückkehren und mit ihr zusammenleben.
»Sind Sie sich klar darüber, daß Sie Polygamie treiben?« fragte ich.
»Meine andere Frau weiß es und ist ganz einverstanden«, erwiderte er.
Diese Behauptung war ebenso wahr wie seine Geschichte mit der einen Orange pro Tag. Als wir in seinem Haus ankamen, dem Haus seiner ersten Frau, fanden wir diese, den leidenden Mischling, im Todeskampf; auf dem Nachttisch der Giftbecher und ein Abschiedsbrief. Ihr brünetter völlig nackter Leib lag reglos unter dem Moskitonetz. Ihr Todeskampf dauerte mehrere Stunden.
Ich begleitete Powers, obgleich er mir langsam widerlich wurde, denn ganz offensichtlich litt er. Der Zyniker in ihm war zusammengebrochen. Ich nahm mit ihm an der Trauerfeier teil. Am Rande eines Flusses stellten wir den billigen Sarg auf einen kleinen Hügel aus Brennholz. Powers legte mit einem Zündholz Feuer an das Reisig, wobei er rituelle Worte auf sanskrit sprach.
Ein paar Musikanten in orangegetönten Oberröcken psalmodierten oder spielten tieftraurige Blasinstrumente. Der Scheiterhaufen brannte nur halb ab, so daß er das Feuer mit weiteren Streichhölzern neu entfachen mußte. Der Fluß floß gleichgültig zwischen seinen Ufern. Der ewigblaue Himmel des Orients zeigte ebenfalls völlige Gefühllosigkeit, grenzenlose Lieblosigkeit gegenüber dem trostlosen einsamen Leichenbegängnis einer armen Verlassenen.

Ich trat ein einziges Mal alle drei Monate offiziell in Funktion, wenn ein Schiff aus Kalkutta ankam, das festes Paraffin und große Kisten Tee für Chile lud. Dann mußte ich fieberhaft Dokumente stempeln und unterzeichnen. Darauf folgten wieder drei Monate der Untätigkeit, der

Eremitenbetrachtung von Märkten und Tempeln. Das war die schmerzlichste Zeit meiner Poesie.
Die Straße war meine Religion. Die birmanische Straße, die Chinesenstadt mit ihren Freilufttheatern, ihren Papierdrachen und ihren prachtvollen Laternen. Die Hindustraße, die armseligste, mit ihren Tempeln, die das Geschäft einer Kaste waren, und die davor demütig im Kot liegenden armen Leute. Die Märkte, auf denen die Betelblätter in grünen Pyramiden wie Malachitenberge ragten. Die Vogelläden, die Verkaufsstände mit Raubtieren und wilden Vögeln. Die krummen Gassen, die biegsame Birmaninnen mit einer langen Zigarre im Mund durchquerten. All das saugte mich auf und zog mich nach und nach in den Bann des wirklichen Lebens.
Die Kasten hatten die indische Bevölkerung wie in ein Kolosseum aus schiefen Quadern mit übereinandergeschichteten Galerien eingeteilt, auf dessen Gipfel die Götter thronten. Die Engländer hatten ihre eigene Rangleiter der Kasten, die beim kleinen Ladenverkäufer begann, zu den freien Berufen und Intellektuellen bis zu den Exporteuren hinaufführte und auf der Dachterrasse des Apparates endete, wo die Aristokraten des *Civil Service* und die Bankiers des *Empire* gemütlich saßen.
Die beiden Welten berührten sich nicht. Die Landeskinder durften die für die Engländer bestimmten Orte nicht betreten, und die Engländer lebten fern vom Pulsschlag des Landes. Diese Lage brachte mich in Schwierigkeiten. Meine britischen Freunde sahen mich in einem »gharry« benannten Fahrzeug und warnten mich liebenswürdig, ein Konsul wie ich könne keinesfalls ein derartiges Vehikel benutzen. Außerdem machten sie mich darauf aufmerksam, daß ich mich nicht in ein persisches Restaurant setzen dürfe, ein höchst lebendiger Ort, wo man den besten Tee der Welt aus kleinen durchsichtigen Tassen trank. Dies waren ihre letzten Ermahnungen. Später schnitten sie mich.
Ich fühlte mich bei dem Boykott glücklich. Diese Vorurteile von Europäern interessierten mich nicht, denn schließlich war ich nicht in den Orient gekommen, um meine Zeit mit durchreisenden Kolonisatoren zu verbringen, sondern mit dem uralten Geist jenes Landes, mit jener großen unglücklichen menschlichen Familie. Ich drang so tief ein in die Seele und das Leben dieser Menschen, daß ich mich in eine Einheimische verliebte. Sie kleidete sich wie eine Engländerin, und ihr Straßenname war Josie Bliss. Doch in der Intimität ihres Hauses, das ich bald teilte, entledigte sie sich dieses Beiwerks von Kleidung und Namen und trug ihren betörenden Sarong und ihren geheimen birmanischen Namen.

Tango des Witwers

Mein Privatleben brachte mich in Schwierigkeiten. Die süße Josie Bliss hatte sich in den Kopf gesetzt, sich bis zu krankhafter Eifersucht in mich zu verlieben. Wer weiß, ich wäre sonst vielleicht ewig bei ihr geblieben. Ich empfand Zärtlichkeit für ihre nackten Füße, für die weißen Blüten, die in ihren schwarzen Haaren leuchteten. Aber ihr Temperament trieb sie bis zu wilder Raserei. Sie hegte Eifersucht und Widerwillen gegen die Briefe, die von weither für mich kamen, sie versteckte meine Telegramme, ohne sie zu öffnen, grollte der Luft, die ich atmete.

Manchmal weckte mich ein Licht, ein Gespenst, das hinter dem Moskitonetz herumgeisterte. Sie war es, weißgekleidet, ihr einheimisches langes geschliffenes Messer schwenkend. Sie war es, die volle Stunden mein Bett umschlich, ohne sich zu meiner Ermordung zu entschließen. Wenn du stirbst, ist meine Angst zu Ende, sagte sie. Am nächsten Tag vollzog sie geheimnisvolle Riten, um sich meiner Treue zu versichern.

Am Ende würde sie mich töten. Zum Glück erhielt ich die offizielle Mitteilung, ich sei nach Ceylon versetzt. Insgeheim bereitete ich meine Reise vor, verließ unter Zurücklassung meiner Kleider und Bücher wie gewöhnlich das Haus und bestieg das Schiff, das mich in die Ferne entführen sollte.

Schmerzerfüllt verließ ich Josie Bliss, das birmanische Pantherweibchen. Kaum begann der Dampfer auf den Wellen des Golfs von Bengalen zu schaukeln, als ich mich niedersetzte und das Gedicht *Der Tango des Witwers* schrieb, ein tragisches Stück meiner Dichtung, der Frau gewidmet, die ich verloren und die mich verloren hatte, weil in ihrem Blut rastlos der Vulkan des Zorns brodelte. Welch große Nacht, welch einsame Erde!

Das Opium

... Es gab ganze Straßen, die dem Opium gewidmet waren ... Auf niedrigen Pritschen lagen die Raucher ... Hier befanden sich wirklich die religiösen Stätten Indiens ... Sie waren unluxuriös, hatten keine Wandteppiche, keine seidenen Polster ... nur rohe Bretterwände, Bambuspfeifen und Kissen aus chinesischem Porzellan ... Hier wehte die Luft der Würde und des Ernstes, die in den Tempeln nicht zu finden war ... Die schlafenden Männer machten weder Bewegungen noch Geräusche ... Ich rauchte eine Pfeife ... spürte nichts ... Der Rauch war düster, flau und milchig ... Ich rauchte vier Pfeifen und war fünf Tage krank von Übelkeiten, die aus meinem Rückgrat aufstiegen, die aus meinem Gehirn niederfuhren ... Und Haß auf die Sonne, aufs Dasein ... Die Strafe des Opiums ... Doch das konnte nicht alles sein ... Es war so viel gesagt, so viel geschrieben worden, es war so viel in Handtaschen und Koffern geschnüffelt worden, um bei der Zollabfertigung das Gift, das berühmte heilige Gift zu erwischen ... Ich mußte den Ekel überwinden ... Ich mußte das Opium kennenlernen, das Opium verstehen, um mein eigenes Zeugnis ablegen zu können ... Ich rauchte so lange, bis ich es kannte ... Es gibt keine Träume, keine Bilder, keinen Taumel ... Es bringt eine melodische Schwächung, als dehne sich ein unendlich sanfter Ton endlos in der Luft ... Ein inneres Vergehen, eine Leere ... Jede Bewegung des Ellbogens, des Nackens, irgendein ferner Karrenlaut, ein Hupen oder Straßenruf dringen in dich ein und vermischen sich zu einem Ganzen, zu einer geruhsamen Köstlichkeit ... Ich begriff, warum Taglöhner auf den Pflanzungen, die Zeitungsausträger, die Rikschamen, die die Rikscha ziehen tagaus tagein, plötzlich dort reglos verlöschen ... Das Opium war nicht das Paradies, das die Exotisten dir geschildert hatten, sondern Ausflucht der Ausgebeuteten ... All die Gestalten im Rauchzimmer waren arme Teufel ... Da war kein besticktes Polster, nicht das geringste Zeichen von Reichtum ... Nichts glänzte in dem Raum, nicht einmal die halbgeschlossenen Augen der Raucher ... Ruhten sie, schliefen sie? ... Ich habe es nie erfahren ... Niemand sprach ... Nie sprach jemand ... Da war kein Möbel, kein Teppich, nichts ... Auf den verbrauchten, von der langen menschlichen Berührung weichen Pritschen sah man kleine Holzkissen ... Nichts sonst, nur das Schweigen und den Duft des Opiums, auf befremdliche Weise widerwärtig und mächtig ... Dies war fraglos ein Weg zur Vernichtung ... Das Opium der Magnaten, der Kolonisatoren war für die Kolonisierten bestimmt ... Die Raucher bekamen an der Tür ihre Kaufgenehmigung, erhielten ihre Nummer und ihre Quittung ... Drinnen herrschte große, dunkle Stille, Untätigkeit, die das Unglück milderte und die Müdigkeit versüßte ... Eine undurchsichtige Stille, Niederschlag vieler verstümmelter Träume, die

in ihr Stauwasser mündeten . . . Jene, die mit halbgeschlossenen Augen träumten, lebten eine Stunde lang versunken im Meer, eine ganze Nacht auf einem Hügel und genossen Ruhe, schwebende, köstliche . . . Nach diesen Besuchen kehrte ich nie wieder zu den Rauchern zurück . . . Ich wußte Bescheid . . . Ich kannte mich aus . . . Ich hatte etwas Ungreifbares betastet . . . etwas weit hinter dem Rauch Verborgenes . . .

Ceylon, die schönste große Insel der Welt, besaß um das Jahr 1929 das gleiche Kolonialgefüge wie Birma und Indien. Die Engländer lebten verschanzt in ihren Stadtvierteln und Clubs, umgeben von ganzen Horden von Musikanten, Töpfern, Webern, Pflanzungssklaven, gelbgewandeten Mönchen und riesigen, in die Felsenberge gehauenen Göttern.

Zwischen den allabendlich im Smoking auftretenden Engländern und den in ihrer fabelhaften Unermeßlichkeit unerreichbaren Hindus konnte ich nur die Einsamkeit wählen, und so war diese Zeit die einsamste meines Lebens. Ich erinnere mich ihrer jedoch zugleich als der leuchtendsten, als hätte ein strahlender Blitz vor meinem Fenster Halt gemacht, um mein Schicksal drinnen und draußen zu erhellen.

Ich zog in einen kleinen, jüngst in der Vorstadt Wellawatha am Meer erbauten Bungalow. Die Gegend war so gut wie unbewohnt, und der Wellenschlag brach sich an den Felsen. Nachts schwoll die Meermusik an.

Morgens überwältigte mich das Wunder dieser frischgewaschenen Natur. Schon früh war ich bei den Fischern. Die mit überlangen Schwimmern ausgestatteten Seefahrzeuge glichen Meerspinnen. Die Männer förderten gewalttätig-bunte Fische zutage, Fische wie Vögel des unendlichen Urwalds, die einen dunkelblau schillernd wie lebender Samt, andere in Form eines stacheligen Globus, der schrumpfte, bis er nur noch ein jämmerliches Stachelsäckchen war.

Mit Schrecken betrachtete ich das Gemetzel der Kostbarkeiten des Meers. Fisch wurde in Stücken an die arme Bevölkerung verkauft. Das Buschmesser der Schlächter schnitt die göttliche Materie der Tiefen in Teile, um sie in blutige Handelsware zu verwandeln.

Die Küste entlanglaufend, gelangte ich zum Bad der Elefanten. In Begleitung meines Hundes konnte ich mich nicht verirren. Aus dem ruhigen Wasser tauchte ein regloser grauer Pilz, der alsbald eine Schlange wurde, dann ein ungeheurer Kopf, zuletzt ein Berg mit Stoßzähnen. In keinem Land der Welt arbeiteten und arbeiten so viele Elefanten auf der Straße. Es war erstaunlich, sie jetzt zu sehen – fern vom Zirkus oder von den Gittern des Zoologischen Gartens – wie sie mit ihrer Holzlast als gewaltige arbeitsame Tagelöhner hin- und hermarschierten.

Meine einzigen Begleiter waren mein Hund und mein Mungo. Dieser, jüngst dem Urwald entsprungen, wuchs an meiner Seite auf, schlief in meinem Bett und aß an meinem Tisch. Niemand kann sich die Zärtlichkeit eines Mungos vorstellen. Mein kleines Tierchen kannte jede Minute meines Daseins, ging auf meinen Papieren spazieren und lief den ganzen Tag hinter mir her. Rollte sich in der Stunde der Siesta

zwischen meiner Schulter und meinem Kopf zusammen und schlief dort den schreckhaft elektrischen Schlaf der wilden Tiere.
Mein Hausmungo wurde in der Vorstadt berühmt. Dank der unablässig gegen die fürchterlichen Kobras bestandenen Kämpfe haben die Mungos einen fast mythologischen Ruf. Ich glaube es, nachdem ich sie mehrmals gegen Schlangen habe kämpfen sehen, die sie nur mit Hilfe ihrer Beweglichkeit und ihres dicken pfeffer-und-salz-grauen Fellmantels bezwingen können, der das Reptil täuscht und verwirrt. Man nimmt daher an, daß der Mungo nach dem Kampf gegen seine giftigen Feinde auf die Suche nach Gegengiftkräutern geht.
Sicher hatte der Ruf meines Mungos – der mich täglich auf meinen langen Strandspaziergängen begleitete – zur Folge, daß eines Nachmittags die Kinder des Viertels in einer eindrucksvollen Prozession zu meinem Haus gezogen kamen. Auf der Straße war eine scheußliche Schlange erschienen, und sie kamen, um Kiria, meinen berühmten Mungo zu holen, dessen fraglos bevorstehenden Triumph sie zu feiern gedachten. Im Gefolge meiner Bewunderer, Horden kleiner Tamilen und Singhalesen, nur mit ihrem Lendenschurz bekleidet, führte ich, meinen Mungo im Arm, den Kriegszug an.
Die Schlange war eine schwarze Abart der furchterregenden Pollongha oder Russell-Viper mit tödlichem Biß. Sie sonnte sich im Gras auf einer weißen Rohrleitung, von der sie sich wie eine Peitsche im Schnee abhob. Meine Jünger blieben still zurück. Ich schritt auf der Rohrleitung voran. Etwa zwei Meter vor der Viper setzte ich meinen Mungo ab. Kiria witterte Gefahr in der Luft und bewegte sich mit langsamen Schritten auf die Giftschlange zu. Ich und meine kleinen Begleiter hielten den Atem an. Der große Kampf konnte beginnen. Die Schlange rollte sich auf, hob den Kopf, sperrte den Rachen auf und richtete ihren hypnotischen Blick auf das kleine Tier. Der Mungo rückte weiter vor. Doch wenige Zentimeter vor dem Maul des Ungeheuers merkte er, was geschehen würde. Er machte einen großen Satz und raste in schwindelerregender Geschwindigkeit in die entgegengesetzte Richtung, Schlange und Zuschauer hinter sich lassend. Er hörte erst auf zu rennen, als er mein Schlafzimmer erreicht hatte.
So büßte ich im Vorort Wellawatha vor dreißig Jahren meinen Ruf ein.

In diesen Tagen brachte mir meine Schwester ein Heft, das meine ältesten, zwischen 1918 und 1919 geschriebenen Gedichte enthält. Beim Wiederlesen mußte ich über den kindlich-jugendlichen Schmerz lächeln, über das literarische Gefühl der Einsamkeit, das mein ganzes Jugendwerk prägt. Der junge Schriftsteller kann nicht ohne dieses Zittern der Einsamkeit schreiben, selbst wenn es fiktiv ist, so wie der reife Schriftsteller nichts zustande bringen wird ohne den Geschmack von menschlicher Gesellschaft, Gemeinschaft.

Die wirkliche Einsamkeit lernte ich in jenen Tagen und Jahren von Wellawatha kennen. Ich schlief damals auf einem Feldbett wie ein Soldat, wie ein Forscher. Meine einzige Gesellschaft bestand aus einem Tisch und zwei Stühlen, meiner Arbeit, meinem Hund, meinem Mungo und dem »Boy«, der mich bediente und der abends wieder in sein Dorf zurückging. Dieser Mann war eigentlich keine Gesellschaft; sein Stand als orientalischer Diener zwang ihn, stiller zu sein als ein Schatten. Er hieß oder heißt Brampy. Ich brauchte ihm nichts aufzutragen, er hatte stets alles bereit; mein Essen auf dem Tisch, meine Wäsche frisch gebügelt, die Flasche Whisky auf der Veranda. Er schien die Sprache verloren zu haben. Er verstand nur mit großen Pferdezähnen zu lächeln.

Die Einsamkeit beschränkte sich somit nicht auf das Thema literarischer Anrufung, sie war vielmehr etwas Hartes wie die Wand eines Gefängnisses, an der du dir den Schädel einrennen kannst, ohne daß dir jemand zu Hilfe eilt, du magst noch so schreien und weinen.

Ich begriff, daß es durch die blaue Luft und über den goldenen Sand hin, jenseits des Urwalds, jenseits von Schlangen und Elefanten Hunderte, Tausende von Menschenwesen gab, die am Wasser sangen und arbeiteten, die Feuer machten und Krüge formten, daß auch glutheiße Frauen nackt auf den schmalen Matten schliefen, im Licht der riesigen Sterne. Doch wie mich dieser pulsierenden Welt nähern, ohne als Feind angesehen zu werden.

Schritt für Schritt lernte ich die Insel kennen. Eines Nachts durchquerte ich all die dunklen Vorstädte von Colombo, um an einem Festmahl teilzunehmen. Aus einem dunklen Haus drang die Stimme eines Kindes oder einer Frau, die sang. Ich ließ die Rikscha halten. An der armseligen Tür überfielen mich Ausdünstungen. Ceylons unverwechselbarer Geruch: ein Gemisch aus Jasmin, Schweiß, Kokosöl, Rotem Jasmin und Magnolien. Die dunklen, in der Farbe und dem Geruch der Nacht verschwommenen Gesichter luden mich ein hereinzukommen. Ich setzte mich still auf die Matten, während die geheimnisvolle menschliche Stimme, die mich zum Bleiben veranlaßt hatte, weitersang, eine Kinder- oder Frauenstimme, zitternd und schluchzend, die zum Unsagbaren aufstieg, plötzlich abbrach, hinabstieg bis sie dunkel wurde wie die Finsternis, sich mit dem Duft des Roten Jasmin vermengte, sich zu Arabesken wand und jäh abfiel – mit all ihrem kristallinen Gewicht –, als habe der höchste der Wasserstrahlen den Himmel berührt, um gleich wieder in die Jasminblüten zurückzustürzen.

Lange Zeit saß ich so, starr vom Zauber der Trommeln und der betörenden Stimme, dann zog ich weiter, trunken vom Rätsel einer unauslotbaren Empfindung, eines Rhythmus, dessen Geheimnis sich aus der ganzen Erde löste. Einer tönenden, in Schatten und Duft gehüllten Erde.

Die Engländer saßen bereits am Tisch, in Schwarz und Weiß gekleidet.
»Verzeihen Sie. Ich habe unterwegs angehalten, um Musik zu hören«, erklärte ich.
Sie, die fünfundzwanzig Jahre in Ceylon gelebt hatten, waren auf elegante Weise überrascht. Musik? Hatten die Eingeborenen Musik? Sie wußten es nicht. Das war eine Neuigkeit für sie.
Diese schreckliche Trennung zwischen den englischen Kolonisatoren und der weiten asiatischen Welt hatte kein Ende. Und bedeutete stets eine widermenschliche Absonderung, eine völlige Unkenntnis der Werte und des Lebens dieser Menschen.
Es gab Ausnahmen im Kolonialismus; das untersuchte ich später. Plötzlich verliebte sich ein Engländer des Club Service sterblich in eine indische Schönheit. Er wurde sofort von seinem Posten gejagt und wie ein Leprakranker von seinen Landsleuten gemieden. Es kam in jener Zeit auch vor, daß die Kolonisatoren die Hütte eines singhalesischen Bauern in Brand stecken ließen, um ihn von seinem Stück Land vertreiben und enteignen zu können. Der Engländer, der den Befehl, die Hütte dem Erdboden gleichzumachen, ausführen sollte, hieß Leonard Woolf. Aber dieser weigerte sich, es zu tun und wurde seines Postens enthoben. Nach England zurückgeschickt, verfaßte er eines der besten Bücher, das je über den Orient geschrieben worden ist: *A Village In The Jungle*. Meisterwerk des wirklichen Lebens und der wirklichen Literatur, jedoch mehr oder minder überschattet vom Ruhm von Woolfs Frau, die niemand Geringeres war als Virginia Woolf, einer großen subjektiven Schriftstellerin von Weltruf.
Nach und nach brach die undurchdringliche Kruste, und ich gewann einige wenige gute Freunde. Gleichzeitig entdeckte ich die vom Kulturkolonialismus durchtränkte Jugend, die von nichts als den jüngst in England erschienenen Büchern sprach. Ich stelle fest, daß der Pianist, Fotograf, Kritiker und Kinomann Lionel Wendt der Mittelpunkt des kulturellen Lebens war, das zwischen dem Röcheln des Imperiums und einer Rückbesinnung auf Ceylons jungfräuliche Werte schwankte.
Dieser Lionel Wendt, der eine große Bibliothek besaß und stets die neuesten Bücher aus England erhielt, hatte sich die ausgefallene und gute Gewohnheit zugelegt, jede Woche einen mit einem Sack Bücher beladenen Radfahrer in mein weit außerhalb der Stadt gelegenes Haus zu senden. So las ich während jener Zeit Kilometer englischer Romane, darunter *Lady Chatterley* in der in Florenz erschienenen ersten Privatausgabe. Lawrences Werk beeindruckte mich durch seine poetische Nähe und durch einen auf die verborgenen Beziehungen zwischen den Menschen gerichteten vitalen Magnetismus. Doch bald merkte ich, daß er trotz seines Genies wegen seiner pädagogischen Gelüste zum Scheitern verurteilt war wie so viele große englische Schriftsteller. D. H. Lawrence roch nach einem Lehrstuhl für Sexualerziehung, die

wenig zu tun hat mit unserer unmittelbaren Lehrzeit des Lebens und der Liebe. Zu guter Letzt langweilte er mich schlicht und einfach, ohne dadurch meine Bewunderung für seine qualvolle mystisch-sexuelle und je schmerzlichere desto nutzlosere Suche zu schmälern.

Zu meinen Erinnerungen an Ceylon gehört eine große Elefantenjagd.
Die Elefanten hatten sich in einem bestimmten Gebiet übermäßig vermehrt und fügten Häusern und Pflanzungen großen Schaden zu. Über einen Monat lang trieben die Bauern mit Fackeln, Reisigfeuern und Tamtams die wilden Herden von der Breitseite eines großen Flusses in einen Winkel des Urwalds zusammen. Tag und Nacht beunruhigten die brennenden Scheiterhaufen und der Lärm die großen Tiere, die sich wie ein träger Fluß auf den Nordosten der Insel zu bewegten.
An jenem Tag war der »Kraal« vorbereitet. Palisaden versperrten einen Teil des Waldes. Ich sah den ersten Elefanten durch einen engen Gang kommen, sah, wie er sich eingeschlossen fühlte. Aber es war zu spät. Hunderte rückten durch den engen ausweglosen Gang vor. Die gewaltige, etwa fünfhundert Elefanten starke Herde konnte weder vor noch zurück.
Zwar versuchten die stärksten Männchen die Palisadenmauer zu durchstoßen, doch dahinter tauchten zahllose Speere auf, die sie zurückhielten. Nun wichen sie in die Mitte der Umfriedung zurück, entschlossen, die Weibchen und die Jungen zu beschützen. Es war rührend, ihre Verteidigung und ihre Organisation mitanzusehen. Sie stießen einen angstvollen Ruf aus, eine Art Wiehern oder Trompetenstoß, und rissen in ihrer Verzweiflung die schwächsten Bäume aus.
Plötzlich ritten auf großen Hauselefanten zwei Tierbändiger ein. Das zahme Elefantenpaar arbeitete wie gewöhnliche Polizisten. Sie stellten sich neben die Flanken des gefangenen Tiers, schlugen es mit ihren Rüsseln und zwangen es schließlich zu völliger Reglosigkeit. Dann fesselten die Jäger mit einem dicken Seil einen Hinterfuß an einen starken Baumstamm. So wurde einer nach dem anderen bezwungen.
Der gefangene Elefant verweigert viele Tage die Nahrung. Doch die Jäger kennen seine Schwächen. Sie lassen ihn eine Zeitlang fasten, dann bringen sie ihm Schößlinge und Spitzen seiner Lieblingsbüsche, jener, die sie in der Freiheit auf ihren langen Reisen durch den Urwald suchen. Schließlich läßt der Elefant sich dazu herbei, sie zu fressen. Schon ist er gezähmt. Schon beginnt seine Lehre als Schwerarbeiter.

Das Leben in Colombo

In Colombo deutete nichts auf eine revolutionäre Bewegung hin. Das politische Klima unterschied sich von dem in Indien. Alles stagnierte in bedrückender Ruhe. Das Land lieferte den Engländern den besten Tee der Welt.

Das Land war in Sektoren oder Abschnitte aufgeteilt. Nach den Engländern, welche die Spitze der Pyramide besetzt hielten und in großen Villen mit Gärten wohnten, folgte eine der Südamerikas Ländern vergleichbare Mittelklasse. Ihre Angehörigen hießen oder heißen *burghers* und stammten von den alten Boers ab, jenen holländischen Siedlern Südafrikas, die während des Kolonialkrieges des letzten Jahrhunderts nach Ceylon verbannt wurden.

Dann kam die aus vielen Millionen bestehende buddhistische und mohammedanische Bevölkerung der Singhalesen. Noch tiefer, im Rang des schlechtbezahltesten Arbeiters, gleichfalls Millionen zählend, standen die indischen Einwanderer, alle aus dem Süden des Landes stammend, Tamilen der Sprache und Hindus der Religion nach.

In der sogenannten »gesellschaftlichen Welt«, die ihren Prunk in Colombos bildschönen Clubs entfaltete, machten zwei bemerkenswerte Snobs einander den Vorrang streitig. Einer war ein falscher französischer Adliger, Graf de Mauny, mit seinen Anhängern. Der andere war ein eleganter, salopper Pole, mein Freund Winzer, der in den spärlich vorhandenen Salons das Wort führte. Dieser Mann war ungewöhnlich erfinderisch, reichlich zynisch und in allem bewandert, was es auf der Welt gibt. Sein Beruf war merkwürdig – »Konservator des kulturellen und archäologischen Schatzes« – und so wurde er für mich zu einer Offenbarung, als ich ihn einmal auf einer seiner offiziellen Rundreisen begleitete.

Ausgrabungen hatten zwei alte herrliche Städte zutage gefördert, die vom Urwald verschluckt gewesen waren: Anuradapura und Polonaruwa. Säulen und Gänge glänzten von neuem im Schein der singhalesischen Sonne. Natürlich wanderte alles, was transportierbar war, gutverpackt ins Britische Museum nach London.

Mein Freund Winzer machte seine Sache nicht schlecht. Er fuhr in die entlegensten Klöster und ließ zur größten Befriedigung der buddhistischen Mönche die wundervollen Bildnisse aus tausendjährigem Stein in dem offiziellen Lieferwagen verschwinden, auf daß sich ihr Schicksal in Englands Museen erfüllen könne. Man mußte die glücklichen Mienen der safrangelb gekleideten Mönche sehen, wenn Winzer ihnen als Ersatz für ihre Antiquitäten ein paar bekleckste buddhistische Figuren aus japanischem Zelluloid zurückließ. Sie betrachteten diese ehrfurchtsvoll und stellten sie auf dieselben Altäre, auf denen die Standbilder aus Jaspis oder Granit mehrere Jahrhunderte gelächelt hatten.

Mein Freund Winzer war ein hervorragendes Produkt des Empire, das heißt, ein eleganter Halunke.

Etwas trübte jene von der Sonne verzehrten Tage. Unvermutet ließ sich meine birmanische Liebe, die stürmische Josie Bliss, gegenüber meinem Hause nieder. Sie war aus ihrem fernen Land herbeigereist. Da sie dachte, Reis gäbe es nur in Rangoon, kam sie mit einem Sack Reis auf den Schultern, unseren Lieblingsplatten von Paul Robson und einem großen zusammengerollten Teppich. Von ihrer gegenüberliegenden Haustür aus beobachtete sie scharf jeden meiner Besucher und ging sogar dazu über, ihn zu beschimpfen und zu belästigen. Von rasender Eifersucht getrieben, drohte Josie Bliss sogar, mein Haus in Brand zu stecken. Ich erinnere mich noch, wie sie mit einem langen Messer eine zarte kleine Eurasierin anfiel, die mich besuchte.
Die Kolonialpolizei fand, ihre unbewachte Gegenwart sei ein Unruheherd in der stillen Straße. Man teilte mir mit, sie würde des Landes verwiesen, sofern ich sie nicht aufnähme. Mehrere Tage litt ich Höllenqualen, schwankend zwischen der Zärtlichkeit, die mir ihre unglückliche Liebe einflößte und der Angst, die ich vor ihr hatte. Doch ich durfte nicht zulassen, daß sie einen Fuß über meine Schwelle setzte. Sie war eine verliebte Terroristin, zu allem fähig.
Endlich, eines Tages, entschloß sie sich zur Abreise. Bat mich, sie zum Schiff zu begleiten. Als dieses auslaufen und ich sie verlassen sollte, löste sie sich von ihren Begleitern und, überwältigt von Schmerz und Liebe, umhalste sie mich und benetzte mein Gesicht mit Tränen. Wie in einem Ritus küßte sie meine Arme, meinen Anzug und sank mir jäh zu Füßen, noch ehe ich sie daran hindern konnte. Als sie aufstand, war ihr Gesicht weiß von der Schlemmkreide meiner weißen Schuhe. Ich konnte sie nicht bitten, ihre Reise aufzugeben, mit mir das Schiff zu verlassen, das sie mir auf immer entführen würde. Die Vernunft verbot es mir, aber mein Herz hat seither eine Narbe, die nie verschwunden ist. Ihr wahnsinniger Schmerz, ihre wilden Tränen, die ihr über das mehlweiße Gesicht rannen, sind noch immer in meiner Erinnerung lebendig.

Ich hatte den ersten Band von *Aufenthalt auf Erden* fast zuende geschrieben. Übrigens war meine Arbeit langsam fortgeschritten. Ich lebte getrennt von meiner Welt durch die Entfernung und das Schweigen, ich war außerstande, wirklich in die fremde Welt einzudringen, die mich umgab.
Mein Buch sammelte als natürliche Episoden die Ergebnisse meines im Leeren hängenden Lebens: »Näher am Blut als an der Tinte«. Aber mein Stil läuterte sich, und in der wiederkehrenden wütenden Schwermut gewann ich Schwingen. Um der Wahrheit und Rhetorik

willen (denn aus diesem Mehl wird das Brot der Poesie gebacken) versteifte ich mich auf einen bitteren Sprachstil, der meine eigene Vernichtung systematisch ertrotzte. Doch der Mensch ist nicht allein Stil. Er ist auch das, was ihn umgibt, und wenn die Atmosphäre keinen Einlaß im Gedicht findet, ist das Gedicht tot: tot, weil es nicht atmen kann. Nie habe ich so viel und so ergiebig gelesen wie in jenem Vorort Colombos, in dem ich so lange als Einsiedler lebte. Dann und wann kehrte ich zu Rimbaud zurück, zu Quevedo und Proust. *Swanns Welt* ließ mich die Qualen, die Liebschaften und Eifersuchten meiner Jugend wiedererleben. Ich begriff, daß man in dem kleinen Thema aus Vinteuils Sonate, der musikalischen Phrase, die Proust »luftig und duftend« nannte, nicht nur die erlesenste Schilderung des leidenschaftlichen Tons auskostet, sondern zugleich ein verzweifeltes Maß an Leidenschaft.

Mein Problem in jenen Einsamkeiten war, diese Musik zu finden und zu hören. Mit Hilfe meines Freundes, eines Musikers und Musikwissenschaftlers, forschten wir, bis wir wußten, daß Prousts Vinteuil sich vermutlich aus Schubert und Wagner zusammensetzte, und überdies aus Saint-Saëns und Fauré und d'Indy und César Franck. Infolge meiner mangelhaften musikalischen Bildung kannte ich so gut wie nichts von diesen Musikern. Ihre Werke waren für mich gleichsam verschlossene Truhen. Mein Gehör erkannte nichts als die ohrenfälligsten Melodien, und auch diese nur unter Schwierigkeiten.

Schließlich erwarb ich im Verlauf meiner weniger musikalischen als literarischen Nachforschungen ein Album mit den drei Platten der Sonate für Klavier und Geige von César Franck. Hier war Vinteuils kleines Thema. Kein Zweifel konnte mehr bestehen.

Meine Faszination war rein literarisch gewesen. Proust, der größte poetische Realist, widmete sich in seiner kritischen Chronik einer sterbenden Gesellschaft, die er liebte und haßte, mit leidenschaftlichem Vergnügen vielen Kunstwerken, Bildern und Kathedralen, Schauspielerinnen und Büchern. Wenn seine Hellsicht auch alles durchleuchtete, was er berührte, so gab er den Zauber dieser Sonate und ihres wiederkehrenden Themas mit einer Intensität wieder, die er vermutlich keiner anderen Schilderung zukommen ließ. Seine Worte brachten mich dazu, mein eigenes Leben wiederzuerleben, meine in mir selbst, in meiner eigenen Fremde verirrten Empfindungen. Ich wollte Prousts magisch-literarischen Bericht in dem musikalischen Thema sehen und nahm die Schwingen der Musik auf, sofern sie nicht mich aufnahmen.

Das Thema verfängt sich in der Schwere des Schattens, tönt dumpf, verdüstert und verzögert seinen Todeskampf. Es scheint eine Klage wie einen gotischen Bau aufzurichten, und diesen wiederholen die Voluten, die getragen sind vom Rhythmus, der denselben Pfeil unablässig emporsendet.

Das schmerzgeborene Element sucht einen triumphierenden Ausweg, der seinen trauertrunkenen Ursprung in der Höhe dennoch nicht leugnet. Es scheint sich zu einer leidensvollen Spirale zu verkrümmen, während der dunkle Klavierpart wieder und wieder Tod und Auferstehung der Tonfolge begleitet. Die düstere Intimität des Klaviers führt wieder und wieder die schlangenhafte Geburt zum Licht, bis Liebe und Schmerz sich umarmen im Todessieg.
Für mich bestand kein Zweifel: das war das Thema und die Sonate.
Das jähe Dunkel fiel wie ein Faustschlag auf mein zwischen Wellawathas Kokospalmen verlorenes Haus, aber jede Nacht lebte die Sonate mit mir, sie entführte mich, verführte mich, sie schenkte mir ihre unablässige Trauer, ihre sieghafte Schwermut.
Die Kritiker, die meine Arbeit derart durchgehechelt haben, sie haben bis heute diesen geheimen, hier eingestandenen Einfluß nicht bemerkt. Denn ich schrieb dort, in Wellawatha, einen großen Teil von *Aufenthalt auf Erden*. Wenn auch meine Dichtung weder »duftend noch luftig« ist, sondern trauervoll irdisch, so scheint mir, daß diese so oft von Trauer verdüsterten Themen mit der rhetorischen Intimität jener Musik zu tun haben, die damals mit mir lebte.
Jahre später, wieder in Chile, traf ich einmal in einem Kreis junger Künstler die drei Großen der chilenischen Musik. Es war, glaube ich, 1932 im Hause von Marta Brunet.
Claudio Arrau unterhielt sich in einer Ecke mit Domingo Santa Cruz und Armando Carvajal. Ich trat zu ihnen, aber sie würdigten mich kaum eines Blickes. Ich versuchte zu glänzen, indem ich ihnen von jener Sonate sprach, der einzigen, die ich kannte.
Sie blickten mich zerstreut an und sagten herablassend: »César Franck? Wozu César Franck? Was du kennen mußt, ist Verdi.«
Dann fuhren sie in ihrer Unterhaltung fort und begruben mich unter meiner Unwissenheit, aus der ich bis heute nicht aufgetaucht bin.

Singapur

In Wirklichkeit war die Einsamkeit in Colombo nicht nur belastend, sondern auch einschläfernd. Ich besaß einige wenige Freunde in der Straße, in der ich wohnte. Freundinnen mehrerer Farbschattierungen gingen durch mein Feldbett, ohne mehr Geschichte zu hinterlassen als den körperlichen Blitz. Mein Leib war ein einsamer Scheiterhaufen, der sich an jener Tropenküste Tag und Nacht entzündete. Meine Freundin Patsy besuchte mich häufig mit einigen ihrer Kameradinnen, brünetten und goldenen Mädchen mit dem Blut von Buren, Engländern, Drawiden. Sportlich und uneigennützig legten sie sich zu mir.
Eine von ihnen klärte mich über ihre Besuche in den *chummeries* auf.

So nannten sich die Bungalows, in denen Gruppen junger Engländer, kleiner Laden- und Firmenangestellter, in Kommunen zusammenwohnten, um Bedienungs- und Verpflegungskosten zu sparen. Ohne jeden Zynismus, wie etwas Natürliches, erzählte mir das junge Mädchen, wie sie einmal mit vierzehn von ihnen geschlafen habe.
»Und wie hast du das gemacht?« fragte ich.
»Ich war an jenem Abend allein mit ihnen, sie feierten ein Fest. Sie stellten das Grammophon an, und ich tanzte ein paar Schritte mit jedem von ihnen, und während des Tanzens verirrten wir uns in einem der Schlafzimmer. Auf diese Weise wurden alle befriedigt.«
Sie war keine Prostituierte. Vielmehr ein Kolonialprodukt, eine einfältige, großzügige Frucht. Ihre Erzählung beeindruckte mich, und ich empfand nichts als Sympathie für sie.
Mein einsamer, abgelegener Bungalow war weit entfernt von allen städtischen Einrichtungen. Als ich ihn mietete, versuchte ich die Toilette zu finden, die nirgends zu erblicken war. Tatsächlich lag sie weit weg vom Duschraum, ganz hinten im Haus. Ich musterte sie neugierig. Es war eine Holzkiste mit einem Loch in der Mitte, ähnlich dem Verschlag, den ich aus meiner ländlichen Kindheit kannte, in meinem Land. Doch unsere Verschläge lagen über einem tiefen Brunnen oder über fließendem Wasser. Hier war das Depot ein einfacher Metallkübel unter dem runden Loch.
Der Kübel war jeden Morgen sauber, ohne daß ich merkte, wie sein Inhalt verschwand. Eines Morgens stand ich früher als gewöhnlich auf. Und sah mit Staunen, was geschah.
Wie eine dunkle schreitende Statue betrat das Haus durch den Hintereingang die schönste Frau, die ich bisher in Ceylon gesehen hatte, von tamilischer Rasse, von der Kaste der Parias. Sie trug einen rotgoldenen Sari aus gröbstem Stoff. Ihre nackten Füße umspannten schwere Spangen. An beiden Nasenflügeln funkelten zwei rote Pünktchen. Es waren vermutlich gewöhnliche Glasperlen, an ihr freilich glichen sie Rubinen.
Feierlichen Schritts ging sie auf das Klosett zu, ohne mich anzublicken, ohne von meiner Anwesenheit Notiz zu nehmen, und verschwand mit dem scheußlichen Behälter auf dem Kopf, sich mit dem Gang einer Göttin entfernend.
Sie war so schön, daß ich trotz ihres niedrigen Amtes betroffen zurückblieb. Als sei sie ein dem Dschungel entsprungenes menschenscheues Tier, gehörte sie einem anderen Lebenskreis an, einer abgesonderten Welt. Vergeblich rief ich sie an. Dann ließ ich gelegentlich ein Geschenk für sie liegen, ein Stück Seide oder eine Frucht. Ohne zu hören, ohne zu blicken, ging sie vorbei. Die elende Wegstrecke war von ihrer dunklen Schönheit in die Pflichtzeremonie einer gleichgültigen Königin verwandelt worden.
Zu allem entschlossen packte ich sie eines Morgens herrisch am Hand-

gelenk und blickte ihr ins Gesicht. Ich wußte keine Sprache, in der ich sie hätte ansprechen können. Ohne Lächeln ließ sie sich von mir führen, und schon lag sie nackt auf meinem Bett. Ihre schlanke Taille, ihre vollen Hüften, die überquellenden Becher ihrer Brüste machten sie den tausendjährigen Skulpturen Südindiens gleich. Die Begegnung war die eines Mannes mit einer Statue. Die ganze Zeit hielt sie die Augen offen, ungerührt. Sie verachtete mich mit Recht. Die Erfahrung wiederholte sich nicht.

Es kostete Mühe, das Kabel zu lesen. Der Außenminister teilte mir eine neue Ernennung mit. Ich hörte auf, Konsul in Colombo zu sein, um die gleiche Funktion in Singapur und Batavia auszuüben. Damit stieg ich aus dem ersten Kreis der Armut auf in den zweiten. In Colombo hatte ich Anrecht auf die Summe von einhundertundsechsundsechzig Dollar und sechsundsechzig Centavos gehabt (sofern sie eintrafen). Nun, als Konsul in zwei Kolonien gleichzeitig, bekam ich zweimal einhundertundsechsundsechzig Dollar und sechsundsechzig Centavos (sofern sie eintrafen), das heißt die Summe von dreihundertdreiunddreißig Dollar und zweiunddreißig Centavos (sofern sie eintrafen). Das bedeutete zunächst, daß ich aufhören würde, auf einem Feldbett zu schlafen. Meine materiellen Ansprüche waren nicht übertrieben.

Doch was tun mit Kiria, meinem Mungo? Sollte ich ihn jenen respektlosen Straßenjungen des Viertels schenken, die nicht mehr an seine Macht über die Schlangen glaubten? Daran war nicht zu denken. Sie würden ihn vernachlässigen, würden ihn nicht mit am Tisch essen lassen, wie er es bei mir gewöhnt war. Sollte ich ihn im Urwald aussetzen, damit er zu seinem ursprünglichen Zustand zurückkehren konnte? Nie im Leben. Er hatte fraglos seinen Selbsterhaltungstrieb eingebüßt, und die Raubvögel würden ihn ohne Vorwarnung auffressen. Aber sollte ich ihn mitnehmen? Auf dem Schiff würde ein solch eigenartiger Passagier nicht angenommen.

Da beschloß ich, mich von meinem singhalesischen Boy, Brampy, begleiten zu lassen. Das war eine Millionärsausgabe und zugleich eine Verrücktheit, denn wir fuhren ja in Länder – Malaysia, Indonesien –, deren Sprachen Brampy überhaupt nicht kannte. Dafür konnte der Mungo incognito im Kaperraum der Brücke, in einem Korb versteckt, mitreisen. Brampy kannte ihn so gut wie ich. Das Problem war der Zoll, doch der geriebene Brampy würde es schaffen, ihn durchzuschmuggeln. Und so, mit Trauer, Freude und Mungo verließen wir die Insel Ceylon, einer anderen unbekannten Welt entgegen.

Es ist schwer einzusehen, warum Chile so viele über die ganze Welt verstreute Konsulate unterhält. Ist es nicht merkwürdig, daß eine kleine Republik in der Nähe des Südpols offizielle Vertreter auf Insel-

gruppen, Küsten und Riffe auf der anderen Seite des Erdballs entsendet und dort beschäftigt?
Im Grund – so erkläre ich es mir – waren diese Konsulate Erzeugnisse der Fantasie und des »self-importance«, die wir Südamerikaner uns beimessen. Andrerseits, wie ich schon erwähnte, wird in jenen entlegenen Orten Jute, festes Paraffin zur Herstellung von Kerzen und vor allem Tee, viel Tee nach Chile verladen. Wir Chilenen trinken viermal am Tag Tee. Und können ihn nicht anbauen. Bei einer bestimmten Gelegenheit erfolgte mangels dieses exotischen Erzeugnisses ein Massenstreik der Salpeterarbeiter. Ich erinnere mich, daß ich einmal von Tee-Exporteuren nach etlichen Whiskys gefragt wurde, was die Chilenen mit solch gewaltigen Mengen Tee anstellten.
»Wir trinken ihn«, sagte ich.
(Wenn sie glaubten, mir das Geheimnis irgendeiner industriellen Auswertung entlocken zu können, mußte ich sie leider enttäuschen.)

Das Konsulat in Singapur war bereits zehn Jahre alt. Ich ging daher in Begleitung Brampys und meines Mungos mit der Zuversicht meiner dreiundzwanzig Jahre an Land. Wir fuhren sofort zum Raffles Hotel. Dort ließ ich meine nicht eben spärliche Wäsche waschen und setzte mich auf die Veranda. Ich streckte mich träge in einen *easy chair* und bestellte einen, zwei und sogar drei *gin pahit*.
Alles war sehr Somerset Maugham, bis mir der Gedanke kam, den Sitz meines Konsulats im Telefonbuch zu suchen. Es war nicht aufgeführt, zum Teufel! Ich rief unverzüglich die englischen Regierungsstellen an und erfuhr, daß Chile hier kein Konsulat unterhalte. Dann erkundigte ich mich nach dem Konsul, Señor Mansilla. Man kannte ihn nicht.
Ich war verstimmt. Meine Finanzen reichten gerade für die Hotelkosten eines Tages und für das Waschen meiner Wäsche. Ich dachte, das Gespensterkonsulat müsse seinen Sitz in Batavia haben und beschloß, auf dem Schiff, das mich hergebracht hatte, weiterzureisen, weil es just nach Batavia fuhr und noch im Hafen lag. Ich befahl, meine Wäsche aus dem Kessel, in dem sie weichte, zu holen, Brampy machte ein feuchtes Bündel daraus, und wir sausten zur Mole.
Das Fallreep wurde gerade an Bord geholt. Keuchend lief ich die Stufen hinauf. Erstaunt blickten meine früheren Reisegefährten und die Schiffsoffiziere drein. Ich stürmte in dieselbe Kabine, die ich am Morgen verlassen hatte, warf mich aufs Bett und schloß die Augen, während der Dampfer sich aus dem unseligen Hafen entfernte.
An Bord hatte ich eine junge Jüdin kennengelernt. Sie hieß Kruzi. Sie war blond, füllig, hatte orangenfarbene Augen und sprudelte vor Fröhlichkeit. Sie sagte mir, sie habe eine gute Anstellung in Batavia. Beim Schlußball der Überfahrt näherte ich mich ihr. Zwischen einem Glas und dem nächsten zog sie mich aufs Parkett. Täppisch folgte ich ihr in

den langsamen Verrenkungen, die damals Mode waren. In dieser letzten Nacht liebten wir uns in meiner Kabine, freundschaftlich und wissend, daß unsere Schicksale sich zufällig und für ein einziges Mal kreuzten. Ich erzählte ihr mein Mißgeschick. Sie war sanft und mitleidig und ihre flüchtige Zärtlichkeit ging mir zu Herzen.
Kruzi gestand ihrerseits die wirkliche Beschäftigung, die sie in Batavia erwartete. Es gab eine mehr oder minder internationale Organisation, die europäische junge Mädchen in die Betten respektabler Asiaten verfrachtete. Diese hatte ihr einen Maharadscha, einen siamesischen Prinzen und einen reichen chinesischen Kaufmann zur Wahl angeboten. Sie entschied sich für den dritten, einen jungen, aber ruhigen Mann.
Als wir am nächsten Tag an Land gingen, sah ich den Rolls Royce des chinesischen Magnaten, doch auch das Profil des Besitzers durch die geblümten kleinen Vorhänge des Automobils. Kruzi verschwand im Gewühl der Menschen und des Gepäcks.
Ich stieg im Hotel Der Nederlanden ab. Ich ging gerade zum Mittagessen, als Kruzi hereinstob. Sie warf sich in meine Arme, halb erstickt vom Weinen.
»Man hat mich ausgewiesen. Ich muß morgen abreisen.«
»Aber wer weist dich aus, warum weist man dich aus?«
In abgerissenen Sätzen erzählte sie mir ihr Mißgeschick. Sie stieg gerade in den Rolls Royce, als die Einwanderungsbeamten sie festhielten, um sie einem unsanften Verhör zu unterziehen. Sie mußte alles beichten. Die holländischen Behörden betrachteten es als schweres Vergehen, wenn sie mit einem Chinesen in wilder Ehe leben würde. Schließlich ließ man sie frei mit der doppelten Verpflichtung: erstens nicht ihren Liebhaber aufzusuchen, zweitens am nächsten Tag mit demselben Schiff, auf dem sie gekommen war, in den Westen zurückzukehren.
Was sie am meisten verletzte, war die Tatsache, daß sie den sie erwartenden Mann enttäuscht hatte, ein Gefühl, an dem der prachtvolle Rolls Royce nicht ganz unbeteiligt war. Übrigens war Kruzi im Grunde eine sentimentale Seele. Ihre Tränen verrieten mehr als nur vereiteltes Interesse: sie fühlte sich gedemütigt und verletzt.
»Kennst du seine Adresse? Hast du seine Telefonnummer?« fragte ich.
»Ja«, erwiderte sie. »Aber ich habe Angst, daß man mich verhaftet. Man hat mir gedroht, mich einzusperren.«
»Du hast nichts zu verlieren. Geh und such den Mann auf, der an dich gedacht hat, ohne dich zu kennen. Du schuldest ihm zumindest ein paar Worte der Erklärung. Was geht dich die holländische Polizei an? Räch dich an ihnen. Geh zu deinem Chinesen. Sei auf der Hut, führ deine Häscher an der Nase herum, und du wirst dich besser fühlen. Ich glaube, dann wirst du das Land befriedigter verlassen.«

Spät am jenem Abend kehrte meine Freundin zurück. Sie hatte ihren Briefbewunderer aufgesucht. Sie berichtete mir von ihrer Unterredung mit ihm. Der Mann war ein französierter, gebildeter Orientale, der fließend Französisch sprach. Er war nach ehrbarem chinesischen Ehebrauch verheiratet und langweilte sich zu Tode.
Der gelbe Anwärter hatte für die weiße, aus dem Westen erwartete Braut einen Bungalow herrichten lassen mit Garten, Fliegenfenstern, Louis-XIV.-Möbeln und einem Prunkbett, das an jenem Abend ausprobiert wurde. Melancholisch zeigte ihr der Hausherr die kleinen Raffinements, die er für sie bereitgestellt hatte, die silbernen Gabeln und Messer (er selber aß nur mit Stäbchen), die Bar mit europäischen Getränken, den mit Früchten gefüllten Eisschrank.
Dann blieb er vor einer hermetisch verschlossenen Truhe stehen. Er zog einen kleinen Schlüssel aus der Hosentasche, öffnete sie und breitete vor Kruzis Augen die seltsamsten seiner Schätze aus: Hunderte von Frauenschlüpfern, Höschen, Minislips. Intim- und Reizwäsche dem Hundert, dem Tausend nach, füllte das mit scharfem Sandelholzduft geweihte Möbel. Da waren alle Seidenarten in allen Farben vereint, in der Farbskala von Violett bis Gelb, von den verschiedensten Rosatönen bis zum verschwiegensten Grün, vom heftigsten Rot bis zum schimmerndsten Schwarz, vom elektrisierendsten Himmelblau bis zum hochzeitlichen Weiß. Der ganze Regenbogen männlicher Lüsternheit eines Fetischisten, der diese Blütenlese fraglos zum Ergötzen seiner eigenen Wollust gesammelt hatte.
»Ich war völlig verzaubert«, sagte Kruzi und schluchzte von neuem. »Ich habe ganz wahllos eine Handvoll mitgebracht, hier . . .«
Auch mich berührte dieses menschliche Geheimnis. Unser Chinese, ein seriöser Kaufmann, Importeur und Exporteur, sammelte Damenunterhöschen, als sei er ein Schmetterlingsjäger. Wer wäre darauf gekommen?
»Laß mir eines da«, bat ich meine Freundin.
Sie wählte ein weißgrünes aus und streichelte es liebevoll, bevor sie es mir reichte.
»Widme es mir, Kruzi, bitte.«
Sie strich es behutsam glatt und schrieb meinen und ihren Namen auf die seidene Oberfläche, die sie gleichfalls mit ein paar Tränen benetzte.
Am nächsten Tag reiste sie ab, ohne daß ich sie noch einmal gesehen hätte, wie ich sie übrigens nie wiedersah. Der duftige Schlüpfer mit seiner tränenbenetzten Widmung wanderte in meinen Koffer und begleitete mich in der Gesellschaft meiner Wäsche und meiner Bücher viele Jahre hindurch auf meinen Reisen. Ich habe nie erfahren, wann und wie eine indiskrete Besucherin mit ihm verschwand.

Zu jener Zeit, als es noch keine Motels auf der Welt gab, war das Hotel Nederlanden etwas Besonderes. Es bestand aus einem großen Hauptbau für den Speisesaal und die Verwaltungsräume, während die Gäste in zahllosen, von kleinen Gärten und mächtigen Bäumen getrennten Bungalows untergebracht waren. In den hohen Baumkronen hausten Unmengen von Vögeln, behende Eichhörnchen, die von Ast zu Ast huschten und Insekten, die wie im Urwald zirpten. Brampy überbot sich in der Pflege meines Mungos, der in seiner neuen Umgebung immer unruhiger wurde.
Hier gab es ein chilenisches Konsulat. Zumindest stand es im Telefonbuch. Am nächsten Tag machte ich mich ausgeruht und gut angezogen auf zu seiner Kanzlei. Das Konsulatswappen Chiles hing an der Fassade eines großen Gebäudes. Es war eine Schiffahrtsgesellschaft. Ein Angestellter aus dem zahlreichen Personal führte mich in das Privatbüro des Direktors, eines rotgesichtigen beleibten Holländers. Er sah nicht aus wie der Geschäftsführer einer Reederei, sondern wie ein Stauer.
»Ich bin der neue chilenische Konsul«, stellte ich mich vor. »Ich möchte Ihnen zunächst für Ihre Dienste danken und Sie bitten, mich über die Amtsgeschäfte des Konsulats ins Bild zu setzen. Ich möchte meinen Posten ohne Verzug antreten.«
»Hier gibt es keinen Konsul außer mir«, entgegnete er wütend.
»Wieso das?«
»Zahlen Sie zuerst, was Sie mir schulden«, schrie er.
Mochte der Mann etwas von der Seefahrt verstehen, von der Höflichkeit hatte er in keiner Sprache eine Ahnung. Er stolperte über seine Worte, während er tollwütig auf einem miserablen *cheruto* herumkaute, der die Luft verpestete.
Der Rasende ließ mir wenig Gelegenheit, ihn zu unterbrechen. Seine Empörung und der *cheruto* verursachten ihm donnernde Hustenanfälle, wo nicht Gurgelreiz, der in Auswurf endete. Schließlich konnte ich ein Wort zu meiner Verteidigung anbringen: »Señor, ich schulde Ihnen nichts, und habe nichts zu bezahlen. Ich gehe davon aus, daß Sie Konsul ad honorem, das heißt, Honorarkonsul sind. Und wenn Sie das für anfechtbar halten, so bezweifle ich, daß sich die Frage mit Gezeter, das ich mir verbitte, lösen läßt.«
Später stellte ich fest, daß der grobe Holländer teilweise im Recht war. Der Mensch war einem faustdicken Schwindel zum Opfer gefallen, für den natürlich weder ich noch die chilenische Regierung verantwortlich war. Mansilla war die lichtscheue Figur, die den Zorn des Holländers ausgelöst hatte. Ich fand heraus, daß Mansilla nie seinen Posten als Konsul in Batavia angetreten hatte, daß er seit langer Zeit in Paris lebte. Er hatte mit dem Holländer vereinbart, daß dieser die Funktionen

des Konsul ausübe und ihm monatlich die Papiere und die eingenommenen Gebühren übersende. Dafür hatte er sich verpflichtet, ihm für seine Arbeit ein Monatsgehalt zu zahlen, das er nie überwies. Daher die Empörung dieses erdgebundenen Holländers, die auf mein Haupt herabsauste wie ein Erker auf einen Fußgänger.
Am nächsten Tag war ich todkrank. Bösartiges Fieber, Grippe, Einsamkeit und Blutungen, Hitzewellen und Schweißausbrüche. Ich hatte Nasenbluten wie in meiner Kindheit, in Temuco, in der Kälte Temucos. Unter Aufbietung aller Kräfte, um zu überleben, schleppte ich mich zum Regierungspalast. Er lag in Buitenzorg, mitten im prachtvollen Botanischen Garten. Die Bürokraten hoben schwerfällig ihre blauen Augen von ihren weißen Papierbogen. Sie holten Bleistifte hervor, die auch schwitzten, und schrieben meinen Namen mit ein paar Schweißtropfen.
Ich verließ den Palast noch kränker als ich ihn betreten hatte. Ich schwankte durch die Avenidas, bis ich unter einem riesigen Baum zusammensank. Hier war alles gesund und frisch, das Leben atmete ruhig und machtvoll. Die Stämme der riesigen Bäume ragten senkrecht, seidenglatt und silbrig bis zu hundert Meter Höhe. Ich las das Emailschild, auf dem ihre Namen standen. Es waren einige mir unbekannte Abarten des Eukalyptus. Aus der gewaltigen Höhe sank eine kühle Duftwelle in meine Nüstern. Der Kaiser unter den Bäumen hatte sich meiner erbarmt, und eine Bö seines Aromas schenkte mir meine Gesundheit wieder.
Vielleicht waren es auch die grüne Feierlichkeit des Botanischen Gartens, die unendliche Vielfalt der Blätter, das Flechtwerk der Lianen, die Orchideen, die wie Meersterne im Laubwerk funkelten, die Tiefseewelt des Waldgeländes, der Schrei der Grünflügelaras, das Gekreisch der Affen, all das gab mir wohl die Zuversicht in mein Schicksal zurück und meine Lebensfreude, die wie eine ausgebrannte Kerze zu erlöschen gedroht hatte.
Getröstet kehrte ich ins Hotel zurück, setzte mich auf die Veranda meines Bungalow mit Schreibpapier und meinem Mungo vor mir auf dem Tisch und beschloß, ein Telegramm an meine Regierung in Chile aufzusetzen. Doch es fehlte Tinte. Ich rief den Hotelboy und bat um *ink*, sagte, er möge mir ein Tintenfaß bringen. Er gab nicht zu erkennen, ob er begriffen hatte. Er beschränkte sich darauf, einen zweiten ebenso weißgekleideten barfüßigen Boy zu holen, damit dieser ihm meine rätselhaften Wünsche dolmetsche. Es war nichts zu machen. Als ich *ink* sagte, meinen Bleistift hob und ihn in ein imaginäres Tintenfaß tauchte, wiederholten die sieben oder acht Boys, die zur Beratung des ersten zusammengelaufen waren, gemeinsam mein Manöver mit einem Bleistift, den sie aus ihrer Gürteltasche hervorholten und riefen einstimmig und ungestüm: *ink, ink* – und lachten sich dabei halbtot.

Sie kamen sich vor, als erlernten sie einen neuen Ritus. Verzweifelt stürzte ich zum nächstgelegenen Bungalow, im Schlepptau den Schwanz meiner weißgekleideten Diener. Von einem unbenutzten Tisch nahm ich ein Tintenfaß, das wunderbarerweise dort stand und, es vor ihren verblüfften Augen schwenkend, schrie ich ihnen ins Gesicht:
»This! This!«
Jetzt lächelten alle und sangen im Chor:
»Tinta! Tinta!«
So erfuhr ich, daß mein spanisches *tinta* auf malaiisch »tinta« heißt.

Es kam der Augenblick, da mir das Recht, mich konsularisch niederzulassen, zurückgegeben wurde. Mein umkämpfter Besitz waren: ein zerfressener Gummistempel, ein Stempelkissen, um diesen mit Stempelschwärze zu befeuchten und einige Aktenmappen mit Abrechnungen über größere Geldbeträge und Restbestände. Die Restbestände waren bislang in den Taschen des spitzbübischen Konsuls gelandet, der von Paris aus operierte. Der übervorteilte Holländer übergab mir das belanglose Konvolut nicht ohne mit dem kühlen Lächeln eines enttäuschten Mastodons auf seinem *cheruto* zu kauen.
Von Zeit zu Zeit beglaubigte ich Konsulatsfakturen und drückte den altersschwachen offiziellen Stempel darauf. Auf diese Weise gingen die Dollars ein, die, in *gulders* umgewandelt, gerade für meinen Unterhalt ausreichten: für Wohnen und Essen, Brampys Besoldung und die Pflege meines Mungos Kiria, der sichtlich wuchs und drei oder vier Eier am Tag verzehrte. Außerdem mußte ich einen weißen Smoking und einen Frack anschaffen, den ich in Monatsraten abzahlte. Manchmal setzte ich mich, fast immer allein, in die überfüllten Straßencafés an den breiten Kanälen, wo ich ein Bier oder einen *gin pahit* trank. Das heißt: ich nahm mein Leben der verzweifelten Ruhe wieder auf.
Die *rice-table* des Hotelrestaurants war majestätisch. Den Speisesaal betrat eine Prozession von zehn bis fünfzehn Dienern, die mit ihren hocherhobenen Platten der Reihe nach an einem vorbeizogen. Jede Platte war in Fächer unterteilt, in jedem Fach schimmerte ein geheimnisvolles Gericht. Auf einer Grundschicht von Reis ragte die Substanz einer eßbaren Unendlichkeit. Lange unterernährt und stets ein Vielfraß, wählte ich etwas von jeder Platte, von jedem der fünfzehn oder achtzehn Diener, bis mein Teller ein kleiner Berg war, auf dem exotische Fische, rätselhafte Eier, unvermutete Gemüse, unergründliche Hühner und ungewöhnliche Fleischsorten den Gipfel meines Mittagessens wie eine Flagge zierten. Die Chinesen sagen, eine Mahlzeit müsse drei Vortrefflichkeiten besitzen: Geschmack, Geruch und Farbe. Die *rice-table* meines Hotels vereinigte diese drei Tugenden, dazu eine weitere: Überfluß.

In jenen Tagen verlor ich Kiria, meinen Mungo. Er hatte die gefährliche Angewohnheit, mich mit seinen kleinen raschen unhörbaren Schritten überall hinzubegleiten. Hinter mir dreintraben bedeutete, sich auf die Straßen stürzen, die von Autos, Lastwagen, Rikschas befahren, von holländischen, chinesischen, malaiischen Fußgängern begangen wurden. Eine wirbelnde Welt für einen einfältigen Mungo, der nur zwei Personen auf der Welt kannte.
Das Unvermeidliche geschah. Als ich ins Hotel zurückkehrte und Brampy ansah, wußte ich Bescheid. Ich stellte ihm keine Fragen. Doch als ich mich auf die Veranda setzte, sprang er nicht auf meinen Schoß und fuhr mir mit seinem fellreichen Schwanz nicht übers Gesicht.
Ich setzte eine Annonce in die Zeitungen: »Verloren: Mungo. Hört auf den Namen Kiria«. Niemand antwortete. Kein Nachbar hatte ihn gesehen. Vielleicht war er tot. Er war für immer verschwunden.
Brampy, sein Beschützer, fühlte sich so entehrt, daß er mir lange nicht vor die Augen trat. Meine Wäsche, meine Schuhe wurden von einem Gespenst gepflegt. Manchmal glaubte ich Kirias Schrei zu hören, der mich von irgendeinem nächtlichen Baum aus rief. Ich schaltete das Licht ein, öffnete Fenster und Türen, spähte in die Kokospalmen hinauf. Er war es nicht. Die Welt, die Kiria kannte, hatte sich in einen gewaltigen Schwindel verwandelt; sein Vertrauen war im bedrohlichen Urwald der Stadt zusammengebrochen. Lange Zeit war ich von Schwermut verzehrt.
In seiner Beschämung beschloß Brampy in sein Land zurückzukehren. Das tat mir sehr leid, doch in Wirklichkeit war der Mungo das einzige Bindeglied zwischen uns gewesen. Eines Nachmittags suchte er mich nur auf, um mir den neuen Anzug zu zeigen, den er gekauft hatte, um anständig angezogen in sein Geburtsdorf auf Ceylon zurückzukehren. Er erschien fertig angezogen, in Weiß und bis zum Halse zugeknöpft. Das Überraschendste war die riesige Mütze eines Küchenchefs, die er auf seinen pechschwarzen Kopf gesetzt hatte. Ich brach in hemmungsloses Gelächter aus. Brampy war nicht gekränkt. Im Gegenteil, er lächelte sehr sanft, lächelte voller Verständnis für meine Unwissenheit.

Die Straße meines neuen Hauses in Batavia hieß Probolingo. Das Haus bestand aus Wohnzimmer, Schlafzimmer, Küche, Bad. Ich hatte nie ein Auto besessen; es war aber eine Garage da, die nun leer blieb. In diesem winzigen Haus hatte ich Raum übrig. Ich nahm eine javanische Köchin, eine alte Bäuerin und bezaubernde Verfechterin der Gleichheit. Ein *boy*, gleichfalls Javaner, bediente bei Tisch und hielt meine Wäsche sauber. Hier beendete ich *Aufenthalt auf Erden.*
Meine Einsamkeit wurde doppelt schwer. Ich dachte daran, zu heiraten. Ich hatte eine Kreolin kennengelernt, besser gesagt, eine Holländerin mit ein paar Tropfen malayischen Bluts, die mir sehr gefiel. Sie

war eine hochgewachsene, sanfte Frau, die der Welt der Künste und Literatur völlig fern stand. (Mehrere Jahre später sollte meine Biographin und Freundin Margarita Aguirre über diese Ehe schreiben: »Neruda kehrte 1932 nach Chile zurück. Zwei Jahre vorher hatte er in Batavia Maria Antonieta Agenaar geheiratet, eine junge in Java ansässige Holländerin. Sie ist sehr stolz darauf, die Frau eines Konsuls zu sein und hat von Amerika eine ziemlich exotische Vorstellung. Sie spricht kein Spanisch und beginnt es zu lernen. Doch fraglos ist es nicht nur die Sprache, die sie nicht lernt. Trotz allem ist ihre gefühlsmäßige Bindung an Neruda sehr stark, und man sieht die beiden immer zusammen. Maruca, so nennt Pablo sie, ist sehr groß, langsam, feierlich«.)

Mein Leben war recht einfach. Bald lernte ich andere liebenswürdige Menschen kennen. Der kubanische Konsul und seine Freunde wurden meine mir durch die Sprache verbundenen Pflichtfreunde. Capablancas Landsmann sprach ohne aufzuhören, wie eine Maschine. Offiziell war er der Vertreter von Machado, dem Tyrannen von Kuba. Trotzdem erzählte er mir, die Besitztümer politischer Gefangener, Uhren, Ringe und manchmal Goldzähne tauchten im Bauch der in der Bucht von Havanna gefischten Haie wieder auf.

Der deutsche Konsul Hertz vergötterte moderne Plastiken, Franz Marcs blaue Pferde, die überschlanken Figuren Wilhelm Lehmbrucks. Er war ein empfindsamer, romantischer Mensch, ein Jude mit jahrhundertealtem Kulturerbe. Ich fragte ihn einmal:

»Und dieser Hitler, dessen Namen von Zeit zu Zeit in der Presse auftaucht, dieser antisemitische, antikommunistische Rädelsführer, glauben Sie nicht, daß er an die Macht kommen kann?«

»Unmöglich«, sagte er.

»Wieso unmöglich, wenn man sieht, daß das Absurdeste in der Geschichte geschieht?«

»Sie kennen Deutschland nicht«, urteilte er. »Gerade dort ist es völlig unmöglich, daß ein wildgewordener Agitator wie dieser auch nur über ein Dorf herrschen kann.«

Mein armer Freund, armer Konsul Hertz! Bald darauf herrschte der wildgewordene Agitator über die ganze Welt. Und der naive Hertz wird vermutlich in einer anonymen, monströsen Gaskammer geendet haben mit all seiner Kultur und seiner edlen Romantik.

5

Spanien im Herzen

Wie Federico war

Eine lange Seereise von zwei Monaten gab mich Chile im Jahre 1932 zurück. Dort veröffentlichte ich *Der begeisterte Schleuderer*, dessen Manuskript unter meinen Papieren abhanden gekommen war, und *Aufenthalt auf Erden*, das ich im Orient geschrieben hatte. Im Jahre 1933 wurde ich zum chilenischen Konsul in Buenos Aires ernannt, wo ich im Monat August eintraf.

Fast zur gleichen Zeit kam Federico García Lorca in diese Stadt, um seine Tragödie *Bluthochzeit* mit dem Ensemble von Lola Membrives zu inszenieren und uraufzuführen. Wir kannten uns nicht, lernten uns aber in Buenos Aires kennen und wurden häufig von Schriftstellern und Freunden gemeinsam gefeiert. Natürlich fehlte es nicht an Zwischenfällen. Federico hatte Widersacher. Mir erging und ergeht es nicht anders. Diesen Widersachern juckt das Fell, sie haben nichts anderes im Sinn als das Licht zu löschen, damit man unsichtbar wird. So geschah es bei jener Gelegenheit. Da viele Leute an dem Bankett teilnehmen wollten, das der Pen-Club Federico und mir zu Ehren im Hotel Plaza veranstaltete, ließ jemand den ganzen Tag die Telefone läuten, um der gesamten Stadt mitzuteilen, daß die Ehrung verschoben worden sei. Sie waren so gerissen, daß sie sogar den Hoteldirektor, die Telefonistin und den Küchenchef beauftragten, Anmeldungen abzulehnen und kein Essen zu richten. Aber das Manöver wurde vereitelt, und schließlich saßen Federico García Lorca und ich zwischen hundert argentinischen Schriftstellern.

Wir brachten eine große Überraschung. Wir hatten eine Rede »al alimón« ausgearbeitet. Vermutlich wißt ihr nicht, was dieses Wort bedeutet; ich wußte es auch nicht. Federico, stets voller Einfälle und Grillen, erklärte mir:

»Zwei Stierkämpfer können gleichzeitig denselben Stier mit einer einzigen Capa bekämpfen. Dies ist eine der gefährlichsten Kunstproben des Stierkampfs. Deswegen sieht man sie so selten. Nicht häufiger als zwei- oder dreimal in einem Jahrhundert: sie kann auch nur von zwei Toreros ausgeführt werden, die Brüder oder zumindest vom gleichen Blut sind. Das nennt man ›torear al alimón‹. Und wir wollen das in einer Rede tun.«

Wir taten es, doch niemand wußte davon. Als wir uns erhoben, um dem Präsidenten des Pen-Clubs für die Ehrung des Banketts zu danken, erhoben wir uns gleichzeitig wie zwei Toreros zu einer einzigen Rede. Da auf kleinen Tischen gedeckt war, saß Federico am einen und ich am anderen Ende des Saals, so daß die Leute auf der einen Seite, weil sie an einen Irrtum unsrerseits glaubten, mich am Rockzipfel zupften, damit ich mich setzte, und die auf der anderen das gleiche mit Federico machten. Wir begannen also zur selben Zeit, wobei ich »Señoras«

sagte und er mit »Señores« fortfuhr, um dann bis zum Schluß unsere Sätze zu verbinden, so daß unsere ganze Rede eine Einheit bildete. Die Ansprache war Rubén Darío gewidmet, denn García Lorca wie ich, ohne daß man in uns Modernisten hätte vermuten können, feierten Rubén Darío als einen der großen Schöpfer der dichterischen Ausdrucksform in der spanischen Sprache.
Hier der Wortlaut der Ansprache:
Neruda: Señoras . . .
Lorca: . . . und Señores: es gibt in den Stierrunden eine »toreo del alimón« genannte Runde, bei der zwei Toreros dem Stier mit ein und derselben Capa begegnen.
Neruda: Federico und ich, verbunden durch einen elektrischen Draht, wollen diesen bedeutsamen Empfang mit Banderillas reizen und erwidern.
Lorca: Es ist bei Zusammenkünften dieser Art üblich, daß die Dichter ihr lebendiges Wort, sei es Silber oder Holz, vortragen und ihre Gefährten und Freunde mit eigener Stimme begrüßen.
Neruda: Wir aber wollen unter Euch einen Toten aufrichten, einen verwitweten Tischgenossen, dunkel in der Finsternis eines größeren Todes als andere Tode, Witwer des Lebens, der einst ein betörender Ehemann war, wir wollen uns in seinem glühenden Schatten verbergen, wir wollen seinen Namen wiederholen, bis seine Macht dem Vergessen entspringt.
Lorca: Wir wollen, nachdem wir unsere pinguinzärtliche Umarmung dem zarten Dichter Amado Villar übermittelt haben, einen großen Namen aufs Tischtuch werfen, überzeugt, daß die Gläser springen, die Gabeln hüpfen werden auf der Suche nach dem begehrten Auge, und ein Schlag des Meeres wird die Tischtücher beflecken. Wir wollen den Dichter Amerikas und Spaniens nennen: Rubén . . .
Neruda: Darío. Denn, Señoras . . .
Lorca: und Señores . . .
Neruda: Wo in Buenos Aires liegt der Platz Rubén Darío?
Lorca: Wo steht das Standbild Rubén Darío?
Neruda: Er liebte die Parks. Wo liegt der Park Rubén Darío?
Lorca: Wo ist der Rosenladen Rubén Darío?
Neruda: Wo ist der Apfelbaum, wo sind die Äpfel Rubén Darío?
Lorca: Wo ist die abgehackte Hand Rubén Daríos?
Neruda: Wo?
Lorca: Rubén Darío ruht in seinem »heimischen Nicaragua« unter einem schrecklichen Marmorlöwen, den Löwen ähnlich, die reiche Leute vor den Portalen ihrer Häuser aufpflanzen.
Neruda: Ein Kneipenlöwe dem Löwenerfinder, ein sternenloser Löwe dem, der Sterne weihte.
Lorca: Er schenkte uns mit einem Eigenschaftswort das Rauschen des

Waldes, und wie Frater Luis de Granada, Beherrscher der Sprachen, machte er zu Steinbildern die Zitrone, den Huf des Hirschs und die Schalentiere voller Schrecken und Unendlichkeit: er ließ uns mit Fregatten zu Wasser und Schatten in unseren Augäpfeln und baute eine gewaltige Promenade aus Gin am grauesten Abend, den der Himmel je erlebte, und grüßte von dir zu dir den dunkeln Südwind, ganz Brustton wie ein romantischer Dichter, und legte die Hand auf das korinthische Kapitell mit dem spöttisch-traurigen Zweifel aller Epochen.

Neruda: Sein roter Name verdient, daß wir uns seiner Wesenszüge erinnern mit den fürchterlichen Schmerzen seines Herzens, seiner weißglühenden Ungewißheit, mit seinem Abstieg durch die Spiralen der Hölle, seinem Aufstieg zu den Schlössern des Ruhms, seinen Merkmalen eines großen Dichters, der immer unentbehrlich war und es immer sein wird.

Lorca: Als spanischer Dichter hat er in Spanien die alten Meister und die Kinder unterrichtet, mit dem Gefühl von Weltweite und Großzügigkeit, die den heutigen Dichtern fehlt. Er hat Valle Inclán unterrichtet und Juan Ramón Jiménez, und die Gebrüder Machado, und seine Stimme war wie Wasser und Schwefel in den Runzeln des verehrungswürdigen Idioms. Seit Rodrigo Caro bis zu den Argensolas oder Don Juan Arguijo hatte das Spanische keine Wortfeste mehr gefeiert, keine Zusammenstöße von Konsonanten, von Lichtern und Formen wie bei Rubén Darío. Von Velásquez' Landschaften, Goyas Scheiterhaufen und Quevedos Melancholie bis zum apfelfarbenen Kult der Bäuerinnen von Mallorca bereiste Darío Spaniens Erde wie seine eigene.

Neruda: Die Gezeiten führten ihn nach Chile, das warme Meer des Nordens, dort setzte ihn das Meer an harter, gezähnter Küste aus, und der Ozean schlug ihn mit Schaum und mit Glocken, und Valparaísos schwarzer Wind füllte ihn mit tönendem Salz. Schaffen wir heute abend sein Standbild aus Luft, durchdrungen von Rauch und Stimme, von den Gegebenheiten und vom Leben wie diese seine herrliche Poesie durchdrungen ist von Träumen und Tönen.

Lorca: Doch über dieses Standbild aus Luft möchte ich sein Blut stellen, vergleichbar einem meerbewegten Korallenzweig, seine Nerven identisch mit der Photographie eines Bündels Strahlen, sein Minotaurushaupt, auf das wie Kolibriflug der gongorinische Schnee gemalt ist, seine vagen abwesenden Augen eines Tränenmillionärs, und seine Fehler. Die wurmzerfressenen Büchergestelle, in denen Flötenleere hallt, die Cognacflaschen seiner dramatischen Betrunkenheit, und sein bezaubernder schlechter Geschmack, und seine schamlosen Füllsel, welche die Menge seiner Verse mit Menschlichkeit bereichern. Fern von Normen, Formen und Sporen steht und ragt die fruchtbare Substanz seiner großen Dichtung.

Neruda: Federico García Lorca, Spanier, und ich, Chilene, übertragen die Verantwortung dieses Freundesabends auf den großen Schatten, der lauter sang als wir und mit ungewohnter Stimme die argentinische Erde grüßte, die wir beschreiten.
Lorca: Pablo Neruda, Chilene, und ich, Spanier, treffen uns sprachlich in dem großen nicaraguenser, argentinischen, chilenischen und spanischen Dichter, Rubén Darío.
Neruda und Lorca: Zu seiner Huldigung und seinem Ruhm erheben wir unser Glas.

Ich erinnere mich, daß ich einmal von Federico unerwartete Unterstützung bei einem erotisch-kosmischen Abenteuer erhielt. Wir waren eines Abends von einem jener Millionäre eingeladen worden, die nur Argentinien oder die Vereinigten Staaten hervorzubringen vermögen. Es handelte sich um einen aufsässigen Autodidakten, der mit einem Revolverblatt ein märchenhaftes Vermögen erworben hatte. Sein von einem unermeßlich großen Park umgebenes Haus war die verkörperte Traumvorstellung des schwungvollen Neureichen. Hunderte von Käfigen mit Fasanen aller Farben und aller Länder säumten den Weg. Die Bibliothek bestand aus steinalten Büchern, die er telegraphisch auf Auktionen europäischer Bibliophiler kaufte; sie war riesig und überfüllt. Doch das Spektakulärste war der Fußboden des gewaltigen Lesesaals, ganz mit Pantherfellen ausgelegt, dichtvernäht zu einem riesigen Teppich. Ich erfuhr, daß der Mann Agenten in Afrika, Asien und im Amazonas unterhielt, die nur dazu da waren, Felle von Leoparden, Ozelots und Riesenkatzen für ihn aufzukaufen, deren Zeichnung unter meinen Füßen in der prunkvollen Bibliothek schimmerte.
So lagen die Dinge im Haus des berühmten Natalio Botana, des mächtigen Kapitalisten, Herrscher über die öffentliche Meinung von Buenos Aires. Federico und ich setzten uns an den Tisch neben den Hausherrn und gegenüber einer hochgewachsenen, blonden, duftigen Dichterin, die ihre grünen Augen während des Essens mehr auf mir als auf Federico ruhen ließ. Jenes bestand aus einem ganzen Rind, das auf einem riesigen Traggestell mitsamt Glut und Asche von acht oder zehn Gauchos herumgetragen wurde. Die Nacht war wütend blau und bestirnt. Der Duft des im Fell gebratenen Fleischs, erhabene Erfindung der Argentinier, vermischte sich mit der Pampaluft, den Düften von Klee und Minze, dem Zirpen und Quaken Tausender von Grillen und Kaulquappen.
Nach dem Mahl standen wir auf, die Dichterin und Federico, der alles herrlich und zum Lachen fand. Wir entfernten uns in Richtung auf das erleuchtete Schwimmbecken. García Lorca ging voraus und hörte nicht auf zu lachen und zu reden. Er war glücklich. Das war seine Gewohnheit. Das Glück war seine Haut.

Das leuchtende Schwimmbecken war überragt von einem hohen Turm. Sein Kalkweiß phosphorizierte unter den Lichtern der Nacht.
Langsam stiegen wir zur Galerie hinauf. Als wir drei Dichter verschiedener Stile oben angelangt waren, lag die Welt unter uns und fern. Das blaue Auge des Beckens schillerte von unten herauf. Von irgendwoher klang das Gitarrenspiel und Singen des Festes. Die Nacht war über uns so nah und bestirnt, daß sie unsere Köpfe zu erreichen und in ihre Tiefe zu reißen schien.
Ich nahm das hochgewachsene blonde Mädchen in die Arme und fühlte beim Küssen, daß sie eine fleischige Frau war, handfest und handgerecht. Zu Federicos Verwunderung legten wir uns auf den Fußboden der Aussichtsplatte, und ich zog sie bereits aus, als ich nahe über uns die weitaufgerissenen Augen Federicos sah, der schaute und seinen Augen nicht trauen wollte.
»Scher dich!« fauchte ich. »Geh und sieh zu, daß niemand heraufkommt.«
Während wir auf der Turmspitze unser Opfer dem gestirnten Himmel und der nächtlichen Aphrodite darbrachten, lief Federico fröhlich hinunter, um seine Sendung als Kuppler und Wächter zu erfüllen, doch er tat das mit so viel Hast und Pech, daß er die dunklen Turmstufen hinunterstürzte. Meine Freundin und ich mußten ihn mühsam stützen. Er hinkte vierzehn Tage lang.

Miguel Hernández

Ich blieb nicht lange im Konsulat in Buenos Aires. Zu Beginn des Jahres 1934 wurde ich auf den gleichen Posten nach Barcelona versetzt. Don Tulio Maqueira war mein Chef, das heißt, chilenischer Generalkonsul in Spanien. Er war fraglos der vorbildlichste Beamte des chilenischen Konsulardienstes, den ich je kennengelernt hatte. Ein strenger, seinem Ruf nach menschenscheuer Mann, doch gegen mich äußerst gütig, verständnisvoll und herzlich.
Don Tulio Maqueira entdeckte sehr bald, daß ich mich mit dem Subtrahieren und Multiplizieren schwertat und einfach nicht dividieren konnte (ich habe es nie lernen können). Er sagte zu mir:
»Pablo, Sie müssen nach Madrid. Dort ist Poesie. Hier in Barcelona müssen diese schrecklichen Multiplikationen und Divisionen gemacht werden, die Ihnen nicht gewogen sind. Ich kann das selbst übernehmen.«
Als ich nach Madrid kam, wie durch Zauberei von heute auf morgen als chilenischer Konsul in Spaniens Hauptstadt, lernte ich alle Freunde García Lorcas und Albertis kennen. Es waren viele. Nach wenigen Tagen war ich einer mehr unter den spanischen Dichtern. Natürlich

sind wir Amerikaner verschieden von den Spaniern. Ein Unterschied, der von den einen oder den anderen stets stolz oder irrig zur Schau getragen wird.
Die Spanier meiner Generation waren brüderlicher, solidarischer und fröhlicher als meine Gefährten in Lateinamerika. Gleichzeitig stellte ich fest, daß wir weltweiter waren und bewanderter in anderen Sprachen und Kulturen. Sehr wenige unter ihnen sprachen eine andere Sprache außer Spanisch. Als Desnos und Crevel nach Madrid kamen, mußte ich ihnen als Dolmetscher dienen, damit sie sich mit den spanischen Schriftstellern verständigen konnten.
Einer von Federicos und Rafaels Freunden war der junge Dichter Miguel Hernández. Ich lernte ihn kennen, als er in Hanfschuhen und einer Bauernhose aus Kordsamt aus seiner Heimat Orihuela ankam, wo er Ziegenhirt gewesen war. Ich veröffentlichte seine Verse in meiner Zeitschrift *Caballo Verde* (Grünes Pferd) und begeisterte mich für den funkelnden Schwung seiner überschäumenden Dichtung.
Miguel war so bäuerlich, daß er eine Aura von Erde um sich verbreitete. Sein Gesicht war wie eine Erdscholle oder eine aus ihrem Wurzelgrund gezogene Kartoffel, die ihre unterirdische Frische bewahrt hat. Er lebte und schrieb in meinem Haus. Meine von anderen Horizonten und Weiten geprägte amerikanische Dichtung beeindruckte und veränderte ihn.
Er erzählte mir ländliche Geschichten von Tieren und Vögeln. Dieser Schriftsteller war wie ein unversehrter Stein aus der Natur gekommen mit waldiger Jungfräulichkeit und überwältigender Lebenskraft. Er schilderte, wie beeindruckend es sei, das Ohr auf den Bauch schlafender Ziegen zu legen. Man höre das Rinnen der Milch in die Euter, das geheime Raunen, das nur dieser Ziegendichter vernahm.
Andere Male sprach er mir vom Gesang der Nachtigallen. Die spanische Levante, aus der er stammte, war voll blühender Organgenbäume und Nachtigallen. Da es diesen Vogel, diesen erhabenen Sänger in meinem Land nicht gibt, wollte der verrückte Miguel mir den lebendigsten plastischen Ausdruck seiner Sängerschaft vermitteln. Er kletterte auf einen Baum der Straße und trillerte und zwitscherte in den höchsten Ästen wie seine geliebten Heimatvögel.
Da er keinen Lebensunterhalt hatte, ging ich auf die Suche nach einer Arbeit für ihn. Es war schwer für einen Dichter, in Spanien Arbeit zu finden. Schließlich nahm sich ein Vicomte, ein hoher Beamter des Außenministeriums, seines Falls an und antwortete, ja, er sei einverstanden, er habe Miguels Verse gelesen, er bewundere sie, dieser möge sagen, auf welchen Posten er reflektiere, damit er für die entsprechende Ernennung sorgen könne. Frohlockend sagte ich dem Dichter:
»Miguel Hernández, endlich hast du ein Amt. Der Vicomte will dich einstellen. Du wirst ein hoher Beamter werden. Sag, welches Amt du

ausüben willst, damit deine Ernennung verfügt werden kann.«
Miguel wurde nachdenklich. Sein vorzeitig durchfurchtes Gesicht überzog sich mit einem grüblerischen Schleier. Stunden vergingen, erst gegen Abend antwortete er. Mit den leuchtenden Augen dessen, der die Lösung seines Lebens gefunden hat, sagte er:
»Könnte der Vicomte mir nicht eine Herde Ziegen aus der Umgebung von Madrid kommen lassen?«
Die Erinnerung an Miguel Hernández wurzelt fest in meinem Herzen. Der Gesang der levantinischen Nachtigallen, ihre zwischen Dunkelheit und Orangenblüten errichteten Türme aus Tönen waren für ihn bedrängende Gegenwart, waren Teil seines Blutes, seiner Dichtung aus Erde und Wald, in der sich alles Übermaß an Farbe, Duft und Stimmen der spanischen Levante verbündete mit dem Überfluß und dem Hauch einer machtvoll-männlichen Jugend.
Sein Antlitz war das Antlitz Spaniens. Lichtdurchschossen, gerunzelt wie Saatland und ganz wie Brot und Erde. Seine heißen Augen, die auf dieser windgehärteten verbrannten Oberfläche glühten, waren zwei Strahlen aus Kraft und Zärtlichkeit.
Ich sah die Elemente seiner Dichtung seinen Worten entströmen, doch nunmehr durch eine neue Größe verändert, durch einen wilden Glanz, durch das Wunder des alten, in einen Sohn verwandelten Blutes. In all meinen Dichter- und Wanderjahren, muß ich gestehen, hat mir das Leben nicht wieder ein ähnliches Phänomen an Berufung und zündender Wortweisheit beschert.

Grünes Pferd

Mit Federico und Alberti, der in der Nähe meiner Wohnung in einem Dachgeschoß über einer Baumschule, der verlorenen Baumschule wohnte, zusammen mit dem Bildhauer Alberto, einem Bäcker aus Toledo, der damals bereits Meister der abstrakten Skulptur war, mit Altolaguirre und Bergamín, mit dem großen Dichter Luis Cernuda, mit Vicente Aleixandre, einem Dichter unbegrenzter Dimensionen, mit dem Architekten Luis Lacasa, mit ihnen allen in einer einzigen Gruppe oder in mehreren, sahen wir uns täglich in Privathäusern und Cafés.
Von der Castellana oder dem Bierkeller der Post fuhren wir in meine Wohnung, dem Blumenhaus im Stadtteil Argüelles. Vom Oberdeck eines der großen Autobusse, die mein Landsmann, der große Cotapos »Baßtuba« nannte, stiegen wir in lärmenden Rudeln hinunter auf die Straße, um zu essen, zu trinken und zu singen. Ich erinnere mich unter den jungen Gefährten der Poesie und der Fröhlichkeit an Arturo Serrano Plaja, Dichter seines Zeichens, an José Caballero, Maler von bezwingendem Talent und Witz, an Antonio Aparicio, der aus Andalu-

sien direkt in meine Wohnung kam, und an so viele andere, die nicht mehr da sind oder nicht mehr sind, deren Brüderlichkeit mir aber lebhaft fehlt als Teil meines Körpers oder als Bestand meiner Seele.
Dieses Madrid! Wir wanderten mit Maruja Mallo, der galizischen Malerin, durch die ärmeren Viertel, wo Espartogras und Matten verkauft werden, suchten die Gassen der Böttcher, der Seiler, all der trockenen Erzeugnisse Spaniens, Erzeugnisse, die einem das Herz abschnüren. Spanien ist trocken und steinig, und die Sonne sticht senkrecht herab und schlägt Funken aus dem Flachland und baut Lichtschlösser aus dem wirbelnden Staub. Die einzigen echten Flüsse sind seine Dichter; Quevedo mit seinen grünen tiefen Wassern, seinem schwarzen Schaum; Calderón mit seinen singenden Silben; die kristallklaren Argensolas; Góngora, Rinnsal aus Rubinen.

Valle Inclán sah ich ein einziges Mal. Sehr schlank, mit seinem endlos weißen Bart, kam er mir vor, als trete er aus den Blättern seiner eigenen Bücher, von ihnen plattgedrückt, gelb wie eine Buchseite.
Ramón Gómez de la Serna lernte ich in seiner Krypta von Pombo kennen und sah ihn bald darauf in seinem Haus. Nie kann ich Ramóns Stentorstimme vergessen, wie er von seinem Platz im Café aus die Unterhaltung und das Gelächter lenkte, die Gedanken und den Rauch. Ramón Gómez de la Serna ist für mich einer der größten Schriftsteller unserer Sprache, und sein Genie hat etwas von Quevedos und Picassos buntschillernder Größe. Ramón Gómez de la Serna durchforscht auf jeder Seite wie ein Schnüffler das Physische und das Metaphysische, Wahrheit und Wahn, und was er über Spanien weiß und geschrieben hat, konnte nur er so ausdrücken. Er ist der Sammler eines geheimen Universums gewesen. Er hat die Syntax der Sprache mit eigenen Händen verändert, hat ihr seine Fingerabdrücke aufgeprägt, die niemand zu löschen vermag.
Don Antonio Machado sah ich mehrere Male im Café sitzend, in seinem schwarzen Notaranzug, wortkarg und diskret, sanft und streng wie ein alter spanischer Baum. Allerdings behauptete das Lästermaul Juan Ramón Jiménez, altes Teufelskind der Poesie, von ihm, Don Antonio, er sei immer voller Asche und in seinen Taschen bewahre er nur Zigarettenstummel auf.
Juan Ramón Jiménez, großer glänzender Dichter, war berufen, mir den legendären spanischen Neid vorzuführen. Dieser Dichter, der niemanden zu beneiden brauchte, da sein Werk von großem Glanz ist, das mit der Finsternis des Jahrhunderts beginnt, lebte wie ein falscher Eremit und begeiferte aus seinem Versteck heraus jeden, der ihn angeblich in den Schatten stellte.
Die jungen – García Lorca, Alberti, Jorge Guillén und Pedro Salinas – wurden von Juan Ramón beharrlich aufs Korn genommen, von diesem

bärtigen Dämon, der seinen Pfeil tagtäglich auf diesen oder jenen abschoß. Gegen mich schrieb er jede Woche in verschnörkelten Kommentaren, die er in der Sonntagsausgabe der Tageszeitung *El Sol* veröffentlichte. Aber ich entschied mich für leben und leben lassen. Ich schoß nicht zurück. Ich habe auf literarische Angriffe nie geantwortet und antworte nie.

Der Dichter Manuel Altolaguirre, der eine Druckerei besaß und die Berufung zum Drucker, kam eines Tages in mein Haus und erzählte, er beabsichtige eine schöngedruckte Zeitschrift herauszugeben, die das Höchste und Beste spanischer Dichtung vorstellen solle.
»Es gibt nur einen, der sie leiten kann«, sagte er. »Und das bist du.«
Ich war ein epischer Erfinder von Zeitschriften gewesen, der sie rasch aufgab oder von ihnen rasch aufgegeben wurde. Im Jahre 1925 gründete ich eine Zeitschrift namens *Bastos' Pferd*. Es war die Zeit, als wir interpunktionslos schrieben und Dublin in den Straßen von Joyce entdeckten. Humberto Díaz Casanueva trug einen Rollkragenpullover, für einen Dichter damals eine große Kühnheit. Seine Poesie war herrlich und makellos und blieb es per secula. Rosamel del Valle trug sich ganz in Schwarz vom Hut bis zu den Schuhen, so wie die Dichter sich tragen mußten. Dieser beiden Mitstreiter gedenke ich als aktive Mitarbeiter. Die anderen habe ich vergessen. Doch der Galopp unseres Pferds rüttelte die Zeit auf.
»Ja, Manolito. Ich übernehme die Leitung der Zeitschrift.«
Manuel Altolaguirre war ein rühmlicher Buchdrucker, dessen Hände die Setzkästen mit herrlichen Bodonischen Lettern bereicherten. Manolito machte mit seiner Dichtung und mit seinen Händen eines arbeitenden Erzengels der Dichtung Ehre. Er übersetzte und druckte eigenartig schön Shelleys *Adonais*, die Elegie auf den Tod von John Keats. Er druckte auch *Fábula del Genil* von Pedro Espinosa. Wieviel Glanz versandten die goldenen wappenblauen Strophen des Gedichts in dem hoheitsvollen Druck, der die Wörter hervorhob, als würden sie von neuem gegossen.
Von meinem *Grünen Pferd* gingen fünf erstklassige Nummern von unzweifelhafter Schönheit auf die Straße. Ich sah Manolito gerne zu, wenn er, voll Lachen und Lächeln, die Typen hob, sie in die Kästen setzte und mit dem Fuß die kleine Presse bediente. Manchmal trug er die Exemplare der Ausgabe im Kinderwagen seiner Tochter Paloma aus. Die Fußgänger scherzten:
»Was für ein wunderbarer Papa! Mit dem kleinen Geschöpf durch einen so teuflischen Verkehr!«
Das Geschöpf war die Poesie, die mit ihrem *Grünen Pferd* unterwegs war. Die Zeitschrift veröffentlichte Miguel Hernández' erstes neuartiges Gedicht, die Arbeiten von Federico, Cernuda, Aleixandre, Guillén

(der gute: der Spanier). Juan Ramón Jiménez, Neurotiker aus dem Neunzehnten Jahrhundert, verschoß wie gewohnt seine Sonntagspfeile. Rafael Alberti mißfiel der Titel: »Warum soll das Pferd grün sein? *Rotes Pferd* müßte es heißen«.

Ich änderte die Farbe nicht. Aber Rafael und ich stritten uns deshalb nicht. Wir stritten nie, wegen nichts. Die Welt hat genug Raum für Pferde und Poeten in allen Farben des Regenbogens.

Die sechste Nummer von *Grünes Pferd* blieb in der Calle Viriato unumbrochen und ungebunden liegen. Sie war Julio Herrera y Reissig gewidmet – dem Lautréamont von Montevideo –, und die Texte, welche die spanischen Dichter als Huldigung für ihn geschrieben hatten, waren erstaunlich in ihrer Schönheit ohne Werden und Schicksal. Die Zeitschrift sollte am 19. Juli 1936 erscheinen, doch an jenem Tag füllten sich die Straßen mit Staub. Ein unbekannter General namens Francisco Franco hatte sich mit seiner afrikanischen Garnison gegen die Republik erhoben.

Das Verbrechen geschah in Granada

Jetzt, während ich diese Zeilen schreibe, feiert das offizielle Spanien zum soundsovielten Mal den Jahrestag der gelungenen Militärrevolte. In diesem Augenblick nimmt in Madrid der Caudillo, gekleidet in Gold und Blau, umgeben von seiner Maurengarde, in Anwesenheit der Botschafter der Vereinigten Staaten, Großbritanniens und anderer Länder, die Truppenparade ab. Truppen, in ihrer Mehrheit aus jungen Männern gebildet, die jenen Krieg nicht kennen.

Ich kenne ihn. Eine Million tote Spanier! Eine Million Verbannte! Es scheint, daß dieser blutige Stachel nie mehr aus dem menschlichen Gewissen weichen soll. Und doch kennen die jungen Männer, die jetzt an der Maurengarde vorbeimarschieren, nicht die Wahrheit dieser furchtbaren Geschichte.

Für mich begann alles in der Nacht zum 19. Juli 1936. Ein sympathischer Abenteurer, ein Chilene namens Bobby Deglané, war Impresario des »Catch-as-catch-can« im großen Madrider Zirkus *Price*. Ich äußerte meine Bedenken über die Ernsthaftigkeit dieses »Sports«, doch er überredete mich, mit García Lorca in den Zirkus zu gehen, um die Glaubwürdigkeit der Darbietung zu prüfen. Ich überredete Federico, und wir vereinbarten, uns dort zu einer bestimmten Stunde zu treffen. Wir wollten uns die Grausamkeiten des maskierten Höhlenbewohners, des abessinischen Würgers und des tückischen Orang-Utan eine Weile ansehen.

Federico kam nicht zu der Verabredung. Er war schon auf dem Weg zu seinem Tod. Wir sahen uns nie wieder. Seine Verabredung galt anderen

Würgern. Der Spanienkrieg, der meine Dichtung veränderte, begann für mich mit dem Tode eines Dichters.
Welch ein Dichter! Nie wieder habe ich wie bei ihm Anmut und Genie, ein beflügeltes Herz und eine Stimme wie eine kristallne Kaskade vereint gesehen. Federico García Lorca war der verschwenderische Zauberer, war eine Zentrifuge der Fröhlichkeit, die Lebensfreude in ihrem Schoß barg und ausstrahlte wie ein Planet. Naiv und komödiantisch, kosmisch und provinziell, ein einzigartiger Musiker, ein blendender Mime, scheu und abergläubisch, strahlend und gütig, war er eine Art Zusammenfassung der Zeitalter Spaniens, der volkstümlichen Blütezeit; ein arabisch-andalusisches Erzeugnis, das wie ein Jasminstrauch die gesamte Szene jenes ach so entschwundenen Spanien erleuchtete und mit Duft erfüllte.
Mich bestach García Lorcas metaphorische Kraft, mich fesselte alles, was er schrieb. Er hingegen bat mich manchmal, ihm meine letzten Gedichte vorzulesen und unterbrach mich dann laut: »Hör auf, hör auf, du beeinflußt mich!«
Im Theater wie in der Stille, in der Menschenmenge und in der Zweisamkeit war er ein Multiplikator der Schönheit. Nie habe ich einen Menschen mit so magischen Händen gesehen, nie einen fröhlicheren Gefährten gekannt. Er lachte, sang, musizierte, sprang, erfand, sprühte. Der Ärmste, er besaß alle Gaben der Welt, und so wie er ein Goldschmied war, ein Bienenkorbbewohner der großen Poesie, war er ein Vergeuder seiner Begabung.
»Höre«, sagte er und faßte mich am Arm. »Siehst du das Fenster dort? Findest du es nicht transpathelisch?«
»Was heißt transpathelisch?«
»Das weiß ich auch nicht, aber man muß sich klar werden, was transpathelisch ist oder nicht ist. Sonst ist man verloren. Sieh doch den Hund da, ist er nicht transpathelisch?«
Oder er erzählte, er sei einmal in Granada von einer Grundschule zu einer Quijote-Gedenkfeier eingeladen worden und als er das Klassenzimmer betrat, hätten alle Kinder zum Taktstock der Schulleiterin gesungen:
»Gefeiert wird, wie's ihm gebührt
in Ost und West mit großem Gewinn,
dies Buch, erschöpfend kommentiert
von Don F. Rodríguez Marín.«
Ich hielt Jahre nach seinem Tod einen Vortrag über García Lorca und wurde aus dem Publikum gefragt:
»Warum sagen Sie in der *Ode an Federico*, daß man um seinetwillen die Spitäler blau malt?«
»Sehen Sie, Freund«, antwortete ich, »einem Dichter derartige Fragen stellen, ist wie Frauen nach ihrem Alter befragen. Die Poesie ist kein fester Stoff, sondern ein fließender Strom, der häufig den Händen des

Schöpfers entgleitet. Sein Rohstoff besteht aus Elementen, die sind und zugleich nicht sind, aus Dingen, die es gibt und nicht gibt. Auf jeden Fall werde ich mich bemühen, aufrichtig zu antworten. Für mich ist blau die schönste aller Farben. Wie die Himmelskuppel setzt sie den menschlichen Raum in Beziehung zu Freiheit und Freude. Federicos Gegenwart, sein persönlicher Zauber verbreiteten in seiner Umgebung eine Atmosphäre des Jubels. Mein Vers will wahrscheinlich ausdrükken, daß sogar die Spitäler, sogar die Traurigkeit der Spitäler sich unter seinem magischen Einfluß verändern und sich plötzlich in schöne blaue Gebäude verwandeln können.«

Federico ahnte seinen Tod voraus. Einmal, als er von einer Theatertournée zurückkehrte, rief er mich, um mir eine höchst seltsame Begebenheit zu erzählen. Er war mit den Künstlern von »La Barraca« in ein entlegenes Dorf Kastiliens gelangt, in dessen Nähe sie kampierten. Ermüdet von den Anstrengungen der Reise, konnte Federico nicht einschlafen. Gegen Morgen stand er auf und strich allein durch die Umgebung. Es herrschte Kälte, jene Messerkälte, die Kastilien dem Reisenden, dem Eindringling vorbehält. Nebel stieg in weißen Schwaden auf und verwandelte alles in Trugbilder.

Ein hohes, verrostetes Eisengitter. Zerfallene, im dürren Laub verstreut liegende Statuen und Säulen. Vor dem Portal eines alten Herrensitzes blieb er stehen. Es war der Eingang zum weiten Park eines herrschaftlichen Landguts. Die Verlassenheit, die Stunde und die Kälte machten die Einsamkeit noch beklemmender. Federico fühlte sich mit einemmal bedrückt und bedroht vom Tagesanbruch, beklommen von etwas Verwirrendem, das dort geschehen sollte. Er setzte sich auf ein herabgestürztes Kapitell.

Ein winziges Lamm kam und rupfte Gras zwischen den Ruinen, seine Erscheinung war wie ein kleiner Nebelengel, der plötzlich die Einsamkeit menschlich machte und wie ein zärtliches Blütenblatt in die Einsamkeit der Gegend sank. Der Dichter fühlte sich in Gesellschaft.

Plötzlich erschien eine Herde Schweine auf dem Gelände. Es waren vier oder fünf dunkle Tiere, schwarze halbwilde Schweine, heißhungrig und mit steinernen Klauen.

Federico wohnte einer Szene des Grauens bei. Die Schweine stürzten sich auf das Lamm und zerfleischten und verschlangen es vor den Augen des entsetzten Dichters.

Diese Szene aus Blut und Einsamkeit bestimmte Federico, sein Wandertheater sofort zur Weiterreise zu bewegen.

Noch immer starr vor Schrecken, erzählte Federico mir die furchtbare Geschichte drei Monate vor dem Bürgerkrieg.

Ich sah später immer deutlicher, daß jenes Geschehnis die vorweggenommene Darstellung seines Todes war, die Vorahnung seiner unglaublichen Tragödie.

Federico García Lorca wurde nicht erschossen, er wurde ermordet. Natürlich kam niemand auf den Gedanken, er könne einmal umgebracht werden. Von allen Dichtern Spaniens war er der geliebteste, der beliebteste, der dank seiner wunderbaren Fröhlichkeit einem Kind ähnelte. Wer konnte annehmen, daß es auf der Erde, auf *seiner Erde* Ungeheuer gäbe, die imstande waren, ein derart unbegreifliches Verbrechen zu begehen?
Dieses Verbrechen war für mich das schmerzvollste Ereignis eines langen Kampfes. Immer war Spanien ein Feld für Gladiatoren gewesen, ein Land voll Blut. Die Stierkampfarena mit ihren Opfern und ihrer grausamen Eleganz wiederholt, schmierenhaft herausgeputzt, den uralten tödlichen Kampf zwischen Schatten und Licht.
Die Inquisition wirft Pater Luis de León ins Gefängnis; Quevedo schmachtet in seinem Kerker; Colón geht in Fußschellen. Der große Schauplatz war das Beinhaus im Escorial, wie es jetzt das Gefallenendenkmal ist mit einem Kreuz über einer Million Toten und über zahllosen dunklen Gefängnissen.

Mein Spanienbuch

Die Zeit verging. Der Krieg zog sich in die Länge. Die Dichter begleiteten das spanische Volk in seinem Kampf. Federico war bereits in Granada ermordet worden. Miguel Hernández hatte sich vom Ziegenhirt in eine Kämpferstimme gewandelt. In Uniform sagte er seine Verse in der ersten Feuerlinie auf. Manuel Altolaguirre druckte weiter. An vorderster Ostfront in der Nähe von Gerona richtete er eine Druckerei in einem alten Kloster ein. Dort wurde auf eigenartige Weise mein Buch *Spanien im Herzen* gedruckt. Ich glaube, wenige Bücher in der seltsamen Geschichte so vieler Bücher haben einen so merkwürdigen Entstehungs- und Schicksalsweg durchgemacht.
Die Frontsoldaten lernten die Drucktypen setzen. Doch dann fehlte Papier. Sie fanden eine alte Mühle und beschlossen, es dort herzustellen. Ein seltsames Mischprodukt entstand zwischen fallenden Bomben mitten in der Schlacht. Alles wurde in die Mühle gesteckt, von einer Fahne des Feindes bis zum blutigen Feldrock eines Maurensoldaten. Trotz des ungewöhnlichen Rohstoffs und der völligen Unerfahrenheit der Fabrikanten wurde das Papier sehr schön. Die wenigen Exemplare, die von diesem Buch erhalten sind, erstaunen durch den Druck und die auf geheimnisvolle Weise hergestellten Bogen. Jahre später sah ich ein Exemplar dieser Ausgabe in der Kongreßbibliothek von Washington, in einer Vitrine ausgestellt als eines der seltensten Bücher unserer Zeit.
Kaum war mein Buch gedruckt und gebunden, wurde die Republik überraschend schnell geschlagen. Hunderttausende von Flüchtlingen

füllten die Straßen, die aus Spanien herausführten. Es war der Exodus der Spanier, das schmerzlichste Ereignis in der Geschichte Spaniens.
In den Reihen, die in die Verbannung zogen, marschierten die Überlebenden des Ostheeres, darunter Manuel Altolaguirre und die Soldaten, die das Papier hergestellt und *Spanien im Herzen* gedruckt hatten. Mein Buch war der Stolz dieser Männer, die meine Gedichte als Herausforderung gegen den Tod gesetzt hatten. Ich erfuhr, daß viele lieber Säcke mit den gedruckten Exemplaren abtransportiert hatten als ihren Proviant und ihre Wäsche. Mit den Säcken auf der Schulter unternahmen sie den langen Marsch nach Frankreich.
Die meilenlange Heeressäule, die in die Verbannung floh, wurde Hunderte von Malen bombardiert. Viele Soldaten fielen, und die Bücher blieben verstreut auf der Straße liegen. Andere konnten die nicht enden wollende Flucht fortsetzen. Hinter der Grenze wurden die Spanier, die ins Exil gelangten, roh behandelt. Auf einem Lagerfeuer wurden die letzten Exemplare dieses glühenden Buches geopfert, das während der Schlacht entstanden und gestorben war.
Miguel Hernández suchte Zuflucht in der chilenischen Botschaft, die während des Kriegs der gewaltigen Anzahl von viertausend Franco-Anhängern Asyl gewährt hatte. Der mittlerweile amtierende Botschafter Carlos Morla Lynch verweigerte dem großen Dichter das Asylrecht, obwohl er sich sein Freund nannte. Wenige Tage später wurde er verhaftet und ins Gefängnis geworfen. Er starb an Tuberkulose im Kerker, drei Jahre später. Die Nachtigall ertrug die Gefangenschaft nicht.
Meine Tätigkeit als Konsul war beendet. Wegen meiner Teilnahme an der Verteidigung der Spanischen Republik beschloß die Regierung Chiles, mich meines Postens zu entheben.

Der Krieg und Paris

Wir kamen nach Paris und nahmen mit Rafael Alberti und María Teresa León, seiner Frau, eine Wohnung am Quai de L'Horloge, einem ruhigen, wunderschönen Viertel. Uns gegenüber sah ich den Pont Neuf, das Standbild von Henri IV. und die Fischer, die an den Seineufern fischten. Hinter uns lag die Place Dauphine, nervalinisch, mit Laub- und Restaurantgeruch. Dort wohnte der französische Schriftsteller Alejo Carpentier, einer der neutralsten Männer, die ich je kennengelernt habe. Er wagte nicht, über das geringste eine Meinung abzugeben, nicht einmal über die Nazis, die Paris bereits wie heißhungrige Wölfe überfielen.
Wenn ich mich über meinen Balkon lehnte, konnte ich rechterhand die schwarzen Festungstürme der Conciergerie sehen. Ihre große goldene

Uhr bildete für mich die Grenze des Stadtteils.
Glücklicherweise waren in Frankreich viele Jahre hindurch die beiden größten Männer der französischen Literatur meine besten Freunde, Paul Éluard und Aragon. Sie waren und sind merkwürdige Klassiker der Ungezwungenheit, einer lebensvollen Echtheit, die sie in die klangvolle Mitte von Frankreichs Dichterwald stellt. Zugleich sind sie unerschütterliche, natürliche Parteigänger der historischen Moral. Es gibt wenige so verschiedene Menschen wie diese beiden. Ich habe das poetische Vergnügen genossen, meine Zeit viele Male mit Paul Éluard zu verlieren. Wollten die Dichter ehrlich auf Rundfragen antworten, sie würden das Geheimnis preisgeben: Es gibt nichts Schöneres als seine Zeit zu verlieren. Ein jeder hat seinen eigenen Stil für diese uralte Sucht. Mit Paul beachtete ich weder Tag noch Nacht, die verstrichen und wußte nie, ob das, worüber wir sprachen, wichtig war oder nicht. Aragon ist eine elektronische Maschine der Intelligenz, der Erkenntnis, der Virulenz, der beredsamen Schnelligkeit. Éluards Haus verließ ich immer lächelnd, ohne zu wissen, worüber. Nach einigen Stunden mit Aragon gehe ich erschöpft heim, weil dieser Teufelsmensch mich zum Denken gezwungen hat. Beide sind unwiderstehliche, treue Freunde gewesen; was mir vielleicht am meisten an ihnen gefällt, ist ihre widerstreitende Größe.

Nancy Cunard

Nancy Cunard und ich beschlossen einen Gedichtband herauszubringen, den ich »Die Dichter der Welt verteidigen das spanische Volk« betitelte.
Nancy besaß in ihrem Landhaus in der französischen Provinz eine kleine Druckerpresse. Ich besinne mich nicht auf den Namen des Ortes, jedenfalls lag er weit von Paris entfernt. Als wir zu ihrem Haus kamen, war mondhelle Nacht. Der Schnee und der Mond zitterten wie ein Vorhang vor dem Landsitz. In meiner Begeisterung machte ich einen Spaziergang. Auf dem Rückweg wirbelten hartnäckig und eiskalt die Schneeflocken über meinem Kopf. Ich verirrte mich hoffnungslos und tastete mich eine halbe Stunde lang durch die weiße Nacht.
Nancy war im Buchdruck bewandert. Als sie Aragons Freundin gewesen war, hatte sie die von ihm und ihr besorgte Übersetzung von *Hunting of the Snark* veröffentlicht. In Wirklichkeit ist dieses Gedicht von Lewis Carroll unübersetzbar, und ich glaube, nur bei Góngora würden wir eine vergleichbare verrückte Mosaikarbeit finden.
Zum ersten Mal machte ich mich ans Setzen, und ich glaube, es hat nie einen schlechteren Schriftsetzer gegeben. Da ich den Buchstaben *p* stets umgekehrt setzte, wurde in meiner Untauglichkeit zum Drucker-

handwerk daraus ein *d.* Wenn in einem Vers zweimal das Wort *párpados* vorkam, wurde daraus zweimal *dardapos.* Nancy bestrafte mich dafür, indem sie mich in ihren Briefen aus London mehrere Jahre mit »My dear dardapos« anredete. Schließlich gelang die Veröffentlichung doch nach Wunsch, und wir erreichten sechs bis sieben Auflagen. Abgesehen von militanten Dichtern wie Gonzáles Tuñón oder Alberti, oder auch einigen Franzosen veröffentlichten wir leidenschaftliche Gedichte von W. H. Auden, Spender und anderen. Diese englischen Herren werden nie erfahren, was meine trägen Hände während der Drucklegung ihrer Verse gelitten haben.

Von Zeit zu Zeit kamen aus England Dandy-Dichter, Freunde von Nancy, mit einer weißen Blume im Knopfloch, die gleichfalls francofeindliche Gedichte schrieben.

Es hat in der Geistesgeschichte nie einen so fruchtbaren Stoff für Dichter gegeben wie der spanische Krieg. Das spanische Blut übte solche Anziehungskraft aus, daß es die Dichtung einer großen Epoche zum Tönen brachte.

Ich weiß nicht, ob die Veröffentlichung Erfolg hatte oder nicht, weil gleichzeitig der Spanienkrieg schlimm endete und ein neuer Weltkrieg schlimm begann. Dieser hat trotz seiner Ausmaße, seiner unermeßlichen Greuel, trotz seines aufopfernden Heroismus nie wie der spanische das Kollektivherz der Poesie zu rühren vermocht.

Bald danach sollte ich Europa verlassen und in mein Land zurückkehren. Auch Nancy kam kurz darauf nach Chile, begleitet von einem Torero, der in Santiago Stiere und Nancy Cunard verließ, um einen Laden für Wiener Würstchen und andere Fleischwaren aufzumachen. Doch meine allerliebste Freundin, Snob höchster Qualität, ließ sich nicht unterkriegen. In Chile wählte sie zum Liebhaber einen verwahrlosten Stromerdichter, einen Chilenen baskischer Abkunft, nicht talent-, dafür aber zahnlos. Überdies war Nancys neuer Auserwählter ein Säufer und verpaßte der aristokratischen Engländerin häufig nächtliche Prügelstrafen, welche diese zwangen, in Gesellschaft mit großen schwarzen Brillengläsern zu erscheinen.

Sie war eine der merkwürdigsten, mutigsten, leidenschaftlich-quijotesken Figuren, die mir je begegnet sind. Alleinerbin der »Cunard-Line«, Tochter von Lady Cunard, löste Nancy 1930 einen Skandal aus, als sie mit einem Neger durchging, einem Musiker, der zu einer der vom Savoy-Hotel importierten ersten Jazzbands gehörte.

Als Lady Cunard das Bett ihrer Tochter leer und statt dessen einen Brief vorfand, der ihr stolz ihr schwarzes Negerschicksal erläuterte, beauftragte die vornehme Dame ihren Anwalt, sie unverzüglich zu enterben. Somit war die, die ich als Weltvagabundin kennenlernte, eine von der britischen Grandezza übergangene. Zum Kreis ihrer Mutter gehörte George Moore (von dem gemunkelt wurde, er sei in Wirklichkeit Nancys Vater), Sir Thomas Beecham, der junge Aldous Huxley und einer, der später Herzog von Windsor werden sollte, der damalige Prince of Wales.

Nancy schlug zurück. Im Dezember des Jahres, in dem sie von ihrer Mutter exkommuniziert wurde, empfing die englische Aristokratie als Weihnachtsgeschenk ein Flugblatt mit rotem Einband, betitelt »Negro man and white Ladyship«. Ich habe nie etwas so Ätzendes gelesen. Es erreicht stellenweise die Bosheit von Swift.

Ihre Argumente zur Verteidigung der Neger waren wie Knüppelschläge aufs Haupt der Lady Cunard und der englischen Gesellschaft. Ich erinnere mich, daß sie zu ihnen sagte, und ich zitiere aus der Erinnerung, weil ihre Worte viel beredter waren:

»Wenn Sie, weiße Dame, oder die Ihren von einem stärkeren Volksstamm entführt, verprügelt, in Ketten gelegt und ins ferne England verschleppt worden wären, um als Sklaven verkauft, als lächerliche Muster menschlicher Häßlichkeit vorgeführt, unter Peitschenschlägen und schlechternährt zur Arbeit gezwungen worden wären –: was wäre da von Ihrer Rasse übriggeblieben? Die Neger erduldeten diese und viele andere Gewalttaten und Grausamkeiten. Nach Jahrhunderten des Leidens sind sie immer noch die besten und elegantesten Athleten, und haben die weltgültigste neue Musik geschaffen. Wäret ihr Weißen, so wie ihr seid, aus solcher Schmach siegreich hervorgegangen? Also denn: wer taugt mehr?«

Und so weiter dreißig Seiten lang.

Nancy konnte nicht wieder in England wohnen und machte von diesem Augenblick an die Sache der verfolgten schwarzen Rasse zu der ihren. Während des Überfalls auf Abessinien ging sie nach Addis Abeba. Bald darauf erschien sie in den Vereinigten Staaten, um sich mit den schwarzen jungen Männern von Scottsborough zu solidarisieren, denen man Verbrechen zur Last legte, die sie nicht begangen hatten. Die jungen Neger wurden von der nordamerikanischen Rassenjustiz verurteilt und Nancy Cunard wurde von der nordamerikanischen demokratischen Polizei des Landes verwiesen.

Im Jahre 1969 starb meine Freundin Nancy Cunard in Paris. Auf dem Höhepunkt ihres Todeskampfes fuhr sie so gut wie nackt im Aufzug des Hotels in die Halle hinunter. Dort brach sie zusammen, und ihre schönen himmelblauen Augen schlossen sich für immer.

Sie wog fünfunddreißig Kilo, als sie starb. Sie war nur noch ein Gerippe. Ihr Körper hatte sich im langen Kampf gegen die Ungerechtigkeit in der Welt verzehrt. Ihr Lohn dafür war nicht mehr als ein immer einsameres Leben und ein trostloser Tod.

Der Krieg in Spanien wütete immer schlimmer, aber der Widerstandsgeist des spanischen Volkes hatte die ganze Welt angesteckt. Schon kämpften in Spanien die freiwilligen Internationalen Brigaden. Ich sah sie noch 1936, schon uniformiert, in Madrid ankommen. Es waren Menschen verschiedenen Alters, verschiedener Rassen und Hautfarben. Nun, 1937, waren wir in Paris, und uns lag daran, einen Kongreß antifaschistischer Schriftsteller aus allen Teilen der Welt zu organisieren. Ein Kongreß, der in Madrid stattfinden sollte. Dort lernte ich Aragon kennen. Was mich zunächst an ihm überraschte, war seine unglaubliche Leistungs- und Organisationsfähigkeit. Er diktierte alle Briefe, korrigierte sie, behielt sie im Kopf. Nicht die belangloseste Einzelheit entging ihm. Er brachte viele ununterbrochene Arbeitsstunden in unserem kleinen Büro zu. Gleich darauf schrieb er bekanntlich lange Bücher in Prosa, und seine Poesie ist die schönste französischer Sprache. Ich sah ihn Rohübersetzungen verbessern, die er aus dem Russischen und Englischen angefertigt hatte, ich sah ihn diese auf dem gleichen Papier zu Neufassungen umschreiben. In der Tat ein wunderbarer Mann.

Im übrigen war ich mein Konsulat längst los und daher ohne einen Centavo. Ich ließ mich für vierhundert alte Franken monatlich in einem Verein zur Verteidigung der Kultur anstellen, den Aragon leitete. Delia del Carril, meine damalige und langjährige Frau, hatte immer in dem Ruf einer reichen Gutsbesitzerin gestanden, Tatsache war jedoch, daß sie ärmer war als ich. Wir wohnten in einem anrüchigen Hotelloch, dessen erster Stock für Gelegenheitspärchen reserviert war, die kamen und gingen. Wir aßen monatelang wenig und schlecht. Dafür war der Kongreß der antifaschistischen Schriftsteller eine Realität. Von allen Seiten kamen wertvolle Antworten. Eine von Yeats, Irlands Nationaldichter. Eine andere von Selma Lagerlöf, der großen schwedischen Schriftstellerin. Beide waren zu alt, um in eine belagerte und bombardierte Stadt wie Madrid reisen zu können, aber beide schlossen sich der Verteidigung der Spanischen Republik an.

So erfuhr ich, daß im Quai d'Orsay ein Bericht über meine Person etwa folgenden Inhalts vorlag: »Neruda und seine Frau, Delia del Carril, reisen häufig nach Spanien, als Überbringer und Empfänger sowjetischer Instruktionen. Diese Instruktionen erhalten sie von dem russischen Schriftsteller Ilja Ehrenburg, mit dem auch Neruda heimliche Reisen nach Spanien unternimmt. Um eine intimere Verbindung mit Ehrenburg herzustellen, ist Neruda in ein Appartement des Gebäudes gezogen, in dem der russische Schriftsteller wohnt.«

Das war ein Haufen Unsinn. Jean Richard Bloch gab mir einen Brief an seinen Freund, der einen leitenden Posten im Außenministerium einnahm. Ich erklärte dem Beamten, daß man mich auf Grund ungeheuerlicher Verdächtigungen aus Frankreich ausweisen wolle. Ich sagte ihm, ich würde Ehrenburg brennend gerne kennenlernen, weil mir diese Ehre bisher leider nicht zuteil geworden sei. Der hohe Beamte besah mich mitleidig und versprach, meinen Fall sorgfältig zu prüfen. Aber nichts dergleichen geschah, und die unsinnigen Anschuldigungen blieben weiter in der Luft hängen.

Ich beschloß daraufhin, mich Ehrenburg vorzustellen. Ich wußte, daß er täglich ins La Coupole ging, wo er auf russische Art, das heißt gegen Abend, zu Mittag aß.

»Ich bin der Dichter Pablo Neruda aus Chile«, sagte ich. »Der Polizei zufolge sind wir ja intime Freunde. Angeblich wohne ich auch im selben Gebäude wie Sie. Da ich Ihretwegen aus Frankreich ausgewiesen werden soll, wollte ich Sie wenigstens vorher aus der Nähe kennenlernen und Ihnen die Hand drücken.«

Ich glaube nicht, daß Ehrenburg je bei irgendwelchen Weltereignissen Zeichen der Verwunderung ausgedrückt hat. Aber hier sah ich unter seinen struppigen Brauen, unter seiner cholerischen, eisgrauen Mähne eine Andeutung von Staunen aufblitzen.

»Auch ich wollte Sie kennenlernen, Neruda«, antwortete er. »Ihre Gedichte gefallen mir. Aber essen Sie doch erst mal Sauerkraut auf elsässische Art.«

Von diesem Augenblick an wurden wir gute Freunde. Ja, ich glaube, er begann noch am selben Tag mit der Übersetzung meines Buches *Spanien im Herzen*. Ich muß der französischen Polizei zugestehen, daß sie mir, wenn auch unbeabsichtigt, zu einer der größten Freundschaften meines Lebens verholfen hat und damit zu meinem hervorragendsten Übersetzer russischer Sprache.

Ich habe mich immer für eine Person von geringer Bedeutung gehalten, vor allem was praktische Dinge und hohe Missionen angeht. Daher brachte ich den Mund nicht wieder zu, als ich eine Bankanweisung erhielt. Sie stammte von der spanischen Regierung. Es war eine hohe Geldsumme, welche die allgemeinen Kongreßkosten deckte einschließlich der Reisegelder der Abgeordneten aus anderen Kontinenten. Zweihundert Schriftsteller trafen nach und nach in Paris ein.

Ich verlor die Fassung. Was tun mit all dem Geld? Ich beschloß, den Betrag auf die Organisationen zu überschreiben, die den Kongreß vorbereiteten.

»Ich habe das Geld nicht mal gesehen, das ich im übrigen überhaupt nicht verwalten könnte«, sagte ich zu Rafael Alberti, der gerade durch Paris kam.

»Du bist ein Mordsesel«, erwiderte Rafael. »Du verlierst deinen Konsulsposten Spanien zuliebe und läufst mit zerrissenen Schuhen herum. Und bist dabei nicht imstande, dir selbst ein paar tausend

Franken für deine Arbeit und die lebensnotwendigsten Ausgaben zu genehmigen.«

Ich besah meine Schuhe und stellte fest, daß sie tatsächlich zerrissen waren. Alberti schenkte mir ein Paar neue.

Binnen weniger Stunden sollten wir mit allen Abgeordneten gen Madrid fahren. Delia, Amparo González Tuñón und ich schlugen uns mit dem Papierkrieg der Schriftsteller herum, die aus allen Himmelsrichtungen ankamen. Die französischen Ausreisevisen bereiteten uns Kopfzerbrechen. Wir belegten praktisch das Pariser Polizeibüro mit Beschlag, in dem diese Formalitäten erledigt wurden, die komischerweise »recipisson« hießen. Manchmal druckten wir eigenhändig den höchstwichtigen französischen Rollstempel namens »tampon« auf die Pässe.

Unter Norwegern, Italienern, Argentiniern kam aus Mexiko der Dichter Octavio Paz nach einer Reise der tausend Abenteuer. Ich war irgendwie stolz darauf, ihn hergebracht zu haben. Er hatte ein einziges Buch veröffentlicht, das ich zwei Monate zuvor bekommen hatte und das mir einen wahren Kern zu enthalten schien. Damals kannte ihn niemand.

Mit düsterer Miene suchte mein alter Freund César Vallejo mich auf. Er war verärgert, weil seine allen anderen unerträgliche Frau keinen Fahrschein bekommen hatte. Im Handumdrehen besorgte ich ein Billett für sie. Wir händigten es Vallejo aus, aber er zog so verdüstert ab wie er gekommen war. Etwas war los mit ihm, doch um dieses Etwas zu entdecken, brauchte ich etliche Monate.

Der Stein des Anstoßes war folgender: Mein Landsmann Vicente Huidobro war als Kongreßteilnehmer nach Paris gekommen. Huidobro und ich waren verfeindet; wir grüßten uns nicht. Dagegen war er mit Vallejo sehr befreundet und nutzte seine Tage in Paris, um meinem naiven Genossen mit den wüstesten Lügenmärchen über mich in den Ohren zu liegen. Später klärte sich alles in einer dramatischen Unterredung mit Vallejo auf.

Nie zuvor war von Paris ein mit Schriftstellern so überfüllter Eisenbahnzug abgefahren. Auf den Gängen erkannten und verkannten wir einander. Einige gingen schlafen; andere rauchten unablässig. Für viele war Spanien das Rätsel und die Offenbarung jener Epoche.

Vallejo und Huidobro saßen irgendwo im Zug. André Malraux mit seinem Gesichtszucken und seinem Gabardinemantel über den Schultern blieb einen Augenblick zu einem Gespräch bei mir stehen. Diesmal reiste er allein. Vorher hatte ich ihn stets in Begleitung des Fliegers Corton-Moglinière gesehen, der das Instrument seiner Abenteuer unter Spaniens Himmeln gewesen war: verlorene und schutzlos preisgegebene Städte, der Hauptbeitrag der Flieger für die Republik.

Ich erinnere mich, daß der Zug an der Grenze lange hielt. Anscheinend hatte Huidobro einen Handkoffer verloren. Da alle Welt sich wegen der Verzögerung Gedanken oder Sorgen machte, schenkte ihm niemand Beachtung. Im ungeeignetsten Augenblick erschien der chilenische Dichter auf der Jagd nach seinem Handkoffer auf dem Bahnsteig, wo Expeditionschef Malraux stand. Dieser, von Natur nervös und den Kopf voll mit tausend Problemen, war einem Nervenzusammenbruch nahe. Vielleicht kannte er Huidobro weder dem Namen noch dem Ansehen nach. Als dieser auf ihn zutrat und seinen verschollenen Koffer reklamierte, riß Malraux die Geduld.

Ich hörte ihn brüllen: »Wie lange wollen Sie uns noch auf die Nerven fallen? Hauen Sie ab! Je vous emmerde!«

Zufällig wohnte ich diesem Auftritt bei, der die Eitelkeit des chilenischen Dichters kränkte. Ich wünschte mich tausend Kilometer weit weg. Doch das Leben hat seine Launen. Ich war der einzige Mensch im Zug, den Huidobro haßte. Und ausgerechnet ich, der ich obendrein Chilene war wie er, und nicht etwa irgendeiner der hundert mitreisenden Schriftsteller, mußte einziger Zeuge dieses Zusammenstoßes sein.

Als schon nach Einbruch der Nacht die Reise weiterging und der Zug durch spanisches Land rollte, dachte ich an Huidobro, an seinen Koffer und die Widerwärtigkeiten, die er hatte durchstehen müssen. Daher sagte ich zu einigen jungen Schriftstellern einer mittelamerikanischen Republik, die an meinem Abteil vorbeikamen:

»Geht doch mal zu Huidobro, der sicher allein und niedergeschlagen ist.«

Zwanzig Minuten später kamen sie mit fröhlicher Miene wieder. Huidobro hatte zu ihnen gesagt: »Redet nicht mehr von dem verlorenen Koffer, das ist ganz unwichtig. Viel schlimmer ist, daß, während die Universitäten von Chicago, Berlin, von Kopenhagen, von Prag mir Ehrentitel verliehen haben, die kleine Universität eures kleinen Landes die einzige ist, die mich noch immer hartnäckig ignoriert. Ihr habt mich nicht mal zu einem Vortrag über den ›Kreationismus‹ eingeladen.«

Meinem Landsmann und großen Dichter war schlechterdings nicht zu helfen.

Schließlich erreichten wir Madrid. Während die Besucher willkommen geheißen und untergebracht wurden, wollte ich meine Wohnung wiedersehen, die ich vor etwa einem Jahr unversehrt verlassen hatte. Meine Bücher, meine Sachen, alles hatte ich zurückgelassen. Es war ein Appartement in einem »Blumenhaus« genannten Gebäude am Eingang zur Universitätsstadt. Bis zu dieser Grenze war Francos Vorhut vorgestoßen. Der Wohnblock hatte daher mehrmals den Besitzer gewechselt.

Miguel Hernández in Milizuniform und mit geschultertem Gewehr beschaffte einen Lieferwagen, der meine Bücher und die Einrichtungsgegenstände, an denen mir lag, abtransportieren sollte.
Wir stiegen zum fünften Stock hinauf und öffneten ziemlich gespannt die Wohnungstür. Maschinengewehrfeuer hatte Fenster und Teile der Wände zerstört. Die Bücher waren aus ihren Gestellen gefallen. Unmöglich, sich in dem Schutt zurechtzufinden. Hastig suchte ich irgend etwas, irgendwo. Merkwürdig war, daß selbst die überflüssigsten und nutzlosesten Dinge verschwunden waren; die angreifenden oder verteidigenden Soldaten mußten sie weggeschleppt haben. Während die Kochtöpfe, die Nähmaschine, die Teller zwar verstreut herumlagen, aber überlebt hatten, war von meinem Konsulatsfrack, meinen polynesischen Masken, meinen orientalischen Messern keine Spur übrig.
»Der Krieg ist launisch wie ein Traum, Miguel.«
Miguel fand zwischen den Papieren auf dem Boden einige Urschriften meiner Arbeiten. Diese Unordnung war für mich wie eine Tür, die einen Teil meines Lebens abschloß. Ich sagte: »Ich nehme nichts.«
»Nichts? Nicht mal ein Buch?«
»Nicht mal ein Buch«, entgegnete ich.
Wir fuhren mit dem leeren Lieferwagen zurück.

Die Masken und der Krieg

... Mein Haus lag zwischen zwei Frontabschnitten ... Auf der einen Seite rückten Mauren und Italiener vor ... Auf der anderen waren es die Verteidiger von Madrid, die vorrückten, zurückwichen, stehen blieben ... Die Artillerie hatte Mauern durchstoßen ... Fenster waren tausendfach zersplittert ... Ich fand Reste von Blei zwischen meinen Büchern ... Dafür waren meine Masken verschwunden ... Meine in Siam, in Bali, auf Sumatra, im Malayischen Inselreich, in Bandoeng gesammelten Masken ... Vergoldet, aschgrau, tomatenfarben, mit versilberten, blauen, teuflischen, in Gedanken versunkenen Brauen, waren meine Masken das einzige Andenken an diesen ersten Orient, in den ich einsam kam und der mich mit seinem Geruch nach Tee, Dung, Opium, Schweiß, nach betörendem Jasmin, nach Pfeifenkraut, mit auf den Straßen faulenden Früchten empfing ... Diese Masken, Erinnerung an die allerreinsten Tanzfiguren, an die Tänze vor dem Tempel ... Hölzerne Tropfen, mythenbunt, Reste jener Blumenmythologie, die Träume in die Luft zeichnete, Bräuche, Dämonen, Mysterien, unvereinbar mit meiner amerikanischen Natur ... Und nun ... Vielleicht hatten sich die Milizsoldaten mit vorgehaltenen Masken an die Fenster meiner Wohnung gestellt und so die Mauren erschreckt, zwischen Schuß und Schuß ... Viele von ihnen lagen zerborsten, blutbespritzt umher ... Andere, von einem Schuß losgerissen, waren aus dem fünften Stock gestürzt ... Vor ihnen war Francos Vorhut zum Stehen gekommen ... Vor ihnen heulte die analphabetische Horde der Söldner. ... Aus meinem Haus erhoben sich dreißig Masken von Asiens Göttern zum letzten Tanz, zum Todestanz ... Das war im Augenblick des Waffenstillstands ... Die Stellungen hatten gewechselt ... Ich fühlte mich die Überreste betrachten, die Blutflecken auf der Matte ... Durch die neuen Fenster, durch die Maschinengewehrlöcher blickte ich in die Ferne, über die Universitätsstadt hinweg, auf die Ebenen, auf die alten Schlösser ... Leer schien mir Spanien ... Mir schien, als seien die letzten Gäste für immer abgereist ... Mit oder ohne Masken, zwischen Schüssen und Kriegsliedern war für mich alles zu Ende, die verrückte Fröhlichkeit, die unglaubliche Verteidigung, der Tod oder das Leben, zu Ende ... Es war die letzte Stille nach dem Fest ... Nach dem letzten Fest ... Auf irgendeine Weise war mit den Masken, die verschwunden, mit den Masken, die gefallen waren, mit den Soldaten, die ich nie eingeladen hatte, Spanien für mich vergangen ...

6

Ich zog aus, um Gefallene zu suchen

Wenn ich auch mein Parteibuch erst viel später, in Chile, erhielt, als ich offiziell in die Partei eintrat, empfand ich mich doch während des Spanienkriegs schon endgültig als Kommunist. Vieles hatte zu dieser tiefen Überzeugung beigetragen.
Mein widerspruchsvoller Gefährte, der nietzscheanische Dichter León Felipe war ein bezaubernder Mensch. Unter seinen Anziehungspunkten stach ein anarchischer Hang zu Disziplinlosigkeit und spöttischer Auflehnung hervor. Mitten im Bürgerkrieg paßte er sich leicht der schreienden Propaganda der FAI (Federación Anarquista Ibérica) an. Er trat häufig in anarchistischen Organisationen auf, wo er seine Gedanken erläuterte und seine bilderstürmerischen Gedichte vorlas. Diese spiegelten eine unbestimmt anarchistische, antiklerikale, mit Aufrufen und Gotteslästerungen gewürzte Ideologie. Seine Worte bestrickten die anarchistischen Gruppen, die sich in Madrid malerisch vervielfältigten, während die Bevölkerung an die immer näherrükkende Front eilte. Die Anarchisten hatten Trambahnen und Autobusse halb rot, halb gelb bemalt. Mit ihren langen Mähnen und Bärten, Patronengürteln und -armbändern, waren sie die Hauptdarsteller von Spaniens Todeskarneval. Ich sah mehrere von ihnen in Emblemstiefeln, die eine Hälfte aus rotem, die andere aus schwarzem Leder, deren Herstellung die Schuster enorme Mühe gekostet haben mußte. Doch war dies keineswegs ein harmloser Schmierenaufzug. Jeder trug ein Messer im Gürtel, riesige Pistolen, Gewehre und Karabiner. Meist waren sie in Banden, die, vor den Haupteingängen der Gebäude postiert, rauchend und spuckend mit ihrer Bewaffnung protzten. Ihre Hauptsorge und -beschäftigung war, bei eingeschüchterten Hausbewohnern die Miete zu kassieren. Oder sie zur freiwilligen Herausgabe ihrer Juwelen, Ringe und Uhren zu bewegen.
León Felipe kam gegen Abend von einer seiner anarchiegetränkten Vorträge zurück, als wir uns im Café meiner Straßenecke trafen. Der Dichter trug einen spanischen Umhang, der sehr gut zu seinem Nazarenerbart paßte. Beim Verlassen streifte er mit den eleganten Falten seines romantischen Gewandes einen seiner zimperlichen Glaubensgenossen. Ich weiß nicht, ob León Felipes Aussehen eines uralten Hidalgo den »Helden« der Nachhut belästigt hatte, jedenfalls wurden wir nach wenigen Schritten von einer Gruppe Anarchisten verhaftet, die der vor dem Café Beleidigte befehligte. Sie wollten unsere Ausweise sehen; nach einem flüchtigen Blick darauf wurde der galizische Dichter von zwei Bewaffneten in die Mitte genommen und abgeführt.
Während des Marschs zum Erschießungsort in der Nähe meiner Wohnung, dessen nächtliche Gewehrsalven mir häufig den Schlaf geraubt hatten, sah ich zwei von der Front zurückkehrende bewaffnete

Milizsoldaten vorbeikommen. Ich erklärte ihnen, wer León Felipe, welcher Art die Beleidigung war, dessen er sich schuldig gemacht hatte, und konnte so mit ihrer Hilfe die Freilassung meines Freundes erwirken.

Diese Atmosphäre der ideologischen Verwirrung und willkürlichen Zerstörung gab mir zu denken. Ich erfuhr von den Großtaten eines alten, kurzsichtigen österreichischen Anarchisten mit langer blonder Mähne, der auf »Spaziergänge« spezialisiert war. Er hatte eine von ihm »Tagesanbruch« getaufte Brigade gegründet, so genannt, weil sie bei Sonnenaufgang in Aktion trat.

»Haben Sie nicht manchmal Kopfschmerzen?« fragte er das Opfer.

»Doch, manchmal.«

»Dann werde ich Ihnen ein gutes schmerzstillendes Mittel geben«, antwortete der österreichische Anarchist, setzte seinen Revolver an die Stirn des Opfers und drückte ab.

Während diese Horden sich in Madrids blinder Nacht breitmachten, waren die Kommunisten die einzige organisierte Kraft, die ein Heer auf die Beine stellte gegen Italiener, Deutsche, Mauren und die Falangisten. Sie waren gleichzeitig die moralische Kraft, die den antifaschistischen Widerstand und Kampf aufrechterhielt.

Mit einem Wort: ich mußte einen Weg wählen. Und das tat ich in jenen Tagen und habe meine Entscheidung, die ich zwischen der Finsternis und Hoffnung jener tragischen Epoche fällte, nie bereuen müssen.

Rafael Alberti

Dichtung ist stets ein Akt des Friedens. Der Dichter wird aus dem Frieden geboren wie das Brot aus dem Mehl.

Brandstifter, Krieger, Wölfe suchen den Dichter, um ihn zu verbrennen, zu morden, zu zerreißen. Ein Messerheld ließ Puschkin tödlich verletzt zwischen den Bäumen eines düsteren Parks zurück. Die Pulverpferde galoppierten wahnsinnig geworden über Petöfis leblosen Leib. Im Kampf gegen den Krieg starb Byron in Griechenland. Die spanischen Faschisten begannen den Krieg in Spanien mit dem Mord an ihrem besten Dichter.

Rafael Alberti ist so etwas wie ein Überlebender. Tausend Tode waren für ihn vorgesehen. Auch einer in Granada. Ein anderer Tod erwartete ihn in Badajoz. Im sonnenerfüllten Sevilla oder in seiner kleinen Heimat, Cadíz und Puerto Santa María, suchten sie ihn, um ihn zu erstechen, um ihn zu hängen, um in ihm wieder einmal die Dichtung zu töten.

Aber die Dichtung ist nicht tot, sie hat das siebenfache Katzenleben. Man quält sie, schleift sie durch die Straßen, bespuckt und verspottet

sie, begrenzt sie, um sie zu strangulieren, verbannt sie, kerkert sie ein, drückt viermal auf sie ab, und doch entgeht sie all diesen Fährnissen mit reingewaschenem Gesicht und einem Lächeln aus Reis.
Ich lernte Rafael Alberti in blauem Hemd und bunter Krawatte auf den Straßen von Madrid kennen. Ich lernte ihn als Kämpfer fürs Volk kennen, als es noch nicht viele Dichter gab, die sich dieser schwierigen Aufgabe widmeten. Noch hatte Spaniens Stunde nicht geschlagen, doch er ahnte bereits, was kommen würde. Er ist ein Mann des Südens, am klingenden Meer geboren, neben den Kellern des topasgelben Weins. Sein Herz wuchs im Feuer der Trauben und im Rauschen der Welle. Er ist immer Dichter gewesen, obgleich er es in seinen ersten Jahren nicht wußte. Nachher wußten es alle Spanier, später die ganze Welt.
Für uns, die das Glück haben, Kastiliens Sprache zu sprechen und zu kennen, bedeutet Rafael Alberti den Glanz der Dichtung in spanischer Sprache. Er ist nicht nur ein geborener Dichter, sondern ein Kundiger der Form. Seine Dichtung hat wie eine wundersam blühende Winterrose einen Becher Schnee von Góngora, eine Wurzel von Jorge Manrique, eine Blüte von Garcilaso, einen Duft von Trauer von Gustavo Adolfo Bécquer. Das heißt, in seinem kristallenen Kelch vermischen sich Spaniens edelste Gesänge.
Diese rote Rose erhellte den Weg derer, die in Spanien dem Faschismus Einhalt gebieten wollten. Die Welt kennt diese heroische, tragische Geschichte. Alberti schrieb nicht nur epische Sonette, er las nicht nur in Kasernen und an der Front, er erfand auch den poetischen Kleinkrieg, den poetischen Krieg gegen den Krieg. Er erfand die Lieder, die Schwingen schufen unter dem Donner der Artillerie, Lieder, die später über die ganze Erde flogen.
Dieser Dichter reinsten Wassers lehrte die öffentliche Nützlichkeit der Dichtung in einem der kritischsten Augenblicke der Welt. Darin gleicht er Majakowski. Diese öffentliche Nützlichkeit der Dichtung beruht auf Kraft, auf Zärtlichkeit, auf Freude. Ohne diese Eigenschaften tönt die Dichtung, aber sie singt nicht. Alberti singt immer.

Nazis in Chile

Wieder kehrte ich dritter Klasse nach Chile zurück. Wenn es auch in Lateinamerika nicht vorkam, daß hervorragende Schriftsteller wie Céline, Drieu de la Rochelle oder Ezra Pound Verräter im Dienst des Faschismus wurden, so gab es doch eine von der Hitlerbewegung natürlich oder finanziell geprägte starke Strömung. Überall bildeten sich kleine Gruppen, die als Stoßtrupps verkleidet, den Arm zum faschistischen Gruß erhoben. Die alten Feudaloligarchien des Kontinents sympathisierten (oder sympathisieren) mit jeder Art von Antikommunismus, mag er von Deutschland kommen oder der kreolischen Ultralinken. Überdies darf nicht vergessen werden, daß große Volksgruppen deutscher Abstammung bestimmte Gebiete Chiles, Brasiliens und Mexikos weitgehend bevölkern. Diese wurden durch Hitlers meteorhaften Aufstieg und die Fabel von einem tausendjährigen Reich germanischer Größe leicht gewonnen.

In jenen Tagen der dröhnenden Hitlersiege mußte ich mehr als einmal Straßen eines südchilenischen Dörfchens oder Städtchens zwischen wahren Wäldern von Hakenkreuzfahnen überqueren. Einmal in einer kleinen südlichen Ortschaft sah ich mich gezwungen, das einzige Telefon des Orts zu benutzen und dem Führer eine unfreiwillige Reverenz zu erweisen. Der deutsche Besitzer des Etablissements hatte den genialen Einfall gehabt, den Apparat so hoch anzubringen, daß man vor einem Hitlerbild mit erhobener Hand telefonieren mußte.

Ich wurde Redakteur der Zeitschrift *Aurora de Chile*. Die gesamte literarische Artillerie (wir besaßen keine andere) schoß sich auf die Nazis ein, die dabei waren, Land um Land zu schlucken. Hitlers Botschafter in Chile schenkte der Nationalbibliothek Bücher der sogenannten neudeutschen Kultur. Wir antworteten darauf, indem wir alle unsere Leser um Zusendung der von Hitler verbotenen echten deutschen Bücher des echten Deutschland baten. Es war ein großes Erlebnis. Ich erhielt Mordandrohungen. Dazu trafen viele korrekt verpackte Bücherpakete ein, die Schweinereien enthielten. Wir empfingen auch ganze Ausgaben des *Stürmer*, einer pornographischen, sadistischen und antisemitischen Zeitung, herausgegeben von dem Jahre später in Nürnberg rechtmäßig erhängten Julius Streicher. Doch nach und nach kamen schüchtern deutsche Ausgaben von Heinrich Heine an, von Thomas Mann, von Anna Seghers, von Einstein, von Arnold Zweig. Als wir etwa fünfhundert Bände beieinander hatten, übergaben wir sie der Nationalbibliothek.

Doch welche Überraschung! Die Nationalbibliothek verschloß und verriegelte uns ihre Türen.

Nun organisierten wir einen Umzug und marschierten mit Großfotos von Pastor Niemöller und Carl von Ossietzky in den Festsaal der Universität ein. Ich weiß nicht mehr, aus welchem Anlaß in diesem Augenblick ein Festakt unter dem Vorsitz des Außenministers Don Miguel Cruchaga Tocornal stattfand. Behutsam stellten wir die Bücher und die Porträts aufs Präsidentenpodium. Die Schlacht war gewonnen. Die Bücher wurden angenommen.

Isla Negra

Ich gedachte mich meiner literarischen Arbeit mit mehr Hingabe und Kraft zu widmen. Die Berührung mit Spanien hatte mich gestärkt, und ich war gereift. Die bitteren Stunden meiner Dichtung mußten ihren Abschluß finden. Der schwermütige Subjektivismus meiner *Zwanzig Liebesgedichte* und die schmerzliche Leidenschaftlichkeit von *Aufenthalt auf Erden* gingen ihrem Ende zu. Mir schien, als wäre ich einer unterirdischen Ader auf der Spur, nicht im unterirdischen Gestein, sondern zwischen den Blättern der Bücher. Kann Dichtung unseresgleichen nützen? Kann sie die Kämpfe der Menschen begleiten? Lange genug war ich auf dem Gelände des Irrationalen und Negativen gewandelt. Ich mußte einhalten und den Weg des Humanismus finden, der verbannt war aus der zeitgenössischen Literatur und doch so tief verwurzelt im Trachten des Menschen.

Ich machte mich an meinen *Großen Gesang*.

Dafür benötigte ich einen Arbeitsplatz. Ich fand ein Steinhaus am Ozean, in einem völlig unbekannten Ort namens Isla Negra. Der Eigentümer, ein alter spanischer Sozialist und Schiffskapitän, Don Eladio Sobrino, baute es gerade für seine Familie, war aber bereit, es mir zu verkaufen. Aber wie es kaufen? Ich bot das Projekt meines Buches *Der Große Gesang* dem Verlag Ercilla an, der bislang meine Werke veröffentlicht hatte, wurde aber abgewiesen. Mit Hilfe anderer Verleger, die den Hausbesitzer direkt bezahlten, konnte ich schließlich im Jahre 1939 mein Arbeitshaus in Isla Negra kaufen.

Die Idee eines Hauptgedichts, das die historischen Begebenheiten, die geographischen Bedingtheiten, Leben und Kämpfe unserer Völker zusammenfaßte, stand mir als dringende Aufgabe vor Augen. Die wilde Küste von Isla Negra mit ihrem ozeanischen Aufruhr gestattete mir, mich mit Leidenschaft der Aufgabe meines neuen Gesangs zu widmen.

»Bringen Sie mir Spanier«

Doch schon riß mich das Leben wieder fort.

Die bestürzenden Nachrichten von der spanischen Emigration erreichten Chile. Über fünfhunderttausend Männer und Frauen, Kriegsteilnehmer und Zivilpersonen, hatten die französische Grenze überschritten. In Frankreich trieb die von den reaktionären Kräften unter Druck gesetzte Regierung Léon Blums sie in Konzentrationslagern zusammen, verteilte sie auf Festungen und Gefängnisse, hielt sie in den an der Sahara gelegenen afrikanischen Gebieten fest.

Die Regierung Chiles hatte gewechselt. Die Mißgeschicke des spanischen Volkes hatten die Kräfte der chilenischen Volksmassen gestärkt, und nun hatten wir eine fortschrittliche Regierung.

Diese Regierung der chilenischen Volksfront beschloß, mich nach Frankreich zu entsenden, um die nobelste Mission meines Lebens zu erfüllen: Spanier aus ihren Gefängnissen zu holen und sie in mein Vaterland zu schicken. So würde meine Dichtung wie ein aus Amerika kommendes strahlendes Licht unter diesen wie keine anderen von Leiden und Heldentum gezeichneten Menschenmassen verströmen können. So würde meine Dichtung mit der materiellen Hilfe Amerikas verschmelzen, das mit der Aufnahme der Spanier eine uralte Schuld begliche.

Als halber Invalide, unlängst operiert, ein Bein in Gips – so stand es damals um meine körperliche Verfassung –, verließ ich mein Meerversteck und stellte mich dem Präsidenten der Republik vor. Don Pedro Aguirre Cerda empfing mich freundschaftlich.

»Jawohl, bringen Sie mir Tausende von Spaniern. Wir haben Arbeit für alle. Bringen Sie mir Fischer, bringen Sie mir Basken, Kastilier, Männer aus Estremadura.«

Wenige Tage später, noch eingegipst, fuhr ich gen Frankreich auf der Suche nach Spaniern für Chile.

Ich hatte einen festen Auftrag. Ich war Konsul und Beauftragter für die spanische Einwanderung – so lautete meine Ernennung. Mit meinen prunkvollen Titeln erschien ich in der chilenischen Botschaft in Paris.

Regierung und politische Situation stimmten in meinem Vaterland nicht überein, daher war die Pariser Botschaft noch die alte. Die Aussicht, Spanier nach Chile schicken zu müssen, erzürnte die geschniegelten Diplomaten. Sie brachten mich in einem Behelfsbüro in der Nähe der Küche unter, erschwerten mir das Leben auf jede erdenkliche Weise und verweigerten mir sogar Schreibpapier. Schon brach sich am Eingang des Gebäudes die Welle der Unerwünschten: verwundete Kriegsteilnehmer, Juristen und Schriftsteller, Fachärzte, die ihre Kliniken verloren hatten, alle Arten von Facharbeitern.

Da sie sich gegen Wind und Wetter einen Weg bis in meine Behelfsbude bahnen mußten und meine Kanzlei im vierten Stock lag, ersannen die Diplomaten einen teuflischen Plan: sie stellten den Aufzug ab. Viele der Spanier waren Kriegsverletzte und Überlebende des afrikanischen Konzentrationslagers, und es zerriß mir das Herz, sie mühsam bis zu meinem vierten Stock heraufkommen zu sehen, während die hartherzigen Beamten sich an meinen Schwierigkeiten weideten.

Eine teuflische Figur

Um mein Leben vollends zu komplizieren, kündigte die Regierung der Chilenischen Volksfront die Ankunft eines Geschäftsträgers an. Ich freute mich riesig, denn ein neuer Chef würde die Hindernisse aus dem Weg räumen, mit denen das alte Botschaftspersonal die spanische Auswanderung erschwert hatte. So entstieg dem Zug auf der Gare Saint Lazare ein schmächtiges Kerlchen mit randloser Brille, die ihm das Aussehen eines ältlichen Bücherwurms verlieh. Er mochte vierundzwanzig oder fünfundzwanzig Jahre alt sein. Mit weiblicher, vor Erregung sich überschlagender Fistelstimme sagte er mir, er betrachte mich als seinen Vorgesetzten, und seine Reise habe nur ein Ziel: mir als Adjutant bei der großen Aufgabe zu helfen, die »ruhmreichen Kriegsverlierer« nach Chile zu schicken. Obwohl ich mich nach wie vor über den neuen Mitarbeiter freute, war er mir nicht ganz geheuer. Trotz der Lobhudeleien und Liebedienereien, mit denen er mich überschüttete, kam der Mensch mir irgendwie falsch vor. Später erfuhr ich, daß er nach dem Sieg der Volksfront in Chile vom Kolumbus-Ritter, einer jesuitischen Vereinigung, eine Kehrtwendung zur Kommunistischen Jugend gemacht hatte. Diese war im ersten Anwerbungstaumel von seinen geistigen Gaben entzückt gewesen. Arellano Marín schrieb Komödien und Artikel, war ein hochgebildeter Vortragsredner und schien alles zu wissen.

Der Weltkrieg nahte. Paris wartete jede Nacht auf die deutschen Bomber; die Hausbewohner waren vor Luftangriffen gewarnt. Ich fuhr allabendlich nach Villiers-sur-Seine in ein Häuschen am Fluß, das ich jeden Morgen verließ, um schweren Herzens in die Botschaft zurückzukehren.

Der Neuankömmling Arellano Marín erlangte in wenigen Tagen eine Bedeutung, die ich nie erreichen sollte. Ich hatte ihn Negrín, Alvarez del Vayo und einigen Führern der spanischen Parteien vorgestellt. Eine Woche später duzte sich der neugebackene Beamte fast mit allen. In seinem Büro gingen spanische Parteiführer aus und ein, die ich überhaupt nicht kannte. Seine endlos langen Unterhaltungen waren ein Geheimnis für mich. Von Zeit zu Zeit rief er mich, um mir einen Brillanten oder Smaragd zu zeigen, den er für seine Mutter gekauft hatte, oder um mir Vertraulichkeiten über eine höchst kokette Blondine zu erzählen, von der er sich in Pariser Kabaretts gründlich hatte ausnehmen lassen. Mit Aragon, besonders aber mit Elsa, denen wir in der Botschaft Asyl gewährt hatten, um sie gegen die antikommunistische Repression zu schützen, war Arellano Marín bereits dick befreundet und überhäufte sie mit Aufmerksamkeiten und kleinen Geschenken. Die Psychologie der Figur muß Elsa Triolet gereizt haben, da sie von ihm in einem oder zwei ihrer Romane spricht.

Bei all dem entdeckte ich allmählich mit meinen sonst nicht sonderlich scharfblickenden Augen, daß seine Gier nach Luxus und Geld zunahm. Er kaufte sich ein teures Auto nach dem anderen, mietete prunkvolle Häuser. Und die kokette Blondine schien ihm mit ihren Ansprüchen täglich heftiger zuzusetzen.

Ich mußte nach Brüssel fahren, um ein dramatisches Auswandererproblem zu lösen. Als ich mein bescheidenes Hotel verließ, lief mir plötzlich mein feuriger Mitarbeiter, der elegante Arellano Marín über den Weg. Er begrüßte mich mit lärmenden Freundschaftsbeteuerungen und lud mich für den gleichen Tag zum Essen ein.

Wir trafen uns in seinem Hotel, dem teuersten in Brüssel. Er hatte unseren Tisch mit Orchideen schmücken lassen. Er bestellte natürlich Kaviar und Champagner. Beim Essen mußte ich mir, nicht ohne geheime Besorgnis, die saftigen Pläne meines Gastgebers anhören, seine bevorstehenden Vergnügungsreisen, seine Juweleneinkäufe. Ich glaubte einem Neureichen mit bestimmten Wahnsinnssymptomen zuzuhören, doch die Schärfe seines Blicks, die Sicherheit seiner Behauptungen, all das verursachte mir eine Art Übelkeit. Ich beschloß, drastisch durchzugreifen und ihm meine Bedenken offen mitzuteilen. Ich bat, den Kaffee mit mir in seinem Zimmer zu nehmen, da ich etwas mit ihm zu besprechen hätte.

Gerade als wir redend die Freitreppe hinaufsteigen wollten, traten zwei mir Unbekannte auf ihn zu. Er sagte auf spanisch, sie möchten warten, er würde in wenigen Minuten hinunterkommen.

Kaum in seinem Zimmer angelangt, ließ ich Kaffee Kaffee sein. Unser Zwiegespräch war gespannt:

»Mir scheint«, sagte ich, »du bist auf die schiefe Bahn geraten. Die Raffgier frißt dich auf. Vielleicht bist du zu jung, um das zu begreifen. Aber unsere politischen Verpflichtungen sind eine ernste Sache. Das Schicksal von Tausenden von Emigranten liegt in unseren Händen, und damit spielt man nicht. Ich will nichts von deinen Machenschaften wissen, aber eines will ich dir sagen. Es gibt viele, die nach einem verpfuschten Leben klagen: ›Niemand hat mir einen Rat gegeben, niemand hat mich gewarnt.‹ Dir soll so etwas nicht passieren. Dies war meine Warnung. Und nun gehe ich.«

Ich blickte ihm zum Abschied ins Gesicht. Tränen rollten ihm aus den Augen in den Mund. Schon beschlich mich ein Gefühl der Reue. War ich etwa zu weit gegangen? Ich trat auf ihn zu und klopfte ihm auf die Schulter.

»Weine nicht!«

»Ich weine aus Wut«, entgegnete er.

Ich machte wortlos kehrt. Fuhr nach Paris zurück und sah ihn nie wieder. Als die beiden Unbekannten mich die Treppe herunterkommen sahen, stiegen sie eilends hinauf.

Die Geschichte fand viel später, in Mexiko, ihren Abschluß, als ich dort chilenischer Konsul war. Eines Tages wurde ich von einer Gruppe spanischer Flüchtlinge zum Mittagessen eingeladen, und zwei von ihnen erkannten mich wieder.

»Woher kennen Sie mich?« fragte ich.

»Wir sind die beiden aus Brüssel, die zu Ihrem Landsmann Arellano Marín hinaufstiegen, als Sie aus seinem Zimmer herunterkamen.«

»Und was passierte dann? Ich war immer neugierig, das zu erfahren«, sagte ich.

Sie erzählten mir eine außergewöhnliche Episode. Sie fanden ihn in Tränen gebadet, in einer Nervenkrise. Schluchzend sagte er zu ihnen: »Ich habe soeben den größten Schock meines Lebens erlitten. Gerade ist Neruda gegangen, um Sie bei der Gestapo als hochgefährliche spanische Kommunisten anzuzeigen. Ich konnte ihn nicht überreden, noch ein paar Stunden zu warten. Ihr habt nur noch wenige Minuten, um euch in Sicherheit zu bringen. Laßt mir euer Gepäck hier, ich bewahre es auf und schicke es euch später nach.«

»So ein Lump!« rief ich aus. »Schön, aber wenigstens haben Sie sich vor den Deutschen in Sicherheit bringen können.«

»Aber in unseren Koffern waren neunzigtausend Dollar der spanischen Arbeitergewerkschaften, und die sind dahin auf Nimmerwiedersehen.«

Später erfuhr ich noch, daß die teuflische Figur eine ausgedehnte Vergnügungsreise durch den Nahen Osten unternahm, seine Pariser Liebschaften genießend. Bestimmt war die so anspruchsvolle kokette Blondine ein blonder Student der Sorbonne.

Eine Weile später wurde in Chile sein Austritt aus der Kommunistischen Partei veröffentlicht. »Schwerwiegende ideologische Meinungsverschiedenheiten zwingen mich zu diesem Entschluß«, hieß es in seinem Brief an die Presse.

Ein General und ein Dichter

Jeder, der aus Niederlage und Gefangenschaft kam, war ein Roman mit Kapiteln – Weinen, Lachen, Einsamkeit und romantische Liebe. Einige dieser Geschichten haben mich tief berührt.

Ich lernte einen General der Luftwaffe kennen, einen hochgewachsenen, asketischen Menschen, der die Militärakademie absolviert hatte und hochdekoriert war. Jetzt lief er durch die Straßen von Paris wie ein quijotesker Schatten der spanischen Erde, uralt und kerzengerade wie eine kastilische Pappel.

Als das Franco-Heer das republikanische Gebiet zweiteilte, mußte dieser General Herrera bei völliger Dunkelheit patroullieren, die Verteidigungslinien inspizieren und jeweils Befehle erteilen. In seinem völlig verdunkelten Flugzeug überflog er in finstersten Nächten das feindliche Kampfgebiet. Hin und wieder streifte ein frankistischer Schuß seine Maschine. Indes langweilte sich der General in der Dunkelheit. So lernte er Braille. Als er die Blindenschrift beherrschte, flog er mit den Fingern lesend seine gefährlichen Missionen, während unten Feuer wütete und das Leid des Bürgerkriegs. Der General erzählte mir, er habe es fertiggebracht, den *Graf von Monte Christo* zu lesen, und als er *Die drei Musketiere* begann, wurde seine nächtliche Blindenlektüre von der Niederlage und dem anschließenden Exil abgebrochen.

Eine andere Geschichte, an die ich mich nur tiefbewegt erinnern kann, ist die des andalusischen Dichters Pedro Garfias. Ihn führte das Exil in das Schloß eines schottischen Lords. Das Schloß stand immer leer, und Garfias, der rastlose Andalusier, ging jeden Tag in die Kneipe der Grafschaft und trank schweigsam, denn er sprach kein Englisch, nur Zigeunerspanisch, das ich selbst nicht verstand, melancholisch sein einsames Bier. Dieser stumme Gast erregte die Aufmerksamkeit des Kneipenwirts. Eines Abends, als alle Trinker heimgegangen waren, bat der Wirt ihn dazubleiben, und schweigend tranken die beiden weiter am Kaminfeuer, das prasselte und an ihrer Stelle sprach.

Diese Einladung wurde zum Ritus. Jeden Abend wurde Garfias von dem Wirt empfangen, der, ohne Frau und Familie, einsam war wie er. Nach und nach lösten sich ihre Zungen. Garfias erzählte ihm den ganzen Spanienkrieg mit Zwischenrufen, Flüchen und echt andalusischen Verwünschungen. Der Kneipenwirt hörte andächtig schweigend zu, ohne auch nur ein einziges Wort zu verstehen.

Dann begann der Schotte von seinem Mißgeschick zu erzählen, wahrscheinlich die Geschichte seiner Frau, die ihn verlassen hatte, wahrscheinlich die Heldentaten seiner Söhne, deren Bilder in Uniform den Kamin schmückten. Ich sage wahrscheinlich, denn während der langen Monate dieser seltsamen Unterhaltungen verstand auch Garfias kein Wort.

Dennoch festigte sich die Freundschaft der beiden einsamen Männer, die leidenschaftlich redeten, ein jeder von seinen Belangen und in seiner dem anderen unzugänglichen Sprache, und es wurde für beide zu einem Bedürfnis, sich jeden Abend zu sehen und bis zum Morgengrauen zu sprechen.

Als Garfias nach Mexiko abreisen mußte, verabschiedeten sie sich trinkend und redend, sich umarmend und weinend. Die tiefe sie miteinander verbindende Ergriffenheit kam aus der Trennung ihrer Einsamkeiten.

»Pedro«, fragte ich den Dichter oft, »was meinst du, erzählte er dir?«

»Ich habe nie ein Wort verstanden, Pablo, aber wenn ich ihm zuhörte, hatte ich immer das Gefühl oder die Gewißheit, ihn zu verstehen. Und wenn ich sprach, war ich sicher, daß auch er mich verstand.

Die »Winnipeg«

Eines Morgens, als ich ins Büro kam, überreichten mir die Beamten der Botschaft ein langes Telegramm. Sonderbarerweise lächelten sie, sonst grüßten sie mich nicht einmal. Die Depesche mußte etwas enthalten, was sie erfreute.

Es war ein Telegramm aus Chile. Und von niemand Geringerem unterzeichnet als vom Präsidenten, Don Pedro Aguirre Cerda, demselben, von dem ich die unmißverständlichen Anweisungen für die Verschiffung der Exilspanier bekommen hatte.

Staunend las ich, Don Pedro, unser lieber Präsident, habe an diesem Morgen zu seiner Verwunderung erfahren, daß ich die Übersiedlung spanischer Emigranten nach Chile vorbereitete. Er bat mich, diese ungewöhnliche Nachricht sofort zu dementieren.

Für mich war das Telegramm des Präsidenten ein Rätsel. Die Einwanderer zu organisieren, auszusondern, zusammenzustellen, war ein harter Alleingang gewesen. Glücklicherweise hatte wenigstens die spanische Exilregierung die Wichtigkeit meiner Mission begriffen. Doch täglich tauchten neue unerwartete Hindernisse auf. Währenddessen verließen Hunderte von Flüchtlingen die Konzentrationslager von Frankreich und Afrika, in denen Tausende zusammengepfercht lebten, oder bereiteten sich zur Abreise nach Chile vor.

Die republikanische Exilregierung hatte ein Schiff erworben, die »Winnipeg«. Dieses war zur Erweiterung seiner Transportfähigkeit umgebaut worden und lag an der Mole von Trompeloup, einem winzigen Hafen in der Nähe von Bordeaux.

Was tun? Diese intensive, dramatische Arbeit am Vorabend des Zweiten Weltkriegs war für mich die Erfüllung meines Daseins gewesen. Meine ausgestreckte Hand hatte für die verfolgten Kriegsteilnehmer die Rettung bedeutet und ihnen das Wesen meines gastfreien kämpferischen Vaterlandes gezeigt. Das Telegramm des Präsidenten machte all diese Träume zunichte.

Ich beschloß, den Fall Negrín vorzulegen. Ich hatte das Glück, mit dem Präsidenten Juan Negrín, mit dem Minister Alvarez del Vayo und einigen anderen der letzten republikanischen Regierungsmitglieder befreundet zu sein. Negrín war der interessanteste. Die hohe spanische Politik war mir immer etwas beschränkt, provinziell und engstirnig vorgekommen. Negrín war, wenn auch kein universeller, so doch ein europäischer Geist, hatte in Leipzig studiert und besaß Universitätsniveau. In Paris hielt er mit großer Würde jenen ungreifbaren Schatten aufrecht: – eine Exilregierung.

Wir besprachen uns, ich schilderte ihm die Lage, las das sonderbare Telegramm vor, das mich zum Betrüger stempelte, zum Scharlatan, der einem Volk von Verbannten ein nichtvorhandenes Asyl anbot. Es gab

drei Möglichkeiten. Die erste abscheuliche war einfach bekanntzugeben, daß die Auswanderung von Spaniern nach Chile rückgängig gemacht worden sei. Die zweite dramatische war, mich der Entscheidung öffentlich zu widersetzen, meine Mission als beendet zu erklären und mir eine Kugel durch den Kopf zu jagen. Die dritte herausfordernde war, das Schiff mit Emigranten zu beladen, mich mit ihnen einzuschiffen, ohne Befugnis gen Valparaíso zu fahren und auf alles gefaßt zu sein.
Negrín lehnte sich im Sessel zurück und zog an seiner großen Havanna. Dann lächelte er melancholisch und erwiderte:
»Könnten Sie nicht telefonieren?«
Telefongespräche zwischen Europa und Amerika waren damals unsäglich mühsame, langwierige Unternehmungen. Zwischen ohrenbetäubenden Geräuschen und jähen Unterbrechungen vernahm ich schließlich die ferne Stimme des Außenministers. Aus einer bruchstückhaften Unterhaltung, während der wir viele Sätze zwanzigmal wiederholen mußten, ohne zu wissen, ob wir uns verstanden oder nicht, wobei wir wilde Schreie ausstießen oder statt Antworten ozeanische Trompetenstöße des Telefons hörten, glaubte ich den Minister Ortega dahingehend zu verstehen, daß ich dem Gegenbefehl des Präsidenten nicht nachkommen solle. Außerdem verstand ich, ich solle bis zum nächsten Tag warten.
Verständlicherweise verbrachte ich in meinem kleinen Pariser Hotel eine unruhige Nacht. Am nächsten Nachmittag erfuhr ich, daß der Außenminister am gleichen Morgen sein Abschiedsgesuch eingereicht hatte. Auch er hatte die Rückgängigmachung meines Auftrags nicht akzeptiert. Das Kabinett zitterte, und unser guter, vom Druck vorübergehend verwirrter Präsident fand seine Fassung und Autorität wieder. Nun erhielt ich ein neues Telegramm, das mich zur Durchführung der Einwandereraktion aufforderte.
Schließlich schifften wir die Auswanderer auf der »Winnipeg« ein. Im Hafen trafen sich Ehemänner und -frauen, Väter und Söhne, die lange getrennt gewesen waren und aus allen Himmelsrichtungen Europas und Afrikas kamen. Die Wartenden stürzten sich auf jeden einfahrenden Zug. Zwischen Gerenne, Tränen und Schreien erkannten sie die geliebten Angehörigen, die ihre Köpfe in menschlichen Trauben aus den Fenstern streckten. Sie gingen alle an Bord. Es waren Fischer, Landleute, Arbeiter, Intellektuelle, Vorbilder der Kraft, des Heldentums und der Arbeit. Meiner während ihres Kampfs entstandenen Dichtung war es gelungen, ein Vaterland für sie zu finden. Ich war stolz.
Ich kaufte mir eine Zeitung und schlenderte durch eine Straße in Varennes-sur-Seine. Ich kam an einer alten Burg vorbei, aus deren von Kletterpflanzen rotgefärbten Ruinen schiefergedeckte Türmchen in die Höhe ragten. Dies alte Schloß, in dem Ronsard und die Dichter der

Plejade sich einst versammelt hatten, verdankt seine Berühmtheit in meinen Augen dem Stein und dem Marmor, dem in altgoldenen Lettern geschriebenen elfsilbigen Vers. Ich schlug die Zeitung auf. An diesem Tag war der zweite Weltkrieg ausgebrochen. So verkündete in großen schmutzig-schwarzen Buchstaben die Zeitung, die mir in dem alten verlassenen Dorf in die Hände fiel.
Die ganze Welt hatte es erwartet. Hitler hatte Land um Land geschluckt, und die englischen und französischen Staatsmänner waren mit ihren Regenschirmen zu ihm gelaufen und hatten ihm noch mehr Städte, Reiche und Menschen angeboten.
Fürchterliche Verwirrung benebelte die Hirne. Von meinem Fenster in Paris aus blickte ich unmittelbar auf die *Invalides* und sah die ersten Kontingente abmarschieren, blutjunge Kerlchen, die nie Soldat gespielt hatten und nun dem großen Rachen des Todes entgegenzogen.
Ihr Abmarsch war trostlos, durch nichts beschönigt. Der Krieg schien unerklärlicherweise von vornherein verloren. Chauvinistische Kräfte durchschnüffelten die Straßen der Stadt nach progressiven Intellektuellen. Der Feind war für sie nicht unter Hitlers Schülern, bei den Lavals zu finden, sondern in der Blüte französischen Denkens. Wir nahmen in der Botschaft, die sich sehr verändert hatte, den großen Dichter Louis Aragon auf. Er blieb vier Tage bei uns und schrieb Tag und Nacht, während die Horden ihn suchten, um ihn umzubringen. Dort, in der chilenischen Botschaft, beendete er seinen Roman *Les voyageurs de l'Impériale.* Am fünften Tag ging er in Uniform an die Front. Es war sein zweiter Krieg gegen die Deutschen.
Ich gewöhnte mich in jenen Tagen der hereinbrechenden Dämmerung an die Unsicherheit in Europa, das zwar weder unter unablässigen Revolutionen noch Erdbeben leidet, jedoch das tödliche Gift des Krieges nährt, das Luft und Brot durchtränkt. Aus Furcht vor den Bomben erlosch nachts die große Weltstadt und diese Dunkelheit von sieben Millionen vereinter Menschen, diese dichte Finsternis, in der man mitten durch die Lichtstadt ging, ist in meinem Gedächtnis haften geblieben.

Am Ende dieses Zeitabschnitts, als sei meine ganze lange Reise umsonst gewesen, befinde ich mich wiederum allein auf neu entdecktem Boden. Wie in der Geburtskrise oder am beunruhigenden und unruhigen Anfang des metaphysischen Schreckens, aus dem der Quell meiner ersten Verse fließt, wie in der neuen Morgendämmerung, die meine eigene Schöpfung ausgelöst hat, beginne ich einen Todeskampf und die zweite Einsamkeit. Wohin gehen? Wohin zurückkehren, ziehen, verstummen oder aufzittern? Ich erblicke alle Punkte der Helligkeit und des Dunkels, finde aber nur die eigene Leere, an der meine Hände mit verhängnisvoller Vorsicht wirken.

Das Nächstliegendste, das Wichtigste, das Umfassendste, das Unberechenbarste war erst in diesem Augenblick auf meinem Weg erschienen. Ich hatte an alles mögliche gedacht, nur nicht an den Menschen. Ich hatte grausam und schmerzlich das Herz des Menschen erforscht; ohne der Menschen zu gedenken, hatte ich Städte gesehen, aber leere Städte; ich hatte Fabriken vom tragischen Aspekt aus gesehen, hatte aber nicht das Leid unter den Dächern gesehen, auf den Straßen, auf allen Kreuzwegen, in den Städten und auf dem Land. Bei den ersten Kugeln, die durch Spaniens Gitarren schossen, als ihnen statt der Lieder Blutströme entquollen, hält meine Dichtung ein wie ein Gespenst auf den Straßen menschlicher Angst, doch langsam beginnt nun ein Strom aus Wurzeln und Blut sie zu durchziehen. Seither ist mein Weg eins mit dem Weg aller. Und ich sehe plötzlich, daß vom Süden der Einsamkeit aus ich zum Norden gegangen bin, der das Volk ist, das Volk, dem meine bescheidene Dichtung als Degen dienen will und Schweißtuch zum Trocknen seiner großen Schmerzen, und als Waffe im Kampf ums Brot. Nun wird der Raum groß, tief und beständig. Wir stehen mit den Füßen auf der Erde. Wir wollen den ewigen Besitz antreten dessen, was ist. Wir suchen nicht das Mysterium, wir sind das Mysterium. Meine Dichtung beginnt Teil der Materie einer unendlich ausgedehnten Umwelt zu sein, einer unterseeischen und zugleich unterirdischen Umwelt, sie betritt Stufen einer außergewöhnlichen Pflanzenwelt, sie redet am hellichten Tag mit Sonnenphantomen, sie erforscht die Höhlen des im Geheimnis der Erde verborgenen Minerals, sie bestimmt die vergessenen Beziehungen zwischen dem Herbst und dem Menschen. Der Dunstkreis verdunkelt sich und wird nur manchmal von Blitzen mit leuchtender Schreckensspur erhellt; ein neues Gebäude, nicht mehr den augenfälligsten, verbrauchtesten Wörtern entlehnt, erscheint an der Luftoberfläche; ein neuer Kontinent entsteht aus dem geheimsten Stoff meiner Dichtung. Mit dem Bevölkern dieser Erde, der Bestimmung dieses Reichs, dem Abtasten all seiner geheimnisvollen Ufer, mit dem Besänftigen seines Schaums, dem Durchwandern seiner geographischen Ausdehnung habe ich düstere, einsame und zurückgezogene Jahre verbracht.

7

Blühendes, stachliges Mexiko

Meine Regierung entsandte mich nach Mexiko. Angefüllt mit dem tödlichen Gram von soviel Schmerz und Verwirrung, war es mir im Jahre 1940 vergönnt, auf der Hochebene von Anahuac aufzuatmen, einer Gegend, der Alfonso Reyes die durchsichtigste Luft zuspricht.
Mexiko mit seinem Feigenkaktus und der Schlange, blühendes, stachliges Mexiko, trocken und orkanreich, gewaltig in Entwurf und Farbe, gewaltig in Eruption und Kreation, Mexiko hüllte mich ein in seine Zauberei und sein überraschendes Licht.
Ich habe es jahrelang durchwandert, von Markt zu Markt. Denn Mexiko lebt auf seinen Märkten. Es lebt nicht in den kehligen Liedern seiner Filme, nicht im bäurischen Kitsch von Schnauzbart und Pistole. Mexiko ist ein Land der karminroten und türkisschillernden Umhänge. Mexiko ist ein Land der Gefäße und Krüge und der von einem Insektenschwarm zerfressenen Früchte. Mexiko ist ein unendlich großes Feld von stahlblaufarbenen, gelbstacheligen Agaven.
All das bieten die schönsten Märkte der Welt. Frucht und Wolle, Ton und Webstuhl beweisen den erstaunlichen Reichtum der fruchtbaren, ewigen mexikanischen Hände.
Ich habe Mexiko durchstreift, bin an all seinen Küsten entlang gewandert, an seinen hohen, von einem unaufhörlichen Leuchtblitz entzündeten Küsten. Seit Topolombambo in Sinaloa beuge ich mich diesen hemisphärischen Namen, herbe Namen, welche die Götter Mexiko zum Erbe hinterließen, als die Menschen auf ihrer Erde zu herrschen begannen, weniger grausam als die Götter. Ich bin durch all die Silben voller Geheimnis und Glanz, durch all die morgenroten Laute gezogen. Sonora und Yucatán, Anahuac, ragend wie ein erkaltetes Kohlenbekken, in dem alle wirren Gerüche zusammenkommen von Nayarit bis Michoacán, von wo aus man den Rauch der kleinen Insel Janitzio erkennt und den Agavenmaisgeruch, der von Jalisco aufsteigt und den Schwefeldunst des neuen Vulkans von Paricutín, der sich mit der duftenden Feuchtigkeit der Fische vom Pátzcuaro-See verbündet. Mexiko, letztes der magischen Länder, magisch durch Alter und Geschichte, magisch durch Musik und Geographie. Meinem Landstreicherweg folgend über diese vom ewigwährenden Blut gegeißelten, von einem breiten Faden von Blut und Moos durchzogenen Steine, fühlte ich mich riesenhaft und greis, würdig, zwischen so viel uralter Schöpfung zu wandern. Von gewaltigen Felswänden eingedämmte tiefe Täler, dann und wann hohe, wie mit dem Messer durchschnittene Hügel, unermeßliche, von Holz und Schlangen, von Vögeln und Legenden wimmelnde Tropenwälder. In diesem weiten Gebiet, das bis zu seinen äußersten Grenzen bewohnt ist vom Kampf des Menschen in der Zeit, in seinen großen Räumen, erkannte ich, daß wir, Chile und Mexiko, die Antipodenländer Amerikas sind. Diplomatisch-konventionelle Phrasen wie die des japanischen Botschafters, der Chiles Kirschbäume, des engli-

schen, der unsere Küstennebel, des argentinischen oder deutschen, die unsere Schneeberge erwähnen, um uns einzureden, wir seien allen anderen Ländern ähnlich, sehr ähnlich, haben mich immer kalt gelassen. Gerade die landesbedingten Verschiedenheiten, die in allen Breitengraden ganz anders ausfallende irdische Frucht, gefallen mir. Ich setze Mexiko, das geliebte Land, in keiner Weise herab, wenn ich es unserem Meer- und Kornland als fernsten Pol gegenüberstelle, vielmehr hebe ich damit nur seine Unterschiede hervor, damit unser Amerika all seine Schichten, seine Höhen und Tiefen zeige. Es gibt in Amerika und vielleicht auf dem Planeten kein Land mit größerer menschlicher Tiefe als Mexiko und seine Bewohner. In seinen großen Lichtpunkten wie in seinen gigantischen Irrtümern ist dieselbe Verkettung von grandiosem Edelmut mit hoher Lebenskraft, unerschöpflicher Geschichte und unaufhörlichem Werden zu erkennen.
Durch seine Fischerdörfer, wo die Netze so durchsichtig sind, daß sie einem großen Falter gleichen, der ins Wasser taucht, um dort die ihm fehlenden Silberschuppen zu erwerben; durch seine Minenzentren, wo das soeben geförderte Erz sich in harte Barren von herrlicher Geometrie verwandelt; auf den Landstraßen, an denen katholische Klöster auftauchen, dick und stachlig wie Riesenkakteen; auf den Märkten, wo das Gemüse sich wie eine Blume darbietet und wo der Reichtum an Farben und Gerüchen Schwindel erregt, durchquerten wir eines Tages Mexiko und gelangten nach Yucatán, versunkene Wiege der ältesten Rasse der Welt, das abgöttische Mayab. Dort ist die Erde erschüttert von Geschichte und Ursprung. Zwischen Agaven stehen noch die von Intelligenz und Opfern erfüllten Ruinen.
Nachdem wir die letzten Wege zurückgelegt hatten, erreichten wir das unübersehbare Gebiet, wo die alten Mexikaner ihre üppige Geschichte im Urwald verborgen haben. Dort stießen wir auf eine Art von Wasser, das geheimnisvollste aller irdischen Gewässer. Es ist kein Meer, es ist kein Bach, kein Fluß, keine der bekannten Wasserarten. In Yucatán gibt es nur unter der Erde Wasser; plötzlich durchbricht es diese und es entstehen riesige, wilde Lachen mit tropisch bewachsenen Ufern, und aus der Tiefe leuchtet grünes Wasser auf wie ein Zenit. Die Mayas entdeckten diese »cenote« – Wassergrotte – genannten unterirdischen Wasserspeicher und heiligten sie mit sonderbaren Riten. Wie in allen Religionen weihten sie von Anfang an Bedürfnis und Fruchtbarkeit, so wurde die Dürre dieser Erde mit dem verborgenen Wasser besiegt, dem sich die Erde ergab. Dann vergrößerten über diesen heiligen Wasserspeichern durch Jahrtausende die primitiven eindringenden Religionen das Geheimnis des geheimnisvollen Wassers. An den Ufern des »cenote« wurden Hunderte blüten- und goldgeschmückter Jungfrauen nach vorangegangenen Hochzeitszeremonien mit Kleinodien beladen und von der Höhe in die fließenden und unergründlichen Wasser

gestürzt. Aus der Tiefe stiegen die Blüten und Kronen der Jungfrauen an die Oberfläche, doch die mit goldenen Ketten Gefesselten blieben im Schlamm des fernen Brunnengrundes.
Die Juwelen wurden zu einem geringen Teil nach Tausenden von Jahren wiedergefunden und liegen nun in den Glaskästen der Museen von Mexiko und Nordamerika. Als ich diesen verlassenen Ort betrat, suchte ich nicht das Gold, sondern den Klageschrei der ertrunkenen Jungfrauen. Im seltsamen Kreischen der Vögel glaubte ich das Todesgeröchel der Jungfrauen zu hören, und im blitzschnellen Flug, mit dem sie die unheimliche Weite des uralten Wassers überquerten, glaubte ich die vergilbten Hände der jungen Toten zu erkennen.
Ich sah einmal, wie sich auf der Statue, die ihre helle Steinhand über das Wasser und in die ewige Luft streckte, eine Taube niederließ. Ich weiß nicht, ob ein Adler sie verfolgte. Sie hatte nichts zu suchen in dieser Gegend, in der nur Vögel wie der »Wegabkürzer« mit seiner Stotterstimme, der Quetzal mit seinem Fabelgefieder, der Kolibri aus Türkis und die Raubvögel den Urwald metzelnd und ruhmreich beherrschten. Die Taube ruhte in der Hand der Statue wie eine weiße Schneeflocke auf tropischem Stein. Ich sah sie an, weil sie aus einer anderen Welt stammte, aus einer maßvoll-harmonischen Welt, von einer pythagoreischen Säule oder einer mittelmeerischen Zahleneinheit. Sie hielt inne am Rande der Finsternis, achtete mein Stillschweigen, weil ich selbst dieser amerikanischen, blutigen, uralten Urwelt schon angehörte, sie flog vor meinen Augen auf und verlor sich im Himmel.

Die mexikanischen Maler

Die Malerei beherrschte das geistige Leben Mexikos. Diese mexikanischen Maler überhäuften die Stadt mit Geschichte und Geographie, mit bürgerlichen Angriffen, mit eisenharten Polemiken. Auf einsamer Höhe stand José Clemente Orozco, ein einarmiger, verkümmerter Titan, eine Art Goya seines gespenstischen Vaterlandes. Oft habe ich mit ihm gesprochen. Seine Erscheinung schien der Gewalttätigkeit, die sein Werk prägt, zu entbehren. Er besaß die Sanftmut des Töpfers, der an der Drehbank eine Hand eingebüßt hat und sich verpflichtet fühlt, mit der verbliebenen weiterhin Welten zu schaffen. Seine Soldaten und Soldatenfrauen, seine von Vorarbeitern erschossenen Bauern, seine Sarkophage mit ihren schrecklichen Gekreuzigten bilden den unsterblichen Teil unserer amerikanischen Malerei und werden die Offenbarung unserer Grausamkeit bleiben.
Diego Rivera hatte in jenen Jahren schon so viel gearbeitet und mit allen so heftig gestritten, daß der Maler von Riesenfiguren bereits der

Fabel angehörte. Wenn ich ihn ansah, kam es mir sonderbar vor, keinen Schuppenschweif an ihm zu entdecken oder Spalthufe.
Diego Rivera war immer erfindungsreich. Vor dem ersten Weltkrieg hatte Ilja Ehrenburg in Paris ein Buch über seine Großtaten und Mystifikationen veröffentlicht: *Die ungewöhnlichen Abenteuer des Julio Jurenito.*
Dreißig Jahre später war Diego Rivera noch immer der Großmeister der Malerei und des Fabulierens. Er riet zum Verzehren von Menschenfleisch als gesunde Diät und Feinschmeckerkost. Er verteilte Rezepte für das Kochen von Leuten aller Lebensalter. Ein andermal erging er sich in Theorien über die lesbische Liebe; dabei behauptete er, diese Beziehung sei die einzig normale, das sei nachzuweisen an den ältesten geschichtlichen Spuren, die bei von ihm persönlich geleiteten Ausgrabungen gefunden worden seien.
Gelegentlich unterhielt er mich stundenlang, bewegte dabei seine düsteren Indio-Augen und gab mir seine jüdische Herkunft zu erkennen. Andere Male vergaß er seine früheren Unterhaltungen und schwor, er sei der Vater General Rommels, doch dies müsse ganz unter uns bleiben, da solche Enthüllung schwerwiegende internationale Folgen zeitigen könne.
Sein Tonfall ungewöhnlicher Überzeugungskraft und seine seelenruhige Art, mit der er die haarsträubendsten und unerwartetsten Details seiner Lügenmärchen zum besten gab, machten ihn zum faszinierendsten Schaumschläger, dessen Zauber niemand, der ihn je gekannt hat, vergessen wird.
David Alfaro Siqueiros saß damals im Gefängnis. Jemand hatte ihn zu einem bewaffneten Überfall auf Trotzkis Haus angestiftet. Ich lernte ihn im Gefängnis kennen, doch in Wirklichkeit auch außerhalb, denn wir gingen mit dem Kommandanten Pérez Rulfo, dem Gefängnishäuptling, gelegentlich aus und tranken in der Nähe, wo wir nicht auffielen, ein Gläschen oder zwei. Spät in der Nacht kehrten wir zurück, und ich verabschiedete mich mit einer Umarmung von David, der hinter seinen Gittern zurückblieb.
Einmal, auf dem Rückweg von der Straße ins Gefängnis lernte ich Siqueiros' Bruder kennen, einen höchst sonderbaren Menschen namens Jesús Siqueiros. Das Wort arglistig, freilich im guten Sinn, kennzeichnet ihn wohl am besten. Er glitt an den Wänden entlang, ohne Lärm zu machen oder sich zu bewegen. Plötzlich fühltest du ihn hinter oder neben dir. Er sprach höchst selten und wenn, dann murmelte er nur. Was ihn nicht hinderte, in einem kleinen Handkoffer, den er bei sich trug, gleichfalls völlig geräuschlos, vierzig oder fünfzig Pistolen zu transportieren. Einmal öffnete ich aus reiner Zerstreutheit den Handkoffer und entdeckte zu meinem Erstaunen jenes Arsenal von schwarzen, perlmuttfarbenen und silbernen Griffen.

All das für nichts und wieder nichts, denn Jesús Siqueiros war so friedfertig wie sein Bruder David ungestüm. Auch Jesús besaß die Gaben eines großen Künstlers, richtiger: eines Schauspielers oder Mimen. Ohne Körper und Hände zu bewegen, ohne einen Laut von sich zu geben, ließ er nur sein Gesicht spielen, dessen Züge er beliebig veränderte und drückte höchstlebendig in aufeinanderfolgenden Masken den Schrecken aus, die Angst, die Freude, die Zärtlichkeit. Dies bleiche Gespenstergesicht begleitete ihn durch sein Lebenslabyrinth, aus dem er dann und wann auftauchte, beladen mit Pistolen, die er nie benutzte.
Diese vulkanischen Maler hielten die Öffentlichkeit ständig in Atem. Manchmal trugen sie fürchterliche Polemiken aus. Als ihnen in einer dieser Streitgespräche die Argumente ausgingen, zogen Diego Rivera und Siqueiros große Pistolen und schossen fast gleichzeitig, allerdings auf die Flügel von Gipsengeln an der Decke des Theaters. Als die schweren Gipsfedern auf die Köpfe der Zuschauer fielen, verließen diese fluchtartig das Theater, und die Diskussion endete mit starkem Pulvergeruch und leerem Saal.
Rufino Tamayo lebte damals nicht in Mexiko. Von New York aus reisten seine Ölbilder in die Welt, vielschichtig und glühend und ebenso repräsentativ für Mexiko wie die Früchte und die Stoffe seiner Märkte.
Es gibt keine Parallele zwischen Diego Riveras und David Alfaro Siqueiros' Malerei. Diego ist ein linearer Klassiker; mit dieser unendlich wogenden Linie, einer Art historischer Kalligraphie packte er die Geschichte Mexikos an und verlieh ihren Fakten, Bräuchen und Tragödien Profil. Siqueiros ist die Explosion eines vulkanischen Temperaments, das erstaunliche Technik mit großen Forschungen verbindet.
Zwischen heimlichen Ausflügen aus dem Kerker und Unterhaltungen über Gott und die Welt planten Siqueiros und ich seine endgültige Befreiung. Mit einem von mir selbst in seinen Paß gestempelten Visum reiste er mit seiner Frau, Angélica Arenales, nach Chile.
Mexiko hatte in der Stadt Chillán, die von Erdbeben zerstört worden war, eine Schule gebaut, und in dieser »Mexiko-Schule« malte Siqueiros eins seiner ungewöhnlichsten Wandbilder. Die chilenische Regierung bezahlte mir diesen Dienst an der Kultur meines Landes damit, daß sie mich als Konsul zwei Monate lang suspendierte.

Napoléon Ubico

Ich beschloß, Guatemala zu besuchen. Ich fuhr per Auto dorthin. Wir kamen durch die Landenge von Tehuantepec, Mexikos goldener Gegend, mit ihren wie Schmetterlinge gekleideten Frauen und einem Geruch nach Honig und Zucker in der Luft. Dann empfing uns der große Wald von Chiapas. Abends hielten wir, erschreckt von den Geräuschen, von der Telegraphie des Urwalds, den Wagen an. Tausende von Zikaden entsandten ein heftiges, planetarisches Geräusch, das unglaublich klang. Mexikos Geheimnis breitete seinen grünen Schatten über die uralten Bauten, über Bildnisse aus alter Zeit, Kleinode und Monumente, Kolossalköpfe, Steintiere. All das ruhte im Wald, im tausendjährigen Dasein unerhörten Mexikanertums. Nach Überschreitung der Grenze auf dem Hochland Zentralamerikas betörte mich der schmale Weg von Guatemala mit seinen Lianen und seinen Riesenblättern, dann mit seinen friedlichen Seen auf der Höhe, wie von verstiegenen Göttern vergessene Augen, und endlich mit seinen Kiefernwäldern und breiten Urflüssen, aus deren Wasser ganze Herden von Seekühen und »lamantinos« wie menschliche Wesen tauchten.

Ich verbrachte eine Woche mit Miguel Angel Asturias, der noch nicht mit seinen siegreichen Romanen hervorgetreten war. Wir begriffen, daß wir als Brüder geboren worden waren und trennten uns fast keinen Tag. Abends entschlossen wir uns plötzlich, die fernen, nebelverhangenen Gebirgsgegenden oder die tropischen Häfen der United Fruit aufzusuchen.

Die Guatemalteken hatten kein Recht frei zu reden, und niemand sprach mit dem anderen über Politik. Die Wände hörten und verrieten. Bei bestimmten Gelegenheiten hielten wir den Wagen auf der Höhe eines Tafellandes an und gewiß, daß niemand hinter einem Baum stand, besprachen wir eingehend die Lage.

Der Caudillo hieß Ubico und regierte seit ungezählten Jahren. Er war ein korpulenter Mann mit kalten Augen und folglich grausam. Er diktierte das Gesetz, und nichts bewegte sich in Guatemala ohne seine ausdrückliche Anweisung. Ich lernte einen seiner Sekretäre kennen, heute mein Freund, ein Revolutionär. Dafür, daß dieser ihm in einer belanglosen Einzelheit widersprochen hatte, ließ Ubico ihn in seinem Arbeitszimmer des Präsidentenpalastes an eine Säule fesseln und peitschte ihn erbarmungslos.

Die jungen Dichter luden mich zu einem Leseabend ein. Sie baten Ubico telegraphisch um Erlaubnis. Alle meine Freunde und junge Studenten füllten das Lokal. Ich las meine Gedichte mit Lust, weil sie die Fenster jenes weiten Gefängnisses einen Spalt zu öffnen schienen. Der Polizeichef saß auffällig in der ersten Reihe. Gleich darauf erfuhr ich, daß vier Maschinengewehre auf mich und auf das Publikum gerichtet waren und daß diese in Aktion treten würden, sobald der Polizeichef ostentativ seinen Parkettplatz verlassen und die Lesung unterbrechen würde.

Doch es passierte nichts, der Kerl blieb bis zum Schluß.

Dann wollten sie mich dem Diktator vorstellen, einem von napoleonischem Wahnsinn brennenden Menschen. Dieser ließ sich eine Locke in die Stirn wachsen und liebte es, sich in Bonapartes Pose aufnehmen zu lassen. Man bedeutete mir, einen derartigen Vorschlag zurückzuweisen sei gefährlich, dennoch zog ich vor, ihm nicht die Hand zu geben und kehrte schleunigst nach Mexiko zurück.

Pistolen-Anthologie

Das Mexiko jener Zeit war weniger revolverforsch als revolverfromm. Es herrschte der Revolverkult, der Fetischismus des »Fünfundvierzigers«. Unablässig blitzten die Pistolen. Die Parlamentskandidaten und die Zeitungen leiteten Kampagnen für »Revolverentziehungskuren« ein, begriffen aber bald, daß es leichter war, dem Mexikaner einen Zahn zu ziehen als ihm seine heißgeliebte Feuerwaffe zu entziehen.
Einmal feierten die Dichter mich mit einer Fahrt in einem blumengeschmückten Boot. Fünfzehn oder zwanzig Boote taten sich auf dem See von Xochimilco zusammen und schifften mich zwischen Wasser und Blumen, durch Kanäle und Gebirgsrinnen eines seit der Zeit der Azteken für Blumenfahrten wie geschaffenen Sumpfgewässers spazieren. Das Fahrzeug quillt rundherum über von Blumen, wunderbaren Gestalten und Farben. Die Hände der Mexikaner wie die der Chinesen sind unfähig, etwas Häßliches zu schaffen, gleich ob aus Stein, aus Silber, aus Ton oder Nelken.
Während der Fahrt bestand einer dieser Dichter, allerdings nach zahlreichen Tequilas und um mir auf ganz besondere Weise zu huldigen, darauf, daß ich mit seiner prachtvollen Pistole, deren Griff mit silbernen und goldenen Zeichen verziert war, gen Himmel schösse. Sofort zog sein Kollege neben ihm eine aus der Patronentasche, versetzte damit vor Begeisterung der seines Vorgängers einen Schlag und forderte mich auf, die Schüsse aus seiner Waffe abzufeuern. Bei dem Lärm drängten sich die übrigen Rhapsoden um mich, jeder förderte entschlossen seine Pistole zutage, sie schwangen sie um meinen Kopf, damit ich die des einen wählte und nicht die der anderen. Dieser bewegte Baldachin aus Pistolen, die mir vor der Nase oder unter den Achseln herumwedelten, wurde immer bedrohlicher, bis mir der Gedanke kam, einen dieser großen Hüte zu nehmen und sie alle darin einzusammeln, nachdem ich sie vom Bataillon der Poeten im Namen der Poesie und des Friedens erbeten hatte. Alle gehorchten, und so gelang es mir, die Waffen auf mehrere Tage zu beschlagnahmen und sie in meinem Haus zu verwahren. Ich glaube, ich bin der einzige Dichter, der mit einer Pistolenanthologie geehrt worden ist.

Warum Neruda

Das Salz der Erde hatte sich in Mexiko versammelt. Exilschriftsteller aus allen Ländern hatten sich in den Schutz der mexikanischen Freiheit begeben, solange der Krieg sich in Europa hinzog und Hitlers Streitkräfte Sieg auf Sieg erkämpft und bereits Frankreich und Italien besetzt hatten. Da waren Anna Seghers und, unter anderen, der mittlerweile verstorbene tschechische Reporter Egon Erwin Kisch. Dieser Kisch hat einige faszinierende Bücher hinterlassen, ich bewunderte seinen Erfindungsreichtum, seinen kindlichen Vorwitz und seine Zauberkunststükke. Kaum betrat er meine Wohnung, da zog er bereits ein Ei aus seinem Ohr, oder er schluckte nacheinander bis zu sieben Münzen, die dem armen großen verbannten Schriftsteller sicherlich sehr fehlen mußten. Wir hatten uns bereits in Spanien kennengelernt, und da er unbedingt wissen wollte, warum ich mich Neruda nannte, ohne mit diesem Nachnamen geboren zu sein, sagte ich scherzend:

»Großer Kisch, du hast zwar das Geheimnis des Oberst Redl aufgeklärt (ein berühmter Spionagefall Österreichs aus dem Jahre 1914), aber nie wirst du das Geheimnis meines Namens Neruda aufklären.«

Und so war es. Er sollte in Prag sterben, bedacht mit allen Ehren seines mittlerweile befreiten Vaterlandes, doch sollte er nicht herausfinden, warum Neruda Neruda hieß.

Die Antwort war zu simpel und so bar des Wunderbaren, daß ich wohlweislich den Mund gehalten hatte. Als ich vierzehn Jahre alt war, verfolgte mein Vater argwöhnisch meine literarische Tätigkeit. Um die Veröffentlichung meiner ersten Verse zu vertuschen, suchte ich mir einen Nachnamen, der völlig unverdächtig war. In einer Zeitschrift fand ich diesen tschechischen Namen, ohne überhaupt zu wissen, daß es sich um einen von einem ganzen Volk verehrten großen Schriftsteller handelte, dem Verfasser herrlicher Balladen und Romanzen, dem Prag im Stadtteil Mala Strana ein Denkmal errichtet hat. Viele Jahre später, kaum in Prag angekommen, legte ich eine Blume zu Füßen seines bärtigen Standbilds nieder.

Der Vorabend von Pearl Harbour

In mein Haus kamen Wenceslao Roces aus Salamanca und Constancia de la Mora, eine Republikanerin und Verwandte des Herzogs von Maura, dessen Buch *In Place of Splendor* ein Bestseller in Nordamerika wurde, und León Felipe, Juan Rejano, Moreno Villa, Herrera Petere, Dichter, Miguel Prieto, Rodríguez Luna, Maler – alles Spanier. Die Italiener Vittorio Vidale, berühmt dafür, Kommandant Carlos des v. Regiments gewesen zu sein, und Mario Montagnana, Exilitaliener voller Erinnerungen, erstaunlicher Geschichten und einer in fortwährender Bewegung befindlichen Kultur. Hierher kamen auch Jacques Soustelle und Gilbert Medioni. Dies waren gaullistische Führer, Vertreter des Freien Frankreich. Außerdem wimmelte es von freiwilligen oder unfreiwilligen Exilierten aus Mittelamerika, Guatemalteken, Salvadorenser, Hondurenser. Dies ganze Völkchen füllte Mexiko mit vielnationalen Interessen, und manchmal pulsierte es in meinem Haus, einer alten Quinta im Stadtviertel San Angel, als schlüge dort das Herz der Welt.

Mit diesem Soustelle, der damals Linkssozialist war und Jahre später dem Präsidenten de Gaulle als politischer Chef der Algerienputschisten zu schaffen machen sollte, erlebte ich etwas, was ich erzählen muß:

Es war das Jahr 1941. Die Nazis belagerten Leningrad und drangen in sowjetisches Gebiet vor. Die der Achse Berlin-Rom-Tokio verpflichteten militaristischen japanischen Füchse liefen Gefahr, daß Deutschland den Krieg gewann und sie um ihren Anteil an der Kriegsbeute brachte. Die verschiedensten Gerüchte gingen um die Welt. Man sprach bereits von der Stunde Null, in der die ungeheure japanische Macht im Fernen Osten losbrechen würde. Währenddessen tat in Washington eine japanische Friedensmission der nordamerikanischen Regierung schön. Es bestand kein Zweifel: irgendwann würden die Japaner einen Überraschungsschlag führen, da der »Blitzkrieg« die blutige Zeitmode war.

Damit meine Geschichte verständlich wird, muß ich hinzufügen, daß eine alte Nippon-Schiffahrtslinie Japan mit Chile verband. Mehr als einmal war ich mit diesen Schiffen, die ich sehr gut kannte, gereist. Sie hielten in unseren Häfen, und ihre Kapitäne verbrachten die Zeit damit, Alteisen einzukaufen und Fotos zu knipsen. Sie liefen die Häfen des gesamten chilenischen, peruanischen und ecuatorianischen Küstenstreifens an und fuhren bis zum mexikanischen Hafen Manzanillo, um dann Richtung Yokohama den Pazifik zu durchpflügen.

Eines Tages, als ich noch chilenischer Generalkonsul in Mexiko war, erhielt ich den Besuch von sieben Japanern, die hastig um ein Visum für Chile baten. Sie kamen von der nordamerikanischen Küste, aus San Francisco, aus Los Angeles und anderen Häfen. Ihre Gesichter verrieten Unruhe. Sie waren gut angezogen, verfügten über alle Ausweise und wirkten wie Ingenieure oder Industriebosse.

Natürlich fragte ich sie, warum sie mit dem ersten Flugzeug nach Chile reisen wollten, da sie doch gerade erst angekommen waren. Sie antworteten, sie wollten ein japanisches Schiff in Tocopilla, einem nordchilenischen Salpeterhafen erreichen. Ich antwortete, dafür bräuchten sie nicht nach Chile am anderen Ende des Kontinents zu reisen, da eben diese japanischen Schiffe den mexikanischen Hafen Manzanillo anliefen, wohin sie auch noch zu Fuß rechtzeitig kommen würden.

Sie sahen einander unsicher lächelnd an. Palaverten in ihrer Sprache. Berieten sich mit dem Sekretär der japanischen Botschaft, der sie begleitete.
Dieser beschloß, freimütig mit mir zu sein und sagte:
»Schauen Sie, Herr Kollege, die Sache ist die: dieses Schiff hat seine Route geändert, es läuft Manzanillo nicht mehr an. Deswegen müssen diese hervorragenden Spezialisten das Schiff in dem chilenischen Hafen nehmen.«
Blitzschnell fuhr mir durch den Kopf: hier ist etwas Wichtiges im Gange. Ich bat sie um ihre Pässe, ihre Fotos, ihre Arbeitsunterlagen in den Vereinigten Staaten und dergleichen mehr und sagte, sie möchten am nächsten Tag wiederkommen.
Sie waren nicht einverstanden. Sie bräuchten ihre Visen sofort und seien bereit, jede Summe zu bezahlen.
Da mir vor allem daran lag, Zeit zu gewinnen, behauptete ich, nicht befugt zu sein, Visen sofort auszustellen, es täte mir leid, ich müsse sie auf morgen vertrösten.
Sie zogen ab.
Nach und nach löste sich das Rätsel in meinem Kopf. Weshalb die überstürzte Flucht aus Nordamerika und die große Eile mit den Visen? Und das japanische Schiff, das zum ersten Mal in dreißig Jahren seine Reiseroute änderte? Was bedeutete das?
Mir ging ein Licht auf. Es handelte sich fraglos um eine wichtige, gutinformierte Gruppe des japanischen Geheimdienstes, die sich kurz vor einem bedeutenden Ereignis aus dem Staub machen wollte. Das konnte nur Japans Eintritt in den Krieg bedeuten. Meine Japaner waren sicher eingeweiht.
Der Schluß, zu dem ich kam, machte mich rasend nervös. Was tun?
Von den Vertretern der alliierten Nationen in Mexiko kannte ich weder Engländer noch Nordamerikaner. Ich hatte nur direkte Beziehungen zu denen, die als Abgeordnete des Generals de Gaulle offiziell bei der mexikanischen Regierung akkreditiert waren.
Rasch nahm ich Verbindung zu ihnen auf und erklärte ihnen die Situation. Wir hatten die Namen und Unterlagen dieser Japaner in der Hand. Wenn die Franzosen bereit waren zu intervenieren, waren sie in der Falle. Ich argumentierte, zunächst begeistert, dann ungeduldig, angesichts der Gleichgültigkeit der gaullistischen Vertreter.
»Ihr jungen Diplomaten«, sagte ich zu ihnen. »Bedeckt euch mit Ruhm und enthüllt das Geheimnis dieser Nippon-Agenten. Ich für meinen Teil werde ihnen kein Visum ausstellen. Aber Sie müssen sofort handeln.«
Dieses Hin und Her dauerte zwei weitere Tage. Soustelle interessierte sich nicht für den Fall. Man wollte nichts unternehmen. Und ich, ein einfacher chilenischer Konsul, konnte nicht mehr tun. Infolge meiner

Weigerung, ihnen die beantragten Visen auszustellen, versahen sich die Japaner rasch mit Diplomatenpässen, liefen zur chilenischen Botschaft und kamen noch rechtzeitig nach Tocopilla.
Eine Woche darauf weckte die Meldung von der Bombardierung von Pearl Harbour die ganze Welt.

Ich, der Malakologe

Vor Jahren stand in einer chilenischen Tageszeitung zu lesen: Als mein guter Freund, der berühmte Professor Julian Huxley nach Santiago kam, habe er auf dem Flughafen nach mir gefragt.
»Sie meinen den Dichter Neruda?« sagten die Journalisten.
»Nein. Ich kenne gar keinen Dichter namens Neruda. Ich möchte mit dem Malakologen Neruda sprechen.«
Das griechische Wort Malakologe bedeutet Molusken-Spezialist.
Diese kleine Geschichte, nur dazu angetan, mich zu ärgern, bereitete mir großes Vergnügen, um so mehr, als sie nicht wahr sein konnte, weil ich Huxley seit Jahren kannte, Huxley, der ein sprühender, viel lebendigerer und echterer Mensch ist als sein berühmter Bruder Aldous.
In Mexiko ging ich oft an den Strand, tauchte ins durchsichtige warme Wasser und sammelte herrliche Seemuscheln. In Kuba später und an anderen Orten, durch Tausch und Kauf, Geschenke und Diebstahl (es gibt keinen anständigen Sammler) wuchs mein Seeschatz so an, daß er schließlich Zimmer um Zimmer meines Hauses füllte.
Ich besaß die seltensten Abarten der Meere von China und den Philippinen, von Japan und der Ostsee; antarktische Seeschnecken und kubanische Polymiten; oder Malerschnecken, gekleidet in Rot und Safran, Blau und Brombeer, wie Tänzerinnen der Karibe. In Wahrheit war die einzige Sorte, die mir fehlte, eine Landschnecke aus dem brasilianischen Mato Grosso, die ich einmal sah, aber damals weder kaufen noch später auf einer Reise in den Urwald selber suchen konnte. Sie war vollkommen grün und schön wie ein junger Smaragd.
Ich übertrieb diese Schneckensucht bis zu Vorstößen in ferne Meere. Auch meine Freunde begannen, Seemuscheln zu suchen und sich »einzuschnecken«.
Was meine Besitztümer betrifft, als sie fünfzehntausend Exemplare überschritten, so überfüllten sie sämtliche Regale und fielen von Tischen und Stühlen. Bücher über Schneckenlehre oder Malakologie, wie man diese nennt, häuften sich in meiner Bibliothek. Eines Tages packte ich alles in riesige Kisten, schaffte diese in die Universität von Chile und machte damit meine erste Schenkung an die Alma Mater. Es war eine bereits berühmte Sammlung. Als gute südamerikanische

Institution empfing meine Universität sie mit Lobgesängen und Reden und vergrub sie im Kellergeschoß. Sie ward nie mehr gesehen.

»Araukanien«

Während ich weit fort war auf den Inseln des entlegenen Archipels, murmelte das Meer, und die schweigsame Welt war erfüllt von den Dingen, die zu meiner Einsamkeit sprachen. Durch die kalten und die heißen Kriege war der Konsulardienst entehrt und machte jeden Konsul langsam zu einem Automaten ohne Persönlichkeit, der nichts entscheiden durfte und dessen Arbeit verdächtig in die Nähe des Polizeidienstes gerückt war.

Der Minister verlangte von mir, daß ich die rassische Herkunft der Leute feststellte, ob sie Afrikaner, Asiaten oder Israeliten waren. Kein Angehöriger dieser Menschengruppen durfte nach Chile einreisen.

Die Albernheit ging so weit, daß ich selber eines ihrer Opfer wurde, als ich ohne einen Centavo vom chilenischen Fiskus, eine Zeitschrift gründete. Ich nannte sie *Araucanía* und schmückte die Titelseite mit dem Bild einer schönen Araukanerin, die mit allen Zähnen lachte. Das damalige Außenministerium betrachtete das als eine Mißachtung und erteilte mir einen strengen Verweis. Und das, obwohl der Präsident der Republik Don Pedro Aguirre Cerda war, dessen sympathisches edles Gesicht alle Merkmale der Mestizen trug.

Bekanntlich wurden die Araukaner vernichtet und schließlich vergessen oder besiegt, und die Geschichtsschreiber sind die Sieger oder die Nutznießer des Sieges. Es gibt wenige Rassen auf der Erde, die mehr Würde haben als die araukanische. Eines Tages werden wir araukanische Universitäten und auf araukanisch gedruckte Bücher haben; dann werden wir erkennen, was wir an Klarheit, an Reinheit und vulkanischer Energie verloren haben.

Die absurden »rassischen« Ansprüche einiger südamerikanischer Nationen, selbst Erzeugnis vielfältiger Kreuzungen und Vermischungen, sind eine Erbsünde aus der Kolonialzeit. Diese wollen nur ein Forum schaffen, auf dem eine Handvoll makellos Weißer oder Weißlicher in Gesellschaft auftreten und sich vor den reinen Ariern oder feintuenden Touristen aufspielen kann. Zum Glück ist das nun bald alles überholt, und die UNO füllt sich mit schwarzen und mongolischen Vertretern, das heißt: das Laubwerk der menschlichen Rassen zeigt mit dem Saft aufsteigender Intelligenz alle Farben seiner Blätter. Schließlich war ich der ganzen Sache müde und gab eines Tages meinen Posten als Generalkonsul endgültig auf.

Überdies wurde mir klar, daß die unterdrückte, gewalttätige und nationalistische, in ihre präkolumbianische Höflichkeit verpackte mexikanische Welt auch ohne meine Gegenwart und Zeugenschaft so bleiben würde.
Als ich in mein Land zurückzukehren beschloß, verstand ich das mexikanische Leben weniger als bei meiner Ankunft.
Künste und Literatur entstanden in rivalisierenden Kreisen, und wehe dem, der von außen Partei ergriff für oder gegen die eine oder andere Gruppe: die einen wie die anderen fielen über ihn her.
Schon bei der Vorbereitung meiner Rückreise wurde ich der Gegenstand einer monströsen Demonstration: ein Essen für etwa dreitausend Personen, abgesehen von den Hunderten, die keinen Platz fanden. Mehrere Präsidenten der Republik schickten Sympathieerklärungen. Dennoch ist Mexiko der Stein des Anstoßes für die amerikanischen Länder, und nicht zufällig wurde dort der Sonnenkalender des alten Amerika gemeißelt, Zentrum der Ausstrahlung, der Weisheit und des Mysteriums.
Alles konnte durchgehen, alles ging durch. Die einzige Zeitung der Opposition wurde von der Regierung subventioniert. Mexiko war die diktatorischste Demokratie, die man sich vorstellen kann.
Ich erinnere mich an ein tragisches Ereignis, das mir sehr naheging. Ein Fabrikarbeiterstreik zog sich in die Länge, ohne daß sich eine Lösung abzeichnete. Die Frauen der Streikenden versammelten sich und beschlossen, den Präsidenten der Republik aufzusuchen, um ihm vielleicht von ihren Entbehrungen, ihren Ängsten zu erzählen. Natürlich nahmen sie keine Waffen mit. Unterwegs kauften sie Blumen für den Würdenträger oder dessen Frau. Am Eingang zum Regierungspalast wurden sie von einer Wache angehalten und nicht vorgelassen. Der Herr Präsident werde sie nicht empfangen. Sie sollten sich an das zuständige Ministerium wenden. Außerdem sollten sie sofort den Eingang räumen. Das war ein Befehl.
Die Frauen brachten ihr Anliegen vor. Sie würden dem Präsidenten nicht zur Last fallen, sie wollten ihm nur diese Blumen überreichen und ihn bitten, die Streitfrage baldmöglichst zu lösen. Sie hatten für ihre Kinder nichts mehr zu essen, sie wußten nicht weiter. Der Wachoffizier weigerte sich, irgendeine Nachricht zu überbringen. Die Frauen ihrerseits wichen nicht von der Stelle.
Dann gab die Palastwache Feuer. Sechs oder sieben Frauen brachen tot zusammen, viele andere wurden verletzt.
Am nächsten Tag wurden die Leichen eilends beerdigt. Ich dachte, ein endloser Leichenzug würde die Urnen der ermordeten Frauen begleiten. Aber nein, nur eine Handvoll Menschen war zu sehen, darunter

allerdings ein großer, als hervorragender Revolutionär bekannter Gewerkschaftsführer. Seine Rede auf dem Friedhof war ein stilistisches Meisterwerk. Ich las sie am nächsten Tag ungekürzt in der Presse. Sie enthielt keine einzige Zeile des Protestes, kein zorniges Wort, auch nicht die Forderung nach Bestrafung der für ein so grausames Vorgehen Verantwortlichen. Zwei Wochen später sprach kein Mensch mehr von dem Gemetzel. Bis zum heutigen Tag habe ich keine Schrift gelesen, die an die Bluttat erinnert.

Der Präsident war Azteke, tausendmal unnahbarer als die königliche Familie Englands. Keine Zeitung konnte den erhabenen Staatsbeamten, sei es im Scherz sei es im Ernst, kritisieren, ohne unverzüglich den Todesstoß zu erhalten.

Das Pittoreske verdeckt die mexikanischen Dramen dergestalt, daß man nur staunen kann angesichts der Allmacht der Allegorie, einer Allegorie, die sich mehr und mehr vom wahren Pulsschlag, vom blutenden Skelett entfernt. Die Philosophen sind Schöngeister geworden, die sich in existentiellen Haarspaltereien ergehen und neben dem Vulkan lächerlich wirken. Bürgerinitiativen werden erschwert und vereitelt. Die Unterwerfung vollzieht sich mit Hilfe unterschiedlicher Strömungen um den Thron.

Aber das Magische bricht in Mexiko immer wieder hervor. Vom Vulkan, der plötzlich im armseligen Gemüsegarten eines bohnensäenden Bauern austrat, bis zur ausschweifenden Suche nach Cortés' Skelett, das, den jahrhundertealten Goldhelm auf seinem Konquistadorenschädel, dem Vernehmen nach in Mexiko ruhen soll, und den nicht minder besessenen Nachforschungen nach den seit vierhundert Jahren verschollenen Überresten des Aztekenkaisers Cuauthémoc, die unter der Obhut verschwiegener Indios unvermutet da und dort auftauchen, um alsbald in unbegreiflicher Nacht zu versinken.

Mexiko lebt in meinem Leben wie ein kleiner verirrter, in meinen Adern kreisender Adler. Nur der Tod wird seine Schwingen falten auf meinem Herzen eines schlafenden Soldaten.

8

Das Vaterland in der Finsternis

Macchu Picchu

Das Ministerium beeilte sich, die freiwillige Beendigung meiner Laufbahn schnellstens zu akzeptieren.
Mein diplomatischer Selbstmord bereitete mir die größte Freude: die, nach Chile heimkehren zu können. Ich meine, daß der Mensch in seinem Vaterland leben muß und glaube, daß seine Entwurzelung eine Frustration bewirkt, die seine Seele auf die eine oder andere Weise lähmt.
Ich kann nur in meinem eigenen Land leben; ich kann nicht leben, ohne es mit Füßen, Händen und Ohren zu berühren, ohne den Kreislauf seiner Gewässer und Schatten zu fühlen, ohne zu spüren, wie meine Wurzeln im Schlamm die Muttersubstanzen suchen.
Doch bevor ich in Chile ankam, machte ich eine weitere Entdeckung, die meine Dichtung um eine neue Dimension bereicherte.
Ich unterbrach meine Reise in Peru und kletterte zu den Ruinen von Macchu Picchu hinauf. Wir machten den Aufstieg zu Pferd. Es gab damals noch keine Straße. Von der Höhe aus sah ich die von den turmhohen Gipfeln der grünen Anden umgebenen alten Steinbauten. Von der verfallenen, im Lauf der Jahrhunderte zerbröckelten Festung stürzten Gießbäche zu Tal. Weiße Nebelmassen stiegen vom Flußbett des Wilcamayo auf. Ich fühlte mich winzig im Mittelpunkt dieses Nabels aus Stein, Nabel einer unbewohnten, stolzen, hervorragenden Welt, der ich in irgendeiner Beziehung angehörte. Ich fühlte, daß meine eigenen Hände hier in längst vergangener Zeit gearbeitet, Furchen gegraben und Felsblöcke geschichtet hatten.
Ich fühlte mich als Chilene, Peruaner, Amerikaner. Auf diesen schwer zugänglichen Höhen, zwischen den ruhmreichen, verstreuten Ruinen hatte ich ein Glaubensbekenntnis für die Fortsetzung meines Gesangs gefunden.
Dort entstand mein Gedicht *Die Höhen von Macchu Picchu*.

Die Salpeterpampa

Gegen Ende 1943 kam ich wieder nach Santiago. Ich richtete mich im eigenen, auf langfristige Abzahlung erworbenen Haus ein. In diesem, von großen Bäumen umstandenen Heim brachte ich alle meine Bücher unter und begann nochmals das schwierige Leben.
Von neuem ging ich auf die Suche nach den Herrlichkeiten meines Vaterlandes, der starken Schönheit der Natur, dem Zauber der Frauen, der Arbeit meiner Gefährten, der Intelligenz meiner Landsleute.
Das Land hatte sich nicht verändert. Felder und schlummernde Dörfer, schreckliche Armut in den Bergwerksgebieten und die eleganten Leute,

die ihren Country Club füllten. Ich mußte mich entscheiden.
Meine Entscheidung brachte mir Verfolgungen ein, aber auch Sternstunden.
Welcher Dichter hätte das bereut?
Curzio Malaparte, der mich Jahre später interviewte – ich komme noch darauf zurück – sagte sehr richtig in seinem Artikel: »Ich bin kein Kommunist, aber wäre ich chilenischer Dichter, so wäre ich einer, wie Pablo Neruda es ist. Hier gilt es, Partei zu ergreifen, entweder für die Cadillacs oder für die Leute ohne Schule und Schuhe.«
Diese Leute ohne Schule und Schuhe wählten mich am 4. März 1945 zum Senator der Republik. Ich werde immer stolz darauf sein, daß Tausende von Chilenen aus dem härtesten Gebiet von Chile, dem großen Kupfer- und Salpeterbergbaugebiet für mich stimmten.
In der Pampa zu reisen, war mühsam und beschwerlich. Ein halbes Jahrhundert hindurch hat es in diesen Gegenden nicht geregnet, und die Wüste hat die Züge der Bergleute geprägt. Sie haben verbrannte Gesichter, all ihre Einsamkeit und Verlassenheit drückt sich in ihren Augen voll dunkler Intensität aus. Durch die Wüste zu der Kordillere aufzusteigen, in eines der armen Häuser nach dem anderen einzutreten, die unmenschliche Plackerei kennenzulernen und sich als Verwalter der Hoffnungen von isolierten, verschütteten Menschen zu fühlen, ist keine beliebige Verantwortung. Dennoch bahnte mir meine Dichtung den Weg zum Austausch, sie konnte unter meinen Landsleuten und ihrem harten Leben umgehen und kreisen und wurde von ihnen wie ein unvergänglicher Bruder aufgenommen.

Ich weiß nicht mehr, ob es in Paris oder Prag war, als ich an der enzyklopädischen Bildung meiner dort versammelten Freunde gelinde Zweifel bekam. Fast alle waren Schriftsteller, die wenigsten Studenten.
»Wir sprechen so viel von Chile«, sagte ich zu ihnen, »sicherlich, weil ich Chilene bin. Aber wissen Sie denn etwas von meinem so unendlich fernen Land? Zum Beispiel, welches Fahrzeug wir benutzen? Den Elefanten, das Auto, die Eisenbahn, das Flugzeug, das Fahrrad, das Kamel, den Schlitten?«
Die weitaus meisten antworteten allen Ernstes: »Elefanten«.
In Chile gibt es keine Elefanten. Aber ich verstehe, daß ein Land Rätsel aufgibt, das am eisigen Südpol beginnt und sich bis zu Salzsteppen und -wüsten hinzieht, wo es ein Jahrhundert lang nicht regnet. Diese Wüsten habe ich jahrelang bereisen müssen als Wahlsenator für die Bewohner dieser einsamen Gebiete, als Vertreter ungezählter Salpeter- und Kupferarbeiter, die nie Kragen oder Krawatte getragen haben.
Wer diese Ebenen betritt, wer sich diesen Sandwüsten ausliefert, glaubt den Mond zu betreten. Diese Art eines leeren Planeten birgt den großen Reichtum meines Landes, doch dafür muß man der dürren Erde und

den Steinbergen den weißen Dünger und das farbige Mineral entlokken. An wenigen Stellen der Welt ist das Leben so hart und zugleich so bar jeder Annehmlichkeit. Es kostet unsägliche Mühe, Wasser dorthin zu transportieren, eine Pflanze zu ziehen, die auch nur die bescheidenste Blüte treibt, einen Hund, ein Kaninchen oder ein Schwein zu züchten.
Ich stamme vom anderen Ende der Republik. Ich bin im grünen Land mit den großen urwaldartigen Wäldern geboren. Meine Kindheit verlief in Regen und Schnee. Allein die Tatsache, daß ich mich dieser Mondwüste stellte, bedeutete einen völligen Umschwung in meinem Leben. Im Parlament diese Menschen zu vertreten, ihre Isolierung, ihre titanische Heimat, war ein schwieriges Unternehmen. Die nackte Erde ohne einen Grashalm, ohne einen Tropfen Wasser ist ein ungeheures, menschenfeindliches Geheimnis. In den Wäldern, an den Flüssen spricht alles zum Menschen. Der Wüste hingegen ist der Austausch fremd. Ich verstand ihre Sprache, das heißt, ihr Schweigen nicht.

Viele Jahre hindurch stellten die Salpeterfirmen wahre Domänen, Herrschaftsbesitze oder Königreiche in der Pampa dar. Die Engländer, die Deutschen, alle möglichen Invasoren grenzten die Produktionsgebiete ab und bezeichneten sie als »oficinas«. Sie führten eine eigene Währung ein, verboten Versammlungen, ächteten die Parteien und die Volkspresse. Das Betreten dieser Hoheitsgebiete war nur mit Sondergenehmigung möglich, die fraglos sehr wenige erhielten.
Eines Nachmittags unterhielt ich mich mit den Arbeitern einer Werkstatt der Salpeter-Oficinas von María Elena. Der Fußboden des riesigen Werkstattbetriebs ist immer mit einer Schlammschicht aus Wasser, Öl und Säuren bedeckt. Die mich begleitenden Gewerkschaftsführer und ich schritten auf einer Bohle, die uns von dem Morast trennte.
»Diese Bohlen«, sagten sie, »haben uns fünfzehn Streiks, acht Jahre Anträge und sieben Tote gekostet.«
Tote gab es, als bei einem der Streiks die Polizei der Salpetergesellschaft sieben Anführer festnahm. Die Bewacher ritten zu Pferd, während die an ein Seil gefesselten Arbeiter durch die einsame Sandwüste hinterhermarschierten. Sie wurden mit ein paar Gewehrsalven ermordet. Ihre Leichen blieben in der Sonne und der Kälte der Wüste liegen, bis sie von ihren Genossen gefunden und begraben wurden.
Vor diesem Vorfall waren die Zustände noch viel schlimmer. Im Jahre 1906 beispielsweise zogen die Streikenden aus den Salpeter-Oficinas von Iquique in die Stadt hinunter, um ihre Eingaben unmittelbar an die Regierung zu machen. Tausende von marschmüden Männern legten sich auf einem Platz vor einer Schule schlafen. Am nächsten Morgen wollten sie den Gouverneur aufsuchen und ihm ihre Gesuche vorlegen. Doch dazu kam es nicht. Im Morgengrauen umstellten die von einem

Oberst befehligten Truppen den Platz. Ohne ein Wort schossen sie los und mordeten. Mehr als sechstausend Mann fielen bei diesem Gemetzel.
Im Jahre 1945 hatte sich manches verbessert, doch bisweilen wollte es mir scheinen, als kehrten die Zeiten der Ausrottung wieder. Einmal wurde mir untersagt, mich im Gewerkschaftslokal an die Arbeiter zu wenden. Ich rief sie ins Freie und erklärte ihnen mitten in der Wüste die Lage und die Möglichkeiten zur Beilegung des Konflikts. Wir waren etwa zweihundert. Plötzlich hörte ich Motorenlärm und sah einen Panzerwagen des Heeres bis auf vier oder fünf Meter heranfahren. Die Luke ging auf, und in der Öffnung erschien ein Maschinengewehr, das auf meinen Kopf zielte. Neben der Waffe tauchte ein geschniegelter Offizier auf, der mich streng anblickte, während ich meine Rede zu Ende führte. Das war alles.

Das Vertrauen, das diese größtenteils analphabetischen Arbeitermassen in die Kommunisten setzten, ging auf Luis Emilio Recabarren zurück, der seine Kampftätigkeit in jenem Wüstengebiet begonnen hatte. Aus einem einfachen Arbeiteragitator, einem alten Anarchisten, war Recabarren zu einer imponierenden Gestalt von fast gespenstischer Tatkraft geworden. Er überzog das Land mit Gewerkschaften und Verbänden. Im Lauf der Zeit gab er mehr als fünfzehn Zeitungen heraus, die sich ausschließlich der Verteidigung der neuen, von ihm geschaffenen Organisationen widmeten. Und all das ohne einen Centavo. Die Arbeiter brachten aus ihrem neuen Bewußtsein heraus die Mittel auf.
Es berührte mich tief, an manchen Orten Recabarrens Druckerpressen zu sehen, die auf solch heroische Weise gedient hatten und noch vierzig Jahre später arbeiteten. Einige dieser Maschinen waren von der Polizei so gut wie zerstört worden, aber man hatte sie sorgfältig wieder instand gesetzt. Die liebevollen Schweißstellen, die sie wieder funktionsfähig machten, waren ihre tiefen Narben.
Ich gewöhnte mich daran, auf diesen langen Rundreisen in den armseligsten Häusern, Hütten, Ställen der Menschen aus der Wüste zu übernachten. Fast immer wurde ich von einer Gruppe mit kleinen Fahnen am Eingang zu den Betrieben empfangen. Dann wurde mir meine Unterkunft gezeigt. Den lieben langen Tag kamen Frauen und Männer zu mir ins Quartier mit ihren Arbeitsklagen, mit ihren mehr oder minder privaten Streitigkeiten. Mitunter waren ihre Klagen so beschaffen, daß ein Außenstehender sie vielleicht komisch, launenhaft, ja grotesk gefunden hätte. Zum Beispiel konnte fehlender Tee für sie der Anlaß zu einem höchst folgenreichen Streik sein. Sind solche, eher nach London gehörende Notwendigkeiten in einer so trostlosen Gegend vorstellbar? Fest steht, daß das chilenische Volk nicht leben

kann, ohne mehrmals am Tag Tee zu trinken. Einige der barfüßigen Arbeiter, die mich nach dem Grund für den Mangel dieses exotischen und unentbehrlichen Gebräus fragten, brachten zu ihrer Entschuldigung vor:
»Wenn wir keinen trinken, bekommen wir fürchterliche Kopfschmerzen.«

Diese auf der einsamen Erde, unter dem einsamen Himmel von Mauern des Schweigens eingeschlossenen Männer legten stets großes politisches Interesse an den Tag. Sie wollten wissen, was vorging, sei es in Jugoslawien, sei es in China. Sie interessierten sich für die Schwierigkeiten und Veränderungen in den sozialistischen Ländern, die Ergebnisse der großen italienischen Streiks, Kriegsgerüchte, das Ausbrechen von Revolutionen in den entlegensten Orten.
In Hunderten von Versammlungen, die weit entfernt voneinander stattfanden, wurde ich immer wieder gebeten, meine Gedichte vorzulesen. Oft hatten sie ganz bestimmte Wünsche. Natürlich wußte ich nie, ob alle etwas oder viel von meinen Versen verstanden oder nicht verstanden. Doch was macht das aus? Ich, einer der Gebildeteren unter den Dummen, habe manchen Vers von Hölderlin oder Mallarmé nie verstanden. Dabei habe ich sie mit dem gleichen heiligen Respekt gelesen.
Das Essen, wenn es einen festlichen Anstrich haben sollte, bestand aus einem Hühnereintopf, *rara avis* der Pampa. Das Fleisch, das sonst auf den Tisch kam, konnte ich nur mit Überwindung kauen: geschmortes Meerschweinchen oder Versuchskarnickel. Doch die Umstände machten aus diesem für den Tod im Laboratorium geborenen Tierchen ein Leibgericht für mich.
Die Betten, die mir in den ungezählten Häusern, in denen ich übernachtete, angeboten wurden, hatten zwei klösterliche Eigenschaften. Schneeweiße und steifgestärkte Bettlaken, die von selber stehen konnten. Und ein Bett, das so hart war wie die Wüstenerde; Matratzen kannte man nicht, dafür aber Bretter, ebenso glatt wie erbarmungslos.
Trotz allem schlief ich wie ein Gesegneter. Mühelos fand ich im Verein mit der Legion meiner Genossen den Schlaf. Der Tag war immer trocken und weißglühend wie Kohlenglut, aber die Wüstennacht breitete ihre Frische aus unter einem herrlich bestirnten Kelch.

Meine Dichtung und mein Leben sind wie ein amerikanischer Fluß verlaufen, wie ein in der geheimen Tiefe der australen Berge geborener chilenischer Sturzbach, der seinen Strom unablässig dem Meer entgegenlenkt. Meine Dichtung verstieß nichts von dem, was ihr Strom mitführte: sie nahm die Leidenschaft hin, förderte das Geheimnis zutage und bahnte sich einen Weg in die Herzen des Volkes.

Mein Teil war zu leiden und zu kämpfen, zu lieben und zu singen; bei der Aufteilung der Welt war mein Teil Sieg und Niederlage, ich kostete den Geschmack des Brotes und des Blutes. Was will ein Dichter mehr? Alle Empfindungen vom Weinen bis zum Küssen, von der Einsamkeit bis zum Volk durchweben meine Dichtung, wirken in ihr, denn ich habe für meine Dichtung gelebt, in ihr habe ich meine Kämpfe ausgetragen. Wenn ich viele Preise gewonnen habe, Preise, vergänglich wie eines Schmetterlings Blütenstaub, so habe ich einen großen Preis gewonnen, einen Preis, den viele verachten, weil er für viele unerreichbar ist. Nach harter Lehre durch die Ästhetik und dem Suchen durch die Labyrinthe des geschriebenen Worts hindurch bin ich der Dichter meines Volkes geworden. Das ist mein Preis, nicht meine übersetzten Bücher und Gedichte, auch nicht die Bücher, die meine Worte beschreiben oder sezieren. Mein Preis ist jener große Augenblick in meinem Leben, als tief aus der Kohle von Lota, unter der prallen Sonne der versengten Salpeterhalde, aus dem lotrechten Stollen, als tauche er aus der Hölle, ein Mann heraustrat, das Gesicht von der furchtbaren Arbeit verzerrt, die Augen rot vom Staub und, mir die verhärtete Hand entgegenstreckend, die Hand, die mit ihren Schwielen und Furchen die Landkarte der Pampa war, mit leuchtenden Augen sagte: »Ich kenne dich seit langem, Bruder.« Das ist der Lorbeer meiner Dichtung, dieses Loch in der furchtbaren Pampa, aus dem ein Arbeiter tritt, dem Wind und Nacht und Chiles Sterne so oft sagten: »Du bist nicht allein, ein Dichter denkt an deine Schmerzen.«
Am 15. Juli 1945 trat ich in die Kommunistische Partei ein.

González Videla

Nur unter Schwierigkeiten gelangte das Bittere, das ich und meine Gefährten vertraten, bis in den Senat. Der bequeme Parlamentssaal war gleichsam wattiert, damit das Stimmengewirr der unzufriedenen Massen darin kein Echo fand. Meine Kollegen von der Gegenseite waren akademische Experten in der Kunst der großen patriotischen Ansprachen, und ich erstickte unter diesem von ihnen ausgebreiteten Teppich aus falscher Seide.
Doch plötzlich erwachte meine Hoffnung von neuem, denn einer der Präsidentschaftskandidaten, González Videla, schwor, Gerechtigkeit zu üben, und seine tätige Beredsamkeit trug ihm große Sympathien ein. Ich wurde zum Propagandachef seiner Wahlkampagne ernannt und trug die frohe Botschaft in alle Teile des Landes.
Das Volk wählte ihn mit überwältigender Mehrheit zum Präsidenten.
Doch die Präsidenten unseres Kreolen-Amerika machen häufig eine außergewöhnliche Metamorphose durch. In dem Fall, von dem ich

berichte, wechselte der neue Staatschef rasch die Freunde, verschwägerte seine Familie mit der »Aristokratie« und verwandelte sich von einem Demagogen nach und nach in einen Magnaten.
Es stimmt freilich, daß González Videla nicht unter die typischen südamerikanischen Diktatoren fällt. Boliviens Melgarejo oder Venezuelas General Gómez lassen tellurische Elemente erkennen. Sie tragen das Zeichen gewisser Größe und scheinen getrieben von einer trostlosen, doch darum nicht minder unbarmherzigen Kraft. Immerhin waren sie Caudillos, die sich Kämpfen und Kugeln aussetzen.
González Videla dagegen war ein Erzeugnis der politischen Garküche, ein verstockter Leichtfuß, ein Schwächling, der wie eine Festung wirkte.
In der Fauna unseres Amerika sind die großen Diktatoren gigantische Saurier gewesen, Überlebende eines Kolossal-Feudalismus prähistorischer Lande. Der chilenische Judas war nur ein Tyrannenlehrling und hätte in der Wertskala der Saurier höchstens als Giftechse gegolten. Allerdings reichte es aus, um Chile zu zerrütten. Zumindest brachte er das Land in seiner geschichtlichen Entwicklung zurück. Die Chilenen sahen einander beschämt an, ohne genau zu begreifen, wie das alles vonstatten gegangen war.
Der Mann war ein Seiltänzer, ein Versammlungs-Akrobat. Es gelang ihm, sich auf spektakuläre Weise als Linker zu gebärden. In dieser »Lügenkomödie« war er der abgefeimteste Weltmeister. Das spricht ihm niemand ab. In einem Land, in dem die Politiker im allgemeinen allzu ernst sind beziehungsweise scheinen, waren die Leute für die Einführung von Frivolität dankbar, aber als dieser Conga-Tänzer über die Stränge schlug, war es zu spät: die Gefängnisse waren überfüllt mit verfolgten Politikern, es wurden sogar Konzentrationslager eingerichtet wie das von Pisagua. Nun wurde der Polizeistaat eingeführt, als nationale Novität. Da hieß es nur aushalten und heimlich weiterkämpfen für die Rückkehr des politischen Anstands. Viele von González Videlas Freunden, Leute, die ihn bis ans Ende seines Wahlgezeters begleitet hatten, wurden in die Gefängnisse der hohen Kordillere oder der Wüste geschleppt, nur weil sie seiner Metamorphose nicht beipflichteten.
In Wahrheit hatte die Oberschicht mit ihrer ökonomischen Macht wie schon so oft wieder einmal die Regierung unserer Nation eingewickelt und geschluckt. Diesmal allerdings war die Verdauung ungemütlich, und Chile machte eine Krankheitsperiode durch, die zwischen Betäubung und Agonie schwankte.
Der mit unseren Stimmen gewählte Präsident verwandelte sich unter nordamerikanischer Protektion in einen kleinen niederträchtig-reißenden Blutsauger. Sicherlich ließen seine Gewissensbisse ihn nachts nicht schlafen, obgleich er sich in der Nachbarschaft des Regierungspalastes

Junggesellenwohnungen und Privatbordelle mit Teppichen und Spiegeln für seine Lustbarkeiten eingerichtet hatte. Der Jämmerling besaß eine zwar nichtssagende, aber hinterhältige Mentalität. In derselben Nacht, in der seine antikommunistische Repression begann, lud er zwei oder drei Arbeiterführer zum Abendessen ein. Nach der Mahlzeit begleitete er sie die Palasttreppe hinunter und, ein paar Tränen abwischend, umarmte er sie mit den Worten: »Ich weine, weil ich angeordnet habe, Sie einzusperren. Man wird Sie am Ausgang verhaften. Ich weiß nicht, ob wir uns je wiedersehen werden.«

»Der verteilte Körper«

Meine Reden wurden immer heftiger, und der Senatssaal war immer voller Hörer. So wurde beantragt, mir mein Sonderrecht abzusprechen und die Polizei angewiesen, mich zu verhaften.

Doch der Urstoff, aus dem wir Dichter gemacht sind, besteht zu einem großen Teil aus Feuer und Rauch.

Der Rauch diente zum Schreiben. Was ich erlebte, stand auf dramatische Weise in naher historischer Beziehung zu Amerikas Themenkreis.

In jenem Jahr der Gefahren und des Versteckspielens beendete ich mein wichtigstes Buch, *Der Große Gesang*.

Ich wechselte fast täglich meine Behausung. Überall öffnete sich eine Tür, um mir Unterschlupf zu bieten. Immer waren es unbekannte Leute, die den Wunsch äußerten, mich ein paar Tage lang zu verstekken. Man wollte mir unbedingt Asyl gewähren, gleich ob für ein paar Stunden oder ein paar Wochen. So wanderte ich durch Felder, Häfen, Städte, Lagerplätze, auch durch Häuser von Bauern, Ingenieuren, Anwälten, Seeleuten, Ärzten, Kumpels.

Es gibt in der Volksdichtung ein altes Thema, das in all unseren Ländern wiederkehrt. Es heißt »der verteilte Körper«. Der Volkssänger nimmt an, seine Füße befänden sich an einem Ort, seine Nieren an einem anderen und beschreibt seinen ganzen über Felder und Städte verstreuten Organismus. So fühlte ich mich damals.

Unter den Zufluchtsstätten, die mich am meisten bewegten, erinnere ich mich eines Hauses mit zwei Zimmern, verloren zwischen den Armenhügeln von Valparaíso.

Ich war auf einen Zipfel Zimmer und einen Winkel Fenster beschränkt, von dem aus ich das Leben im Hafen beobachten konnte. Von diesem winzigen Ausguck aus erfaßte mein Blick einen Fetzen Straße. Abends sah ich Leute vorüberhasten. Es war im Armenviertel, und die schmale Gasse hundert Meter unterhalb meines Fensters, beherbergte allen Glanz des Stadtteils. Marktbuden und Kramläden reihten sich dort aneinander.

In meinen Winkel geklemmt, war meine Neugierde grenzenlos. Meine einsamen Grübeleien und Folgerungen nicht minder. Manchmal fand ich keine Antwort auf die gestellten Fragen. Zum Beispiel, warum die Vorübergehenden, die gleichgültigen wie die eiligen, ausnahmslos an einer bestimmten Stelle stehenblieben. Was für anziehende Gegenstände waren in dem Schaufenster ausgestellt? Ganze Familien mit Kindern auf den Schultern hielten sich dort lange auf. Obwohl ich die verzückten Mienen, die sie beim Betrachten des magischen Schaufensters sicherlich aufsetzten, nicht sah, konnte ich sie mir doch vorstellen.

Sechs Monate später erfuhr ich, daß es die Auslage eines einfachen Schuhgeschäfts war. Der Schuh also ist das, was den Menschen am meisten interessiert – folgerte ich. Ich schwor mir, den Fall zu studieren, zu erforschen und zum Ausdruck zu bringen. Ich habe nie Zeit gefunden, dieses Vorhaben oder dieses unter solch sonderbaren Umständen formulierte Versprechen zu erfüllen. Dennoch fehlt es nicht an Schuhen in meiner Dichtung. Sie treten und kreisen durch viele meiner Verse, ohne daß ich je beabsichtigt hätte, ein Schuhdichter zu sein.

Plötzlich kamen Besucher ins Haus, die lange Unterhaltungen führten, ohne zu ahnen, daß in nächster Nähe, nur getrennt durch eine Zwischenwand aus Pappe und alten Zeitungen, ein Dichter saß, dem ich weiß nicht wie viele Menschenjäger von Beruf auf den Fersen waren.

Samstag nachmittags und auch Sonntag vormittags kam der Verlobte einer der jungen Mädchen des Hauses. Er war einer von denen, die nichts wissen durften. Ein junger Arbeiter, der zwar das Herz des jungen Mädchens besaß, aber deshalb noch lange nicht das Vertrauen der Familie. Durchs Oberlicht meines Fensters sah ich ihn vom Fahrrad steigen, mit dem er im ganzen Arbeiterviertel Eier ausfuhr. Gleich darauf hörte ich ihn trällernd das Haus betreten. Er war ein Feind meiner Ruhe. Ich sage Feind, weil er wenige Zentimeter von meinem Kopf entfernt nichts anderes vorhatte, als das junge Mädchen zu umgarnen. Sie dagegen forderte ihn auf, sie im Park oder im Kino »platonisch« zu lieben, was er wiederum heroisch ablehnte. Und ich verfluchte zähneknirschend die spießige Dickköpfigkeit des albernen Eierausträgers.

Der Rest der Hausbewohner war eingeweiht: die verwitwete Mama, die beiden reizenden jungen Mädchen und die beiden Matrosenbrüder. Diese löschten Bananen in der Bucht und waren oft wütend, weil kein Schiff sie anheuern wollte. Durch sie erfuhr ich vom Abwracken eines alten Seefahrzeugs. Während ich von meinem Geheimwinkel aus die Operation leitete, schraubten sie die schöne Statue vom Bug des Schiffes ab und versteckten sie in einem Keller im Hafen. Erst Jahre

später, nachdem meine Flucht und mein Exil längst vorüber waren, machte ich mit ihr Bekanntschaft. Die herrliche Frauenfigur aus Holz mit griechischem Profil wie alle Galionsfiguren der alten Segelschiffe blickt mich nun mit ihrer melancholischen Schönheit an, während ich am Meer diese Erinnerungen schreibe.
Ich plante, mich als blinder Passagier in der Kabine eines der jungen Leute nach Guayaquil einzuschiffen und dort plötzlich aus den Bananen aufzutauchen. Der Matrose erklärte mir, ich müsse überraschend an Deck erscheinen, wenn das Schiff im ecuadorianischen Hafen vor Anker gehe, als eleganter Passagier verkleidet, eine *Puro* paffend, die ich nie vertragen konnte. Da meine Abreise unmittelbar bevorstand, beschloß die Familie, es müsse ein eleganter Tropenanzug geschneidert werden, den sie mir auch gleich anmaßen.
Der Anzug war im Handumdrehen fertig. Ich habe mich selten so amüsiert wie bei seinem Empfang. Der Schnitt, den die Frauen sich ausgedacht hatten, war von einem damals berühmten Film beeinflußt: *Vom Winde verweht*. Die jungen Leute wiederum sahen ihr Vorbild der Eleganz in dem Schnitt, den sie in Harlems Dancings und den Bars und Tanzlokalen der Karibe gesehen hatten. Der stark taillierte Zweireiher ging mir bis zu den Knien. Die Hosen zwängten mir die Knöchel ein. Ich habe die von so gütigen Menschen ersonnene Pracht aufbewahrt und nie die Gelegenheit gehabt, sie zu tragen.
Ich habe mein Versteck nie mit einem Schiff vertauscht, bin nie als Clark Gable verkleidet zwischen Guayaquils Bananen an Land gegangen. Dagegen habe ich den Weg in die Kälte gewählt. Ich zog in den äußersten Süden von Chile, in den äußersten Süden Amerikas, und schickte mich an, die Kordillere zu überqueren.

Ein Weg im Urwald

Der Generalsekretär meiner Partei war bis dahin Ricardo Fonseca gewesen. Er war ein standhafter, lächelnder Mann, Südländer wie ich aus Carahues kaltem Klima. Fonseca hatte mein illegales Leben betreut, meine Schlupfwinkel und geheimen Auftritte, die Herausgabe meiner Flugblätter, besonders aber hatte er über die Geheimhaltung meiner Wohnsitze gewacht. Der einzige, der anderthalb Jahre lang meine Verstecke kannte, wußte, wo ich jede Nacht aß und schlief, war mein junger prachtvoller Chef und Generalsekretär Ricardo Fonseca. Aber seine Gesundheit verzehrte sich in der grünen, seine Augen verdunkelnden Flamme, sein Lächeln erlosch allmählich, und eines Tages ging der tüchtige Genosse für immer von uns.

In völliger Illegalität wurde als neuer höchster Parteiführer ein sehniger Mann, Lastenträger in Valparaíso, gewählt. Er hieß Galo González. Er war ein widersprüchlicher Mann mit trügerischem Gesichtsausdruck und tödlicher Standhaftigkeit. Ich muß bemerken, daß in unserer Partei nie Personenkult getrieben wurde, obgleich es eine alte Organisation war, die alle ideologischen Schwächen durchgemacht hatte. Doch immer hat sich in Chile das Bewußtsein eines Volkes durchgesetzt, das alles mit eigenen Händen geschaffen hat. Wir haben in Chile sehr wenige Caudillos gehabt, und das spiegelte sich auch in unserer Partei wider.

Ohne Zweifel hat die Pyramidenpolitik aus der stalinistischen Ära auch in Chile im Schutze der Illegalität eine etwas gespannte Atmosphäre erzeugt.

Galo González hatte keine Möglichkeit, mit der Masse der Parteimitglieder Verbindung zu halten. Die Verfolgungen nahmen zu. Es gab Tausende von Gefangenen, und an der Wüstenküste von Pisagua existierte ein spezielles Konzentrationslager.

Galo Gonzáles führte ein illegales Dasein, ausgefüllt mit revolutionärer Aktivität, aber der Mangel an Austausch zwischen der Leitung und der Parteibasis machte sich zunehmend bemerkbar. Er war ein großer Mann, eine Art Volksweiser und tapferer Kämpfer.

Ihm wurden die Pläne meiner neuen Flucht zugeleitet, und diesmal verlief alles programmgemäß. Es ging darum, mich tausend Kilometer weit von der Hauptstadt fortzubringen; anschließend sollte ich die Kordillere zu Pferd überqueren. Die argentinischen Genossen sollten mich an einem bestimmten Ort erwarten.

Gegen Abend reisten wir mit Hilfe eines von der Vorsehung bereitgestellten Autos ab. Mein Freund Dr. Raúl Bulnes war damals Arzt bei der berittenen Polizei. Er brachte mich in seinem unverwundbaren Auto bis zum Stadtrand von Santiago, wo ich von der Parteiorganisation übernommen wurde. Dort wartete ein alter Parteigenosse, der Chauffeur Escobar, mit einem zweiten, für die lange Reise besonders ausgestatteten Wagen.

Wir fuhren Tag und Nacht. Durch Bart und Brille maskiert, wickelte ich mich tagsüber obendrein noch in Decken, besonders wenn wir durch Dörfer oder Städte fuhren oder an Tankstellen hielten.

Um die Mittagszeit kamen wir durch Temuco. Wir hielten uns nirgends auf, niemand erkannte mich. Durch reinen Zufall lag mein altes Temuco auf der Fluchtstrecke. Wir fuhren über die Brücke und durch das Dörfchen Padre Las Casas. Schon weit von der Stadt entfernt machten wir halt und stärkten uns, auf einem Stein sitzend. Am Hang floß ein seichter Bach zu Tal, sein Wasser rauschte. Ich nahm Abschied von meiner Kindheit. Ich war in diesem Städtchen aufgewachsen, meine Dichtung war zwischen Hügel und Fluß entstanden, sie hatte sich die Stimme des Regens zu eigen gemacht, hatte sich von den

Wäldern, vom Holz durchdringen lassen. Nun, auf dem Weg in die Freiheit, rastete ich einen Augenblick am Rand von Temuco und hörte die Stimme des Wassers, die mich singen gelehrt hatte.
Wir fuhren weiter. Nur einmal erschraken wir eine Minute lang. Mitten auf der Landstraße aufgepflanzt, rief ein Offizier der Grenzpolizei energisch mit vernehmlicher Stimme »Halt«. Ich machte den Mund nicht auf, doch meine Aufregung erwies sich als unbegründet. Der Offizier bat nur darum, etwa hundert Kilometer mitgenommen zu werden. Er setzte sich neben den Fahrer, meinen Genossen Escobar, und unterhielt sich sehr freundlich mit ihm. Ich stellte mich schlafend, um nicht sprechen zu müssen. Sogar Chiles Steine kannten meine Dichterstimme.

Wir gelangten ohne weitere Zwischenfälle an unseren Bestimmungsort. Es war ein offensichtlich unbewohntes Sägewerk. Rundherum floß Wasser. Erst überquerte man den großen Ranco-See und betrat zwischen Gestrüpp und gigantischen Stämmen festen Boden. Von dort ging es eine Strecke zu Pferd weiter, dann fuhr man per Boot über den Maihue-See. Das Haus des Besitzers dieses gewaltigen Sägewerkes, im riesigen rauschenden Blattwerk versteckt, war kaum zu erkennen. Man hört oft, Chile läge am Ende der Welt. Dieser vom Urwald eingesponnene, vom Schnee und einer Seenplatte eingeschlossene Ort war in der Tat einer der letzten bewohnbaren Winkel des Planeten.
Das Haus, in dem man mir eine Schlafstätte anwies, war ein Provisorium wie alles in dieser Gegend. Ein Öfchen aus Blech und Eisen mit nahezu frisch geschlagenem Brennholz brannte Tag und Nacht. Der prasselnde Regen des Südens schlug rastlos gegen die Fenster, als kämpfe er darum, ins Haus zu gelangen. Der Regen beherrschte den düsteren Urwald, die Seen, die Vulkane, die Nacht, und begehrte wütend auf, weil dieser Schlupfwinkel menschlicher Wesen einer anderen Satzung gehorchte und seinen Sieg nicht anerkannte.
Den Freund, der mich erwartete, Jorge Bellet, kannte ich kaum. Ein alter Flugpilot, eine Mischung aus Praktiker und Forscher, gestiefelt und in einer kurzen dicken Joppe steckend, schien er fürs Befehlen geboren, ein Militär, der gut zu seiner Umwelt paßte, wenn auch die angetretenen Regimenter nur die kolossalen Bäume des Urwaldes waren.
Die Herrin des Hauses war eine zerbrechliche, weinerliche, von Neurosen geplagte Frau. Die belastende Einsamkeit der Gegend, der ewige Regen, die Kälte, in allem sah sie eine Beleidigung ihrer Person. Zwar jammerte sie einen großen Teil des Tages, doch der Haushalt lief wie am Schnürchen, und man bekam köstliche Naturerzeugnisse aus Wald und Wasser zum Essen vorgesetzt.
Bellet leitete das Holzunternehmen. Dieses beschränkte sich auf die

Anfertigung von Eisenbahnschwellen für Schweden oder Dänemark. Den ganzen Tag lang sangen schrill die große Stämme zerschneidenden Sägen. Zuerst hörte man den dumpfen, dröhnenden Schlag des fallenden Baums. Alle fünf oder zehn Minuten erzitterte die Erde wie eine dunkle Trommel, wenn die »Raulíes« aufschlugen, die Lärchen, die »Maníos«, kolossale Werke der Natur, Bäume, die der Wind vor tausend Jahren gepflanzt hatte. Dann erhob sich die Klage der Säge, die den Leib der Giganten ablängte. Der Ton der Säge, metallisch, kreischend und hoch wie eine wilde Geige, dem dunklen Trommelklang der Erde folgend, die ihre Götter empfing, all das schuf eine Atmosphäre mythologischer Intensität, eine Aura von Geheimnis und kosmischem Schrecken.

Der Urwald lag im Sterben. Erschrocken hörte ich sein Wehklagen, als wäre ich hierher gekommen, um die ältesten Stimmen wahrzunehmen, die nie mehr ertönen würden.

Der hohe Herr, der Besitzer des Urwalds, war ein mir Unbekannter aus Santiago. Sein gefürchteter Besuch wurde für den Hochsommer angekündigt. Er hieß Pepe Rodríguez. Man sagte mir, er sei ein moderner Kapitalist, Besitzer von Webereien und anderen Fabriken, ein emsiger, gewandter Mensch mit elektrisierender Betriebsamkeit. Im übrigen war er durch und durch Reaktionär, prominentes Mitglied der äußersten Rechten Chiles. Obwohl ich mich ohne sein Wissen auf der Durchreise in seinem Reich befand, sollten sich gerade diese Gesichtspunkte für meinen Notfall als günstig erweisen. Niemand würde mich hier suchen. Die Zivil- und Polizeibehörden arbeiteten immer als Vasallen des großen Mannes, dessen Gastfreundschaft ich genoß und dem zu begegnen mir völlig unwahrscheinlich schien.

Meine Abreise wurde unumgänglich. Schnee begann auf die Kordillere zu fallen; mit den Anden ist nicht zu spaßen. Tagtäglich studierten meine Freunde die Wegstrecke. »Weg« ist eine Redensart. In Wirklichkeit handelte es sich um eine Entdeckerreise auf Fährten, die Humus und Schnee vor Zeiten ausgelöscht hatten. Das Warten wurde beklemmend. Außerdem suchten mich meine Genossen auf der argentinischen Seite sicherlich schon längst.

Als fast alles bereit war, teilte mir Jorge Bellet, Generalkapitän der Hölzer, mit, er müsse mir etwas sagen. Er sagte es nachdenklich. Der hohe Chef hatte seinen Besuch angekündigt. Er würde innerhalb der nächsten zwei Tage eintreffen.

Ich war fassungslos. Die Vorbereitungen waren noch nicht abgeschlossen. Das in meiner Lage Gefährlichste nach dieser langen Arbeit war, wenn der Besitzer erfahren würde, daß ich auf seinem Grund und Boden untergebracht war. Es war bekannt, daß er ein intimer Freund meines Verfolgers Gonzáles Videla war und daß dieser ein Kopfgeld auf mich ausgesetzt hatte. Was tun?

Bellet war von Anfang an entschlossen, mit Rodríguez, dem Besitzer, offen zu reden.
»Ich kenne ihn sehr gut«, sagte er. »Er ist ein Mann und wird dich nie anzeigen.«
Ich widersprach, da laut Vorschrift der Partei absolute Geheimhaltung zu befolgen war, und Bellet beabsichtigte, diese zu verletzen. Ich machte ihn darauf aufmerksam. Wir redeten uns heiß. Im Verlauf dieser politischen Diskussion wurde entschieden, daß ich im Haus eines Mapuche-Kaziken untergebracht werden sollte, in einer am Rand des Urwalds versteckten Hütte.
Ich siedelte in die Hütte über, doch wurde meine Lage dort so kritisch, daß ich nach langen Erwägungen bereit war, mich mit Pepe Rodríguez, dem Eigentümer der Firma, der Berge und Wälder, zu treffen. Wir verabredeten einen neutralen Ort, weder in seinem Haus noch in der Hütte des Kaziken. Bei Einbruch der Dämmerung sah ich einen Jeep näher kommen. Diesem entstieg mit meinen Freund Bellet ein reifer, jugendlich wirkender Mann mit eisgrauem Haar und entschlossenen Gesichtszügen. Er teilte mir mit, daß er von diesem Augenblick an die Verantwortung für meinen Schutz übernehme. Unter diesen Umständen würde niemand wagen, meine Sicherheit zu gefährden.
Wir sprachen ohne große Herzlichkeit, aber der Mann nahm mich für sich ein. Da es eiskalt war, lud ich ihn in das Haus des Kaziken ein. Dort führten wir unsere Unterhaltung fort. Er ließ eine Flasche Champagner kommen, eine zweite mit Whisky und Eis.
Beim vierten Glas Whisky diskutierten wir mit erhobenen Stimmen. Der Mann war in seinen Überzeugungen ein Absolutist. Er sagte interessante Dinge und wußte über alles Bescheid, aber seine unverschämte Ader versetzte mich in Rage. Wir schlugen beide mit der flachen Hand laut auf den Tisch des Kaziken, bis wir die Flasche friedlich und versöhnt geleert hatten.
Unsere Freundschaft währte lange. Zu seinen guten Eigenschaften gehörte die unbeirrbare Offenheit eines Mannes, der gewohnt war, das Heft in der Hand zu halten. Aber er verstand auch, meine Dichtung auf ungewöhnliche Weise vorzulesen, mit so intelligenter, männlicher Betonung, daß meine eigenen Verse mir wie neu belebt erschienen.
Rodríguez kehrte zu seinen Geschäften in die Hauptstadt zurück. Seine letzte Geste war, in meiner Gegenwart seine Untergebenen zu rufen, denen er mit seiner charakteristischen Befehlsstimme auftrug:
»Sollte Señor Legarreta heute in einer Woche auf dem Schmuggelpfad nach Argentinien nicht weiterkommen, so bahnen Sie ihm einen anderen Weg zur Grenze. In diesem Fall ruht jede Holzarbeit, alle sollen Hand anlegen. Das ist ein Befehl.«
Legarreta war damals mein Name.
Pepe Rodríguez, der herrische Feudalherr, starb zwei Jahre später,

verarmt und verfolgt. Er war eines schwunghaften Schmuggelhandels bezichtigt worden. Er saß monatelang im Gefängnis. Es muß ein unsagbares Leiden gewesen sein für eine so anmaßende Natur wie ihn.
Ich habe nie genau in Erfahrung bringen können, ob er des angeklagten Vergehens schuldig oder unschuldig war. Ich erfuhr nur, daß unsere Oligarchie, noch im Vorjahr entzückt über eine Einladung des freigebigen Rodríguez, ihn fallen ließ, sowie sie ihn angeklagt und angeschlagen sah.
Was mich betrifft, so bin ich immer noch auf seiner Seite und kann ihn nicht aus meinem Gedächtnis löschen. Pepe Rodríguez war für mich ein kleiner Kaiser, der befahl, eine sechzig Kilometer lange Schneise durch den Urwald zu schlagen, damit ein Dichter seine Freiheit erreichen konnte.

Das Andengebirge

Im Andengebirge gibt es unbekannte, früher von Schmugglern benutzte Pässe, die so feindlich und schwierig sind, daß die Landpolizei sich mit ihrer Überwachung gar nicht beschäftigt. Flüsse und Abgründe schrecken jeden Wanderer.
Mein Gefährte Jorge Bellet war der Expeditionschef. Unserer Bedekkung von fünf Männern, guten ortskundigen Reitern, schloß sich mein alter Freund Victor Bianchi an, der als Feldmesser bei verschiedenen Landstreitigkeiten schon in die Gegend gekommen war. Er erkannte mich nicht wieder. Ich trug einen Bart, der mir in den anderthalb Jahren meines Lebens im Verborgenen gewachsen war. Kaum hatte er von meinem Plan, den Urwald zu durchqueren, erfahren, als er uns seine unschätzbaren Dienste als erfahrener Pfadfinder anbot. Schon vorher hatte er bei einer tragischen Expedition, von der er fast als einziger Überlebender zurückgekehrt war, den Aconcagua bestiegen.
Wir ritten in einer Reihe, beschützt von der Feierlichkeit des Tagesanbruchs. Jahre schon, seit meiner Kindheit hatte ich kein Pferd mehr bestiegen, und hier ritten wir Schritt. Der australe Andenwald ist mit hohen, weit auseinanderstehenden Bäumen bewachsen. Es sind gigantische Lärchen und Kerzenbäume, Tepas und Koniferen. Die Raulien haben erstaunliche Ausmaße. Ich hielt an, um eine zu messen. Sie hatte den Durchmesser von einem Pferd. Oben sieht man keinen Himmel. Unten haben die seit Jahrhunderten fallenden Blätter eine Humusschicht gebildet, in der die Pferdehufe versinken. In schweigsamem Marsch durchquerten wir diesen mächtigen Dom der wilden Natur.
Da unser Weg geheim und verboten war, nahmen wir die geringsten Orientierungszeichen wahr. Fährten gab es nicht, Saumpfade existierten nicht, daher suchten meine vier Gefährten und ich zu Pferd alle

Hindernisse – mächtige Stämme, unüberwindliche Flüsse, riesige Felsblöcke, trostlose Schneeflächen – zu umgehen und so, in gewundenem Ritt, die Fährte meiner Freiheit aufzuspüren. Meine Begleiter kannten die Marschrichtung, sie wußten, wie und wo man sich durchs dichte Laubgewirr schlängelte, doch der Sicherheit halber hieben sie da und dort mit dem Buschmesser Kerben in die Rinde der großen Bäume, damit diese, nachdem sie mich zu meinem Bestimmungsort gebracht hatten, sie auf ihrem Rückritt lenkten.

Ein jeder ritt für sich, gebannt von der grenzenlosen Einsamkeit, vom grünen und weißen Schweigen: die Bäume, die großen Schlingpflanzen, der jahrhundertelang gelagerte Humus, die halbgestürzten Stämme, die sich uns plötzlich als weitere Schranke in den Weg stellten. All das war gleichzeitig betörende, geheime Natur und wachsende Bedrohnis aus Kälte, Schnee und Verfolgung. Alles vermischte sich: die Einsamkeit, die Gefahr, das Schweigen und die Dringlichkeit meiner Mission.

Bisweilen folgten wir einer kaum wahrnehmbaren Spur, die vielleicht Schmuggler hinterlassen hatten oder flüchtige gewöhnliche Straftäter; wir wußten nicht, wie viele von ihnen umgekommen waren, jäh überrascht von den eisigen Händen des Winters, von den schauderhaften Schneestürmen, die sich in den Anden entladen, den Reisenden umhüllen, ihn unter sieben weißen Schichten begraben.

Auf beiden Seiten der Fährte betrachtete ich in jener wildwuchernden Öde so etwas wie eine menschliche Konstruktion: aufgehäuftes Zweigwerk, das viele Winter überstanden hatte, pflanzliche Gabe von Hunderten von Reisenden, hohe Grabhügel aus Holz zur Erinnerung an die Gefallenen, zum Andenken an die, welche nicht weitergekommen und für immer unter den Schneemassen liegengeblieben waren. Meine Gefährten hackten mit ihren Buschmessern auch Zweige ab, die aus der Höhe der riesenhaften Koniferen unsere Köpfe streiften, von den Eichen, deren letzte Blätter vor den Winterstürmen zitterten. Auch ich ließ auf jedem Grabmal eine Erinnerung zurück, eine Visitenkarte aus Holz, einen gepflückten Zweig des Waldes, um die Gräber des einen oder anderen der unbekannten Reisenden zu schmücken.

Wir mußten einen Fluß überqueren. Diese kleinen, auf den Gipfeln der Anden entsprungenen Quellen stürzen herab, entladen ihre schwindelerregende rücksichtslose Kraft, werden zu Kaskaden, reißen Erde mit sich und Felsen mit der Energie und Geschwindigkeit, die sie aus den berühmten Höhen mitbringen: doch diesmal fanden wir ein Stauwasser, einen großen Wasserspiegel, eine Furt. Die Pferde traten hinein, verloren Grund und schwammen ans andere Ufer. Kaum war mein Pferd fast ganz überflutet, begann ich haltlos zu schaukeln, meine Füße plagten sich vergeblich, während das Tier den Kopf mühsam über Wasser hielt. So setzten wir über. Ans andere Ufer gelangt, fragten

mich die Führer, die mich begleitenden Landleute, mit gewissem Lächeln:
»Hatten Sie Angst?«
»Und wie. Ich dachte, meine letzte Stunde habe geschlagen.«
»Wir ritten hinter Ihnen mit wurfbereitem Lasso«, erwiderten sie.
»Genau hier«, fügte einer von ihnen hinzu, »ist mein Vater gestürzt, die Strömung hat ihn mitgerissen. Das wäre mit Ihnen nicht passiert.«
Wir strebten einem natürlichen Tunnel zu, den in die furchterregenden Felsen ein wasserreicher verlorener Fluß gerissen hatte oder ein Beben des Planeten, das auf den Berghöhen dieses Werk, diesen Felsenkanal aus gehöhltem Stein, aus Granit geschaffen hatte; wir ritten hinein. Nach wenigen Tritten rutschten die Pferde aus und suchten Halt auf dem unebenen Steingrund, ihre Vorderhand knickte ein, ihre Hufe sprühten Funken: Mehr als einmal sah ich mich vom Pferd geschleudert auf den Felsen liegen. Mein Reittier blutete an Nüstern und Beinen, aber wir folgten beharrlich dem langen, dem strahlenden, dem schwierigen Weg.
Uns erwartete etwas mitten im wilden Wald. Plötzlich gelangten wir, als hätten wir eine Vision, zu einer kleinen köstlichen, in den Schoß der Berge geschmiegten Wiese: klares Wasser, grüne Alm, Waldblumen, Flußgemurmel, darüber der blaue Himmel, Licht, von keinem Blattwerk getrübtes, freigiebiges Licht.
Hier hielten wir an wie in einem magischen Kreis, wie Gäste in einem heiligen Bezirk: noch heiliger wirkte die Zeremonie, an der ich nun teilnahm. Die Viehtreiber saßen ab. In der Mitte des Platzes war wie für ein Ritual ein Rinderschädel aufgebaut. Einer nach dem anderen traten meine Gefährten stumm vor und legten ein paar Münzen und Nahrungsmittel in die Knochenlöcher. Ich tat es ihnen mit einer Gabe gleich, die bestimmt war für irgendeinen verirrten bäurischen Odysseus, für Flüchtlinge aller Arten, die auf diese Weise Brot und Beistand in den Augenhöhlen des toten Stiers finden würden.
Doch damit war die unvergeßliche Zeremonie nicht beendet. Meine ländlichen Freunde zogen den Hut und begannen einen sonderbaren Tanz, hüpften auf einem Bein um den verlassenen Totenschädel herum, traten in die kreisrunde Spur, die so viele andere Tänzer vor ihnen getrampelt hatten. An der Seite meiner unergründlichen Gefährten begriff ich undeutlich, daß eine Verbindung bestand von Unbekannt zu Unbekannt, daß es eine Frage gab, eine Forderung und eine Antwort, auch in den fernsten, entlegensten Einsamkeiten dieser Welt.
Noch weiter weg, schon fast an der Grenzscheide, die mich auf viele Jahre von meinem Vaterland fernhalten sollte, gelangten wir des Nachts zu den letzten Schluchten der Berge. Und schon sahen wir Licht, sicheres Anzeichen menschlicher Behausung, und näherkommend fanden wir etliche klapprige Bauten, baufällige, scheinbar leere

Schuppen. Wir betraten einen von ihnen und sahen im Schein des Feuers große, in der Mitte des Raums brennende Stämme, Leiber von Riesenbäumen, die hier Tag und Nacht brannten und durch die Dachfugen Rauch entließen, der als tiefblauer Schleier durch die Finsternis irrlichterte. Wir sahen ganze Berge von Käse, aufgehäuft von denen, die ihn in diesen Höhen hergestellt hatten. In der Nähe des Feuers lagen wie Säcke verteilt ein paar Männer. Wir hörten in der Stille Gitarrenmusik und den Text eines Liedes, das, aufsteigend aus Holzglut und Dunkelheit, uns die erste menschliche Stimme sandte, auf die wir bisher gestoßen waren. Es war ein Lied von Liebe und Ferne, eine Klage von Liebe und Sehnsucht nach dem fernen Frühling, nach den Städten, aus denen wir kamen, nach der unbegrenzten Weite des Lebens. Sie wußten nicht, wer wir waren, nichts wußten sie von dem Flüchtling, sie kannten weder meine Dichtung noch meinen Namen. Oder kannten sie ihn, kannten sie uns? Wirklich und wahr ist, daß wir an jenem Feuer sangen und aßen und bald darauf durch die Dunkelheit in ein paar primitive Kammern gingen. Eine Thermalquelle floß durch sie hindurch, vulkanisches Wasser, in das wir tauchten, Wärme, die, von den Kordilleren entlassen, uns in ihrem Schoß aufnahm.
Wir planschten voller Lust, wuschen uns, säuberten uns von der Last des gewaltigen Ritts. Wir waren erfrischt, neugeboren, getauft, als wir im Morgengrauen zur Bewältigung der letzten Kilometer aufbrachen, die mich noch von der Finsternis meines Vaterlandes trennten. Wir entfernten uns singend auf unseren Reittieren, erfüllt von neuer Luft, von einer Kraft, die uns auf den großen Weg der Welt trieb, die mich erwartete. Als wir – ich erinnere mich deutlich – den Bergbewohnern ein paar Münzen anboten zum Dank für die Lieder, für die Verköstigung, für das Thermalbad, für Dach und Bett, das heißt, für die unerwartete Linderung, die uns die Begegnung gebracht hatte, wiesen sie unser Geschenk stumm zurück. Sie hatten uns einen Gefallen getan und nicht mehr. Und in diesem »nicht mehr«, in diesem stummen *nicht mehr* lag viel Unausgesprochenes, vielleicht Dank, vielleicht der gleiche Traum.

San Martín de los Andos

Eine verlassene Hütte zeigte uns die Grenze an. Und schon war ich frei. Ich schrieb an die Wand: »Auf bald, mein Vaterland. Ich gehe und nehme dich mit.«
In San Martín de los Andos sollte mich ein chilenischer Freund erwarten. Dieses argentinische Kordillerendorf ist so klein, daß man mir als einzigen Hinweis gesagt hatte:
»Geh ins beste Hotel, dort wird dich Pedrito Ramírez abholen.«

Aber so geht es im Leben. In San Martín de los Andos gab es kein bestes Hotel: es gab deren zwei. Welches wählen? Wir entschlossen uns für das teurere, das am Ortsrand lag, und verschmähten das erste, das wir an dem schönen Stadtplatz gesehen hatten.
Doch nun erwies sich das von uns gewählte Hotel als so erstklassig, daß es uns nicht aufnehmen wollte. Feindselig musterte man die Auswirkungen einer mehrtägigen Reise zu Pferd, unsere geschulterten Säcke, unsere bärtigen, staubigen Gesichter. Unser Anblick mußte jeden abschrecken.
Um so mehr einen Hoteldirektor, der vornehme, englische Schotten beherbergte, die zum Lachsfang nach Argentinien gekommen waren. Wir hatten nichts von einem Lord an uns. Der Direktor wies uns unter Gefuchtel und Gebärden »vade retro« mit der Bemerkung, das letzte verfügbare Zimmer sei vor zehn Minuten besetzt worden. In diesem Augenblick tauchte in der Tür ein eleganter Kavalier von unverkennbar militärischem Zuschnitt auf in Begleitung einer blonden Filmschönheit und rief mit donnernder Stimme:
»Halt! Chilenen wirft man nicht mir nichts dir nichts auf die Straße. Die bleiben hier!«
Wir blieben. Unser Beschützer ähnelte so sehr Perón und seine Begleiterin der Dame Evita, daß wir alle dachten: Sie sind es! Doch bald darauf, gewaschen und angezogen am Tisch eine Flasche zweifelhaften Champagners kostend, erfuhren wir, daß der Mann Kommandant der Ortsgarnison war und sie eine Schauspielerin aus Buenos Aires, die bei ihm zu Besuch weilte.
Wir gingen als chilenische Holzhändler durch, die darauf aus waren, gute Geschäfte abzuschließen. Der Kommandant nannte mich den »Berg-Menschen«. Victor Bianchí, der mich bis dahin aus Freundschaft und Liebe zum Abenteuer begleitet hatte, entdeckte eine Gitarre und begeisterte mit seinen chilenischen Schelmenliedern Argentinier und Argentinierinnen. Doch es vergingen drei Tage mitsamt ihren Nächten, ohne daß Pedrito Ramírez erschien, um mich abzuholen. Ich verlor langsam die Nerven. Wir hatten kein sauberes Hemd mehr und noch weniger Geld, um neue zu kaufen. Ein anständiger Holzhändler, meinte Victor Bianchí, muß zumindest Hemden haben.
Unterdessen lud der Kommandant uns zu einem Mittagessen in sein Regiment ein. Seine Freundschaft für uns wurde enger und er gestand, trotz seiner körperlichen Ähnlichkeit mit Perón sei er Antiperonist. Stundenlang diskutierten wir, wer einen schlechteren Präsidenten habe, Chile oder Argentinien.
Unversehens trat eines Morgens Pedrito Ramírez in mein Zimmer.
»Unglücksmensch!« schrie ich. »Warum hast du so lange gebraucht?«
Das Unvermeidliche war geschehen. Seelenruhig hatte er meine Ankunft im anderen Hotel, dem am Stadtplatz, erwartet.

Zehn Minuten später rollten wir durch die endlose Pampa. Und rollten Tag und Nacht. Dann und wann hielten die Argentinier den Wagen an, um einen Maté zu schlürfen, doch schon fuhren wir weiter, durch diese nicht enden wollende Eintönigkeit.

Mit Paß in Paris

Natürlich war meine größte Sorge in Buenos Aires, mir eine neue Identität zu verschaffen. Die falschen Papiere, die mir zum Überschreiten der argentinischen Grenze gedient hatten, konnten mir bei einer eventuellen Überseereise nach Europa nichts nützen. Doch wie andere bekommen? Inzwischen suchte mich eifrig die von der chilenischen Regierung benachrichtigte Polizei.

In der Bedrängnis erinnerte ich mich an etwas, was in meiner Erinnerung schlummerte. Der Schriftsteller Miguel Angel Asturias, mein alter mittelamerikanischer Freund, hielt sich wahrscheinlich als diplomatischer Vertreter seines Landes Guatemala, in Buenos Aires auf. Wir hatten eine vage physiognomische Ähnlichkeit. In gegenseitiger Übereinstimmung hatten wir uns »chompipes« genannt, ein Eingeborenenwort, mit dem man in Guatemala und einem Teil Mexikos den Truthahn bezeichnet. Langnasig, üppig an Gesicht und Leib, verband uns eine gemeinsame Ähnlichkeit mit dem fetten Federvieh.

Er besuchte mich in meinem Unterschlupf.

»Gefährte Chompipe«, sagte ich zu ihm. »Leih mir deinen Paß. Gewähre mir das Vergnügen, als Miguel Angel Asturias verwandelt in Europa anzukommen.«

Ich muß betonen, daß Asturias stets ein Liberaler war, der sich von militanter Politik fernhielt. Trotzdem zögerte er keinen Augenblick. Nach wenigen Tagen überquerte ich »Señor Asturias hinten, Señor Asturias vorne« den breiten Fluß, der Argentinien von Uruguay trennt und ging in Montevideo an Land, wurde durch Flughäfen und Polizeikontrollen geschleust und gelangte schließlich nach Paris, als der große guatemaltekische Schriftsteller getarnt.

Doch in Frankreich erwies sich meine Identität als neues Problem. Mein glänzender Paß würde der unbarmherzigen Prüfung der *Sureté* schwerlich standhalten. Ich mußte notgedrungen aufhören, Miguel Angel Asturias zu sein und mich in Pablo Neruda zurückverwandeln. Doch was tun, da Pablo Neruda doch nie in Frankreich angekommen war? Angekommen war Miguel Angel Asturias.

Meine Ratgeber zwangen mich, im Hotel George v. abzusteigen.

»Dort, zwischen den Mächtigen der Welt, wird kein Mensch Papiere von dir verlangen«, sagten sie zu mir.

Und ich stieg für einige Tage dort ab, ohne mir wegen meiner Kordillerentracht, die ein Mißton war in dieser reichen, eleganten Welt, den Kopf zu zerbrechen. Dann erschien Picasso, ebenso groß an Genie wie an Güte. Er freute sich wie ein Kind, denn er hatte unlängst die erste Rede seines Lebens gehalten. Und diese Rede hatte meiner Dichtung gegolten, meiner Verfolgung, meiner Abwesenheit. Nun, mit brüderlicher Zärtlichkeit, nahm der geniale Minotaurus der modernen Malerei sich meiner Lage bis ins Kleinste an. Er sprach mit den Behörden, telefonierte mit der halben Welt. Ich weiß nicht, wie viele wunderbare Bilder er durch meine Schuld ungemalt ließ. Ich fühlte zutiefst, daß er meinetwegen seine Zeit verlor.

In jenen Tagen wurde in Paris ein Friedenskongreß abgehalten. Ich erschien am Tagungsort in letzter Minute, nur um eines meiner Gedichte vorzutragen. Alle Delegierten klatschten Beifall und umarmten mich. Viele hatten mich tot geglaubt, hatten bezweifelt, daß es mir gelingen würde, der erbitterten Verfolgung durch die chilenische Polizei listig zu entgehen.

Am nächsten Tag kam Señor Alderete, Veteran der France Presse, zu mir ins Hotel. Er sagte:

»Nachdem die Presse bekanntgegeben hat, daß Sie sich in Paris befinden, hat die chilenische Regierung erklärt, die Nachricht sei eine Falschmeldung, der hier Anwesende müsse ein Doppelgänger von Ihnen sein, Pablo Neruda sei in Chile, man sei ihm auf den Fersen, seine Verhaftung sei nur eine Frage von Stunden. Was soll ich antworten?«

Ich erinnerte mich daran, daß in einem Streit darüber, ob Shakespeare seine Werke geschrieben habe oder nicht, einem wortklauberischen, absurden Streit, Mark Twain gekontert hat: »Tatsächlich ist es nicht William Shakespeare gewesen, der diese Werke geschrieben hat, sondern ein anderer Engländer, der am selben Tag und zur selben Stunde wie er geboren und auch am selben Tag gestorben ist und, um die zufällige Übereinstimmung auf die Spitze zu treiben, auch William Shakespeare hieß.«

»Antworten Sie«, sagte ich dem Journalisten, »daß ich nicht Pablo Neruda bin, sondern ein anderer Chilene, der Gedichte schreibt, für die Freiheit kämpft und auch Pablo Neruda heißt.«

Die Regelung meiner Papiere war nicht ganz einfach. Aragon und Paul Éluard halfen mir dabei. Währenddessen mußte ich halb geheim weiterleben.

Unter den Häusern, die mich aufnehmen wollten, war das von Madame Françoise Giroux. Diese originelle und intelligente Dame werde ich nie vergessen. Ihre Wohnung lag im Palais Royal neben der der Colette. Sie hatte einen vietnamesischen Jungen adoptiert. Das französische

Heer widmete sich zu jener Zeit der Aufgabe, die später die Nordamerikaner übernahmen: unschuldige Menschen in den entlegenen Gebieten Vietnams zu morden. Daher hatte sie das Kind angenommen.
Ich erinnere mich, daß in diesem Haus einer der herrlichsten Picassos hing, die ich gesehen habe. Es war ein großflächiges Bild aus vorkubistischer Zeit. Es zeigte zwei rote Plüschvorhänge wie ein halbgeschlossenes Fenster, die auf einen Tisch fielen. Quer über dem Tisch lag ein langes französisches Brot. Der riesige Brotlaib auf dem Tisch war wie das Mittelbild der antiken Ikonen oder wie der Heilige Mauritius von Greco, der im Escorial hängt. Ich gab dem Bild einen eigenen Titel: Die Himmelfahrt des Heiligen Brotes.
An einem jener Tage besuchte Picasso mich in meinem Versteck. Ich führte ihn vor sein Bild, das er Jahre vorher gemalt hatte. Er hatte es vollkommen vergessen. Eingehend musterte er es, versunken in diese außergewöhnliche, etwas schwermütige Aufmerksamkeit, die bisweilen an ihm zu beobachten war. Mehr als zehn Minuten bewegte er sich vor seinem vergessenen Werk stumm vorwärts und rückwärts.
»Mir gefällt es immer besser«, sagte ich, als er seine Betrachtung beendet hatte. »Ich werde dem Staatsmuseum meines Landes vorschlagen, es zu erwerben. Madame Giroux wäre bereit, es zu verkaufen.«
Picasso wandte von neuem den Kopf zu dem Bild, heftete den Blick auf das großartige Brot und bemerkte nur:
»Es ist nicht übel.«

Ich fand ein Haus zum Mieten, das mir wunderlich vorkam. Es lag in der Rue Pierre Mill, im zweiten Arrondissement, das heißt, da wo der Teufel seinen Poncho verloren hat. Es war ein Viertel der Arbeiter und der verarmten Mittelklasse. Um dorthin zu gelangen, mußte man stundenlang mit der Metro fahren. Was mir an dem Haus gefiel, war seine Ähnlichkeit mit einem Käfig. Es hatte drei Stockwerke, schmale Gänge und kleine Zimmer. Es war ein unbeschreiblicher Vogelkäfig.
Das Erdgeschoß, das noch am weiträumigsten war und einen Sägemehlofen hatte, bestimmte ich als Bibliothek und Salon für etwaige Festlichkeiten. In den oberen Stockwerken richteten sich meine fast alle aus Chile angekommenen Freunde ein. Dort ließen sich die Maler José Venturelli, Nemesio Antúnez nieder und andere, an die ich mich nicht mehr erinnere.
In jenen Tagen erhielt ich den Besuch von drei Großen der russischen Literatur: dem Dichter Nikolai Tichonow, dem Dramatiker Alexander Kornejtschuk (der zugleich Gouverneur der Ukraine war) und dem Romancier Konstantin Simonow. Ich hatte sie nie zuvor gesehen. Sie umarmten mich, als seien wir Brüder, die sich nach langer Trennung wiedersehen. Und gaben mir ein jeder außer der Umarmung einen volltönenden Kuß, einen jener slawischen Männerküsse, die große Freund-

schaft und Hochachtung bedeuten und an die ich mich nur schwer gewöhnte. Jahre später, als ich den Charakter dieser männlichen Bruderküsse begriff, fand ich die Gelegenheit, eine meiner Geschichten mit diesen Worten zu beginnen:
»Der erste Mann, der mich küßte, war ein tschechoslowakischer Konsul ...«

Die chilenische Regierung wollte mich nicht. Sie wollte mich weder innerhalb Chiles noch außerhalb. Wohin ich mich wandte, gingen mir Noten und Telefonanrufe voraus, die andere Regierungen aufforderten, mir zu schaden.
Eines Tages besuchte mich Jules Supervielle. Zu dieser Zeit besaß ich bereits einen gültigen, auf meinen Namen ausgestellten chilenischen Paß. Der alte, in Uruguay geborene Dichter ging damals nur noch selten aus. Sein Besuch bewegte und überraschte mich.
»Ich bringe dir eine wichtige Botschaft. Mein Schwiegersohn Bertaux will dich sehen. Ich weiß nicht, worum es sich handelt.«
Bertaux war der Polizeichef. Wir betraten sein Arbeitszimmer. Der alte Dichter und ich setzten uns vor den Schreibtisch des Beamten. Ich habe nie einen Tisch mit so vielen Telefonen gesehen. Wie viele mochten es sein? Sicherlich nicht weniger als zwanzig. Sein intelligentes, schlaues Gesicht blickte mich aus diesem Wald von Telefonen an. An diesem berüchtigten Ort also, dachte ich, laufen alle Fäden des Pariser Untergrunds zusammen. Ich dachte an Fantomas und Kommissar Maigret.
Der Polizeichef hatte meine Bücher gelesen und kannte sich in meinen Gedichten unvermutet gut aus.
»Der chilenische Botschafter hat mich ersucht, Ihnen den Paß zu entziehen. Der Botschafter begründet seinen Antrag damit, daß Sie illegal einen Diplomatenpaß benutzen. Stimmt diese Information?«
»Mein Paß ist kein Diplomatenpaß«, erwiderte ich. »Es ist ein einfacher offizieller Paß. Ich bin Senator meines Landes und habe als solcher Anrecht auf den Besitz dieses Ausweises. Übrigens, hier ist er. Prüfen Sie ihn, aber nehmen Sie ihn mir nicht weg, denn er ist mein Privatbesitz.«
»Ist er gültig? Wer hat ihn verlängert?« wollte M. Bertaux wissen, während er meinen Paß entgegennahm.
»Natürlich ist er gültig«, sagte ich. »Wer ihn verlängert hat, kann ich Ihnen nicht sagen. Die chilenische Regierung würde den betreffenden Beamten absetzen.«
Der Polizeichef prüfte meine Papiere eingehend. Dann benutzte er eines seiner zahllosen Telefone und ließ sich mit dem chilenischen Botschafter verbinden.
Das Telefongespräch wurde in meiner Gegenwart geführt.
»Nein, Herr Botschafter, das kann ich nicht tun. Sein Paß ist legal. Ich

weiß nicht, wer ihn verlängert hat. Ich wiederhole: es wäre unkorrekt, ihm seine Papiere abzunehmen. Ich kann es nicht tun, Herr Botschafter. Es tut mir sehr leid.«

Die Hartnäckigkeit des Botschafters war deutlich zu spüren, gleichfalls eine leichte Gereiztheit auf seiten Bertaux'.

Schließlich legte er den Hörer auf und sagte:

»Er scheint ein großer Feind von Ihnen zu sein. Aber Sie können in Frankreich bleiben, solange Sie wollen.«

Supervielle und ich traten auf die Straße. Der alte Dichter konnte sich die Zusammenhänge nicht erklären. Ich meinerseits fühlte so etwas wie eine Mischung aus Triumph und Widerwillen. Der Botschafter, der mich anfeindete, der Komplize meines chilenischen Verfolgers, war derselbe Joaquín Fernández, der vorgab, mein Freund zu sein, der keine Gelegenheit versäumte, mir zu schmeicheln, der mir am selben Vormittag gemeinsam mit dem Botschafter von Guatemala einen kleinen freundschaftlichen Gruß gesandt hatte.

Wurzeln

Ehrenburg, der meine Verse las und übersetzte, schalt mich: zuviel *Wurzel*, zu viele *Wurzeln* in deinen Versen. Warum so viele?

Er hatte recht. Die Erde des Grenzlandes hat ihre Wurzeln in meine Dichtung gesenkt, und diese haben sie nie wieder verlassen. Mein Leben ist eine lange Pilgerschaft, die sich im Kreise bewegt, die stets in den australen Wald zurückkehrt, in den verlorenen Urwald.

Dort wurden die hohen Bäume zuweilen nach siebenhundert Jahren kraftvollen Lebens niedergestreckt, entweder von Wirbelstürmen entwurzelt oder vom Schnee verbrannt oder vom Feuer vernichtet. Ich habe gehört, wie in der Tiefe des Waldes die Titanenstämme fallen: die Eiche, die mit dem Geräusch tauben Verhängnisses stürzt, als schlage sie, um ihr Begräbnis bittend, mit einer Riesenhand an die Türen der Erde. Aber die Wurzeln blieben schutzlos der feindlichen Zeit ausgesetzt, der Nässe, den Flechten, der fortschreitenden Vernichtung.

Nichts Herrlicheres als diese großen geöffneten Hände, verwundet und verbrannt, die, wenn wir auf einem Waldpfad über sie schreiten, vom Geheimnis des begrabenen Baums sprechen, vom Rätsel, aus dem sich das Blattwerk nährte, von den tiefen Muskeln pflanzlicher Herrschaft. Tragisch zerrissen veranschaulichen sie eine neue Schönheit: sie sind Skulpturen der Tiefe – geheime Meisterwerke der Natur.

Einmal, als Rafael Alberti und ich zwischen Wasserfällen, Gestrüpp und kleinen Wäldern in der Nähe von Osorno gingen, machte er mich darauf aufmerksam, daß jeder Zweig sich vom anderen unterscheidet, daß die Blätter in der unendlichen Vielfalt der Stille zu wetteifern

scheinen.
»Sie sehen aus, als habe ein Landschaftsgärtner sie für einen großartigen Park ausgewählt«, sagte er.
Jahre später in Rom erinnerte Rafael an diesen Gang und die natürliche Üppigkeit unserer Wälder.
So war es. So ist es nicht mehr. Mit Schwermut denke ich an die Ausflüge meiner Kinder- und Jugendzeit zwischen Boroa und Carahue, oder in Richtung Toltén ins Hügelland der Küste. Was für Entdeckungen! Die Lieblichkeit des Zimtbaums und sein Duft nach dem Regen, die Flechten, deren Winterbärte an den unzählbaren Gesichtern des Waldes hängen!
Ich stieß die gefallenen Blätter beiseite, auf der Suche nach dem Blitz einiger Käfer: die goldenen Laufkäfer, die sich mit Lackmusflechten verkleidet hatten, um unter den Wurzeln ein winziges Ballett zu tanzen.
Oder später, als ich zu Pferd die Kordillere bis nach Argentinien unter der grünen Kuppel der gigantischen Bäume überquerte, tauchte plötzlich ein Hindernis auf: die Wurzel eines von ihnen, höher als unsere Reittiere, versperrte uns den Weg. Erst mühsames Hacken ermöglichte den Weiterritt. Die Wurzeln waren wie gestürzte Dome: die entdeckte Größenordnung offenbarte uns ihre Macht.

9

Anfang und Ende eines Exils

In der Sowjetunion

Im Jahre 1949, gerade aus dem Exil zurückgekehrt, wurde ich anläßlich des hundertfünfzigsten Geburtstags von Puschkin zum ersten Mal in die Sowjetunion eingeladen. Gleichzeitig mit der Abenddämmerung erschien ich zum Stelldichein mit der kalten Perle der Ostsee, dem alten, neuen, edlen, heldenhaften Leningrad. Die Stadt Peters des Großen und Lenins des Großen hat einen »Engel« wie Paris. Einen grauen Engel: stahlfarbene Avenuen, bleifarbene Steinpaläste und ein stahlgrünes Meer. Die herrlichsten Museen der Welt, die Schätze der Zaren, ihre Bilder, ihre Uniformen, ihre betörenden Juwelen, ihre Festgewänder, ihre Waffen, ihr Tafelgeschirr, alles bot sich meinem Blick. Dazu die neuen unsterblichen Erinnerungen: der Kreuzer »Aurora«, dessen Kanonen im Verein mit Lenins Denken die Mauern der Vergangenheit einrissen und die Tore der Geschichte aufbrachen.
Ich eilte zu einem Treffen mit dem vor hundert Jahren verstorbenen Dichter Alexander Puschkin, Verfasser von so vielen unvergänglichen Sagen und Romanen. Dieser Fürst unter den Volksdichtern hält das Herz der großen Sowjetunion besetzt. Zur Feier seines hundertfünfzigsten Geburtstags haben die Russen Stück für Stück den Palast der Zaren rekonstruiert. Jede Mauer ist wiedererstanden aus dem Schutt, zu dem die Artillerie der Nazis sie zerschossen hatte. Man verwendete die alten Baupläne des Palastes und die Dokumente der Zeit, um die leuchtenden Kirchenfenster, die verzierten Kranzgesimse, die verschnörkelten Kapitelle von neuem gestalten zu können. Dies, um ein Museum zu Ehren eines herrlichen Dichters aus einer anderen Zeit zu errichten.

Was mich in der UdSSR zu allererst beeindruckte, war das Gefühl der Weite, die Gesammeltheit ihres Raums, die Bewegtheit der Birken auf den Wiesen, die riesigen, wunderbar reinen Wälder, die großen Flüsse, die über die Weizenfelder wogenden Pferde.
Ich liebte die sowjetische Erde auf den ersten Blick und begriff, daß von ihr nicht nur eine ethische Lehre für alle Gebiete des menschlichen Daseins ausging, ein Ausgleich der Möglichkeiten und ein wachsender Fortschritt im Tun und Teilen, ich ahnte auch, daß sich auf diesem steppenartigen Kontinent mit all seiner naturhaften Reinheit ein mächtiger Aufschwung vollziehen würde. Die gesamte Menschheit weiß, daß dort die gigantische Wahrheit erarbeitet wird; und die staunende Welt wartet gebannt auf die Dinge, die von dorther kommen sollen. Einige warten mit Schrecken, andere warten einfach, dritte glauben das Kommende zu erahnen.
Ich befand mich mitten in einem Wald, wo Tausende von Bauern in alten Festtrachten Puschkins Gedichten lauschten. Alles zitterte: Men-

schen, Blätter, weite Felder, auf denen junger Weizen zu leben begann. Die Natur schien eine siegreiche Einheit mit dem Menschen zu bilden. Aus jenen Gedichten Puschkins im Wald von Michajlowskoje mußte einmal der Mensch erstehen, der zu anderen Planeten fliegen würde.
Während die Bauern an der Huldigung teilnahmen, ging plötzlich ein heftiger Regen nieder. In nächster Nähe schlug ein Blitz ein und machte einen Mann und den Baum, der ihn schirmte, zu Asche. All das gehörte in das sturzbachartige Bild der Natur. Ohnehin war diese vom Regen begleitete Poesie bereits in meinen Büchern und ging mich persönlich an.

Das sowjetische Land verändert sich ständig. Riesige Städte und Kanäle werden gebaut; langsam verändert sich sogar die Geographie. Doch diese bei meinem ersten Besuch entdeckte Wahlverwandtschaft hatte Bestand, ebenso das, was mir geistig fern und unzugänglich schien.
In Moskau leben die Schriftsteller immer auf dem Siedepunkt und in fortwährender Diskussion. Dort, lange bevor die skandallüsternen Westler es entdeckten, wurde mir klar, daß Pasternak neben Majakowskij der erste sowjetische Dichter war. Majakowskij war der Dichter der Öffentlichkeit mit seiner Donnerstimme und seinem Bronzegesicht, großzügiges Herz, das die Sprache verwandelte und sich den schwierigsten Fragen der politischen Poesie stellte. Pasternak war ein großer Dichter der Dämmerung, der metaphysischen Intimität, politisch ein ehrlicher Reaktionär, der in der Umformung seines Vaterlandes nicht weiter sah als ein erleuchteter Küster. Jedenfalls wurden Pasternaks Gedichte mir viele Male von den strengsten Kritikern seiner politischen Unbeweglichkeit auswendig vorgetragen.
Die Existenz eines sowjetischen Dogmatismus in den Künsten über lange Zeitspannen hin kann nicht geleugnet werden, doch ist auch zu sagen, daß dieser Dogmatismus stets als Fehler erkannt und von Angesicht zu Angesicht bekämpft wurde. Der Personenkult hat mit den kritischen Aufsätzen des brillanten Dogmatikers Schdanow eine schwerwiegende Verhärtung in der Entwicklung der sowjetischen Kultur erzeugt. Indes wurde er in allen Teilen lebhaft in Frage gestellt, und wir wissen, daß das Leben stärker ist und hartnäckiger als Vorschriften. Die Revolution ist das Leben, und Vorschriften suchen nur ihren eigenen Sarg.

Ehrenburg, zwar fortgeschrittenen Alters, ist dennoch nach wie vor ein großer Agitator des Wahrhaftesten und Lebendigsten der sowjetischen Kultur. Ich habe meinen schon alten Freund viele Male in seiner Wohnung in der Gorki-Straße besucht, die geschmückt ist mit Ölbildern und Lithographien von Picasso, oder in seiner Datscha in der

Nähe von Moskau. Ehrenburg liebt Pflanzen leidenschaftlich und verbringt die meiste Zeit in seinem Garten, wo er Unkraut und Schlüsse aus allem zieht, was in seiner Umgebung gedeiht.
Später schloß ich tiefe Freundschaft mit dem Dichter Kirsanow, der meine Gedichte großartig ins Russische übertrug. Kirsanow ist wie alle Sowjetbürger ein glühender Patriot. Seine Dichtung schlägt sprühende Funken und besitzt einen Wohlklang, den ihm die von seiner Feder in Explosionen und Kaskaden in die Luft geschleuderte schöne russische Sprache gewährt.
In Moskau und auf dem Land besuchte ich wiederholt einen anderen großen Dichter: den Türken Nazim Hikmet, einen legendären Schriftsteller, der von den sonderbaren Regierungen seines Landes achtzehn Jahre in Kerkerhaft gehalten worden war.
Nazim, angeklagt, die türkische Marine zum Aufstand verleiten zu wollen, wurde zu allen Strafen der Hölle verurteilt. Die Gerichtsverhandlung fand auf einem Kriegsschiff statt. Man erzählte mir, er habe auf dem Schiffsdeck bis zur Erschöpfung auf und ab gehen müssen, dann sei er in die Latrine gesteckt worden, wo die Exkremente einen halben Meter hoch den Boden bedeckten. Mein Dichterbruder fühlte sich einer Ohnmacht nahe. Der Pestgestank benahm ihm die Sinne. Dann dachte er: die Henker beobachten mich von irgendwo her, sie wollen mich sinken sehen, sie wollen sich an meinem Unglück weiden. Und mit seinem Stolz kehrten seine Kräfte zurück. Er fing an zu singen, erst leise, dann lauter, schließlich aus voller Kehle. Er sang alle Lieder, alle Liebesverse, deren er sich erinnerte, seine eigenen Gedichte, die Romanzen der Bauern, die Kampfhymnen seines Volkes. Er sang alles, was ihm einfiel. So triumphierte er über Kot und Martyrium. Als er mir diese Dinge erzählte, sagte ich zu ihm: »Mein Bruder, du hast für uns alle gesungen. Nun brauchen wir nicht mehr daran zu zweifeln, darüber nachzudenken, was wir tun sollen. Nun wissen wir alle, wann wir anfangen müssen zu singen.«
Er erzählte mir auch von den Schmerzen seines Volkes. Die Bauern werden von den Feudalherren der Türkei grausam verfolgt. Nazim sah sie ins Gefängnis wandern, sah sie das Stück Brot, das sie als einzige Ration bekamen, gegen Tabak eintauschen. Zerstreut begannen sie die Grasnarbe des Innenhofs zu betrachten. Dann aufmerksam, fast gierig. Eines schönen Tags führten sie ein paar Grashalme zum Mund. Später rissen sie das Gras in Büscheln aus, die sie hastig verschlangen. Zuletzt fraßen sie das Gras der Wiese auf allen Vieren, wie die Pferde.
Glühender Antidogmatiker, hat Nazim lange Jahre im Exil in der UdSSR gelebt. Seine Liebe zu diesem Land, das ihn aufnahm, ist in diesem Satz enthalten. »Ich glaube an die Zukunft der Poesie. Ich glaube daran, weil ich in diesem Land lebe, wo die Poesie eine unerläßliche Forderung der Seele darstellt.« In diesen Worten vibrieren viele

Geheimnisse, die aus der Ferne nicht zu erkennen sind. Der Sowjetmensch, dem die Türen zu allen Bibliotheken, zu allen Hörsälen, zu allen Theatern offenstehen, ist das zentrale Anliegen der Schriftsteller. Das darf bei der Diskussion über das Ziel der literarischen Aktion nicht vergessen werden. Einerseits müssen die neuen Formen, die notwendige Erneuerung all dessen, was existiert, die literarischen Formen überwinden und sprengen. Andrerseits: wie nicht die Schritte einer tiefen, weitreichenden Revolution begleiten? Wie von den zentralen Themen die Siege, Konflikte, menschlichen Probleme, Fruchtbarkeit, Bewegung, das Keimen eines riesigen Volkes trennen, das einem vollständigen Wandel des politischen, ökonomischen, sozialen Regimes gegenübersteht? Wie nicht mit diesem Volk solidarisch sein, das von wütenden Invasoren überfallen, von unbarmherzigen Kolonialisten umzingelt wird, von Dunkelmännern aller Klimata und Haarfarbe? Könnten Literatur und Künste angesichts solch wesentlicher Geschehnisse in Gleichgültigkeit und Hochmut verharren?

Der Himmel ist weiß. Um vier Uhr nachmittags ist er schon schwarz. Von dieser Stunde an ist finstere Nacht in der Stadt.

Moskau ist eine Winterstadt. Es ist eine schöne Winterstadt. Über dem unendlichen Dächergewirr liegt Schnee. Die stets sauberen Gehsteige glänzen. Die Luft ist wie harter, durchsichtiger Kristall. Die sanfte Farbe von Stahl, die wirbelnden Schneeflocken, das Kommen und Gehen Tausender von Fußgängern, als spürten sie keine Kälte, all das erweckt die Vorstellung von Moskau als einem großen Winterpalast mit unglaublichen, phantastischen, lebendigen Dekorationen.

Es sind dreißig Grad unter Null in diesem Moskau, das wie ein Stern aus Feuer und Schnee, wie ein brennendes Herz mitten in der Brust der Erde liegt.

Ich schaue aus dem Fenster. Soldaten halten auf den Straßen Wache. Was geht hier vor? Sogar der Schnee hat aufgehört zu fallen. Der große Wischinski wird begraben. Feierlich öffnen sich die Straßen, damit der Leichenzug durch sie hindurch ziehen kann. Es herrscht tiefe Stille, Ruhe im Herzen des Winters für den großen Kämpfer. Wischinskis Feuer kehrt heim in die Grundfesten des sowjetischen Vaterlandes.

Die Soldaten, die vor dem vorbeiziehenden Leichenzug salutieren, bleiben in Formation. Dann und wann führt einer einen kleinen Tanz auf, hebt die behandschuhten Hände und stampft einen Augenblick mit seinen hohen Stiefeln. Abgesehen davon scheinen sie unbeweglich.

Ein spanischer Freund erzählte mir, während des großen Krieges, in den Tagen größter Kälte, gleich nach dem Bombenangriff habe man die Moskauer auf der Straße Eis essen sehen. »Da wußte ich, daß sie den Krieg gewinnen würden«, sagte mein Freund, »als ich sie Eis essen sah, mit solcher Seelenruhe mitten im furchtbarsten Krieg und bei klirrender Kälte.«

Die schneebedeckten Bäume des Parks haben sich bereift. Nichts ist mit diesen Kristallblüten der Parks im winterlichen Moskau zu vergleichen. Die Sonne macht sie durchscheinend, entlockt ihnen weiße Flammen, ohne daß ein Tropfen ihres Blütenbaus zerfließt. Es ist ein verästeltes Universum, durch dessen Schneefrühling man die alten Türme des Kreml sehen kann, die tausendjährigen schlanken Turmspitzen, die vergoldeten Kuppeln von Sankt Basilius.

Hinter Moskaus Ausläufern, auf der Fahrt zu einer anderen Stadt, sehe ich weite weiße Straßen. Es sind zugefrorene Flüsse. Auf dem Bett dieser reglosen Flüsse erscheint dann und wann wie eine Mücke auf schimmerndem Tischtuch die Silhouette eines gedankenverlorenen Fischers. Der Fischer bleibt auf der weiten gefrorenen Steppe stehen, wählt einen Punkt und hackt das Eis auf, bis die begrabene Strömung auftaucht. Er kann nicht gleich fischen, weil der Lärm, den er beim Schlagen des Lochs verursachte, die Fische verscheucht hat. Nun streut der Fischer Eßbares als Futter und Köder für die Flüchtlinge aus. Er senkt seinen Angelhaken ins Loch und wartet. Wartet Stunden um Stunden in der teuflischen Kälte.

Die Arbeit der Schriftsteller, meine ich, hat viel mit der jener arktischen Fischer gemein. Der Schriftsteller muß den Fluß suchen, und wenn er ihn zugefroren vorfindet, muß er das Eis aufhacken. Er muß Geduld verschwenden, Temperaturen ertragen und feindselige Kritik, muß der Lächerlichkeit trotzen, die Tiefenströmung aufsuchen, den richtigen Angelhaken auswerfen und nach Arbeit und nochmal Arbeit sich mit einem winzigen Fischchen zufrieden geben. Und muß wieder zum Fischen ausziehen, gegen die Kälte, gegen das Eis, gegen das Wasser, gegen die Kritik, bis er einen stets größeren Fang tut.

Ich wurde zu einem Schriftstellerkongreß eingeladen. Den Vorsitz bildeten die großen Fischer, die großen Schriftsteller der Sowjetunion. Fadejew mit weisem Lächeln und Silberhaar, Fedin mit dem Gesicht eines englischen Fischers, schmal und spitz, Ehrenburg mit wilder Mähne und einem Anzug, der, mochte er ihn zum ersten Mal tragen, aussah, als habe er darin geschlafen. Tichonow.

Im Vorsitz waren mit ihren Mongolengesichtern und ihren jüngst veröffentlichten Büchern auch die Wortführer der Literaturen aus den entlegensten Sowjetrepubliken vertreten, von Völkern, die ich vorher nicht einmal dem Namen nach gekannt hatte, aus Nomadenländern, die kein Alphabet besaßen.

Wiederbesuchtes Indien

Im Jahre 1950 mußte ich unerwarteterweise nach Indien reisen. In Paris ließ Joliot-Curie mich rufen, um mir eine Mission zu übertragen. Es handelte sich darum, nach Neu-Delhi zu fahren, mit Leuten verschiedener politischer Auffassungen Verbindung aufzunehmen, an Ort und Stelle die Möglichkeiten zur Stärkung der indischen Friedensbewegung abzuwägen.

Joliot-Curie war der Vorsitzende des Weltfriedensrates. Wir besprachen uns ausführlich. Ihm machte Sorge, daß der Pazifismus in Indien nicht genügend Gewicht hatte, obwohl gerade Indien stets in dem Ruf gestanden hat, das friedfertige Land par excellence zu sein. Selbst der Premierminister Pandit Nehru stand in dem Ruf, Vorkämpfer des Friedens zu sein, eine für diese Nation so alte, so tiefe Sache.

Joliot-Curie übergab mir zwei Briefe: einen für einen Wissenschaftler in Bombay, den anderen zur persönlichen Aushändigung an den Premierminister. Es kam mir merkwürdig vor, daß gerade ich für eine so lange Reise und scheinbar so leichte Aufgabe ausersehen worden war. Vielleicht gab meine nie erloschene Liebe zu dem Land den Ausschlag, in dem ich einige Jahre meiner Jugend verbracht hatte. Oder auch die Tatsache, daß ich in jenem Jahr den Friedenspreis für mein Gedicht *Holzfäller, wach auf!* bekommen hatte, eine Auszeichnung, die dann auch Pablo Picasso und Nazim Hikmet zuerkannt wurde.

Ich nahm das Flugzeug nach Bombay. Nach dreißig Jahren flog ich wieder gen Indien. Nun war es keine Kolonie mehr, die für ihre Befreiung kämpfte, sondern eine souveräne Republik: der Traum Gandhis, an dessen ersten Kongressen ich im Jahr 1928 teilgenommen hatte. Wahrscheinlich war keiner meiner damaligen Freunde mehr am Leben, Studentenrevolutionäre, die mir brüderlich ihre Kampfgeschichten erzählt hatten.

Sofort nach der Landung ging ich zum Zoll. Anschließend wollte ich in einem x-beliebigen Hotel absteigen, den Brief dem Physiker Rama bringen und meine Reise nach Neu-Delhi fortsetzen. Ich hatte meine Rechnung ohne den Wirt gemacht. Meine Koffer wollten und wollten nicht aus dem Zollraum kommen. Eine Horde von Kumpanen, die mir nach Zollbeamten aussahen, prüften mein Gepäck mit der Lupe. Ich hatte schon viele Inspektionen erlebt, doch keine wie diese. Mein Gepäck war nicht umfangreich: nur ein mittlerer Handkoffer mit Kleidern und Wäsche sowie ein kleiner Ledersack mit meinem Waschzeug. Meine Hosen, meine Unterhosen, meine Schuhe wurden in die Luft gehoben und mit fünf Paar Augen untersucht. Taschen und Nähte wurden mit ängstlicher Genauigkeit durchforscht. Um meine Wäsche nicht zu beschmutzen, hatte ich in Rom meine Schuhe in ein zerknülltes Zeitungsblatt gewickelt, das ich in meinem Hotelzimmer gefunden hatte. Ich glaube, es war vom *Osservatore Romano*. Sie breiteten dieses Blatt auf einen Tisch, besahen es gegen das Licht, falteten es sorgfältig, als sei es ein Geheimdokument, und legten es schließlich beiseite zu meinen anderen Papieren. Auch meine Schuhe wurden von innen und außen studiert wie einzigartige Exemplare fabelhafter Fossilien.

Zwei Stunden dauerte diese unwahrscheinliche Untersuchung. Aus meinen Papieren (Paß, Adreßbüchlein, dem Brief, den ich dem Regierungschef aushändigen sollte und dem Blatt des *Osservatore Romano*) machten sie ein umständliches Bündel, das sie vor meinen Augen zeremoniell mit Lack versiegelten. Dann bedeuteten sie mir, ich könne ins Hotel fahren.

Mit einer typisch chilenischen Anstrengung, nicht die Geduld zu verlieren, wies ich sie darauf hin, daß kein Hotel mich ohne Ausweis aufnehmen würde und daß der Zweck meiner Indienreise sei, den Brief dem Premierminister auszuhändigen, daß ich ihn aber nicht überreichen könne, da sie ihn beschlagnahmt hätten.

»Wir werden dem Hotel sagen, daß man Sie aufnimmt. Was die Papiere betrifft, so werden wir sie Ihnen gelegentlich zurückerstatten.«

Dies ist das Land, dessen Kampf um seine Unabhängigkeit ein Teil meines jugendlichen Schicksals war, dachte ich. Ich schloß meinen Koffer und zugleich den Mund. Innerlich formte mein Denken nur ein Wort: Scheiße!

Im Hotel traf ich mich mit Professor Baera, dem ich mein Mißgeschick erzählte. Er war ein Hindu mit Humor. Er nahm die Sache nicht allzu ernst. Er war tolerant gegenüber seinem Land, das er noch in Umformung sah. Ich hingegen sah etwas Böses in dieser Unordnung, etwas, was ich beim Empfang in einer neuen unabhängigen Nation nicht erwartet hatte.

Der Freund von Joliot-Curie, dem ich den Empfehlungsbrief brachte, war der Direktor des indischen Kernforschungszentrums. Er lud mich zur Besichtigung seiner Anlagen ein. Und fügte hinzu, wir seien am gleichen Tag zum Mittagessen bei der Schwester des Premierministers eingeladen. So war mein Los, und so ist es mein ganzes Leben geblieben: mit der einen Hand stößt man mich in den Rücken und mit der anderen überreicht man mir zur Entschädigung einen Blumenstrauß.

Das Kernforschungsinstitut war eines jener sauberen, hellen, strahlenden Reiche, in dem weißgekleidete, durchsichtige Männer und Frauen wie rinnendes Wasser umgehen, durch Gänge gleiten, mit Instrumenten hantieren, mit Wandtafeln und Gefäßen. Wenn ich auch nur wenig von den wissenschaftlichen Erläuterungen verstand, so war dieser Besuch doch wie ein Säuberungsbad, das mich von den durch die Belästigungen der Polizei verursachten Flecken reinwusch. Ich erinnere mich vage, daß ich unter anderem eine Art Quecksilberquelle sah. Nichts Überraschenderes als dieses Metall, das seine Energie wie ein Tierleben zeigt. Seine Beweglichkeit hat mich stets fasziniert, seine Fähigkeit zur flüssigen, sphärischen, magischen Umformung.

Ich habe den Namen von Nehrus Schwester vergessen, bei der wir an jenem Tag zu Mittag aßen. In ihrer Nähe verging meine üble Laune. Sie war eine Frau von großer Schönheit, geschminkt und zurechtgemacht wie eine exotische Schauspielerin. Ihr Sari funkelte von Farben. Das Gold und die Perlen unterstrichen ihre prachtvolle Gestalt. Sie gefiel mir ausnehmend. Freilich war es ein Gegensatz, diese feine, elegante Frau mit der Hand essen, ihre langen, juwelengeschmückten Finger in den Reis und die Curry-Sauce tauchen zu sehen. Ich sagte, ich beabsichtige nach Neu-Delhi zu gehen und ihren Bruder sowie die Freunde des Weltfriedens zu sehen. Sie erwiderte, ihrer Ansicht nach müsse die gesamte Bevölkerung Indiens Teil dieser Bewegung sein.

Am Nachmittag übergab man mir im Hotel das Paket mit meinen Papieren. Die Polizeischwindler hatten die Lacksiegel erbrochen, die sie beim Verpacken der Dokumente in meiner Gegenwart darauf gedrückt hatten. Sicherlich hatten sie sogar meine Wäscherechnung fotografiert. Mit der Zeit erfuhr ich, daß alle Personen, deren Adressen in meinem Büchlein aufgeführt waren, von der Polizei aufgesucht und ausgefragt worden waren. Unter ihnen die Witwe von Ricardo Güiraldes, zu jener Zeit meine Schwägerin. Sie war eine theosophisch angehauchte, oberflächliche Dame ohne andere Leidenschaft als der für die asiatischen Philosophien, die in einem entlegenen Dorf Indiens wohnte. Die Tatsache, daß ihr Name in meinem Adreßbuch stand, brachte ihr starke Belästigungen ein.

In Neu-Delhi traf ich am Tag meiner Ankunft sechs oder sieben Persönlichkeiten der indischen Hauptstadt, ich saß in einem Garten unter einem Sonnenschirm, der mich gegen das himmlische Feuer schützte. Es waren Schriftsteller, Philosophen, hinduistische oder buddhistische Priester, alles Leute des so anbetungswürdig schlichten, von jeder Überheblichkeit fernen Indien. Sie meinten einstimmig, die Friedensgesellschaften bildeten eine Bewegung, die wesensgleich sei mit dem Geist ihres alten Landes, mit ihrer erhaltenen Überlieferung von Güte und gegenseitigem Verstehen. Sie hielten es für notwendig, so fügten sie weise hinzu, daß sektiererische oder hegemonistische Neigungen ausgemerzt würden: weder die Kommunisten, noch die Buddhisten, auch nicht die Bürgerlichen, niemand dürfe die Bewegung für sich in Anspruch nehmen. Der Beitrag aller Tendenzen sei der Hauptaspekt, der Kern der Frage. Ich pflichtete ihnen bei.

Der Botschafter von Chile, ein alter Freund von mir, Schriftsteller und Arzt, Dr. Juan Marín, besuchte mich beim Essen. Nach langen

Umschweifen brachte er vor, er habe eine Unterredung mit dem Polizeichef gehabt. Mit der charakteristischen Feierlichkeit, die Behörden im Umgang mit Diplomaten pflegen, habe der Chef der Polizeispitzel ihm mitgeteilt, meine Tätigkeit beunruhige die indische Regierung, ich möge deshalb schleunigst das Land verlassen. Ich antwortete dem Botschafter, meine Tätigkeit habe nur darin bestanden, mich im Hotelgarten mit sechs oder sieben hervorragenden Männern zu besprechen, deren Denken ich für allgemein bekannt hielte. Was mich betreffe, so sagte ich, hätte ich nach Überbringung von Joliot-Curies Botschaft an den Premierminister nicht das geringste Interesse, länger in einem Land zu verweilen, das mich trotz meiner erwiesenen Übereinstimmung mit seiner Sache ohne jede Berechtigung so unhöflich behandelt habe.
Obwohl Mitgründer der Sozialistischen Partei Chiles, war mein Botschafter durch die Jahre und die diplomatischen Privilegien ein Beschwichtigungspolitiker geworden. Er äußerte keinerlei Empörung über die stupide Haltung der hinduistischen Regierung. Ich bat ihn auch um keinerlei Solidaritätserklärung, und wir verabschiedeten uns liebenswürdig voneinander, er sicherlich erleichtert von der schweren Last, die mein Besuch für ihn bedeutet hatte, ich für immer von seinem Mangel an Sensibilität und Freundschaft enttäuscht.

Nehru hatte mich für den darauffolgenden Vormittag in sein Arbeitszimmer bestellt. Er stand auf und reichte mir ohne Willkommenslächeln die Hand. Sein Haus ist so oft fotografiert worden, daß sich eine Beschreibung erübrigt. Dunkle, kalte Augen blickten mich ohne jede Gemütsbewegung an. Dreißig Jahre zuvor war er mir, er und sein Vater, bei einer großen Unabhängigkeitsversammlung vorgestellt worden. Was ich sagte, beantwortete er einsilbig, während er mich mit seiner unverändert kalten Miene beobachtete.
Ich überreichte ihm den Brief seines Freundes Joliot-Curie. Er sagte, er empfände Hochachtung für den französischen Gelehrten und las in aller Ruhe. In dem Brief erwähnte Joliot mich und bat um Unterstützung meiner Mission. Nehru las ihn zu Ende, steckte ihn wieder in seinen Umschlag und blickte mich wortlos an. Plötzlich dachte ich, meine Gegenwart müsse seine unwiderstehliche Abneigung erregen. Gleichzeitig fuhr mir durch den Kopf, daß dieser gallenfarbene Mann vielleicht eine üble physische, politische oder gefühlsbedingte Phase durchmache. Es lag etwas Hochmütiges in seinem Gehabe, etwas Gespanntes wie bei Menschen, die zu befehlen gewohnt sind, aber nicht die Kraft eines Caudillo haben. Ich erinnerte mich, daß sein Vater, Pandit Motilal Zemindar, Großgrundbesitzer aus altem Herrschergeschlecht, Gandhis Großschatzmeister gewesen war und nicht nur zu seiner politischen Weisheit, sondern auch zum großen

Vermögen der Kongreßpartei beigetragen hatte. Ich dachte, vielleicht habe der Mann, der so wortkarg vor mir stand, sich unvermutet wieder in einen Zemindar zurückverwandelt und betrachte mich nun mit derselben Gleichgültigkeit und Geringschätzung, die er für irgendeinen seiner barfüßigen Bauern übrig hatte.
»Was soll ich Professor Joliot-Curie bei meiner Rückkehr in Paris sagen?«
»Ich werde seinen Brief beantworten«, sagte er trocken.
Ich verstummte einige Minuten, die mir endlos schienen. Es war, als habe Nehru nicht die geringste Lust, mir irgend etwas zu sagen, doch zeigte er auch keine Ungeduld, so als könnte ich dort ohne jede Absicht sitzen bleiben, zerschmettert von der Empfindung, einem so bedeutenden Mann die Zeit zu stehlen.
Ich hielt es für unerläßlich, über meine Mission zu sprechen. Der Kalte Krieg drohte von einem Augenblick zum anderen weißglühend zu werden. Ein neuer Abgrund konnte die Menschheit verschlucken. Ich sprach von der furchtbaren Gefahr der Atomwaffen. Und von der Wichtigkeit, die Stimmen derer zu vereinigen, die den Krieg verhindern wollen.
Als habe er nicht zugehört, verharrte er in Selbstversunkenheit. Nach einigen Minuten sagte er:
»Allerdings schlagen beide Seiten mit den Argumenten des Friedens aufeinander ein.«
»Für mich«, entgegnete ich, »können alle, die von Frieden reden oder zum Frieden beitragen wollen, zur selben Seite, zur selben Bewegung gehören. Wir wollen niemanden ausschließen außer den Befürwortern der Rache und des Krieges.«
Das Schweigen hielt an. Ich begriff, daß die Unterhaltung beendet war. Ich stand auf und streckte meine Hand zum Abschied aus. Er drückte sie schweigend. Als ich mich schon zur Tür wandte, fragte er mit einem Anflug von Liebenswürdigkeit:
»Was kann ich für Sie tun? Fällt Ihnen irgend etwas ein?«
Ich reagiere ziemlich langsam, und leider mangelt es mir an Böswilligkeit. Doch einmal im Leben nutzte ich die Gelegenheit:
»Ah, natürlich! Ich habe es ganz vergessen. Wenn ich auch früher in Indien gelebt habe, hatte ich nie die Gelegenheit, das Taj Mahal zu sehen, obwohl es so nahe bei Neu-Delhi liegt. Jetzt wäre die Gelegenheit gewesen, das wunderbare Baudenkmal zu besichtigen, hätte die Polizei mir nicht mitgeteilt, ich dürfe die Stadt nicht verlassen und müsse sofort nach Europa zurückkehren. Ich fliege morgen.«
Glücklich, zurückgeschlagen zu haben, grüßte ich kurz und verließ sein Arbeitszimmer.
Beim Empfang im Hotel erwartete mich der Geschäftsführer.
»Ich habe eine Nachricht für Sie. Soeben wurde von der Regierung

angerufen, die Ihnen gestattet, das Taj Mahal zu besuchen, wann Sie wollen.«
»Machen Sie meine Rechnung fertig«, entgegnete ich. »Ich bedaure, es nicht besuchen zu können. Ich fahre sofort zum Flugplatz und fliege mit der ersten Maschine nach Paris.«
Fünf Jahre später saß ich in Moskau in der Jury des Lenin-Friedenspreises, einer internationalen Jury, der ich angehörte. Als der Augenblick kam, die Anwärter vorzustellen und über sie abzustimmen, nannte der Vertreter Indiens den Namen von Premierminister Nehru.
Ich setzte ein Lächeln auf, das keines der anderen Jurymitglieder verstand und stimmte für ihn. Mit diesem internationalen Preis wurde Nehru als einer der Vorkämpfer des Weltfriedens verewigt.

Meine erste China-Reise

Ich habe China zweimal nach der Revolution besucht. Das erste Mal im Jahre 1951, das Jahr, in dem mir die Mission zufiel, den Lenin-Preis Frau Sung Tsching-ling, der Witwe Sun Yat-sens, zu überbringen.
Sie erhielt die Goldmedaille auf Vorschlag von Kuo Mo-jo, dem chinesischen Schriftsteller und Vizepräsidenten. Kuo Mo-jo war überdies zusammen mit Aragon Vizepräsident des Preisausschusses. Demselben Ausschuß gehörten Anna Seghers, der Filmmacher Alexandrow, einige andere, an die ich mich nicht erinnere, Ehrenburg und ich an. Es bestand eine Geheimallianz zwischen Aragon, Ehrenburg und mir, dank derer es uns in anderen Jahren gelang, daß der Preis an Picasso, Bertolt Brecht und Rafael Alberti vergeben wurde. Was allerdings nicht einfach war.
Wir fuhren nach China mit der transsibirischen Bahn. Diesen legendären Zug zu besteigen, war, als ginge man an Bord eines Schiffes, das auf der Landstrecke den endlos-geheimnisvollen Raum durchsegelt. Alles in meinem Blickfeld war gelb, Meile für Meile, auf beiden Seiten der Fenster. Der sibirische Herbst ging seiner Mitte zu, und man sah nichts als silberne Birken mit gelben Blättern. Und die unermeßliche Prärie, soweit das Auge reichte, Tundra oder Taiga. Dann und wann Bahnhöfe, die den neuen Städten entsprachen. Ehrenburg und ich stiegen aus, um uns die Beine zu vertreten. Auf den Bahnhöfen hockten dichtgedrängt die Bauern in den Wartesälen mit Bündeln und Koffern und warteten auf den Zug.
Wir hatten kaum Zeit, ein paar Schritte durch diese Dörfer zu machen. Sie sahen alle gleich aus und hatten alle ein Standbild Stalins aus Zement. Mal war es mit Silber bemalt, mal mit Gold. Von den Dutzenden mathematisch gleichen, die wir sahen, weiß ich nicht, welche häßlicher waren, die silbernen oder die goldenen. Wieder im

Zug, eine ganze Woche lang, vertrieb Ehrenburg mir mit seiner skeptischen, sprühenden Unterhaltung die Zeit. Wenn auch durch und durch patriotisch und sowjetisch, sprach Ehrenburg über viele Aspekte des Lebens jener Zeit mit lächelnder Verachtung.
Ehrenburg war mit der Roten Armee bis nach Berlin gekommen. Fraglos war er der glänzendste unter allen Kriegsberichterstattern gewesen. Die roten Soldaten hatten sich für diesen verschrobenen, menschenscheuen Mann begeistert. Er hatte mir kurz vorher in Moskau zwei Geschenke von diesen Soldaten gezeigt, die sie aus den deutschen Ruinen geklaubt hatten. Es war ein für Napoleon angefertigtes belgisches Armeegewehr und zwei winzige Bände aus Ronsards Werk, 1650 in Frankreich gedruckt. Die kleinen Bücher waren versengt und mit Regen und Blut bespritzt.
Ehrenburg schenkte Napoleons schönes Gewehr einem französischen Museum. Was soll ich damit? sagte er, den schöngedrehten Lauf und den polierten Kolben streichelnd. Was Ronsards Bändchen betraf, so bewahrte er sie eifersüchtig auf.
Ehrenburg war ein leidenschaftlicher Franzosenfreund. Im Zug sagte er mir eines seiner geheimen Gedichte auf. Es war ein kurzes Poem, in dem er Frankreich wie eine Geliebte besang.
Ich sage: das Gedicht war geheim, weil zu jener Zeit in Rußland der Kosmopolitismus angeprangert wurde. Die Zeitungen druckten häufig volksverdummende Anklagen. Die gesamte moderne Kunst war damals als kosmopolitisch verfemt. Wenn dieser oder jener Schriftsteller oder Maler unangenehm auffiel, wurde sein Name auf Grund dieser Anklage sofort totgeschwiegen. Daher mußte Ehrenburgs franzosenfreundliches Gedicht seine Zärtlichkeit wie eine geheime Blume bewahren.
Viele der Dinge, mit denen Ehrenburg mich bekanntmachte, verschwanden bald darauf unwiederbringlich in Stalins düsterer Nacht, doch für all das, was da verschwand, war meines Erachtens eher Stalins protestbesessener, widersprüchlicher Charakter verantwortlich.
Mit seiner wirren Mähne, seinen tiefen Falten, seinen nikotingelben Zähnen, seinen kalten grauen Augen und seinem traurigen Lächeln war Ehrenburg für mich der alte Skeptiker, der große Enttäuschte. Mir waren erst unlängst die Augen für die große Revolution aufgegangen, daher waren mir sinistre Einzelheiten nicht aufgefallen. Nur der allgemeine schlechte Geschmack der Epoche mißfiel mir, jene gold- und silberbekleckten Statuen. Die Zeit sollte beweisen, daß ich mich geirrt hatte, doch glaube ich, daß nicht einmal Ehrenburg die Tragödie in ihrem ganzen Ausmaß abzuschätzen vermochte. All das sollte beim 20. Parteitag uns allen offenbart werden.

Mir schien, als krieche der Zug durch die gelbe Unermeßlichkeit, Tag

um Tag, Birke um Birke. Und so näherten wir uns durch Sibirien dem Uralgebirge.
Eines Tages aßen wir im Speisewagen zu Mittag, als ein Soldat an einem Tisch unsere Aufmerksamkeit erregte. Er war sternhagelbetrunken. Ein junger, rotwangiger, lächelnder Mensch. Alle Augenblicke bestellte er beim Kellner rohe Eier, zerbrach sie und ließ sie unter vernehmlichem Jubel auf seinen Teller fallen. Gleich darauf bestellte er ein neues Paar. Und wurde immer glücklicher, nach seinem ekstatischen Lächeln und seinen blauen Kinderaugen zu schließen. Er mußte dieses Spiel schon eine ganze Weile getrieben haben, denn das viele Eigelb und Eiweiß begann gefährlich über den Teller zu schwappen und auf den Fußboden des Abteils zu rinnen.
»Towarischtsch!« rief begeistert der Soldat nach dem Kellner und verlangte neue Eier, um seinen Schatz zu vergrößern.
Ebenso begeistert beobachtete ich diese Szene, die so unschuldig surrealistisch war und so unvermutet in jener sibirisch-ozeanischen Einsamkeit.
Bis der beunruhigte Kellner einen Milizsoldaten holte. Der bis an die Zähne bewaffnete Polizist betrachtete von seiner Titanenhöhe aus streng den Soldaten. Dieser würdigte ihn keines Blickes und fuhr in seiner Arbeit fort, Eier aufzubrechen und aufzubrechen.
Ich vermutete, der Hüter des Gesetzes würde den Verschwender gewaltsam aus seinem Wahn rütteln. Aber ich sollte ein Wunder erleben. Der herkulische Polizist setzte sich neben ihn, fuhr ihm zärtlich mit der Hand über den blonden Kopf und redete halblaut auf ihn ein, lächelnd und beschwichtigend. Bis er ihn plötzlich sanft von seinem Platz hochzog und ihn wie ein älterer Bruder am Arm bis zur Wagentür brachte, bis auf den Bahnhof, bis auf die Straßen des Dorfs.
Mit Bitterkeit dachte ich an das, was einem armen betrunkenen kleinen Indio passieren würde, der es sich einfallen lassen wollte, in einem ekuadorianischen Zug Eier zu zerbrechen.

Während dieser transsibirischen Tage konnte man Ehrenburg vormittags wie nachmittags energisch auf seiner Schreibmaschine hacken hören. Hier beendete er *Die neunte Woge*, seinen letzten Roman vor *Tauwetter*. Ich meinerseits schrieb nur gelegentlich einige der *Verse des Kapitäns*, Liebesgedichte für Matilde, die ich später anonym in Neapel veröffentlichen sollte.
Wir stiegen in Irkutsk aus. Bevor wir das Flugzeug nach der Mongolei nahmen, machten wir eine Fahrt auf dem See, dem berühmten Baikalsee an der Grenze Sibiriens, der während der Zarenzeit das Tor zur Freiheit bedeutet hatte. Zu diesem See gingen Gedanken und Träume der Verbannten und Gefangenen. Es war der einzig mögliche Fluchtweg. Baikal! Baikal! wiederholen noch heute die heiseren russi-

schen Stimmen, wenn sie die alten Balladen singen.
Das Seeforschungsinstitut lud uns zum Mittagessen ein. Die Wissenschaftler offenbarten uns ihre wissenschaftlichen Geheimnisse. Die Tiefe des Sees, Kind und Auge des Uralgebirges, hat nie genau bestimmt werden können. In zweitausend Meter Tiefe werden seltsame Fische, blinde Fische, gefangen und ihrem nächtlichen Abgrund entrissen. Und schon bekam ich Appetit und erreichte, daß die Forscher mir ein paar dieser seltsamen Fische auftischten. Ich bin somit einer der wenigen Leute auf der Welt, die »Tiefsee«-Fische verspeist und mit einem guten Schluck sibirischen Wodkas begossen haben.
Von dort flogen wir in die Mongolei. Ich bewahre eine nebelhafte Erinnerung an dieses mondartige Land, wo die Einwohner noch in Nomadenzelten hausen, während sie ihre ersten Druckereien gründen und ihre ersten Universitäten. Rund um Ulan Bator breitet sich endlose Dürre, vergleichbar der Wüste von Atacama in meinem Vaterland, nur unterbrochen von kleinen Kamelherden, welche die Einsamkeit noch archaischer machen. Natürlich kostete ich in erstaunlich schön gearbeiteten silbernen Bechern den Whisky der Mongolen. Jedes Volk bereitet sein alkoholisches Getränk aus dem, was es hat. Dieses war aus gegorener Kamelsmilch. Noch heute läuft mir bei der Erinnerung an seinen Geschmack ein Schauer über den Rücken. Jedoch: wie herrlich in Ulan Bator gewesen zu sein! Und dazu für mich, der ich von schönen Namen lebe. Ich lebe in ihnen wie in Traumschlössern, die für mich bestimmt sind. So habe ich jede Silbe des Namens Singapur, des Namens Samarkand genossen. Ich wünsche mir, wenn ich tot bin, unter einem Namen, einem gutgewählten, wohlklingenden Namen beerdigt zu werden, damit seine Silben über meinen Gebeinen singen, nahe am Meer.

Das chinesische Volk ist eines der lächelndsten der Welt. Durch den unbarmherzigen Kolonialismus hindurch, durch Revolutionen, Hungersnöte, Gemetzel lächelt es wie kein anderes Volk zu lächeln versteht. Das Lächeln der chinesischen Kinder ist die schönste Reisernte, welche die riesige Menschenmasse entkörnt.
Doch es gibt zwei Arten chinesischen Lächelns. Ein natürliches, das die weizenfarbenen Gesichter erhellt: das der Bauern und der großen Volksmasse. Das andere ist ein abnehmbares, unechtes Lächeln, das man unterhalb der Nase auf- und absetzt. Es ist das Lächeln der Beamten.
Als Ehrenburg und ich zum ersten Mal auf dem Flugplatz von Peking standen, kostete es uns Mühe, beide Lächeln auseinanderzuhalten. Das echte, bessere begleitete uns viele Tage hindurch. Es war das Lächeln unserer chinesischen Schriftstellerkameraden, Romanciers und Poeten, die uns mit großzügiger Gastfreundschaft empfingen. So lernten wir

Ting-ling, Erzählerin, Stalinpreisträgerin und Präsidentin des Schriftstellerverbandes kennen, so Mao Tun, Emi Siao und den bezaubernden Ai Ching, Altkommunist und chinesischer Dichterfürst. Sie sprachen Französisch und Englisch. Sie alle hat Jahre später die Kulturrevolution begraben. Doch damals, bei unserer Ankunft, waren sie die führenden Köpfe der Literatur.

Am nächsten Tag, nach der Verleihungszeremonie des Leninpreises, damals Stalinpreis genannt, aßen wir in der sowjetischen Botschaft. Dort waren außer der Preisträgerin Tschou En-lai, der alte Marschall Tschu Teh und einige andere anwesend. Der Botschafter war ein Held von Stalingrad, ein typischer sowjetischer Militär, der unablässig sang und Trinksprüche ausbrachte. Ich kam neben die sehr würdige und noch immer schöne Sung Tsching-ling zu sitzen. Sie war die geachteste Gestalt der Epoche.

Ein jeder von uns hatte eine kleine Kristallflasche mit Wodka vor sich stehen. Die *ganbei* platzten und sprühten. Der *ganbei* genannte chinesische Trinkspruch fordert, daß man sein Glas bis zum letzten Tropfen leert. Der alte Marschall Tschu Teh füllte sich sein Gläschen häufig und stachelte mich mit seinem breiten Bauernlächeln alle Augenblicke zu einem neuen Toast an. Gegen Ende der Mahlzeit nutzte ich die augenblickliche Unachtsamkeit des alten Strategen, um einen Schluck aus seiner Wodkaflasche zu kosten. Meine Vermutung bestätigte sich: der Marschall hatte während des ganzen Mahls reines Wasser getrunken, während ich mir große Mengen flüssigen Feuers hinter die Binde gegossen hatte.

Beim Kaffee nahm meine Tischnachbarin Sung Tsching-ling, die Witwe Sun Yat-sens, die eindrucksvolle Frau, die wir soeben ausgezeichnet hatten, eine Zigarette aus ihrem Zigarettenetui. Dann bot sie mir mit erlesenem Lächeln auch eine an. Nein danke, ich rauche nicht, sagte ich zu ihr. Und als ich ihr Etui bewunderte, erwiderte sie: »Ich hege und pflege es, weil es ein sehr wichtiges Andenken ist.« Es war ein hinreißendes, mit Brillanten und Rubinen besätes Stück aus massivem Gold. Nachdem ich es andächtig bewundert und ein paar rühmende Worte hinzugefügt hatte, gab ich es seiner Besitzerin zurück.

Sie vergaß die Rückgabe sehr rasch, denn beim Aufstehen vom Tisch wandte sie sich sehr bestimmt an mich und sagte:

»Mein Zigarettenetui, please!«

Ich war ganz sicher, es ihr zurückgegeben zu haben, trotzdem suchte ich auf und unter dem Tisch, ohne es zu finden. Das Lächeln von Sun Yat-sens Witwe war verschwunden, und nur zwei schwarze Augen durchbohrten mich wie zwei unerbittliche Strahlen. Der geheiligte Gegenstand fand sich nirgends, und ich begann, mich bereits auf ungereimte Weise verantwortlich für seinen Verlust zu fühlen. Die

schwarzen Strahlen schienen mich davon zu überzeugen, daß ich der Dieb des ziselierten Juwels sei.
Zum Glück sah ich in der letzten Minute der Agonie das Etui in ihren Händen auftauchen. Sie hatte es in ihrer Tasche gefunden, ganz einfach, ganz natürlich. Und schon gewann sie ihr Lächeln wieder, ich aber lächelte mehrere Jahre nicht mehr. Heute denke ich: vielleicht hat die Kulturrevolution sie endgültig um ihr herrliches goldenes Zigarettenetui gebracht.

In jener Zeit trugen die Chinesen blau, eine einheitliche Monteurkluft für Männer wie Frauen, die ihnen einen Anstrich von Einstimmigkeit und Himmelblau verlieh. Nichts von Lumpen. Aber auch keine Autos. Eine dichtgedrängte Menschenmenge füllte alles, floß in alle Richtungen.
Es war das zweite Jahr der Revolution. Sicherlich gab es Mangelerscheinungen und Schwierigkeiten mancherorts, doch das fiel beim Durchstreifen der Stadt Peking nicht auf. Was Ehrenburg und mich besonders beschäftigte, waren kleine Einzelheiten, kleine Ticks des Systems. Als wir ein Paar Socken, ein Taschentuch kaufen wollten, wurde diese Unternehmung zur Staatsaffäre. Die chinesischen Genossen berieten sich. Nach aufgeregten Erörterungen zogen wir in einer Karawane vom Hotel aus. Voran fuhr unser Wagen, gleich dahinter der unserer Wächter, dann kam der der Polizisten, endlich der der Dolmetscher. Die Kolonne setzte sich schnell in Bewegung und bahnte sich einen Weg durch die stets dichtgedrängte Menge. Wir fuhren wie eine Lawine durch den engen Kanal, den die Leute freigaben. Vor dem Laden angelangt, stiegen die chinesischen Freunde eilends aus, vertrieben schleunigst die gesamte Kundschaft aus dem Etablissement, hielten den Verkehr an, bildeten mit ihren Körpern eine Barriere, eine menschliche Passage, die Ehrenburg und ich gesenkten Kopfes durchquerten, um gleichfalls gesenkten Kopfes fünfzehn Minuten später herauszukommen, mit einem kleinen Paket in der Hand und dem unwiderruflichen Entschluß, nie wieder ein Paar Socken zu kaufen.
Ehrenburg machten diese Dinge rasend. Zum Beispiel im Fall des Restaurants, den ich erzählen werde. Im Hotel wurde uns die scheußliche englische Kost serviert, die das Kolonialsystem China als Erbe hinterlassen hat. Ich, der ich ein großer Bewunderer der chinesischen Küche bin, sagte meinem jungen Dolmetscher, ich brenne darauf, die berühmte Pekinger Kochkunst kennenzulernen. Er antwortete, er werde sich erkundigen.
Ich weiß nicht, ob er sich wirklich erkundigt hat, jedenfalls mußten wir nach wie vor unser fades Hotelroastbeef kauen. Wieder trug ich ihm mein Anliegen vor. Er wurde nachdenklich und sagte:
»Die Genossen haben sich mehrmals versammelt, um die Lage zu prüfen. Das Problem ist so gut wie gelöst.«

Am nächsten Tag kam ein bedeutendes Mitglied des Empfangsausschusses auf uns zu. Nachdem er sich sein Lächeln korrekt aufs Gesicht geklebt hatte, fragte er uns, ob wir in der Tat chinesische Kost zu speisen wünschten. Ehrenburg bejahte. Ich fügte hinzu, ich kenne die kantoneser Küche seit meinen Jugendjahren und sei sehr begierig, die weltberühmte Pekinger Würze zu kosten.
»Die Angelegenheit ist schwierig«, sagte der chinesische Genosse sorgenvoll.
Schweigen, Wiegen des Kopfes, dann:
»Fast unmöglich.«
Ehrenburg lächelte sein bitteres Lächeln des halsstarrigen Skeptikers. Ich hingegen wurde wütend.
»Genosse«, sagte ich. »Haben Sie die Güte und bringen Sie meine Papiere für meine Rückreise nach Paris in Ordnung. Wenn ich in China keine chinesische Kost essen kann, werde ich sie im Quartier Latin essen, wo das keine schwierige Angelegenheit ist.«
Mein heftiges Plädoyer hatte Erfolg. Vier Stunden später gelangten wir im Schlepptau unseres aufwendigen Begleitzuges zu einem berühmten Restaurant, wo seit fünfhundert Jahren geröstete Peking-Ente zubereitet wird. Ein erlesenes, denkwürdiges Gericht.
Das Tag und Nacht geöffnete Restaurant lag kaum dreihundert Meter von unserem Hotel entfernt.

Die Verse des Kapitäns

Von Kurswechsel zu Kurswechsel geriet ich auf meinen Exilirrfahrten in ein Land, das ich bisher nicht gekannt hatte und das ich heiß lieben lernte: Italien. In diesem Land kam mir alles fabelhaft vor. Besonders die italienische Einfachheit: das Öl, das Brot und der Wein der Natürlichkeit. Sogar die Polizei . . . Diese Polizei, die mich nie mißhandelte, mich dafür aber unermüdlich verfolgte. Es war eine Polizei, auf die ich überall stieß, sogar im Traum und in der Suppe.
Die Schriftsteller luden mich ein, meine Gedichte zu lesen. Ich las sie guten Glaubens überall, in Universitäten, in Amphitheatern, vor den Hafenarbeitern von Genua, in Florenz, im Palazzo de la Lana, in Turin, in Venedig.
Ich las mit unendlichem Vergnügen vor überfüllten Sälen. Jemand neben mir wiederholte anschließend die Strophe in vollendetem Italienisch, es machte mir Freude, meine Verse in jenem Glanz zu hören, um den diese herrliche Sprache sie bereichert. Der Polizei gefiel das weniger. In Spanisch mochte es hingehen, aber die italienische Fassung hatte Punkte und wunde Punkte. Das Lob des Friedens, ein Wort, das von den »Westlern« bereits geächtet war, mehr noch aber die Richtung

meiner Dichtung zum Klassenkampf hin erwies sich als gefährlich.
Die Stadtverwaltungen waren bei den Wahlen von den Volksparteien gewonnen worden, so daß ich von den erlauchten Rathäusern als Ehrengast empfangen wurde. Mehrere Male wurde ich zum Ehrenbürger der Stadt gewählt. So bin ich Ehrenbürger von Mailand, Florenz und Genua. Vor oder nach meiner Lesung verliehen die Stadträte mir ihre Ehrung. Im Rathaussaal versammelten sich die Honoratioren, Aristokraten und Bischöfe. Man trank ein kleines Glas Champagner, für das ich mich im Namen meines fernen Vaterlandes bedankte. Unter Umarmungen und Handküssen stieg ich schließlich die Stufen der Rathauspaläste hinunter. Auf der Straße erwartete mich die Polizei, die mich weder in der Sonne noch im Schatten aus den Augen ließ.
Mein Besuch in Venedig war eine Filmszene. Ich absolvierte meine übliche Lesung im Festsaal. Wieder wurde ich zum Ehrenbürger ernannt. Aber die Polizei wollte, daß ich die Stadt verließ, wo Desdemona geboren ist und gelitten hat. Die Polizisten waren Tag und Nacht vor dem Hoteleingang postiert.
Mein alter Freund Vittorio Vidale, »Kommandant Carlos«, kam aus Triest, um meine Verse zu hören. Er begleitete mich auch auf meinen endlosen Vergnügungsfahrten durch die Kanäle, um von der Gondel aus die aschgrauen Palazzi vorbeigleiten zu sehen. Was die Polizei betraf, so bedrängte sie mich um so mehr. Sie schlich in zwei Meter Abstand unmittelbar hinter uns her. Nun beschloß ich wie Casanova aus einem Venedig zu fliehen, das mich einmauern wollte. Zusammen mit Vittorio Vidale und dem Schriftsteller Joaquín Gutiérrez aus Costa Rica, der sich zufällig dort aufhielt, stürmten wir davon. Die beiden venezianischen Polizisten hefteten sich an unsere Fersen. Blitzschnell schifften wir uns in Venedigs einziger Motorgondel, der des kommunistischen Bürgermeisters, ein. Die Gondel der Stadtverwaltungsbehörde durchpflügte geschwind die Gewässer des Kanals, während die andere Behörde wie ein Gemsbock davonstürmte, auf der Suche nach einer anderen Barke. Sie fand nur eines der hochromantischen, schwarzen, goldverzierten Ruderfahrzeuge, die in Venedig von Liebespärchen benutzt werden. Dieses verfolgte uns aus der Ferne, hoffnungslos, wie eine Ente einen Delphin.
Diese Verfolgungswut fand eines Morgens ihren Höhepunkt in Neapel. Die Polizei erschien im Hotel, nicht sehr früh freilich, da in Neapel niemand, nicht einmal die Polizei, früh zur Arbeit geht. Sie schoben eine Unstimmigkeit mit meinem Paß vor und baten mich, mit zum Rathaus zu kommen. Dort bot man mir einen Espresso an und teilte mir mit, daß ich das italienische Hoheitsgebiet noch am selben Tag verlassen müsse.
Meine Liebe zu Italien nützte nichts.
»Es handelt sich fraglos um eine Verwechslung«, sagte ich.

»Nichts dergleichen. Wir schätzen Sie sehr, trotzdem müssen Sie das Land verlassen.«
Und schon deutete man mir durch Umschreibungen an, die chilenische Botschaft fordere meine Ausweisung.
Der Zug fuhr nachmittags ab. Auf dem Bahnhof standen meine Freunde zu einer Abschiedszeremonie versammelt. Küsse. Blumen. Geschrei. Paolo Ricci. Die Alicattas. Und so viele andere. Arrivederci. Adiós. Adiós.
Während meiner Bahnfahrt nach Rom überschütteten mich die Polizisten, meine Wächter, mit Freundlichkeiten. Sie verstauten mein Gepäck. Sie kauften mir die *L'Unità* und den *Paese Sera*, keineswegs Rechtsblätter. Sie baten mich um Autogramme, einige für sich selbst, andere für ihre Angehörigen. Ich habe nie eine zartfühlendere Polizei gesehen:
»Es tut uns leid, *Eccellenza*. Wir sind arme Familienväter. Wir führen nur Befehle aus. Es ist abscheulich ...«
Auf dem Bahnhof von Rom, wo ich umsteigen mußte, um meine Reise an die Grenze fortzusetzen, sah ich vom Fenster aus eine große Menschenmenge. Ich hörte Rufe. Ich sah wirres, heftiges Geschiebe. Riesige Blumensträuße segelten hoch über einem Fluß von Köpfen auf den Zug zu.
»Pablo! Pablo!«
Als ich unter eleganter Bewachung die Trittbretter des Zugs hinunterstieg, wurde ich sofort der Mittelpunkt einer wunderbaren Schlacht. Schriftsteller um Schriftsteller, Journalisten, Abgeordnete, wohl etwa tausend Personen, entrissen mich in wenigen Sekunden den Händen der Polizisten. Diese wiederum befreiten mich aus den Armen meiner Freunde. In diesen dramatischen Sekunden konnte ich einige berühmte Gesichter unterscheiden. Alberto Moravia und seine Frau Elsa Morante, Romanschriftstellerin wie er. Der berühmte Maler Renato Guttuso. Andere Dichter. Andere Maler. Carlo Levi, der berühmte Verfasser von *Christus kam nur bis Eboli*, überreichte mir einen Strauß Rosen. Bei dem Gerangel fielen die Blumen zu Boden, Hüte flogen und Regenschirme, Faustschläge dröhnten wie Explosionen. Dabei zog die Polizei den kürzeren, und schon war ich erneut von meinen Freunden erobert. In dem Getümmel sah ich die süße zarte Elsa Morante mit ihrem seidenen Sonnenschirm auf den Kopf eines Polizisten einhämmern. Währenddessen rollten die Gepäck ab- und anfahrenden Handwagen vorbei und ich sah einen der Dienstmänner, einen korpulenten *facchino* auf die Rücken der öffentlichen Streitkräfte losknüppeln. Das waren Sympathieerklärungen des römischen Volkes. Der Kampf wurde so verbissen, daß die Polizisten mir zuflüsterten:
»Sprechen Sie doch mit Ihren Freunden. Sagen Sie ihnen, sie sollen sich beruhigen ...«

Die Menge schrie:
»Neruda soll in Rom bleiben! Neruda soll Italien nicht verlassen! Der Dichter soll bleiben! Der Chilene soll bleiben! Gehen soll der Österreicher!«
(Der »Österreicher« war de Gasperi, Italiens Premierminister.)
Nach einer halben Stunde des Faustkampfs traf ein höherer Befehl ein: meine Aufenthaltserlaubnis für Italien. Meine Freunde umarmten und küßten mich, und ich verließ den Bahnhof und zertrampelte dabei zu meinem Kummer die von der Schlacht in alle Winde gewirbelten Blumen.

Am nächsten Tag erwachte ich im Haus eines Senators mit Sitz im Parlament, zu dem der Maler Renato Guttuso, der dem Wort der Regierung nicht ganz traute, mich gebracht hatte. Dort erreichte mich ein Telegramm von der Insel Capri. Unterzeichnet von dem berühmten Historiker Erwin Cerio, den ich nicht persönlich kannte. Er bekundete seine Empörung über das, was er eine Schande nannte, einen Verstoß gegen die italienische Tradition und Kultur. Er schloß damit, daß er mir auf der Insel Capri eine Villa zum Wohnen anbot.
Das alles klang wie ein Traum. Und als ich in Begleitung von Matilde Urrutia, von Matilde, nach Capri kam, schien der Traum Wirklichkeit geworden.
Wir kamen abends, im Winter auf der herrlichen Insel an. Im Dämmer ragte die Küste, weißlich und turmhoch, unbekannt und stumm. Was würde geschehen? Was würde uns geschehen? Ein Pferdewägelchen erwartete uns. Das Wägelchen stieg und stieg durch die verlassenen nächtlichen Gassen. Weiße, stumme Häuser, enge, fast senkrechte Gäßchen. Endlich hielt die Kutsche an. Der Kutscher brachte unsere Koffer in das gleichfalls weiße und allem Anschein nach leere Haus.
Beim Eintreten sahen wir ein Feuer im großen Kamin brennen. Im Schein der Kerzenleuchter stand ein hochgewachsener Mann mit weißem Haar, Bart und Anzug. Don Erwin Cerio, der Besitzer von halb Capri, Geschichtsschreiber und Naturforscher. Im Halbdunkel ragte er auf wie das Bildnis des lieben Gottes in den Kinderbüchern.
Er war fast neunzig Jahre alt und der berühmteste Mann der Insel.
»Verfügen Sie über dieses Haus. Hier sind Sie ungestört.«
Und so war es viele Tage hindurch, während derer er uns aus Feinfühligkeit nicht besuchte, sondern nur kurze Botschaften schickte mit Nachrichten oder Ratschlägen in erlesener Schönschrift mit einem Blatt oder einer Blume aus seinem Garten. Erwin Cerio war für uns Italiens weites, großzügiges, duftendes Herz.
Später lernte ich seine Arbeiten, seine Bücher kennen, die echter, wenn auch nicht so berühmt sind wie die Axel Munthes. Der noble alte Cerio sagte immer wieder mit schelmischem Humor:

»Gottes Meisterwerk ist Capri.«
Matilde und ich schlossen uns ein in unsere Liebe. Wir machten lange Ausflüge nach Anacapri. Die in tausend Gärtchen aufgeteilte kleine Insel besitzt einen natürlichen Glanz, der zwar allzu oft beschrieben, dennoch auf zwingende Weise wahr ist. Zwischen den von Sonne und Wind gegeißelten Felsen sprießen in der trockenen Erde winzige Pflanzen und Blumen, die wie in einem genau angelegten großen Garten gedeihen. Dies versteckte Capri, das man erst nach langer Pilgerschaft, wenn man das Touristenetikett abgelegt hat, kennenlernt, dieses volkstümliche Capri mit seinen Felsen und winzigen Weinbergen, mit seinen schlichten, arbeitsamen, echten Bewohnern strahlt einen überwältigenden Zauber aus. Hier verschmilzt man mit Dingen und Menschen, hier kennen einen die Kutscher und Fischerinnen, hier wird man rasch eins mit dem verborgenen, armen Capri, man weiß, wo es den guten billigen Wein gibt und wo man die Oliven kaufen muß, welche die Leute von Capri essen.
Vielleicht gibt es hinter den großen Palastmauern all die romanhaften Verderbtheiten, von denen man in Büchern liest. Ich hingegen nahm an einem glücklichen Leben teil in völliger Einsamkeit oder unter den treuherzigsten Menschen der Welt. Unvergeßliche Zeit! Ich arbeitete jeden Vormittag; nachmittags schrieb Matilde meine Gedichte ins Reine. Zum ersten Mal wohnten wir zusammen im selben Haus. An diesem Ort von trunkenmachender Schönheit wuchs unsere Liebe. Nun konnten wir uns nicht mehr trennen.
Dort beendete ich ein Buch der leidenschaftlichen, schmerzlichen Liebe, das bald darauf anonym in Neapel veröffentlicht wurde: *Die Verse des Kapitäns.*
Ich werde jetzt die Geschichte dieses Buches erzählen – es ist eines meiner umstrittensten Bücher. Lange war es ein Geheimnis, lange trug es keinen Namen auf dem Deckel, als verleugnete ich es oder als kenne das Buch seinen Vater nicht. So wie es natürliche Söhne gibt, Söhne natürlicher Liebe, so waren *Die Verse des Kapitäns* ein natürliches Buch.
Die darin enthaltenen Gedichte wurden da und dort während meines europäischen Exils geschrieben. Sie wurden 1952 anonym in Neapel gedruckt. Meine Liebe zu Matilde, die Sehnsucht nach Chile, die Leidenschaften des Mitmenschen füllen die Seiten dieses Buches, das viele Auflagen hindurch keinen Verfasser nannte.
Für seinen Erstdruck beschaffte der Maler Paolo Ricci wunderbares Papier, alte Bodoni-Schriften und Stiche von pompejanischen Vasen. Mit brüderlichem Eifer stellte Paolo auch die Liste der Subskribenten zusammen. Bald erschien dann der Band in nicht mehr als fünfzig Exemplaren. Wir feierten das Ereignis ausgiebig an einem reichgeschmückten Tisch mit *frutti di mare* und wassergleich durchsichtigem

Wein, diesem einzigen Sohn von Capris Weinbergen. Und mit der Freunde Freude, die unsere Liebe liebten.
Einige argwöhnische Kritiker schrieben dem anonymen Erscheinen eines Buches politische Motive zu. »Die Partei hat sich widersetzt, die Partei hat es nicht genehmigt«, sagten sie. Doch das war nicht wahr. Zum Glück widersetzt sich meine Partei keinem Ausdruck der Schönheit.
Wahr allein ist dies: lange Zeit wollte ich nicht, daß die Gedichte Delia, von der ich mich getrennt hatte, kränkten. Delia del Carril, zarte Mitreisende, Faden aus Stahl und Honig, die mir in den tönenden Jahren die Hände band, war achtzehn Jahre lang meine vorbildliche Gefährtin gewesen. Dieses Buch, in jäher, glühender Leidenschaft entstanden, würde ihr zartes Gefüge treffen wie ein Steinschlag. Dies und nichts anderes waren die tiefen, persönlichen, zu respektierenden Beweggründe meiner Namenlosigkeit.
Dann wurde das Buch, noch namen- und vornamenlos, ein natürlicher, tapferer Mann. Er bahnte sich seinen Weg ins Leben, ich mußte ihn schließlich anerkennen. Inzwischen ziehen durch die Straßen, das heißt, durch Buchläden und Bibliotheken, die *Verse des Kapitäns* mit dem Namen des echten Kapitäns.

Ende des Exils

Mein Exil ging seinem Ende zu. Es war das Jahr 1952. Über die Schweiz gelangten wir nach Cannes, um ein italienisches Schiff zu nehmen, das uns nach Montevideo bringen würde. Diesmal wollten wir in Frankreich niemanden sehen. Ich benachrichtigte nur Alice Gascar, meine langjährige treue Übersetzerin und Freundin. Dennoch erwarteten uns in Cannes unvermutete Ereignisse.
Auf der Straße in der Nähe der Schiffahrtsgesellschaft traf ich Paul Éluard und Dominique, seine Frau. Sie hatten von meiner Ankunft erfahren und warteten, um mich zum Mittagessen einzuladen. Picasso sollte auch dabeisein. Bald stießen wir auf den chilenischen Maler Nemesio Antúnez und Inés Figueroa, seine Frau, die auch mit von der Partie sein würden.
Es sollte mein letztes Wiedersehen mit Paul Éluard sein. Ich sehe ihn noch unter der Sonne von Cannes in seinem blauen Anzug, der einem Pyjama glich. Ich werde nie sein gebräuntes, rosiges Gesicht vergessen, seine tiefblauen Augen, sein unendlich jugendliches Lächeln, im afrikanischen Licht von Cannes' funkelnden Straßen. Éluard war aus Saint Tropez gekommen, um sich von mir zu verabschieden, er brachte Picasso mit und bestellte das Mittagessen. Alles war zum Fest gerüstet.
Ein unvorhergesehener törichter Vorfall verdarb mir den Tag. Matilde

hatte kein Visum für Uruguay. So mußte sie unverzüglich beim Konsulat dieses Landes vorsprechen. Ich fuhr im Taxi mit und wartete vor der Tür. Matilde lächelte optimistisch, als der Konsul hereinkam, um sie zu empfangen. Er schien ein guter Junge zu sein. Er trällerte Arien aus *Madame Butterfly*. Er trug sich wenig konsularisch: Sporthemd und Shorts. Sie hätte sich nie vorgestellt, daß der Kerl sich im Lauf der Unterhaltung als ordinärer Erpresser entpuppen würde. Mit dem Aussehen eines Mr. Pinkerton wollte er Überstunden in Rechnung stellen und machte alle möglichen Schwierigkeiten. Hielt uns den ganzen Vormittag in Trab. Die *bouillabaisse* des Mittagessens schmeckte mir nach Galle. Es kostete Matilde Stunden, um ihr Visum zu bekommen. Pinkerton kam alle Augenblicke mit neuen Bedingungen: daß sie sich knipsen lasse, daß sie Dollars in Franken umwechsle, daß sie einen Anruf nach Bordeaux bezahle. Schließlich beliefen sich die Kosten auf mehr als einhundertundzwanzig Dollar für ein Transitvisum, das kostenlos hätte sein müssen. Ich fürchtete schon, Matilde würde das Schiff verpassen, so daß auch ich nicht würde fahren können. Lange Zeit dachte ich: dieser Tag ist der bitterste meines Lebens gewesen.

Verzettelte Ozeanographie

Ich bin ein Liebhaber des Meeres. Seit Jahren sammle ich Kenntnisse, die mir wenig nützen, da ich zu Lande navigiere.

Nun kehre ich nach Chile, in mein ozeanisches Land zurück, mein Schiff nähert sich Afrikas Küste. Die alten, heute gepanzerten Säulen des Herkules, Diener des vorletzten Imperialismus, liegen hinter uns.

Ich betrachte das Meer mit größter Selbstlosigkeit, mit der des reinen Ozeanographen, der die Oberfläche und die Tiefe kennt, der dabei kein literarisches Vergnügen, sondern als genießerischer Kenner den Geschmack des Wals auf der Zunge hat.

Mir haben es immer die Seeberichte angetan, ich besitze in meinem Bücherbord eine ganze Reihe dieser Schriften. Das Buch, das ich am häufigsten befrage, ist ein Werk von William Beebe oder eine gute Monographie über die Seeschnecken des arktischen Meers.

Das Plankton interessiert mich – dieses nahrhafte Wasser, molekular und elektrisch geladen, das die Meere mit der Farbe eines violetten Blitzes tönt. So habe ich gelernt, daß die Wale sich fast ausschließlich von diesem zahllosen Meereswachstum nähren. Winzigste Pflanzen und unwirkliche Infusorien bevölkern unseren zittrigen Kontinent. Die Wale öffnen ihre Riesenmäuler, während sie sich fortbewegen, strecken die Zunge zum Gaumen, so daß dieses lebende Wasser voller Eingeweide sie füllt und nährt. So beköstigt sich der grüne Wal *(bachianetas*

glaucas), der auf dem Weg zum Südpazifik und den warmen Inseln an den Fenstern meiner Isla Negra vorbeizieht.
Auch die Wanderroute des Pottwals, des gezahnten, des chilenischsten der gejagten Wale führt hier vorbei. Die chilenischen Seeleute illustrierten mit ihnen die folkloristische Welt des Meers. Mit dem Messer ritzten sie in die Walzähne Herzen und Pfeile, kleine Denkmäler der Liebe, kindliche Abbilder ihrer Segelschiffe und Bräute. Doch unsere Walfänger, die kühnsten der Meereshalbkugel, durchschifften weder die Meerenge noch Kap Horn, die zornigen Gewässer der Antarktis, nur um das Gebiß des bedrohlichen Pottwals zu entzahnen, sondern um ihm seinen Fettschatz zu entreißen, und was noch wichtiger ist, den kleinen Sack grauer Ambra, den nur dieses Ungeheuer in seinem Bauchberg birgt.
Ich komme jetzt von einem anderen Erdteil. Ich habe das letzte blaue Sanktuarium des Mittelmeers verlassen, die Grotten, die See- und Unterseewelt der Insel Capri, wo die Sirenen auftauchen, um auf den Klippen ihr blaues Haar zu kämmen, weil die Bewegung des Meers, ihre wilden Flechten gefärbt und durchnäßt hatte.
Im Aquarium von Neapel konnte ich die elektrischen Moleküle frühlingshafter Organismen und die Meduse aus Dampf und Silber auf- und untertauchen sehen, wenn sie sich in ihrem süßen feierlichen Tanz regte, innerlich umschlungen von dem einzigen elektrischen Gürtel, den eine Dame der Unterseetiefen je getragen hat.
Vor vielen Jahren habe ich in Madras, im düsteren Indien meiner Jugend, ein wunderbares Aquarium besucht. Bis zum heutigen Tag erinnere ich mich an die polierten Fische, die giftigen Muränen, die mit Feuersbrunst und Regenbogen bekleideten Fischschwärme, ja noch mehr, die todernsten, gemessenen Polypen, metallisch wie Registriermaschinen, mit ungezählten Augen, Beinen, Saugnäpfen und Kenntnissen.
Von dem großen Polypen, den wir alle zum ersten Mal in Victor Hugos *Die Arbeiter des Meeres* kennenlernten (auch Victor Hugo ist ein Fangarm- und Vielformpolyp der Dichtung), von dieser Abart habe ich nur ein Armfragment im Naturgeschichtlichen Museum von Kopenhagen gesehen. Das war in der Tat der alte Krake, Schrecken der alten Meere, der ein Segelschiff packte und es umgarnend, umwickelnd bezwang. Das Teilstück, das ich in Alkohol konserviert sah, bewies, daß seine Länge dreißig Meter überschritt.
Was ich aber mit größter Beständigkeit verfolgte, war die Spur, richtiger, der Körper des Narwals. Da das gigantische See-Einhorn der Nordmeere meinen Freunden so unbekannt war, fühlte ich mich schließlich als einziger Bote der Narwale und hielt mich am Ende selbst für einen Narwal.
Gibt es den Narwal?

Ist es möglich, daß ein außerordentlich friedfertiges Seetier, das eine vier oder fünf Meter lange Elfenbeinlanze vor sich herträgt, die, in ihrer ganzen Länge wie eine gewundene Säule kanneliert, als Nadel endet, Millionen von Menschenwesen, sogar in seiner Legende, sogar in seinem wunderbaren Namen verborgen bleibt?

Von seinem Namen – Narwhal oder Narwal – kann ich sagen, daß es der herrlichste der Unterseenamen ist, der Name eines singenden Seepokals, Name eines kristallenen Schiffsschnabels. Und warum kennt dann niemand seinen Namen?

Warum gibt es keine Leute namens Narwal, das schöne Haus der Narwal, und keinen Narwal Ramírez oder Narwala Carvajal?

Es gibt sie nicht. Das Meereinhorn verharrt in seinem Geheimnis, in seinen Strömungen transmarinen Dunkels mit seinem langen Elfenbeindegen, versunken im unbekannten Ozean.

Im Mittelalter war die Jagd auf Einhörner ein mystischer und ästhetischer Sport. Das irdische Einhorn wurde betörend verewigt in Wandbehängen, umgeben von alabasterbleichen, hochmütigen Damen, und seine Majestät umstrahlt der Heiligenschein aller funkelnden oder zwitschernden Vögel.

Was den Narwal betrifft, so sandten die mittelalterlichen Monarchen einander als Prunkgeschenk ein Stück seines fabelhaften Körpers und schabten davon Staub ab, der als Beimischung zu Likören – ewiger Traum des Menschen! – Gesundheit verlieh und Jugend und Manneskraft.

Als ich einmal durch Dänemark reiste, betrat ich einen alten Laden mit naturgeschichtlichen Gegenständen, eines jener in unserem Amerika unbekannten Geschäfte, die für mich alle Faszination der Erde ausstrahlen. Dort entdeckte ich in verschiedenen Winkeln drei oder vier Narwalhörner. Die längsten maßen fast fünf Meter. Lange schwang und streichelte ich sie.

Der alte Besitzer des Ladens sah mich imaginäre Würfe mit der Elfenbeinlanze gegen die unsichtbaren Windmühlen des Meeres ausführen. Dann stellte ich eine jede wieder in ihre Ecke. Ich konnte nur das kleine Horn eines Neugeborenen erstehen, eines von denen, die mit ihrem harmlosen Rammsporn die kalten Arktikgewässer erforschen.

Ich bewahrte ihn in meinem Handkoffer, doch in meiner kleinen schweizerischen Pension am Genfer See fühlte ich das Bedürfnis, den magischen Schatz des Meereinhorns, der mir gehörte, zu sehen und zu berühren. Ich holte ihn aus meinem Koffer.

Seitdem finde ich ihn nicht mehr.

Habe ich ihn in der Pension von Vésenaz vergessen, oder ist er in letzter Minute unters Bett gerollt? Oder ist er womöglich wirklich auf geheimnisvoll-nächtliche Weise zum Polarkreis zurückgekehrt?

Ich blicke auf die kleinen Wellen eines neuen Tages im Atlantik. Das

Schiff hinterläßt auf beiden Seiten seines Bugs weiße, blaue und schwefelgrüne Wasserfetzen, Schaum und Wirbelgrund.
Es sind die Tore des Ozeans, die erzittern.
Über ihm fliegen die winzigen fliegenden Fische aus Silber und Durchsichtigkeit.
Lange blicke ich auf das Wasser. Auf ihm schiffe ich anderen Gewässern entgegen: den gepeinigten Wogen meines Vaterlandes.
Der Himmel eines langen Tages bedeckt den ganzen Ozean.
Die Nacht wird kommen und wird mit ihrem Schatten den großen geheimnisgrünen Palast erneut verbergen.

10

Seefahrt mit Rückkehr

Ein mit mir verwandter Senator, der in einer neuen Wahl gesiegt hatte, kam für ein paar Tage nach Isla Negra. So beginnt die Geschichte vom Lamm.

Und nun wollten seine begeistertsten Wähler den Senator bei uns mit einem Freudenfest feiern. Am ersten Abend des Festes wurde ein Lamm nach chilenischer Landart gebraten, im Freien wurde ein großes Feuer angezündet und der Leib des Tiers auf ein Bratholz gespießt. Dieser sogenannte »Spießbraten« wird mit viel Wein und bei trauriger Kreolengitarrenmusik verspeist.

Ein zweites Lamm stand für die Feier des zweiten Tages bereit. Während es auf sein Schicksal wartete, wurde es vor meinem Fenster angebunden. Die ganze Nacht hindurch wimmerte und weinte, blökte und klagte es über seine Einsamkeit. Es brach einem das Herz, das Gejammer des Lamms zu hören. So daß ich gegen Morgen beschloß, aufzustehen und es zu rauben.

Ich schaffte es in ein Auto und brachte es einhundertundfünfzig Kilometer weit in mein Haus nach Santiago, wo die Opfermesser es nicht erreichen konnten. Kaum waren wir angelangt, machte es sich heißhungrig über das Schönste in meinem Garten her. Die Tulpen hatten es ihm besonders angetan, es ließ keine übrig. Wenn es sich auch aus stachligen Gründen nicht an die Rosensträucher wagte, verzehrte es doch die Levkojen und Lilien mit seltsamem Genuß. Es half nichts: ich mußte es von neuem anbinden. Sofort blökte es und versuchte sichtlich, mich zu erweichen, wie schon vorher. Ich war verzweifelt.

Hier kreuzt die Geschichte von Juanito die des Lammes. Zu jener Zeit kam es im Süden des Landes zu einem Bauernstreik. Die Großgrundbesitzer der Gegend, die ihren Pachtbauern nicht mehr als zwanzig US-Cents am Tag zahlten, erstickten den Streik mit Prügel und Einkerkerung.

Ein junger Bauer bekam es so mit der Angst, daß er in aller Eile einen Zug bestieg. Der Junge hieß Juanito, war streng katholisch und wußte nichts von den Dingen dieser Welt. Als der Schaffner kam und die Fahrkarten prüfte, sagte er, er habe keine Fahrkarte, er fahre nach Santiago, er habe geglaubt, die Züge seien dafür da, daß man einsteige und reise, wenn man sie brauche. Natürlich versuchte der Mann, ihn zum Aussteigen zu bewegen. Doch die Fahrgäste der dritten Klasse – Leute aus dem Volk, die immer freigiebig sind – veranstalteten eine Kollekte und zahlten gemeinsam Juanitos Fahrt.

Juanito lief mit einem Kleiderbündel unter dem Arm durch Straßen und Plätze der Hauptstadt. Da er keinen Menschen kannte, wollte er auch mit keinem Menschen sprechen. Auf dem Land hieß es, in Santiago gäbe es mehr Diebe als Einwohner, und er fürchtete, man könne ihm das Hemd und die Hanfschuhe stehlen, die er in einer Zeitung unter dem Arm trug. Tagsüber stromerte er durch die belebtesten Straßen, wo die Leute es immer eilig haben und diesen von einem anderen Stern herabgestürzten Kaspar Hauser mit Püffen beiseite stießen. Nachts suchte er gleichfalls die besuchtesten Viertel auf, doch das waren die Avenidas der Kabaretts und des Nachtlebens, und dort wirkte dieser bleiche Hirte unter Sündern noch seltsamer. Da er keinen einzigen Centavo bei sich hatte, konnte er nicht essen, so daß er eines Tages besinnungslos umsank.

Eine Menge Neugieriger umringte den auf der Straße ausgestreckten jungen Mann. Er lag vor der Tür eines kleinen Restaurants. Man schleppte ihn dort hinein und ließ ihn auf dem Fußboden liegen. Das Herz, sagten die einen. Ein Leberkollaps, sagten andere. Der Besitzer des Restaurants blickte ihn an und sagte: »Es ist Hunger.« Kaum hatte er ein paar Bissen hinuntergewürgt, kam der Leichnam wieder zum Leben. Der Wirt stellte ihn zum Tellerwaschen an und gewann ihn lieb. Er hatte allen Grund dazu. Der junge Bauer, stets lächelnd, wusch Berge von Tellern. Alles ging gut. Er aß viel mehr als auf seiner Weide.

Das Unheil der Stadt verstrickte sich auf seltsame Weise, so daß Hirte und Lamm in meinem Haus zusammenkamen.

Plötzlich bekam der Hirte Lust, die Stadt kennenzulernen und wandte seine Schritte über die Geschirrberge hinaus. Voller Begeisterung bog er in eine Straße ein, überschritt einen Platz, alles entzückte ihn. Doch als er umkehren wollte, war es zu spät. Er hatte sich die Richtung nicht gemerkt, weil er nicht schreiben konnte, und nun suchte er vergebens die gastfreie Tür, die ihn aufgenommen hatte. Er fand sie nie wieder.

Ein Fußgänger, der Mitleid mit seiner Verwirrung hatte, sagte, er solle sich an mich, den Dichter Pablo Neruda wenden. Ich weiß nicht, wie er auf diese Idee kam. Vielleicht, weil in Chile die Manie herrscht, mir alles aufzubürden, was den Leuten an Abenteuerlichem durch den Kopf geht und mir gleichzeitig die Schuld an allem zuzuschieben.

Fest steht, daß der junge Mann eines Tages in mein Haus kam und dem gefangenen Tier begegnete. Da ich mir bereits das überflüssige Lamm aufgehalst hatte, bedurfte es nur eines Schritts, um auch den jungen Hirten aufzunehmen. Ich wies ihn an, darüber zu wachen, daß das Feinschmeckerlamm nicht ausschließlich meine Blumen fraß, sondern dann und wann seinen Hunger auf der Weide meines Gartens stillte.

Die beiden verstanden sich vorzüglich. In den ersten Tagen legte er dem Tier der Form halber ein Stricklein um den Hals und führte es damit von einer Stelle zur anderen. Das Lamm fraß unablässig, der individualistische Hirte auch, und beide spazierten nach Belieben durchs ganze Haus, auch durch meine Zimmer. Eine vollkommene Gemeinschaft war entstanden, herbeigeführt durch die Nabelschnur der Mutter Erde, durch den wahren Auftrag des Menschen. So vergingen viele Monate. Hirte und Lamm rundeten ihre fleischlichen Formen ab, besonders der Wiederkäuer, der seinem Hirtenjungen kaum noch nachkam, so fett war er geworden. Bisweilen kam er bedächtig in mein Zimmer, blickte mich gleichgültig an und ging wieder hinaus, einen kleinen Rosenkranz schwarzer Perlen auf dem Fußboden hinterlassend.

Alles fand seinen Abschluß, als der Bauer Sehnsucht nach seinem Land empfand und sagte, er wolle in seine ferne Heimat zurückkehren. Es war ein Entschluß der allerletzten Stunde. Er mußte ein Gelübde an die Mutter Gottes seines Dorfs erfüllen. Er konnte das Lamm nicht mitnehmen. Zärtlich verabschiedeten sich die beiden voneinander. Der Hirte nahm den Zug, diesmal mit einer Fahrkarte in der Hand. Die Abreise war schmerzlich.

In meinem Garten hinterließ er weniger ein Lamm als ein ernstes und fettes Problem. Was tun mit dem Wiederkäuer? Wer sollte es nun versorgen? Ich hatte genug politische Sorgen. Mein Haus war nach den Verfolgungen, die mir meine Kampflyrik eingetragen hatte, in völligem Durcheinander. Das Lamm begann von neuem seine klagenden Partituren zu blöken.

Ich schloß die Augen und bat meine Schwester, es fortzuschaffen. Ach! Diesmal war ich sicher, daß es dem Bratspieß nicht entgehen würde.

August 1952 bis April 1957

Die Jahre zwischen August 1952 und April 1957 werden in meinen Erinnerungen im einzelnen nicht behandelt, weil ich fast die ganze Zeit in Chile verbrachte und in dieser Zeit weder merkwürdige noch abenteuerliche Dinge geschahen, die meine Leser unterhalten könnten. Trotzdem sollten einige wichtige Tatsachen dieser Zeitspanne aufgeführt werden. Ich veröffentlichte das Buch *Die Trauben und der Wind*, dessen Text ich mitgebracht hatte. Ich arbeitete intensiv an den *Elementaren Oden* und an *Drittes Buch der Oden*. Ich berief einen Kontinentalen Kulturkongreß, der in Santiago stattfand und an dem bedeutende Persönlichkeiten aus ganz Amerika teilnahmen. Auch feierte ich in Santiago meinen fünfzigsten Geburtstag in Anwesenheit wichtiger Schriftsteller aus der ganzen Welt: aus China kamen Ai Ching und Emi Siao; Ilja Ehrenburg flog aus der Sowjetunion herbei; Drda und Kudvalek kamen aus der Tschechoslowakei; und von Lateinamerikanern waren Miguel Angel Asturias, Oliverio Girondo, Norah Lange, Elvio Romero, María Rosa Oliver, Raúl Larra und viele andere zugegen. Ich schenkte der Universität von Chile meine Bibliothek und andere Güter. Ich unternahm eine Reise in die Sowjetunion als Jurymitglied des Lenin-Friedenspreises, mit dem ich selbst zu jener Zeit ausgezeichnet worden war, als er noch Stalin-Preis hieß. Ich trennte mich endgültig von Delia del Carril. Ich baute mein Haus »La Chascona« und zog dort mit Matilde Urrutia ein. Ich gründete die Zeitschrift *Gaceta de Chile* und leitete sie während einiger Nummern. Ich nahm teil an den Wahlkampagnen und anderen Tätigkeiten der Kommunistischen Partei Chiles. Der Verlag Losada in Buenos Aires veröffentlichte eine Dünndruckausgabe meines Gesamtwerks.

In Buenos Aires verhaftet

Gegen Ende dieser Zeit wurde ich zu einem Friedenskongreß eingeladen, der in Colombo stattfand, auf der Insel Ceylon, wo ich vor so vielen Jahren gelebt hatte. Wir schrieben April 1957.

Ein Zusammentreffen mit der geheimen Dichtung scheint nicht gefährlich, kommt jedoch die argentinische Geheimpolizei ins Spiel, nimmt das Treffen ein anderes Gesicht an, zwar nicht bar jeden Humors, dafür aber unvorhersehbar in seinen Folgen. An jenem Abend, soeben aus Chile angekommen und entschlossen, meine Reise in die fernsten Länder anzutreten, legte ich mich müde zu Bett. Kaum war ich eingeschlummert, als mehrere Polizisten ins Zimmer drangen. Sie untersuchten alles geruhsam, beschlagnahmten Bücher und Zeitschriften, durchwühlten die Kleiderschränke, machten sich an meiner Unterwäsche zu schaffen. Sie hatten bereits meinen argentinischen Freund mitgenommen, der mich beherbergte, als sie mich im hinteren Teil des Hauses entdeckten, wo mein Zimmer lag.

»Wer ist dieser Herr?« fragten sie.

»Ich heiße Pablo Neruda«, antwortete ich.

»Ist er krank?« wollten sie von meiner Frau wissen.

»Ja, er ist krank und sehr müde von der Reise. Wir sind heute angekommen und werden morgen ein Flugzeug nach Europa nehmen.«

»Sehr gut, sehr gut«, sagten sie und verließen den Raum.

Eine Stunde später kamen sie mit einer Ambulanz wieder. Matilde protestierte, doch es half nichts. Sie hatten ihre Anweisungen. Sollten mich mitnehmen müde oder frisch, gesund oder krank, lebend oder tot.

Es regnete in jener Nacht. Dicke Tropfen fielen aus Buenos Aires' dichtverhangenem Himmel. Ich war verwirrt. Perón war bereits verjagt. General Aramburu hatte die Tyrannei im Namen der Demokratie gestürzt. Trotzdem, ohne zu wissen wie noch wann, warum und wo, ob aus diesem oder einem anderen Grund, ob wegen nichts oder wegen allem, erschöpft und krank, wurde ich verhaftet. Die Bahre, auf der die vier Polizisten mich transportierten, erwies sich als ernstes Problem, als es galt, Treppen hinabzusteigen, mich in Aufzüge zu schaffen, Engpässe zu durchschreiten. Die vier Gelegenheitsarbeiter schufteten und schnauften. Matilde, um ihr Leiden zu mehren, hatte ihnen mit honigsüßer Stimme gesagt, ich wiege hundertzehn Kilo. So sah ich auch aus in Sweater und Mantel, bis zur Nasenspitze in Bettdecken gewickelt. Ich glänzte wie ein Pudding, wie der Vulkan Osorno auf der Bahre, welche die argentinische Demokratie mir bot. Ich stellte mir vor, und das ließ mich alle Symptome einer Venenentzündung vergessen, daß nicht diese armen Teufel, meine Träger, unter meinem Gewicht stöhnten und schwitzten, sondern daß General Aramburu höchstpersönlich meine Bahre trug.

Gefängnisroutine empfing mich: Eintragung des Gefangenen, Inspektion meiner persönlichen Sachen. Man ließ mir nicht einmal den saftigen Detektivroman, den ich gegen die Langeweile mitgenommen hatte. Doch tatsächlich fand ich gar keine Zeit mich zu langweilen. Gittertüren gingen auf und zu. Die Bahre durchquerte Innenhöfe und Eisentüren, sie schwebte tiefer und tiefer ins Innere durch Geräusche hindurch und Riegel. Plötzlich sah ich mich mitten in einer Menschenmenge. Es waren die anderen Gefangenen der Nacht, über zweitausend. Ich war in Einzelhaft, niemand durfte mit mir sprechen. Dennoch fehlte nicht die Hand, welche die meine unter der Decke drückte, auch nicht der Soldat, der sein Gewehr abstellte und mir einen Wisch reichte, damit ich mein Autogramm daraufschrieb.

Schließlich setzten sie mich ab, in der obersten, fernsten Zelle mit hochgelegenem Fensterloch. Ich wollte ausruhen, schlafen, schlafen, schlafen. Es ging nicht, weil es bereits tagte und die argentinischen Gefangenen einen ohrenbetäubenden Lärm vollführten, ein Donnergetöse, als wohnten sie einem Fußballspiel zwischen River und Boca bei.

Etliche Stunden später hatte die Solidarität der Schriftsteller und Freunde in Argentinien, Chile und anderen Ländern funktioniert. Man holte mich aus der Zelle, brachte mich ins Revier, gab mir meine Besitztümer zurück, ließ mich frei. Ich wollte schon das Gefängnis verlassen, als einer der uniformierten Wärter auf mich zukam und mir ein Blatt Papier in die Hand drückte. Es war ein mir gewidmetes Gedicht in primitiven Versen, nachlässig und unschuldig wie ein volkstümlicher Gegenstand. Ich glaube, kaum ein Dichter hat eine dichterische Huldigung von einem Menschen empfangen, der beauftragt war, ihn zu bewachen.

Dichtung und Polizei

Einmal, in Isla Negra, sagte das Mädchen zu uns: Señora, Don Pablo, ich bin schwanger. Bald darauf bekam es ein Kind. Wir erfuhren nie, wer der Vater war. Für sie war es nicht wichtig. Wichtig war ihr, daß Matilde und ich Taufpaten würden. Doch das durfte nicht sein. Wir

durften es nicht sein. Die nächste Kirche liegt in El Tabo, einem lächelnden Dörfchen, wo wir tanken. Der Pfarrer sträubte sich wie ein Stachelschwein. Ein kommunistischer Taufpate? Nie im Leben. Neruda wird nie durch diese Türe treten, auch nicht, wenn er dein Kind in den Armen hält. Das Mädchen kehrte mit hängendem Kopf zu seinen Besen ins Haus zurück. Es begriff nichts.
Ein andermal sah ich Don Asterio leiden. Er ist ein alter Uhrmacher. Er ist schon sehr alt und der beste Chronometerbauer in Valparaíso. Er baut alle Chronometer der Kriegsmarine. Seine Frau lag im Sterben. Seine alte Lebensgefährtin. Fünfzig Jahre Eheleben. Ich dachte, ich müßte etwas über ihn schreiben. Etwas, das ihn in seinem großen Kummer tröste. Das er seiner im Todeskampf liegenden Frau vorlesen könne. So dachte ich. Ich weiß nicht, ob ich recht daran tat. Ich schrieb das Gedicht. Ich legte meine Bewunderung, meine Ergriffenheit für den Handwerker und sein Handwerk hinein. Für sein so reines Leben zwischen all dem Ticktack der alten Uhren. Sarita Vial trug es zur Zeitung. *La Unión* heißt die Zeitung. Ein gewisser Señor Pascal leitete sie. Señor Pascal ist Priester. Er wollte es nicht veröffentlichen. Er würde das Gedicht nicht veröffentlichen. Neruda, sein Verfasser, ist ein exkommunizierter Kommunist. Er wollte es nicht. Die Frau starb. Don Asterios alte Gefährtin. Der Priester veröffentlichte das Gedicht nicht.

Ich will in einer Welt ohne Exkommunizierte leben. Ich werde niemanden exkommunizieren. Ich werde morgen auch nicht zu dem Priester sagen: »Sie können niemanden taufen, weil Sie Antikommunist sind.« Ich würde auch nicht zu dem Nächsten sagen: »Ich werde Ihr Gedicht, Ihre Schöpfung nicht drucken, weil Sie Antikommunist sind.« Ich will in einer Welt leben, in der die Menschen nur menschlich sind, ohne jeden anderen Titel als diesen, ohne sich eine Regel in den Kopf zu setzen, ein Stichwort, ein Etikett. Ich will, daß man alle Kirchen betreten darf, alle Druckereien. Ich will, daß man niemandem mehr vor dem Bürgermeisteramt auflauert, um ihn festzunehmen oder auszuweisen. Ich will, daß alle lächelnd das Rathaus betreten oder verlassen können. Ich will nicht, daß einer per Gondel fliehen muß, daß einer auf dem Motorrad verfolgt wird. Ich will, daß die große Mehrheit, die einzige Mehrheit, daß alle reden können, lesen, hören, gedeihen. Ich habe den Kampf nie anders verstanden, als daß er ende. Ich habe die Strenge nie anders verstanden, als daß es keine Strenge mehr gebe. Ich habe einen Weg gewählt, weil ich glaube, daß dieser Weg uns alle zu dauernder Freundlichkeit führt. Ich kämpfe für diese allgegenwärtige, ausgreifende, unerschöpfliche Güte. Von all den Begegnungen zwischen meiner Poesie und der Polizei, von all diesen und anderen Episoden, die ich nicht noch einmal erzählen will, und von denen, die nicht nur ich, sondern viele erlebt haben, die sie nicht mehr erzählen können, ist mir trotz allem ein unbedingter Glaube ans menschliche Schicksal geblieben, eine immer bewußtere Überzeugung, daß wir einer großen Zärtlichkeit zustreben. Ich schreibe in dem Bewußtsein, daß über unseren Köpfen, über all unseren Köpfen, die Gefahr der Bombe schwebt, der Atomkatastrophe, die niemanden und nichts auf der Erde übriglassen würde. Doch das trübt meine Hoffnung nicht. In diesem kritischen Augenblick, diesem Augenzwinkern der Agonie wissen wir, daß das Licht endgültig durch die halbgeöffneten Augen dringen wird. Wir werden uns alle verstehen. Wir werden gemeinsam fortschreiten. Diese Hoffnung ist unwiderruflich.

Wiedergefundenes Ceylon

Eine weltweite Sache, der Kampf gegen den Atomtod, hat mich nach Colombo zurückgebracht. Wir flogen durch die Sowjetunion, Richtung Indien, mit der TU-104, wunderbare Düsenmaschine, die unsere zahlreiche Delegation als Sonderflug transportierte. Wir machten nur Zwischenlandung in Taschkent in der Nähe von Samarkand. In zwei Tagen sollte das Flugzeug uns ins Herz von Indien bringen.

Wir flogen in zehntausend Meter Höhe. Um das Himalajagebirge zu überqueren, stieg der Riesenvogel bis auf etwa 15 000 Meter. Aus dieser Höhe unterscheidet man eine fast reglose Landschaft. Die ersten Hindernisse tauchen auf, blaue und weiße Ausläufer der Himalajakordilleren. Dort lebt also in seiner ungeheuren Einsamkeit der unvorstellbare Mensch des ewigen Schnees. Später sticht linker Hand der gesamte Mount Everest wie ein weiterer kleiner Zufall zwischen den Schneediademen hervor. Die Sonne scheint voll auf diese seltsame Landschaft, ihr Licht schneidet die Profile aus, die gezackten Felsen, die alles beherrschende Macht des beschneiten Schweigens.

Ich denke an die amerikanischen Anden, die ich so oft überflogen habe. Hier herrscht nicht die Unordnung, die zyklopische Wut, die cholerische Wildheit unserer Kordilleren. Diese asiatischen Gebirge leuchten mir klassischer, geordneter. Ihre Schneekuppeln schneiden Klöster oder Pagoden in die unendliche Weite. Die Einsamkeit ist noch größer. Die Schatten ragen nicht wie Mauern aus furchterregendem Stein, sondern breiten sich aus wie geheimnisvolle blaue Parks eines riesigen Klosters.

Ich sage mir, daß ich die höchste Luft der Welt atme und aus der Höhe die höchsten Höhen der Erde betrachte. Ein einzigartiges Erlebnis, bei dem sich Klarheit mit Stolz vermengen, Geschwindigkeit und Schnee.

Wir fliegen über Ceylon. Inzwischen sind wir auf geringe Höhe herabgesunken, auf die heiße Erde Indiens. Wir haben die sowjetische

Maschine in Neu-Delhi gelassen und dieses hinduistische Flugzeug genommen. Seine Tragflächen ächzen und schütteln sich zwischen heftigen Gewitterwolken. Mitten im Auf und Ab sind meine Gedanken auf der blühenden Insel. Mit zweiundzwanzig Jahren durchlebte ich auf Ceylon ein einsames Dasein und schrieb dort meine bittersten Gedichte, umgeben von der Natur des Paradieses.

Nun, lange Zeit danach, kehre ich zurück zu dieser eindrucksvollen Friedensversammlung, der sich die Landesregierung angeschlossen hat. Ich bemerke die Gegenwart von zahlreichen, bisweilen Hunderten von buddhistischen Mönchen in Gruppen, bekleidet mit ihren safrangelben Röcken, ernst und meditativ, wie es Buddhas Schülern geziemt. Im Kampf gegen Krieg, Zerstörung und Tod bejahen diese Priester die uralten Empfindungen von Frieden und Harmonie, die Fürst Siddharta Gautama, auch Buddha genannt, gepredigt hatte. Wie weit davon entfernt – denke ich – ist die Kirche unserer amerikanischen Länder, eine Kirche von spanischem Typus, offiziell und kriegerisch. Wie tröstlich wäre es für die echten Christen zu sehen, daß die katholischen Priester von ihren Kanzeln das schlimmste und schreckenbringendste Verbrechen bekämpften: das Verbrechen des Atomtods, der Millionen Unschuldiger mordet und für immer seine biologischen Schäden im Menschengeschlecht hinterläßt.

Ich tastete mich durch die Gäßchen auf der Suche nach dem Haus in der Vorstadt Wellawatha, in dem ich gewohnt hatte. Es war nicht einfach. Die Bäume waren gewachsen, das Gesicht der Straße hatte sich verändert.

Das alte Landhaus, in dem ich schmerzliche Verse geschrieben hatte, sollte sehr bald abgerissen werden. Seine Türen waren zerfressen, die Feuchtigkeit der Tropen hatte seine Mauern beschädigt, und doch hatte es sich bis zu dieser letzten Abschiedsminute erhalten.

Ich fand keinen meiner alten Freunde wieder. Dennoch rief die Insel erneut zu meinem Herzen mit ihrem wehen Ton, ihrer gewaltigen Leuchtkraft. Noch immer sang das Meer unter den Palmen an den Klippen seinen uralten Gesang. Wieder wanderte ich die Wege des Urwalds entlang, sah die Elefanten wieder, die mit hoheitsvollem Gang die Pfade einnahmen, fühlte wieder den Taumel der entnervenden Düfte, das Rauschen der Pflanzen und das Leben des Urwalds. Ich gelangte bis zum Fels Sigiriya, wo ein wahnsinniger König sich eine Festung gebaut hatte. Wie gestern verehrte ich die riesenhaften Buddhastandbilder, in deren Schatten die Menschen wie kleine Insekten wandeln.

Und ich entfernte mich, dessen gewiß, daß ich nie wiederkehren würde.

Von diesem Friedenskongreß in Colombo kommend, überflogen wir Indien mit Jorge Amado und seiner Frau Zelia. Die indischen Flugzeuge sind immer angefüllt mit turbangeschmückten, farbenfrohen Passagieren und deren Körben. Es schien unmöglich, so viele Menschen in ein Flugzeug zu stopfen. Eine Menschenmenge stieg auf dem ersten Flugplatz aus, und eine zweite stieg an deren Stelle ein. Wir sollten über Madras nach Kalkutta reisen. Bei jedem Tropengewitter zitterte die Maschine. Eine Tagnacht, düsterer als die nächtliche, hüllte uns plötzlich ein und verließ uns, um einem betörenden Himmel Platz zu machen. Wieder schaukelte das Flugzeug, Blitze und Funken erhellten die augenblicklich eintretende Finsternis. Ich sah, wie Jorge Amados Gesichtsfarbe von Weiß in Gelb und von Gelb in Grün überging. Währenddessen nahm er auf meinem Gesicht die gleiche Farbveränderung wahr, verursacht von der uns knebelnden Angst. Es begann im Flugzeug zu regnen. Das Wasser blieb in großen Tropfen an mir hängen, was mich an die Winter in meinem Elternhaus in Temuco erinnerte. Doch diese Tropfen machten mir auf 10 000 Meter Höhe nicht den geringsten Spaß. Spaßig war freilich ein Mönch, der hinter uns saß. Er spannte einen Regenschirm auf und las seine Texte uralter Weisheit mit orientalischer Ruhe weiter.

Wir gelangten ohne Zwischenfälle nach Rangoon in Birma. In jenen Tagen feierte mein *Aufenthalt auf Erden* seinen dreißigsten Geburtstag, dieser Aufenthalt in Birma nämlich, wo ich als völlig Unbekannter meine Verse geschrieben hatte. 1927, dreiundzwanzigjährig, war ich in diesem Rangoon gelandet. Es war ein Gebiet, taumelnd von Farbe, undurchdringlich in seinen Sprachen, glutheiß und faszinierend. Zwar wurde die Kolonie von ihren englischen Herrschern ausgebeutet und unterdrückt, doch die Stadt war sauber und leuchtend, die Straßen strahlten Leben aus, in den Schaufenstern prangten koloniale Versuchungen.

Jetzt war die Stadt halbleer, in den Schaufenstern fehlte das Nötigste, die Straßen starrten vor Schmutz. Der Kampf der Völker um ihre Unabhängigkeit ist kein leichter Weg. Nach dem Aufbruch der Seelen, den Fahnen der Befreiung gilt es, sich einen Weg zu bahnen durch Schwierigkeiten und Qualen. Bis heute erfuhr ich nicht die Geschichte eines unabhängigen Birma, so klösterlich eingeschlossen liegt es am mächtigen Fluß Irrawaddy, am Fuß seiner Pagoden aus Gold, dennoch konnte ich über den Schmutz seiner Straßen und seine wogende Trauer hinaus all die Dramen ahnen, welche die neuen Republiken erschüttern. Es ist, als laste der Druck der Vergangenheit noch immer auf ihnen.

Keine Spur von Josie Bliss, meiner Verfolgerin, meiner Heldin vom

Tango des Witwers. Niemand konnte mir einen Hinweis auf ihr Leben oder ihren Tod geben. Nicht einmal das Stadtviertel gab es mehr, in dem wir zusammen gewohnt hatten.

Nun fliegen wir von Birma über die Gebirgsausläufer, die es von China trennen. Es ist eine verhaltene Landschaft von idyllischer Ruhe. Von Mandalay stieg das Flugzeug auf über Reisfelder, über barocke Pagoden, über Millionen von Palmen, über den Brudermordkrieg der Birmanen und zog ein in die strenge, lineare Stille der chinesischen Landschaft.

In Kunming, der ersten chinesischen Stadt nach der Grenze, erwartete uns mein alter Freund, der Dichter Ai Ching. Sein breites brünettes Gesicht, seine großen Augen voller Schelmerei und Güte, seine wache Intelligenz waren wiederum ein Vorschuß an Fröhlichkeit für eine so lange Reise.

Ai Ching wie Ho Tschi Min waren echte alte orientalische Dichter, geformt zwischen der kolonialen Härte des Ostens und einem schweren Leben in Paris. Aus Gefängnissen entlassen, verwandelten sich diese Dichter von sanfter natürlicher Stimme außerhalb ihres Landes in Bettelstudenten oder Kellner. Sie hielten ihre Zuversicht in die Revolution wach. Geschmeidig in der Dichtung und eisenhart in der Politik, kehrten sie rechtzeitig zurück, um ihr Schicksal zu erfüllen.

In Kunming wurden Bäume und Parks durch Schönheitsoperationen gestaltet. Alle hatten außernatürliche Formen, bisweilen fiel eine mit Lehm verkleidete Amputation auf oder ein wie ein verwundeter Arm verbundener Ast. Man führte uns zu dem Gärtner, dem bösen Geist, der über einen so merkwürdigen Garten herrschte. Dicke, alte Tannen waren nicht über dreißig Zentimeter Höhe hinausgewachsen, wir sahen auch Zwergorangenbäume, bedeckt mit winzigen Orangen, nicht größer als vergoldete Reiskörner.

Wir besuchten auch ein Wäldchen aus bizarren Steinen. Jeder Fels streckte sich wie eine monolythische Nadel oder krümmte sich wie die Welle eines reglosen Meers. Wir wußten, daß diese Vorliebe für Steine seltsamer Formung Jahrhunderte alt war. Viele mächtige Felsen von rätselhaftem Aussehen schmücken die Plätze der alten Städte. Die Herrscher von einst, wenn sie dem Kaiser ihr schönstes Geschenk darbieten wollten, schickten ihm einige dieser Kolossalsteine. Die Gaben, unförmige Massen, die von Dutzenden von Sklaven Tausende von Kilometern fortgewälzt wurden, brauchten Jahre, um in Peking anzukommen.

Für mich ist China nicht rätselhaft. Im Gegenteil, auch in seinem ungeheuren revolutionären Ungestüm sehe ich es als ein durch Jahrtausende hindurch gebautes Land, das sich unablässig neu bestimmt und schichtet. Riesenhafte Pagode, in deren uraltem Gefüge Menschen und Mythen, Krieger, Bauern und Götter ein- und ausgehen. Es gibt nichts Spontanes: nicht einmal das Lächeln. Vergebens wird man überall die kleinen derben Gegenstände der Volkskunst suchen, jener aus fehlerhafter Perspektive gefertigten Kunst, die so oft das Wunderbare streift. Die chinesischen Puppen, die Keramik, die Steine und die Holzschnitzereien wiederholen tausendjährige Modelle. Alles trägt den Stempel wiederkehrender Vollkommenheit.

Meine größte Überraschung erlebte ich, als ich auf dem Markt eines Dorfs kleine Zikadenkäfige aus zartestem Bambusrohr sah. Es waren Wunderwerke, weil sie in ihrer architektonischen Genauigkeit Zimmer auf Zimmer türmten, ein jedes mit seiner gefangenen Zikade, bis sie Burgen von nahezu einem Meter Höhe bildeten. Wenn ich die Knoten betrachtete, welche die Bambusstäbe festhielten und die zartgrüne Farbe der Rohre, kam es mir vor, als sei hier die Hand des Volkes präsent, die Unschuld, die Wunder vollbringen kann. Als sie meine Bewunderung merkten, wollten die Bauern mir die tönende Burg nicht verkaufen. Sie schenkten sie mir. Auf diese Weise begleitete mich der rituelle Gesang der Zikaden Wochen hindurch auf meiner Reise durch die Lande Chinas. Nur in meiner Kindheit erinnerte ich mich, solch denkwürdige, urwüchsige Geschenke empfangen zu haben.

Wir beginnen unsere Reise auf einem Schiff, das auf dem Fluß Jangtse tausend Fahrgäste befördert. Es sind Bauern, Arbeiter, Fischer, eine lebendige Menschenmenge. Mehrere Tage lang fuhren wir in Richtung Nanking auf dem sehr breiten Fluß voller Schiffe und Arbeiten, überquert und durchpflügt von Tausenden von Leben, Besorgnissen und Träumen. Dieser Fluß ist die Hauptstraße von China. Sehr breit und ruhig, wird der Jangtse mitunter so schmal, daß das Schiff sich nur mühsam durch seine titanischen Schluchten zu schlängeln vermag. Die beiden riesenhohen Steinwände scheinen sich in der Höhe zu berühren, dort taucht dann und wann ein Wölkchen am Himmel auf, mit der Meisterschaft eines orientalischen Pinsels gezeichnet, oder eine kleine Behausung wird in den Gesteinsfarben sichtbar.

Es gibt auf der Erde wenige Landschaften von so überwältigender Schönheit. Vielleicht lassen sie sich mit den gewaltigen Engpässen des Kaukasus oder mit unseren einsam-feierlichen magallanischen Kanälen vergleichen.

In den fünf Jahren, die ich China fernblieb, hat sich meiner Auffassung nach eine sichtliche Veränderung vollzogen, die ich desto mehr bestätigt sehe, je tiefer ich erneut ins Land vordringe.

Anfangs merke ich es undeutlich. Was sehe ich, was hat sich auf den Straßen, an den Menschen verändert? Ah, ich vermisse die blaue Farbe. Vor fünf Jahren habe ich in der gleichen Jahreszeit die Straßen Chinas besucht, sie waren immer voll, immer pulsierend von Leben. Doch damals trugen alle proletarisches Blau, eine Art Arbeiterdrillich. Männer, Frauen und Kinder waren so gekleidet. Mir gefiel diese Vereinfa-

chung des Anzugs mit seinen verschiedenen Abstufungen von Blau. Es war schön, die unzähligen Flecken Blau zu sehen, die Straßen und Gassen durchfluteten.
Das hat sich geändert. Was ist passiert?
Einfach, daß die Textilindustrie in den fünf Jahren so weit gediehen ist, daß sie Millionen Chinesinnen in alle Farben kleiden kann, in alle Streifen und Pünktchen, in alle Seidenarten und auch Millionen von Chinesen den Gebrauch anderer Farben und besserer Stoffe erlauben kann.
Nun sind die Straßen der zarte Regenbogen des verfeinerten Geschmacks dieses Volkes, das nichts Häßliches zu machen versteht, dieses Landes, in dem die primitivste Sandale einer Strohblume gleicht.
Während ich auf dem Jangtse dahinfuhr, wurde mit die Treue der alten chinesischen Malereien bewußt. Dort, auf dem Kamm einer Schlucht, rief mir eine krumme Kiefer und eine winzige Pagode sofort die alten fantasievollen Drucke ins Gedächtnis zurück. Es gibt wenige unwirklichere, fantastischere und überrraschendere Orte als diese Schluchten des großen Flusses, die zu unglaublichen Höhen aufragen und die in jeder Felsspalte die uralte menschliche Spur des hochbegabten Volkes zeigen: fünf oder sechs Meter jüngstgepflanzten Grüns oder ein Tempelchen mit fünf Dächern zur Versenkung und Meditation. Noch weiter entfernt, auf der Höhe der kahlen Felsen, glauben wir die Gewänder und den Dunst der alten Mythen wahrzunehmen; aber es sind nur Wolken und ein Vogelflug, die von den ältesten und weisesten Miniaturisten der Erde schon so oft gemalt worden sind. Hohe Poesie löst sich aus dieser grandiosen Natur, eine knappe reine Poesie wie der Flug eines Vogels oder der Silberblitz des Wassers, das fast reglos zwischen den Steinmauern dahinfließt.
Das schlechthin Außerordentliche an dieser Landschaft aber ist, Menschen auf einem kleinen Rechteck, auf irgendeinem grünen Streifchen zwischen den Felsen arbeiten zu sehen. In riesiger Höhe, auf der Spitze senkrechter Mauern, in einem kargen Knick, der ein bißchen Pflanzenerde enthält, dort steht ein Chinese und bestellt sie. Die chinesische Mutter Erde ist weit und hart. Sie hat den Menschen diszipliniert und geformt, hat ihn zu einem unermüdlichen, feinen und hartnäckigen Werkzeug der Arbeit gemacht. Diese Verbindung aus weiter Erde, außerordentlicher menschlicher Leistung und der allmählichen Ausmerzung aller Ungerechtigkeiten wird die schöne, ausgedehnte, chinesische Menschheit zum Blühen bringen.

Während der Reise auf dem Jangtse schien mir Jorge Amado nervös und melancholisch. Ungezählte Aspekte des Lebens auf dem Schiff störten ihn und Zelia, seine Gefährtin. Aber Zelia hat einen stillen Humor, der ihr erlaubt, durchs Feuer zu gehen, ohne sich zu verbrennen.

Einer der Gründe war, daß wir unfreiwillig begünstigt wurden. Wir fühlten uns unwohl in unseren Sonderkabinen und unserem Extra-Speisesaal inmitten von Hunderten von Chinesen, die sich überall auf dem Schiff zusammendrängten. Der brasilianische Schriftsteller blickte mich spöttisch an und ließ eine seiner lustig-grausamen Bemerkungen fallen.
In der Tat hatten die Enthüllungen über die Stalinepoche eine Sprungfeder in Jorge Amados Innerem zerbrochen. Wir sind alte Freunde, haben Jahre des Exils geteilt, haben uns stets mit der gemeinsamen Überzeugung und Hoffnung identifiziert. Doch während ich glaube, kein großer Sektierer gewesen zu sein, da meine Natur und das Temperament meines Landes mich stets für eine Verständigung mit den anderen geneigt machten, ist Jorge dagegen immer starr gewesen. Sein Meister, Luis Carlos Prestes, hat fünfzehn Jahre seines Lebens im Gefängnis verbracht. Das sind Dinge, die sich nicht vergessen lassen, die die Seele verhärten. Vor mir rechtfertigte ich, ohne es zu teilen, Jorges Sektierertum.
Der Bericht vom xx. Kongreß war wie hoher Seegang, der uns Revolutionäre alle vor eine neue Situation stellte und uns zu neuen Schlußfolgerungen zwang. Einige von uns fühlten, daß die durch diese harten Enthüllungen erzeugte Angst eine Neugeburt in uns auslöste. Wir gingen geläutert aus Finsternis und Schrecken hervor, bereit, die Wahrheit in der Hand, auf dem Weg fortzuschreiten.
Jorge hingegen scheint hier, an Bord dieses Schiffs, zwischen den fabelhaften Schluchten des Flusses Jangtse, eine neue Etappe seines Lebens begonnen zu haben. Seither ist er ruhiger geworden, nüchterner in seinen Einstellungen und Erklärungen. Ich glaube nicht, daß er seinen revolutionären Glauben verloren hat, doch hat er sich mehr in sein Werk vertieft und diesem den direkten politischen Stempel genommen, der es vorher prägte. Als sei aus ihm der Epikureer geschlüpft, hat er sich an das Schreiben seiner besten Bücher gemacht, angefangen bei *Gabriela wie Zimt und Nelken*, ein von Sinnlichkeit und Fröhlichkeit überschäumendes Meisterwerk.
Der Dichter Ai Ching war der uns begleitende Delegationschef. Jeden Abend aßen Jorge Amado, Zelia, Matilde, Ai Ching und ich in einer besonderen Kabine. Die Tafel war reich an goldenem und grünem Gemüse, an süß-saurem Fisch, an Ente und Huhn, auf seltene, stets köstliche Art gedünstet. Doch nach mehreren Tagen lag uns die exotische Kost, die uns so gut geschmeckt hatte, schwer im Magen. Einmal wenigstens fanden wir eine Gelegenheit, uns den schmackhaften Gerichten zu entziehen, doch mußte unsere Initiative einen mühsamen Weg beschreiten, der krumm war wie ein Zweig jener gequälten Bäume.
In jene Tage fiel nämlich mein Geburtstag. Matilde und Zelia planten

zur Abwechslung unseres Küchenzettels, mir ein westliches Festmahl aufzutischen. Es handelte sich um ein äußerst bescheidenes Gericht: Huhn, auf unsere Weise gebraten, dazu ein Tomaten- und Zwiebelsalat auf chilenische Art. Die Frauen machten ein großes Geheimnis aus dieser Überraschung. Streng vertraulich wandten sie sich an unseren guten Bruder Ai Ching. Der Dichter antwortete ihnen etwas beunruhigt, er müsse sich mit den anderen Mitgliedern unserer Begleitung beraten.

Der Beschluß klang überraschend. Das ganze Land befinde sich in einer Welle der Sparmaßnahmen, hieß es, Mao Tse-tung habe auf seine Geburtstagsfeier verzichtet. Wie konnte mein Geburtstag angesichts eines solch strengen Präzedenzfalles gefeiert werden? Zelia und Matilde entgegneten, es handle sich um das Gegenteil: wir wollten die mit ganzen Hühnern, Enten, Fischen üppig gedeckte Tafel durch ein einziges Huhn, durch ein höchstbescheidenes, lediglich nach unserer Art in der Röhre gebratenes Huhn ersetzen. Eine neue Versammlung Ai Chings mit der unsichtbaren Begleitung, die für die Sparmaßnahmen verantwortlich zeichnete, entgegnete am darauffolgenden Tag, das Schiff, auf dem wir reisten, verfüge über keine Bratröhre. Zelia und Matilde, die bereits mit dem Koch gesprochen hatten, beteuerten Ai Ching, das sei ein Irrtum, eine ausgezeichnete Bratröhre würde bereits in Erwartung unseres Huhns geheizt. Ai Ching kniff die Augen zusammen und blickte gedankenverloren in die Strömung des Jangtse. An jenem 12. Juli, meinem Geburtstag, stand auf unserem Tisch ein Brathuhn, goldener Lohn der geschilderten Debatte. Ein paar Tomaten mit gehackten Zwiebeln leuchteten auf einer kleinen Platte. Neben uns dehnte sich die lange Tafel, wie alle Tage verziert mit den schimmernden Schätzen der reichen chinesischen Speisekarte.

Ich war im Jahre 1928 durch Hongkong und Schanghai gekommen. Jenes war ein eisern kolonisiertes China gewesen, ein Paradies der Spielhöllen, der Opiumraucher, der Bordelle, der nächtlichen Wegelagerer, der falschen russischen Herzoginnen, der See- und Landräuber. Angesichts der großen Bankinstitute jener Großstädte entlarvte die Gegenwart von acht oder neun grauen Kreuzern die Unsicherheit und die Angst, die koloniale Erpressung, die Agonie einer Welt, die nach Tod roch. Die von unwürdigen Konsuln beglaubigten Flaggen vieler Länder flatterten auf Seeräuberschiffen chinesischer und malayischer Gauner. Die Freudenhäuser unterhielten internationale Gesellschaften. Ich habe an anderer Stelle dieser Erinnerungen erzählt, wie ich einmal überfallen und ohne Kleider, ohne Geld und Papiere in einer chinesischen Straße meinem Schicksal überlassen worden war.

Alle diese Erinnerungen kehrten wieder, als ich in das China der Revolution kam. Es war ein neues Land, ein Wunder an ethischer Reinheit. Die Mängel, die kleinen Reibungspunkte und Unverständlichkeiten, viel von dem, was ich erwähne, sind geringfügige Nebensächlichkeiten. Mein überwiegender Eindruck war, einen siegreichen Wandel im ausgedehntesten Land der ältesten Kultur der Welt mitzuerleben. In allen Landesteilen wurden zahllose Versuche unternommen. Die feudale Agrarwirtschaft wurde umgestellt. Die moralische Atmosphäre war durchsichtig wie nach einem Zyklon.

Was mich am chinesischen Prozeß abgestoßen hat, war nicht Mao Tsetung, sondern der Maoismus. Das heißt, der Maostalinismus, die Wiederholung eines sozialistischen Götterkultes. Wer kann Mao die politische Persönlichkeit eines großen Organisators, des großen Volksbefreiers streitig machen? Wie hätte ich mich dem Einfluß seiner epischen Aureole, seiner poetischen, so melancholischen, uralten Einfachheit zu entziehen können?

Doch während meiner Reise sah ich, wie Hunderte armer, von ihrer Arbeit heimkehrender Bauern ihre Werkzeuge beiseite legten und sich zu Boden warfen, um das Bildnis des nun in einen Gott verwandelten bescheidenen Kriegers aus Hunan zu grüßen. Ich sah, wie Hunderte von Menschen ein rotes Büchlein in der Hand schwenkten, ein Allerweltsheilmittel, um beim Pingpong zu gewinnen, den Blinddarm zu kurieren und um politische Probleme zu lösen. Die Liebedienerei fließt aus jedem Mund und jedem Wort, aus jeder Zeitung und jeder Zeitschrift, aus jedem Heft und jedem Buch, aus jedem Almanach und jedem Theater, aus jeder Skulptur und jeder Malerei.

Ich hatte im Falle Stalin meinen Anteil an Personenkult geleistet. Doch damals war uns Stalin als Sieger erschienen, der Hitlers Heere unterworfen hatte, als Retter des Welthumanismus. Die Entartung seiner Persönlichkeit war ein geheimnisvoller Prozeß und für viele von uns rätselhaft.

Und nun setzte sich hier, am hellichten Tag, im riesigen irdischen und himmlischen Raum des neuen China vor meinen Augen von neuem der Austausch eines Menschen durch einen Mythos durch. Ein Mythos, dazu bestimmt, das revolutionäre Bewußtsein zu monopolisieren, die Schöpfung der Welt, die allen gehören wird, in einer einzigen Faust zu verschließen. Ich konnte unmöglich diese bittere Pille zum zweiten Mal schlucken.

In Tschungking führten mich meine chinesischen Freunde zur Stadtbrücke. Ich habe Brücken immer geliebt. Mein Vater, der Eisenbahner, hat mir Hochachtung für sie eingeflößt. Er nannte sie nie Brücken. Damit hätte er sie entweiht. Er nannte sie Kunstwerke, eine Bezeichnung, die er nicht den Bildern, den Skulpturen und natürlich nicht meinen Gedichten zuerkannte. Nur den Brücken. Mein Vater nahm mich häufig mit, um den wunderbaren Viadukt über den Malleco im Süden Chiles zu betrachten. Ich hatte bisher gedacht, die schönste

Brücke der Welt sei diese zwischen dem australen Grün der Berge, hoch und schlank und rein wie eine Stahlgeige mit gespannten Saiten, über die der Wind von Collipulli strich. Die gewaltige Brücke über den Fluß Jangtse ist etwas anderes. Sie ist das mit Beteiligung sowjetischer Ingenieure durchgeführte grandioseste Werk des chinesischen Hochbaus. Sie ist überdies der Schlußpunkt eines jahrhundertealten Kampfs. Die Stadt Tschungking war seit Jahrhunderten durch diesen Fluß geteilt gewesen, eine Verbindungslosigkeit, die Aufschub, Langsamkeit und Isolierung nach sich gezogen hatte.
Die Begeisterung der chinesischen Freunde, die mir die Brücke zeigen, geht über die Kräfte meiner Beine. Man zwingt mich, Türme zu erklimmen und in Abgründe hinabzusteigen, um das Wasser zu betrachten, das seit Jahrtausenden fließt und heute von diesem kilometerlangen Eisenbau überspannt wird. Auf diesen Schienen werden Eisenbahnzüge fahren, jene Fahrbahn ist für Radfahrer gedacht, diese riesige Allee ist für Fußgänger bestimmt. Ich fühle mich erschlagen von so viel Größe.
Ai Ching führt uns zum Abendessen in ein altes Restaurant, Herberge der traditionellsten Küche: ein Regen von Kirschblüten, ein Regenbogen aus Bambussalat, hundert Jahre alte Eier, Lippen eines jungen Haiweibchens. Unmöglich, die chinesische Küche in ihrer Zusammensetzung, in ihrer phantastischen Vielfalt, in ihrem ausgefallenen Erfindungsreichtum, in ihrem unglaublichen Formalismus zu beschreiben. Ai Ching gibt uns davon einen Begriff. Die drei Hauptregeln guter Kost heißen: erstens – Geschmack, zweitens – Geruch, drittens – Farbe. Diese drei Forderungen müssen unbedingt erfüllt werden. Der Geschmack muß erlesen sein. Der Geruch muß köstlich sein. Und die Farbe muß anregend und harmonisch sein. »In dem Restaurant, in dem wir essen werden«, sagte Ai Ching, »wird eine vierte Virtuosität hinzukommen: das Geräusch. Auf die mit Speisen dekorierte Porzellanplatte kommt im letzten Augenblick eine kleine Kaskade aus Krebsschwänzen, die auf eine rotglühende Metallplatte hinunterfallen, wobei sie eine Flötenmelodie erzeugen, ein musikalisches Motiv, das sich gleichbleibend wiederholt.

In Peking wurden wir von Ting-ling empfangen, der Vorsitzenden des Schriftstellerverbandes, das Jorge Amado und mich aufnehmen sollte. Auch unser alter Freund Emi Siao und seine deutsche Frau, eine Fotografin, waren zugegen. Alles war heiter und lächelnd. Wir unternahmen eine Fahrt zwischen den Lotosblüten des riesigen künstlichen Sees, der zur Zerstreuung der letzten Kaiserin gebaut worden war. Wir besuchten Fabriken, Verlage, Museen und Pagoden. Wir aßen im exklusivsten Restaurant der Welt (so exklusiv, daß es nur einen Tisch hat), geführt von den Nachkommen der kaiserlichen Familie. Wir beiden südamerikanischen Paare trafen im Haus der chinesischen Schriftsteller zusammen, um zu trinken, zu rauchen und zu lachen, wie wir es in irgendeinem Teil unseres Kontinents getan hätten.

Jeden Tag reichte ich meinem jungen Dolmetscher mit Namen Li die Zeitung, deutete mit dem Finger auf die unerforschbaren Säulen der chinesischen Schriftzeichen und sagte:
»Bitte übersetzen!«
Er tat es in seinem jüngst erlernten Spanisch. Las mir Ackerbau-Erlasse, Schwimmleistungen Mao Tse-tungs, maomarxistische Abhandlungen, militärische Nachrichten vor, die mich langweilten, kaum daß er begonnen hatte.
»Stop!« sagte ich. »Lesen Sie mir bitte diese Spalte vor.«
So war ich überrascht, eines Tages plötzlich auf eine Wunde an der Stelle zu stoßen, auf die ich den Finger gesetzt hatte. Dort war von einem politischen Prozeß die Rede, bei dem als Angeklagte die Freunde auftraten, die ich jeden Tag sah. Diese bildeten nach wie vor einen Teil unseres »Empfangskomitees«. Obwohl der Prozeß schon lange zu laufen schien, hatten sie doch nie ein Wort darüber verlauten lassen, daß sie unter Anklage standen, hatten nie erwähnt, daß ihr Schicksal bedroht war.
Die Zeiten hatten sich geändert. Die Zeit der Blüte war vorbei. Als sie auf Befehl von Mao Tse-tung von neuem begann, erschienen – in Fabriken und Werkstätten, in Universitäten und Büros, in Versuchsgütern und Häusern – ungezählte Papierchen, die Ungerechtigkeiten anprangerten, Erpressungen, Unterschlagungen von Vorgesetzten und Bürokraten.
So wie vorher auf höchsten Befehl der Krieg gegen Mücken und Spatzen eingestellt worden war, als bekannt wurde, daß ihre Vernichtung unvermutete Folgen haben würde, so wurde auch drastisch die Periode beendet, da sich die Blüten geöffnet hatten. Ein neuer Befehl kam von oben: die Rechtsgerichteten zu entlarven. Und schon zwangen die Chinesen in jeder Organisation, an jedem Arbeitsplatz, in jedem Heim ihren Nächsten oder sich selbst ihre Rechtsrichtung zu beichten.
Meine Freundin, die Romanschriftstellerin Ting-ling war angeklagt, ein Liebesverhältnis mit einem Soldaten Tschiang Kai-scheks unterhalten zu haben. In der Tat: das hatte sie vor der großen Revolutionsbewegung verbrochen. Während der Revolution verstieß sie ihren Geliebten und machte von Jenan aus mit einem Neugeborenen im Arm den großen Marsch der heroischen Jahre mit. Doch das nützte ihr nichts. Sie wurde ihres Postens als Präsidentin des Schriftstellerverbandes enthoben und dazu verurteilt, im Restaurant eben der Schriftstellervereinigung, der sie so viele Jahre vorgestanden hatte, bei Tisch

zu servieren. Doch sie tat ihre Arbeit als Dienerin mit soviel Hoheit oder Würde, daß sie zur Küchenarbeit in einer entlegenen Landkommune abkommandiert wurde. Das ist das letzte, was ich von der großen kommunistischen Schriftstellerin, der hervorragenden Figur der chinesischen Literatur hörte.

Ich weiß nicht, was mit Emi Siao passierte. Was Ai Ching, den Dichter betrifft, der uns überall hin begleitete, so war sein Schicksal sehr traurig. Erst schickte man ihn in die Wüste Gobi. Dann durfte er schreiben, doch seine Schriften nie mit seinem wirklichen Namen zeichnen, einem innerhalb und außerhalb Chinas bereits bekannten Namen. So wurde er zu literarischem Selbstmord verurteilt.

Jorge Amado war bereits nach Brasilien abgereist. Ich sollte mich etwas später verabschieden, mit einem bitteren Geschmack auf der Zunge. Ich spüre ihn noch.

Die Affen von Suchumi

Ich bin in die Sowjetunion zurückgekehrt und zu einer Reise in den Süden eingeladen. Als ich aus dem Flugzeug stieg, hatte ich ein gewaltiges Gebiet überflogen, die weiten Steppen hinter mir gelassen, die Fabriken und Fernverkehrsstraßen, die großen Städte und sowjetischen Dörfer. Ich bin zu den eindrucksvollen kaukasischen Bergen gelangt mit ihren Tannen und Wildtieren. Mir zu Füßen hat das Schwarze Meer zu unserem Empfang ein blaues Kleid angezogen. Starker Orangenblütenduft weht von überall.

Wir sind in Suchumi, der Hauptstadt von Abchasia, einer kleinen Sowjetrepublik. Das ist das sagenhafte Kolchis, die Gegend des Goldenen Vlieses, das sechs Jahrhunderte vor Christus Jason rauben kam, das griechische Vaterland der Dioskuren. Später sehe ich im Museum ein riesiges Basrelief aus hellenischem Marmor, das unlängst aus den Wassern des Schwarzen Meeres geborgen wurde. An den Ufern dieses Meeres haben die hellenischen Götter ihre Mysterien gefeiert. Heute hat sich das Mysterium in das einfache, arbeitsame Leben des sowjetischen Volkes verwandelt. Es sind nicht dieselben Menschen wie in Leningrad. Diese Erde aus Sonne, Weizen und ausgedehnten Weinbergen hat einen anderen Tonfall, einen mittelmeerischen Akzent. Diese Männer gehen anders, diese Frauen haben die Augen und Hände Italiens oder Griechenlands.

Ich wohne einige Tage im Haus des Schriftstellers Simonow, wir baden im lauen Wasser des Schwarzen Meeres. Simonow zeigt mir in seinem Garten die schönen Bäume. Ich erkenne sie, und bei jedem Namen, den er nennt, antworte ich als patriotischer Bauer:

»Diesen gibt es auch in Chile. Diesen hier gibt es bei uns auch. Und auch den dort.«
Simonow blickt mich mit halb spöttischem Lächeln an. Ich sage:
»Wie traurig für mich, daß du vielleicht niemals die Weinranken meines Hauses in Santiago sehen wirst, nicht die goldenen Pappeln im chilenischen Herbst, es gibt kein Gold wie dieses. Wenn du die Kirschblüte im Frühling sähest und den Duft des chilenischen Boldostrauchs kennenlerntest. Wenn du auf dem Weg nach Melipilla sähest, wie die Bauern die goldenen Maiskolben auf ihre Dächer legen. Wenn du die Füße in das reine kalte Wasser von Isla Negra tauchtest. Aber, mein lieber Simonow, die Länder errichten Schranken, spielen Feind, schießen in kalten Kriegen aufeinander und die Menschen bleiben voneinander getrennt. Wir nähern uns dem Himmel mit blitzschnellen Raketen, aber unsere Hände nähern sich nicht mit menschlicher Brüderlichkeit.«
»Vielleicht wird sich alles ändern«, sagt Simonow lächelnd und wirft einen weißen Stein auf die Götter, die im Schwarzen Meer untergegangen sind.

Suchumis Stolz ist seine große Sammlung Affen. Das subtropische Klima nutzend, züchtet das Institut für Experimentelle Medizin hier alle Affenarten der Welt. Wir treten ein. In großen Käfigen sehen wir quecksilbrige und reglose Affen, riesengroße und winzig kleine, kahle und behaarte, Affen mit nachdenklichen Gesichtern oder mit sprühenden Augen, es gibt auch stille und herrschsüchtige.
Da sind graue Affen, weiße Affen, es gibt langschwänzige Affen mit dreifarbigem Gesäß, es gibt große Asketenaffen und polygame, die nicht zulassen, daß eines ihrer Weibchen ohne ihre Zustimmung Nahrung zu sich nimmt, eine Erlaubnis, die sie ihm nur erteilen, nachdem sie feierlich ihre eigene Nahrung verzehrt haben.
In diesem Institut sind die biologischen Studien am weitesten fortgeschritten. Am Organismus der Affen wird das Nervensystem studiert, die Erbanlage, die schwierige Erforschung des Geheimnisses und der Verlängerung des Lebens.
Eine kleine Äffin mit ihren Jungen zieht unsere Aufmerksamkeit auf sich. Eines läuft hinter ihr her, das andere trägt sie mit menschlicher Zärtlichkeit im Arm. Der Direktor erzählt uns, daß der kleine Affe, den sie derart hätschelt, nicht ihr Kind ist, sondern ein Adoptivaffe. Sie hatte gerade geworfen, als eine andere Äffin nach dem Werfen einging. Sofort nahm die Affenmutter den kleinen Waisen an Kindes Statt an. Fortan richten sich ihre mütterliche Leidenschaft, ihre jede Minute erneuerte Sanftmut auf den Adoptivsohn, und zwar noch mehr als auf den eigenen. Die Wissenschaftler dachten, ein solch ausgeprägter Mutterinstinkt würde sie veranlassen, weitere fremde Kinder anzunehmen, doch sie hat sie eines nach dem anderen verstoßen. Ihre Handlungs-

weise gehorchte nicht einfach ihrer Lebenskraft, sondern einem Bewußtsein mütterlicher Solidarität.

Armenien

Wir fliegen einem arbeitsamen, sagenhaften Land entgegen. Wir sind in Armenien. In der Ferne, gegen Süden, herrscht über Armeniens Geschichte der Schneegipfel des Berges Ararat. Hier hielt nach der Bibel die Arche Noah an, um die Erde von neuem zu bevölkern. Eine schwierige Aufgabe, weil Armenien steinig und vulkanisch ist. Die Armenier haben diese Erde mit unsäglichen Opfern kultiviert und ihre Nationalkultur zur höchsten der Alten Welt gemacht. Die sozialistische Gesellschaft hat diesem edlen gemarterten Volk außergewöhnliche Entwicklung und Blüte vermittelt. Jahrhunderte hindurch haben die türkischen Eindringlinge die Armenier abgeschlachtet und versklavt. In jedem Stein der kahlen Hochflächen, in jeder Fliese der Klöster ist ein Tropfen armenischen Blutes. Die sozialistische Auferstehung dieses Landes ist ein Wunder und die schlagendste Widerlegung derer, die böswillig von sowjetischem Imperialismus reden. Ich habe in Armenien Spinnereien besucht, die fünftausend Arbeiter beschäftigen, gewaltige Bewässerungsanlagen, Kraftwerke und mächtige Industrien. Ich habe Städte und Weideland von einem Ende zum anderen durchfahren und habe nur Armenier gesehen, armenische Männer und Frauen. Ich bin einem einzigen Russen begegnet, einem einsamen Ingenieur mit blauen Augen unter den Tausenden schwarzen Augen jener dunkelhäutigen Bevölkerung. Dieser Russe leitete ein Wasserkraftwerk am Sewansee. Die Oberfläche des Sees, dessen Wasser in einen einzigen Flußarm abfließt, ist zu groß. Das kostbare Wasser verdunstet, ohne daß das durstige Armenien einen Nutzen davon hat. Um die Verdunstung zu verringern, wurde der Fluß verbreitert. So wird das Niveau des Sees gesenkt, gleichzeitig werden mit dem neugewonnenen Flußwasser acht Wasserkraftwerke, neue Industrien, große Aluminiumfabriken, Elektrizität und Bewässerung für das ganze Land geschaffen. Ich werde nie meinen Besuch in dem Wasserkraftwerk vergessen und das im kristallklaren Wasser des Sees gespiegelte Blau des armenischen Himmels. Als die Journalisten meinen Eindruck von Armeniens alten Kirchen und Klöstern wissen wollten, antwortete ich mit einem Anflug von Übertreibung:
»Die Kirche, die mir am meisten gefällt, ist das Wasserkraftwerk, das Gotteshaus am See.«
Ich habe viel gesehen in Armenien. Ich denke, Eriwan ist eine der schönsten Städte, erbaut aus vulkanischem Tuff, harmonisch wie eine rosa Rose. Unvergeßlich war der Besuch im astronomischen Zentrum

von Byurakan, wo ich zum ersten Mal die Schrift der Sterne sah. Dort fing man das zitternde Licht der Sterne ein, zarteste Mechanismen zeichneten das Zucken des Sterns im Raum auf wie eine Art von Elektrokardiogramm des Himmels. Dank jener Graphiken erkannte ich, daß jeder Stern seine eigene, faszinierende, zitternde Handschrift besitzt, die allerdings für meine Augen eines irdischen Dichters unlesbar ist.

Im biologischen Garten von Eriwan ging ich geradewegs zum Käfig des Kondors, doch mein Landsmann erkannte mich nicht. Er hockte in einem Winkel seines Käfigs, kahl, mit den skeptischen, illusionslosen Kondoraugen des großen, wehmütigen Vogels unserer Kordilleren. Ich blickte ihn traurig an, weil ich ja in mein Vaterland zurückkehren und er lebenslänglich gefangenbleiben würde.

Mein Abenteuer mit dem Tapir dagegen war anders. Der Zoo von Eriwan ist einer der wenigen, der einen Tapir aus dem Amazonasgebiet besitzt, dieses außergewöhnliche Tier mit dem Körper eines Ochsen, mit großnasigem Gesicht und kleinen Augen. Ich gestehe, Tapire sind mir ähnlich. Das ist kein Geheimnis.

Eriwans Tapir döste in seinem Gehege an der Lagune. Als er mich sah, warf er mir einen Blick des Einverständnisses zu, möglicherweise waren wir uns einmal in Brasilien begegnet. Der Direktor fragte mich, ob ich ihn schwimmen sehen wollte, worauf ich antwortete, für das Vergnügen, einen Tapir schwimmen zu sehen, würde ich um die Welt reisen. Man öffnete ein Türchen. Er warf mir einen glücklichen Blick zu und sprang ins Wasser, schnaubte wie ein Seepferd, wie ein behaarter Triton. Er riß seinen Körper steil aus dem Wasser, tauchte unter, wobei er stürmischen Wellengang hervorrief, tauchte freudetrunken auf, schnaubte und prustete und fuhr gleich darauf in seinen unwahrscheinlichen Akrobatenkunststücken fort.

»Wir haben ihn nie so glücklich gesehen«, sagte der Zoodirektor zu mir.

Bei einem Mittagessen, das der Schriftstellerverband für mich gab, erzählte ich in meiner Dankesrede von den Großtaten des amazonischen Tapirs und sprach von meiner Leidenschaft für die Tiere. »Ich lasse nirgends einen Zoo aus«, fügte ich hinzu.

In seiner Antwortrede sagte der Präsident der armenischen Schriftsteller:

»Welche Notwendigkeit bestand für Neruda, unseren Zoologischen Garten zu besuchen? Er brauchte nur zum Schriftstellerverband zu kommen, um alle Spezies zu treffen. Wir haben hier Löwen und Tiger, Füchse und Seehunde, Adler und Schlangen, Kamele und Papageien.«

Ich unterbrach meine Rückreise in Moskau. Diese Stadt ist für mich nicht nur die herrliche Hauptstadt des Sozialismus, der Sitz so vieler verwirklichter Träume, sondern der Wohnort einiger meiner liebsten Freunde. Moskau ist für mich wie ein Fest. Kaum komme ich an, wandere ich allein durch die Straßen, glücklich aufzuatmen und pfeife *cuecas*. Ich sehe die Gesichter der Russen, die Augen und Haarflechten der Russinnen, das Eis, das an den Straßenecken verkauft wird, die volkstümlichen Papierblumen, die Schaufenster, immer auf der Suche nach neuen Dingen, den kleinen Dingen, die das Leben groß machen.
Wieder einmal besuchte ich Ehrenburg. Erst zeigte mir mein guter Freund eine Flasche norwegischen Weinbrand, Aquavit. Das Etikett zeigte ein großes gemaltes Segelschiff. Darüber stand das Abfahrts- und Ankunftsdatum des Schiffs, das diese Flasche nach Australien mitgenommen und sie in ihr Ursprungsland Skandinavien zurückgebracht hatte.
Wir sprachen über Weine. Ich erinnerte mich an meine Jugendzeit, in der unsere so berühmten und beliebten Markenweine ins Ausland reisten. Sie waren immer zu teuer gewesen für Leute wie wir, die Eisenbahnerkleidung trugen und ein stürmisches Bohèmeleben führten. Mich hat in allen Ländern immer der Werdegang des Weins von dem Augenblick an beschäftigt, wo er »unter den Füßen des Volkes« entsteht, bis er in grünem Glas oder facettiertem Kristall auf Flaschen gezogen wird. In Galizien trank ich gern Ribeiro-Wein, der in Tassen getrunken wird und auf dem Boden des Porzellans eine dichte Blutschicht zurückläßt. Ich erinnere mich in Ungarn an einen dickflüssigen Wein namens Stierblut, dessen Angriffslust die Geigen der Zigeuner zum Erbeben bringt.
Meine Urgroßeltern hatten Weinberge besessen. Parral, mein Geburtsdorf, ist die Wiege herben Mostes. Von meinem Vater und meinen Onkeln, Don José Angel, Don Joel, Don Oseas und Don Amós habe ich den *pipeño*, den Faßwein vom *filtrado*, dem Flaschenwein, zu unterscheiden gelernt. Es fiel mir schwer, ihre Vorliebe für den nicht verfeinerten, den ursprünglichen, ungebärdigen Wein vom Faß zu verstehen. Wie in allem fiel es mir schwer, zum Primitiven, zum Kräftigen zurückzukehren, nachdem ich dem Kult des Geschmacks gehuldigt und das formalistische Bukett genossen hatte. Genauso ergeht es einem mit der Kunst: man wächst auf mit der Aphrodite des Praxiteles und teilt dann sein Leben mit den wilden Standbildern Ozeaniens.

In Paris probierte ich einen großen Wein in einem großen Haus. Der Wein war ein Mouton-Rothschild von makelloser Fülle, von unaussprechlicher Blume und vollendetem Samt. Das Haus war das von Aragon und Elsa Triolet.

»Ich habe diese Flaschen gerade bekommen und werde sie für dich öffnen«, sagte Aragon.
Und er erzählte mir die Geschichte.
Die deutschen Armeen rückten in französisches Gebiet ein. Der intelligenteste Soldat Frankreichs, Dichter und Offizier, Louis Aragon, stand auf vorgeschobenem Posten. Er hatte eine Abteilung Krankenwärter unter sich. Sein Befehl lautete: bis zu einem dreihundert Meter weiter vorn gelegenen Gebäude vorzurücken. Der Hauptmann der französischen Stellung hielt ihn an. Es war Graf Alphonse de Rothschild, jünger als Aragon und von ebenso hitzigem Blut wie er.
»Sie können hier nicht weiter«, sagte er. »Wir erwarten jeden Augenblick deutsches Feuer.«
»Aber ich habe den Befehl, mich bis zu diesem Gebäude vorzuschieben«, erwiderte lebhaft Aragon.
»Meine Befehle lauten: Sie rücken nicht weiter vor, sondern bleiben wo Sie sind«, gab der Hauptmann zurück.
Da ich Aragon zur Genüge kenne, bin ich sicher, daß es in der Diskussion Funken hagelte wie Granaten, Entgegnungen wie Degenstiche. Doch sie dauerten nicht länger als zehn Minuten. Plötzlich, vor Rothschilds und Aragons aufgerissenen Augen, platzte die Granate eines deutschen Mörsers auf dem nahegelegenen Gebäude und verwandelte es im Nu in Rauch, Schutt und Flugasche.
So wurde dank der Halsstarrigkeit eines Rothschild der erste Dichter Frankreichs gerettet.
Seitdem erhält Aragon am Jahrestag des Vorfalls jeweils ein paar *bonnes bouteilles* Mouton Rothschild aus den Weinbergen des Grafen, der sein Hauptmann im letzten Krieg war.

Nun bin ich in Moskau im Hause Ilja Ehrenburgs. Dieser große Krieger der Literatur, ein ebenso gefährlicher Feind für den Nazismus wie eine Division von vierzigtausend Mann, war auch ein raffinierter Epikureer. Ich habe nie in Erfahrung bringen können, ob er mehr von Stendhal oder von Gänseleberpastete verstand. Er ließ die Verse von Jorge Manrique so genießerisch über die Zunge gleiten wie einen Pommery-Greno. Seine lebendigste Liebe galt ganz Frankreich, Seele und Körper des köstlichen, duftenden Frankreich.
Nach dem Krieg lief in Moskau das Gerücht um, es würden eine bestimmte Anzahl geheimnisvoller Flaschen französischen Weins auf den Markt kommen. Die Rote Armee hatte bei ihrem Vormarsch auf Berlin eine Kellerfestung erobert, angefüllt mit Goebbels Wahnsinnspropaganda und den Weinen, die dieser in den Kellern des sanften Frankreich beschlagnahmt hatte. Papierstöße und Flaschen wurden ins Hauptquartier des siegreichen Heeres, der Roten Armee geschafft, das die Dokumente sichtete und nicht wußte, was es mit den Flaschen anfangen sollte.

Die Flaschen enthielten berühmte Jahrgänge von Markenweinen wie Romanée, Beaune, Châteauneuf-du-Pape, neben goldgelbem Pouilly, bernsteinfarbenem Vouvray, samtweichem Chambertin. Die ganze Kollektion bestand aus den Jahrgängen der besten Ernten.
Als Verfechter des Gleichheitsprinzips verteilte der sowjetische Sozialismus die erhabenen Trophäen der französischen Weinkelter zum gleichen Preis wie die russischen Weine. Als Einschränkungsmaßnahme wurde verfügt, daß jeder Käufer nur eine begrenzte Anzahl Flaschen erwerben könne. Hoch sind die Ziele des Sozialismus, aber die der Dichter sind überall gleich. Ein jeder meiner Schriftgefährten sandte Verwandte, Nachbarn, Bekannte aus, um Flaschen von so hoher Gattung zu so niederem Preis zu erwerben. Der Bestand war an einem Tag ausverkauft.
Eine Anzahl dieser Flaschen, deren Zahl ich nicht verraten werde, gelangte in das Haus des unversöhnlichen Feindes des Nazismus Ehrenburg. Aus diesem Grunde befinde ich mich in seiner Gesellschaft, von Weinen sprechend und einen Teil von Goebbels Kellerbestand trinkend, zu Ehren der Poesie und des Sieges.

Die wiedereroberten Paläste

Die Magnaten haben mich nie in ihre großen Stadtpalais eingeladen, und in Wirklichkeit war ich auch nie sehr neugierig darauf. Der Nationalsport Chiles ist die Versteigerung. Zu den für mein Land charakteristischen Wochenauktionen sieht man die Menschen in Massen eilen. Ein jedes dieser Herrenhäuser hat sein Schicksal. Ist der Augenblick gekommen, wird an den Meistbietenden das Gitter versteigert, das weder mich noch die Menschenmenge, zu der ich gehöre, je eingelassen hat, und mit den Gittern wechseln die Sessel den Besitzer, die blutroten Kristallgläser, die Familienporträts, die Teller, die Löffel und die Laken, zwischen denen so viele müßige Leben gezeugt wurden. Dem Chilenen macht es Spaß, dort einzutreten, zu betasten und zu besehen. Die wenigsten erweisen sich als Käufer. Bald wird das Gebäude abgerissen, dann werden Teile des Hauses versteigert. Die Käufer nehmen die Augen, das heißt die Fenster mit, die Eingeweide, das heißt die Treppen, die Böden sind die Füße, schließlich werden sogar die Palmen verteilt.
In Europa hingegen werden die riesigen Häuser bewahrt. Manchmal können wir die Porträts ihrer Herzöge und Herzoginnen sehen, die nur irgendein begünstigter Maler nackt sah zum Glück derer, die sich heute an diesem Gemälde und an diesen Kurven erfreuen. Wir können aber auch die Geheimnisse belauern, die forschenden Vergehen der Neugierde, die Perücken und diese erstaunlichen Archive, die bespannten

Wände, die so viele, für die elektronische Bühne der Zukunft bestimmten Unterhaltungen aufgesogen haben.
Ich wurde nach Rumänien eingeladen und fand mich zum Treffen ein. Die Schriftsteller brachten mich in ihrem Kollektivlandhaus mitten in den schönen Siebenbürger Wäldern unter. Das Wohnhaus der rumänischen Schriftsteller war früher der Palast von Carol gewesen, jenem Verrückten, dessen außerkönigliche Liebesaffären Weltklatsch wurden. Der Palast mit seinen modernen Möbeln und seinen Marmorbädern stand nun im Dienst von Rumäniens Denkern und Dichtern. Ich schlief ausgezeichnet im Bett ihrer Majestät der Königin. Am nächsten Tag besuchten wir die anderen zu Museen und Erholungs- oder Ferienhäusern umgewandelten Schlösser. Mich begleiteten die Dichter Jebeleaunu, Beniuc und Radu Bourreanu. Am grünen Morgen, unter den hohen Tannen der alten königlichen Parks sangen wir wild durcheinander, lachten donnernd, schrien Verse in allen Sprachen. Die rumänischen Dichter mit ihrer langen Leidensgeschichte aus den monarchistisch-faschistischen Regimen sind die tapfersten und zugleich fröhlichsten der Welt. Diese Gruppe von Spaßmachern, so rumänisch wie die Vögel ihres waldreichen Landes, so entschlossen in ihrer Vaterlandsliebe, so gefestigt in ihrer Revolution und so ansteckend verliebt ins Leben, waren eine Offenbarung für mich. An wenigen Orten habe ich so schnell so viele Brüder gewonnen.
Ich erzählte den rumänischen Dichtern zu ihrem Vergnügen von meinem früheren Besuch in einem anderen Adelspalast. Das war der Palast von Liria in Madrid, mitten im Krieg. Während Franco mit Hilfe seiner Italiener, Mauren und Hakenkreuze sich der heiligen Aufgabe widmete, Spanier umzubringen, besetzten Milizsoldaten jenen Palast, den ich so oft gesehen hatte, wenn ich in den Jahren 1934 und 1935 durch die Argüelles-Straße fuhr. Vom Autobus aus warf ich – nicht etwa aus Lehnspflicht – einen ehrerbietigen Blick hinüber zu den neuen Herzögen von Alba, die mich, den amerikanischen Irredentisten und halbbarbarischen Dichter, nicht mehr unterwerfen konnten, sondern aus Faszination für die Majestät der stummen weißen Sarkophage.
Als der Krieg kam, blieb der Herzog in England, denn er hieß in Wirklichkeit Berwick. Dort blieb er mit seinen besten Bildern und seinen wertvollsten Stücken. Mich dieser herzöglichen Flucht erinnernd, erzählte ich den Rumänen, daß in China nach der Befreiung der letzte Nachkomme von Konfuzius, der sich an einem Tempel und den Gebeinen des verstorbenen Philosophen bereichert hatte, nach Formosa gegangen war, ausgestattet mit Bildern, Tafeldamast und -geschirr. Und eben mit den Gebeinen. Dort wird er es sich behaglich gemacht haben und Eintritt für die Besichtigung der Reliquien verlangen.
Aus Spanien gingen in jenen Tagen schreckliche Nachrichten in die

übrige Welt: »Historischer Palast des Herzogs von Alba von Roten geplündert«, »Szenen lüsterner Zerstörungswut«, »Retten wir dieses historische Juwel«.

Ich ging den Palast besuchen, denn jetzt wurde man eingelassen. Die angeblichen Plünderer standen in blauen Overalls, Gewehr in der Hand, vor dem Portal. Die ersten Bomben aus Flugzeugen der deutschen Luftwaffe fielen auf Madrid. Ich bat die Milizsoldaten um Einlaß. Eingehend prüften sie meine Papiere. Als ich dachte, ich wäre abgefertigt und könnte meine Schritte durch die luxuriösen Salons lenken, hinderten sie mich mit Entsetzen daran: ich hatte mir die Schuhe auf der großen Kokosmatte des Eingangs nicht abgestreift. In der Tat, die Fußböden glänzten wie Spiegel. Ich reinigte mir die Schuhe und trat ein. Die leeren Rechtecke an den Wänden wiesen auf abgehängte Gemälde hin. Die Milizsoldaten wußten über alles Bescheid. Sie erzählten mir, daß der Herzog diese Bilder schon seit Jahren in einem Safe seiner Londoner Bank verwahre. In der großen Halle waren das einzig Sehenswerte die Jagdtrophäen, zahllose Geweihe, gehörnte Köpfe und Rüssel verschiedener Tierchen. Das Augenfälligste war ein riesiger weißer Bär, der mitten im Raum auf seinen zwei Tatzen stand, seine beiden Polararme ausstreckte und mit allen Zähnen seines ausgestopften Schädels lachte. Er war der Liebling der Milizsoldaten, die ihn jeden Morgen bürsteten.

Natürlich interessierten mich die Schlafzimmer, in denen die vielen Albas von Alpträumen geplagt, geschlafen hatten, wenn die flandrischen Gespenster sie nachts an den Fußsohlen kitzelten. Die Füße existierten nicht mehr, dafür die größte Sammlung Schuhe, die ich je gesehen habe. Der letzte Herzog hat seine Pinakothek nicht vergrößert, aber sein Schuhladen war erstaunlich und unübersehbar. Bis zur Decke reichende Glasschränke beherbergten Tausende von Schuhen. Wie in Bibliotheken gab es Spezialleiterchen, wahrscheinlich um sie zartfühlend an ihren Absätzen zu greifen. Ich blickte mich aufmerksam um. Da waren Hunderte von Paaren feinster gelber und schwarzer Reitstiefel. Da gab es Stiefeletten mit Plüschbesatz und Perlmuttknöpfen. Und Unmassen von Hausschuhen, Pantoffeln und Gamaschen, alle auf Schuhspanner gezogen, was ihnen den Anschein verlieh, als besäßen sie selbst Füße und Beine. Würde man ihnen den Glasschrank öffnen, sie liefen alle ihrem Herzog nach London hinterher! Man könnte ein Stiefelfest geben und sie in drei oder vier Räumen aufstellen. Ein Fest einzig und allein für die Augen, denn die Milizsoldaten mit ihren geschulterten Gewehren würden nie zulassen, daß auch nur eine Mücke diese Schuhe streifte. »Die Kultur«, sagten sie. »Die Geschichte«, sagten sie. Ich dachte an die armen Jungen in Hanfschuhen, die auf den schrecklichen Höhen von Somosierra im tiefen Schnee und Lehm dem Faschismus Einhalt geboten.

Über dem Bett des Herzogs hing ein goldgerahmtes Bildchen, dessen große gotische Lettern mich anzogen. Caramba! dachte ich. Das muß der Stammbaum der Albas sein. Irrtum! Es war *Wenn* von Rudyard Kipling, dieses platte, frömmelnde Gedicht, Vorläufer des Reader's Digest, dessen geistige Höhe meiner Meinung nach keineswegs die Schuhe des Herzogs von Alba übertraf. Das Britische Weltreich vergebe mir!

Das Badezimmer der Herzogin wird aufregend sein, dachte ich. Es beschwor so mancherlei. Besonders die ruhende Madonna im Prado, deren Brustwarzen Goya so weit auseinander plaziert hatte, daß man annehmen kann, der revolutionäre Maler hat den Abstand gemessen, indem er Kuß an Kuß reihte bis zwischen den Brüsten ein unsichtbares Halsband lag. Neuer Irrtum. Nach dem Bären, der Sammlung von Schmierenbühnenstiefeln und dem *Wenn* fand ich zu guter Letzt statt dem einer Göttin würdigen Bade ein rundes pseudopompejanisches Verließ mit einem in den Fußboden eingelassenen Bottich, kitschigen Alabasterschwänchen, kitschig-komischen Lämpchen, mit einem Wort: das Badezimmer für die Odaliske eines nordamerikanischen Films.

Ich war schon dabei, mich schwer ernüchtert zurückzuziehen, als ich meine Entschädigung bekam. Die Milizsoldaten luden mich zum Mittagessen ein. Ich stieg mit ihnen in die Küchenräume hinunter. Vierzig oder fünfzig Hausburschen und Diener, Köche und Gärtner des Herzogs kochten weiter für sich und für die Milizsoldaten, die das Haus bewachten. Mich betrachteten sie als Ehrenbesuch. Nach eifrigem Geflüster, Hin- und Hergelaufe, Quittieren, förderten sie eine staubige Flasche zutage. Es war eine hundert Jahre alte »Lacrimae Christi«, aus der sie mir nur ein paar Schluck zu trinken gaben. Ein glühender Wein, ein Gemisch aus Honig und Feuer, gebieterisch und zugleich verschwebend. Ich werde diese Tränen des Herzogs von Alba nicht so leicht vergessen.

Eine Woche später warfen die deutschen Bomber vier Brandbomben über dem Palast von Liria ab. Von der Terrasse meines Hauses aus sah ich die beiden unheilvollen Vögel fliegen. Farbiges Funkensprühen überzeugte mich gleich darauf, daß ich den letzten Minuten des Palastes beiwohnte.

»Am gleichen Nachmittag ging ich zu den rauchenden Ruinen«, sagte ich zu den rumänischen Schriftstellern, um meine Erzählung zu beenden. »Dort erfuhr ich etwas Rührendes. Die edelmütigen Milizsoldaten konnten in dem vom Himmel fallenden Feuer und den erderschütternden Explosionen, in der um sich greifenden Feuersbrunst nicht mehr retten als den weißen Bären. Fast wären sie bei dem Unternehmen umgekommen. Die Balken stürzten, alles brannte, und das riesige einbalsamierte Tier wollte nicht durch Fenster und Türen hindurch. Ich sah es zum letzten Mal, die weißen Arme ausgebreitet, tot vor Lachen, auf dem Rasen des Palastgartens.«

Zeit der Kosmonauten

Wiederum Moskau. Am 7. November morgens wohne ich der Parade des Volkes, seiner Sportler, der leuchtenden Sowjetjugend bei. Fest und sicher marschierten sie über den Roten Platz. Sie wurden beobachtet von den scharfen Augen eines seit Jahren toten Mannes, des Begründers dieser Sicherheit, dieser Fröhlichkeit und Kraft: Wladimir Iljitsch Uljanow, unsterblich bekannt als Lenin.
Diesmal defilierten wenige Waffengattungen. Doch zum ersten Mal bekam man die gewaltigen interkontinentalen Raketengeschosse zu sehen. Man konnte sie fast mit der Hand greifen, diese riesigen Havanazigarren von so gutmütigem Aussehen, die den Atomtod zu jedwedem Punkt des Planeten bringen konnten.
An jenem Tag wurden die Russen ausgezeichnet, die aus dem Himmel zurückgekehrt waren. Ich fühlte mich ihren Flügeln sehr nahe. Der Beruf des Dichters besteht größtenteils aus Vogelfang. Ausgerechnet in den Straßen von Moskau, an den Küsten des Schwarzen Meeres, zwischen den Gebirgsschluchten des sowjetischen Kaukasus, war ich versucht, ein Buch über Chiles Vögel zu schreiben. Der Dichter von Temuco widmete sich bewußt dem Vogelfang, dem Schreiben über die Vögel seines fernen Landes, über Singspatzen und Nachtigallen, Lerchen und Stieglitze, Kondore und Dompfaffen, als zwei menschliche Vögel, zwei sowjetische Kosmonauten sich in den Weltraum emporschwangen und die ganze Welt in Staunen versetzten. Wir alle hielten den Atem an und spürten über unseren Köpfen, sahen mit unseren Augen den doppelten Weltraumflug.
An jenem Tag wurden sie ausgezeichnet. Neben ihnen, vollkommen irdisch, standen ihre Angehörigen, ihre Sippe, ihre dörfliche Wurzel. Die alten Männer trugen gewaltige Bauernbärte, die alten Frauen trugen die typischen Kopftücher der Weiler und Weiden. Die Kosmonauten waren Männer wie wir, Seelen des freien Feldes, des Dorfes, der Fabrik, der Werkstatt. Auf dem Roten Platz empfing sie Nikita Chruschtschow im Namen der sowjetischen Nation. Nachher sahen wir sie im Sankt-Georgs-Saal. Man stellte mir Guerman Titow vor, Astronaut Nummer zwei, einen sympathischen Jungen mit großen leuchtenden Augen. Plötzlich fragte ich ihn:
»Sagen Sie, Kommandant, als Sie durchs Weltall fuhren und auf unseren Planeten heruntersahen, konnten Sie da Chile deutlich erkennen?«
Es war, als hätte ich gesagt: »Sie werden verstehen: das wichtigste an

Ihrer Reise war, das kleine Chile von oben zu erkennen.«
Er lächelte nicht, wie ich erwartet hatte, sondern überlegte einen Augenblick und sagte:
»Ich erinnere mich an einige gelbliche Gebirgszüge über Südamerika. Man konnte sehen, daß sie sehr hoch waren. Vielleicht war das Chile.«
Natürlich war es Chile, Kamerad.

Genau am Tag, als der vierzigste Geburtstag der sozialistischen Revolution gefeiert wurde, reiste ich per Bahn nach Finnland ab. Während ich durch die Stadt zum Bahnhof fuhr, stiegen große Mengen von Leuchtraketen, schwefelgelbe, blaue, rote, violette, grüne, gelbe, orangenfarbene wie Freudenschüsse in den höchsten Himmel, wie Leuchtzeichen der Gemeinsamkeit und Freundschaft, die aus der siegreichen Nacht allen Völkern entgegenstrebten.
In Finnland kaufte ich einen Narwalzahn, dann fuhren wir weiter. In Göteborg nahmen wir das Schiff zur Rückreise nach Amerika. Auch Amerika und mein Vaterland marschieren mit dem Leben und mit der Zeit. Als wir in Richtung Valparaíso durch Venezuela kamen, schickte der Tyrann Pérez Jiménez, Lieblingsbaby des State Department und Bastard von Trujillo und Somoza, ein Kriegsaufgebot Soldaten, um mich und meine Gefährtin daran zu hindern, von Bord zu gehen. Doch als ich in Valparaíso ankam, hatte die Freiheit bereits den venezolanischen Despoten verjagt; der majestätische Satrap war wie ein somnambules Kaninchen nach Miami gerannt. Schnell dreht sich die Welt seit dem Flug des Sputnik. Wer hätte mir gesagt, daß der erste Mensch, der in Valparaíso an unsere Kabinentür klopfte, um uns willkommen zu heißen, der Schriftsteller Simonow sein würde, den ich zuletzt beim Baden im Schwarzen Meer gesehen hatte?

II

Dichten ist ein Beruf

Es ist das Vorrecht unserer Zeit gewesen, zwischen Kriegen, Revolutionen und großen sozialen Umwälzungen die Fruchtbarkeit der Dichtung bis zu ungeahnten Grenzen zu entwickeln. Der Durchschnittsmensch hat sich mit ihr auf verletzende oder verletzte Weise auseinandersetzen müssen, bald in der Einsamkeit, bald in der Masse öffentlicher Versammlungen.

Als ich meine ersten einsamen Bücher schrieb, ahnte ich nicht, daß ich meine Verse im Lauf der Jahre auf Plätzen, auf Straßen, in Fabriken, Hörsälen, Theatern und Gärten aufsagen würde. Ich bin praktisch in alle Winkel Chiles vorgedrungen und habe meine Gedichte unter den Menschen meines Volkes ausgestreut.

Ich will erzählen, was mir in der Vega Central, dem größten, volkstümlichen Markt von Santiago de Chile, passierte. Dort kommen bei Tagesanbruch die endlosen Fuhrwerke, Schubkarren, Karren und Lastwagen mit Gemüse, Obst, Nahrungsmitteln aus den Farmen der Umgebung in die heißhungrige allesverzehrende Hauptstadt. Die Lastenträger – eine zahlreiche, schlechtbezahlte und oft barfüßige Zunft – vegetieren in den Eckcafés, Nachtasylen und Lumpenkneipen der umliegenden Stadtviertel.

Jemand holte mich eines Tags in einem Auto ab. Ich stieg ein, ohne recht zu wissen, wohin die Reise ging. Er hatte ein Exemplar meines *Spanien im Herzen* in der Tasche. Im Auto wurde mir erklärt, ich sei eingeladen, einen Vortrag im Gewerkschaftslokal der Lastenträger der Vega zu halten.

Als ich den baufälligen Raum betrat, spürte ich die Kälte des *Nocturno* von José Asunción Silva, nicht nur wegen des fortgeschrittenen Winters, sondern wegen der Umgebung, die mir den Atem nahm. Auf Kisten oder Behelfsbänken saßen etwa fünfzig Männer und warteten auf mich. Einige hatten einen Sack als Schürze umgebunden, andere hatten alte geflickte Netzhemden übereinander gezogen, dritte trotzten dem kalten chilenischen Juli mit nacktem Oberkörper. Ich setzte mich hinter ein Tischchen, das mich von diesem sonderbaren Publikum trennte. Alle blickten mich mit den kohlschwarzen, sprachlosen Augen der Leute aus dem Volk meines Landes an.

Ich erinnerte mich an den alten Lafertte. Diese unerschütterlichen Zuschauer, die keinen Gesichtsmuskel bewegen und stur geradeaus blicken, bezeichnete Lafertte mit einem Namen, der mich zum Lachen brachte. Einmal, in der Salpeterpampa, sagte er zu mir: »Schau, dort hinten im Saal lehnen zwei Muselmanen und starren uns an. Es fehlt ihnen nur der Burnus, damit sie den furchtlosen Gläubigen der Wüste gleichen.«

Was tun mit diesem Publikum? Wovon sollte ich zu ihnen sprechen?

Welche Dinge aus meinem Leben würden sie interessieren? Ohne mich zu einem Entschluß durchringen zu können und mühsam den Wunsch verbergend, den Raum fluchtartig zu verlassen, nahm ich das Buch, das vor mir lag, und sagte:
»Vor einiger Zeit bin ich in Spanien gewesen. Dort wurde heiß gekämpft und geschossen. Hört, was ich darüber geschrieben habe.«
Ich muß betonen, daß ich *Spanien im Herzen* nie für ein leicht verständliches Buch gehalten habe. Es strebt zwar nach Klarheit, ist aber förmlich aufgesogen vom Wirbelsturm der großen, vielfältigen Schmerzen.
Jedenfalls wollte ich einige wenige Strophen lesen, ein paar Worte hinzufügen und mich verabschieden. Doch die Sache verlief anders. Als ich Gedicht um Gedicht las, als ich die Stille wie ein tiefes Wasser spürte, in das meine Worte fielen, als ich sah, wie diese Augen und dunklen Brauen eindringlich meiner Dichtung folgten, begriff ich, daß mein Buch seiner Bestimmung zustrebte. Ich las weiter und weiter, selbst ergriffen von den Lauten meiner Gedichte, aufgewühlt von der magnetischen Beziehung zwischen meinen Versen und jenen verlassenen Seelen.
Die Lesung dauerte über eine Stunde. Als ich mich zum Gehen wandte, stand einer der Männer auf. Einer von denen, die einen Sack um die Hüfte geschlungen hatten.
»Ich möchte Ihnen im Namen aller danken«, sagte er mit lauter Stimme. »Ich möchte Ihnen auch sagen, daß uns nie etwas so stark beeindruckt hat . . .«
Als er geendet hatte, brach er in Schluchzen aus. Mehrere andere weinten. Unter feuchten Blicken und rauhen Händedrücken trat ich auf die Straße.
Kann ein Dichter noch derselbe sein, nach diesen Prüfungen aus Feuer und Frost?

Will ich mich an Tina Modotti erinnern, muß ich mich anstrengen, als gälte es eine Handvoll Nebel zu fassen. Zerbrechlich, fast unsichtbar. Kannte ich sie oder kannte ich sie nicht?
Sie war noch sehr schön: ein bleiches Oval, umrahmt von schwarzen Schwingen zurückgekämmten Haars, große Samtaugen, die Jahre durchblickten. Diego Rivera hat ihre Gestalt auf einem seiner Wandgemälde festgehalten, in einer Aureole pflanzlicher Krönung und Lanzen aus Mais.
Diese italienische Revolutionärin, große Künstlerin der Fotografie, fuhr vor Zeiten in die Sowjetunion, um Menschenmengen und Monumente zu fotografieren. Doch dort, umgeben vom bezwingenden Rhythmus sozialistischen Schaffens, warf sie ihre Kamera in die Moskwa und schwor sich, ihr Leben den bescheidensten Aufgaben der

Kommunistischen Partei zu widmen. In Erfüllung dieses Schwurs lernte ich sie in Mexiko kennen und fühlte sie in jener Nacht sterben.
Das war im Jahr 1941. Ihr Mann war Vittorio Vidale, der berühmte Kommandant Carlos des 5. Regiments. Tina Modotti starb an einem Herzanfall im Taxi, das sie nach Hause brachte. Sie wußte, daß sie herzkrank war, sagte aber nichts, damit man ihr ihre revolutionäre Arbeit nicht beschneide. Sie war stets zu dem bereit, was keiner machen wollte: Büros fegen, zu Fuß zu den entlegensten Orten gehen, Nächte hindurch Briefe schreiben oder Artikel übersetzen. Im Spanienkrieg war sie Krankenschwester für die Verwundeten der Republik gewesen.
Als Gefährtin des damals in Mexiko exilierten großen kubanischen Jugendführers Julio Antonio Mella hatte sie eine tragische Episode erlebt. Der Tyrann Gerardo Machado schickte ein paar Revolverhelden aus La Habana, um den Revolutionsführer umzubringen. Eines Nachmittags verließ Tina am Arm Mellas ein Kino, als dieser unter Maschinengewehrfeuer zusammenbrach. Die beiden lagen am Boden, sie im Blut ihres toten Gefährten, während die Mörder unter hohem Schutz entkamen. Zu alledem beschuldigten die Polizeibeamten, welche die Verbrecher beschützt hatten, Tina Modotti des Mordes.
Zwölf Jahre später versiegten lautlos Tina Modottis Kräfte. Die mexikanische Reaktion versuchte die Niedertracht wiederaufleben zu lassen, indem sie das Ärgernis ihres Todes vertuschte, wie sie sie vorher mit Mellas Tod belastet hatte. Währenddessen wachten Carlos und ich bei dem kleinen Leichnam. Einen so zähen und mutigen Mann leiden zu sehen, ist kein angenehmes Schauspiel. Dieser Löwe blutete, als ihn das Gift der Niedertracht ätzte, die Tina Modotti noch im Tode beflecken wollte. Kommandant Carlos stöhnte mit roten Augen, Tina lag wachsbleich in ihrem kleinen Exilsarg, ich verstummte ohnmächtig vor all dem im Raum versammelten menschlichen Jammer.
Die Zeitungen füllten ganze Seiten mit Sensationsschmutz. Sie nannten sie »die geheimnisvolle Frau aus Moskau«. Einige fügten hinzu: »Sie starb, weil sie zuviel wußte.« Erschüttert von Carlos' wahnsinnigem Schmerz faßte ich einen Entschluß. Ich schrieb ein herausforderndes Gedicht gegen die, welche unsere Tote beleidigten. Ich sandte es an alle Zeitungen, ohne zu hoffen, daß es veröffentlicht würde. Aber o Wunder! Am nächsten Tag, statt neuer, phantastischer Enthüllungen, die sie am Vortag versprochen hatten, stand auf der ersten Seite aller Blätter mein empörtes, freches Gedicht.
Das Gedicht hieß *Tina Modotti ist tot*. Ich las es an jenem Vormittag auf dem Friedhof von Mexiko, wo wir ihren Leib ließen und wo sie für immer unter einem Stein aus mexikanischem Granit ruht. In diesen Stein sind meine Strophen gegraben.
Jene Presse veröffentlichte nie wieder eine Zeile gegen sie.

Es war in Lota, vor vielen Jahren. Zehntausend Bergleute waren zur Versammlung gekommen. Das in jahrhundertelangem Hunger stets gärende Kohlengebiet hatte den Platz von Lota mit seinen Bergleuten gefüllt. Die politischen Redner sprachen ausführlich. In der heißen Mittagsluft hing der Geruch von Kohle und Meersalz. Nahe war der Ozean, unter dessen Wasserspiegel über zehn Kilometer lang die dunklen Schächte sich erstrecken, in denen diese Männer die Kohle fördern.
Nun lauschten sie in praller Sonne. Die Tribüne war hochgelegen, von dort aus konnte ich das Meer der schwarzen Kumpelhüte und -köpfe sehen. Ich sollte als letzter sprechen. Als mein Name und mein Gedicht *Neues Liebeslied für Stalingrad* angekündigt wurden, geschah etwas Ungewöhnliches, eine Zeremonie, die ich nie vergessen werde.
Kaum hatte die riesige Menschenmenge meinen Namen und den Titel des Gedichts gehört, zog sie schweigend den Hut. Zog den Hut, weil nach der eindeutigen Sprache der Politik meine Dichtung, die Dichtung sprechen sollte. Ich sah von der erhöhten Tribüne aus die riesige Bewegung der Hüte: zehntausend Hände, die sich alle auf einmal senkten, wie ein nicht zu beschreibendes bewegtes Meer, wie eine schweigende Sturzsee, wie die schwarze Schaumkrone stummer Ehrerbietung. Dann stieg mein Gedicht auf, und wie nie zuvor erreichte es seinen Klang von Krieg und Befreiung.

Es geschah in meinen Jugendjahren. Ich war der Studentendichter in schwarzem Umhang, schmächtig und unterernährt wie ein Dichter jener Zeit. Ich hatte soeben das *Buch der Morgendämmerungen* veröffentlicht und wog weniger als eine schwarze Feder.
Ich betrat mit meinen Freunden ein übelbeleumdetes Kabarett. Es war die Zeit der Tangos, der Zuhälter und Messerstecher. Plötzlich hörte das Tanzen auf und der Tango zerbarst wie ein gegen die Wand geschleudertes Glas.
In der Mitte der Tanzfläche gestikulierten und beschimpften sich zwei berüchtigte Ganoven. Als der eine auf den anderen losging, wich dieser zurück und mit ihm die musikbegeisterte Menge, die sich hinter den Tischen verschanzte. Das Ganze glich dem Tanz zweier primitiver Bestien in einer Urwaldlichtung.
Ohne viel zu überlegen trat ich vor und wetterte in meiner bleichsüchtigen Schmächtigkeit los:
»Erbärmliche Schläger, miese Lumpen, jämmerliche Hosenscheißer, laßt doch die Leute zufrieden, die hergekommen sind um zu tanzen und nicht, um eure Komödie mitansehen zu müssen.«
Sie blickten einander verwundert an, als hätten sie nicht recht gehört. Der kleinere, der Ringkämpfer gewesen war, bevor er Ganove wurde, trat auf mich zu, als wolle er mich umbringen. Das wäre ihm auch

gelungen, wäre nicht plötzlich eine Faust aufgetaucht und hätte den Gorilla mit einem gutgezielten Hieb niedergestreckt. Es war sein Widersacher, der sich endlich zum Gegenschlag entschlossen hatte es ihm zu geben.
Als der bezwungene Meisterringer wie ein Sack hochgezerrt wurde, von den Tischen Flaschen zu uns herübergereicht wurden und die Tänzerinnen uns begeistert zulächelten, wollte der Riesenkerl, der seinem Gegner den Gnadenstoß versetzt hatte, den Siegesruhm gerecht mit mir teilen. Aber ich wies ihn streng ab:
»Scher dich! Du bist vom gleichen miesen Schlag!«
Meine Minuten des Ruhms endeten kurz darauf. Nachdem wir einen engen Gang durchschritten hatten, konnten wir eine Art Berg mit einer Panthertaille erkennen, der den Ausgang versperrte. Das war der andere Ganovenringer, der durch meine Worte verhinderte Sieger, der uns um seiner Rache willen in den Weg trat.
»Auf dich habe ich gewartet«, sagte er.
Mit einem leichten Puff stieß er mich auf eine Tür zu, während meine Freunde kopflos davonrannten. Ich stand wehrlos vor meinem Henker. Blitzschnell blickte ich mich nach einer Waffe um. Nichts. Gar nichts. Die Marmorplatten der Tische, die Eisenstühle waren viel zu schwer. Keine Blumenvase, keine Flasche, nicht mal ein armseliger vergessener Spazierstock.
»Reden wir«, sagte der Mann.
Ich begriff die Sinnlosigkeit jeder Bemühung und dachte, er wolle mich in Augenschein nehmen, um mich dann zu zerreißen wie der Tiger den Bisamhirsch. Ich erkannte, daß meine ganze Verteidigung darin bestehen müsse, meine Angst nicht zu zeigen. Ich gab ihm den Puff zurück, den ich empfangen hatte, vermochte ihn aber keinen Millimeter von der Stelle zu bewegen. Er war eine Steinmauer.
Plötzlich warf er den Kopf zurück, und seine Raubtieraugen wechselten die Farbe.
»Sind Sie nicht der Dichter Pablo Neruda?«
»Der bin ich.«
Er senkte den Kopf und fuhr fort:
»Ich Unglücklicher! Ich stehe vor dem Dichter, den ich so sehr bewundere, und der sagt mir ins Gesicht, was für ein gemeiner Lump ich bin!«
Und jammernd nahm er den Kopf in die Hände:
»Ich bin Zuhälter und der andere, der sich mit mir geprügelt hat, ist Kokainschmuggler. Wir sind das Letzte vom Letzten. Und doch gibt es in meinem Leben eine reine Stelle. Das ist meine Braut, die Liebe zu meiner Braut. Schauen Sie, Don Pablito. Hier ist ihr Bild. Ich werde ihr einmal sagen, daß Sie es in Händen gehalten haben. Es wird sie glücklich machen.«

Er reichte mir die Fotografie eines lächelnden Mädchens.
»Sie mag mich Ihretwegen, Don Pablito, wegen Ihrer Verse, die wir auswendig gelernt haben.«
Und er begann ohne Umschweife zu rezitieren:
»Aus deiner Tiefe und auf den Knien blickt, traurig wie ich, ein Kind uns an.«
In diesem Augenblick ging die Tür mit einem Ruck auf. Es waren meine Freunde, die mit bewaffneter Verstärkung anrückten. Ich sah die Köpfe, die in der Türe sprachlos aneinanderstießen.
Langsam ging ich fort. Der Mann blieb allein zurück, ohne seine Stellung zu verändern, und sagte, von der Dichtung bezwungen:
»Für jenes Leben, das glühen wird in seinen Adern... würden meine Hände einst töten müssen ...«

Das Flugzeug des zum Spionageflug über sowjetisches Hoheitsgebiet entsandten Piloten Powers stürzte aus unglaublicher Höhe ab. Zwei fantastische Geschosse hatten es erreicht, hatten es aus seinen Wolken herabgeholt. Die Journalisten eilten in den verlorenen Gebirgsort, wo die Schüsse abgefeuert worden waren.
Die Artilleristen waren zwei einsame junge Männer. In jener unermeßlichen Welt der Tannen, Schneefälle und Flüsse aßen sie Äpfel, spielten Schach, spielten Akkordeon, lasen Bücher und hielten Wache. Sie hatten in Verteidigung des weiten russischen Vaterlandshimmels nach oben gezielt.
Man bedrängte sie mit Fragen:
»Was eßt ihr? Wer sind eure Eltern? Tanzt ihr gerne? Was für Bücher lest ihr?«
In Beantwortung der letzten Fragen sagte einer der jungen Artilleristen, sie läsen Verse, und zu ihren Lieblingsdichtern gehörten der russische Klassiker Puschkin und der Chilene Neruda.
Ich war überglücklich, als ich das erfuhr. Das Geschoß, das so hoch gestiegen war und den Stolz so tief zu Fall gebracht hatte, hatte in irgendeiner Form ein Atom meiner glühenden Dichtung mit sich geführt.

Die Poesie

... Wie viele Kunstwerke ... Sie finden kaum Platz in der Welt ... Man muß sie schon außerhalb der Wohnungen aufhängen ... Wie viele Bücher ... Wie viele Büchlein ... Wer kann sie alle lesen? ... Wenn sie eßbar wären ... Wenn wir in einer Welle des Heißhungers Salat aus ihnen machen, sie klein hacken, sie anrichten könnten ... Man kann nicht mehr ... Man hat sie satt ... Die Welt erstickt unter ihrer Flut ... Reverdy sagte zu mir: »Ich habe der Post geschrieben, man soll mir keine mehr schicken. Ich konnte sie nicht mehr aufmachen. Ich hatte keinen Platz mehr. Sie kletterten an meinen Wänden hoch, ich befürchtete eine Katastrophe, sie würden mir auf den Kopf fallen« ... Jedermann kennt Eliot ... Bevor er Maler wurde, Theater leitete, hellsichtige Kritiken schrieb, las er meine Verse ... Ich fühlte mich geschmeichelt ... Niemand verstand sie besser ... Bis er mir eines Tages die seinen vorlas und ich egoistisch protestierend davonlief: »Lesen Sie sie mir nicht vor, lesen Sie sie mir nicht vor« ... und mich im Bad einschloß. Aber Eliot las sie mir durch die Türe vor ... Ich war sehr traurig ... Der schottische Dichter Frazer war dabei ... Er schalt mich: »Warum behandelst du Eliot so?« ... Ich erwiderte: »Ich will nicht meinen Leser verlieren. Ich habe ihn gepflegt. Er hat sogar die Falten meiner Dichtung kennengelernt ... Er kann doch Bilder malen ... Kann Essays schreiben ... Aber ich will diesen Leser behalten, mir bewahren, ihn wie eine exotische Pflanze begießen ... Du verstehst mich doch, Frazer« ... Denn wenn das so weitergeht, werden die Dichter nur noch für andere Dichter veröffentlichen ... Ein jeder zieht seine Plakette hervor und steckt sie dem anderen in die Tasche ... sein Gedicht ... und legt es dem anderen auf den Teller ... Quevedo legte es eines Tages unter das Mundtuch eines Königs ... Das lohnte wenigstens die Mühe ... Oder im hellen Sonnenlicht, Poesie auf einem Platz ... Oder sollen die Bücher in den Händen der Menschenmenge zerschleißen, zerfetzen ... Aber die Veröffentlichung von Dichter zu Dichter reizt mich nicht, fordert mich nicht heraus, stachelt mich nur dazu an, mich in die Natur zu flüchten, zu einem Felsen, einer Woge, fern von Verlagen, von bedrucktem Papier ... Die Poesie hat ihre Verbindung zum fernen Leser verloren ... Sie muß sie wiedergewinnen ... Sie muß durchs Dunkel wandern und dem Herzen des Menschen begegnen, den Augen der Frau, den Unbekannten auf den Straßen, denen, die zu einer bestimmten Dämmerstunde oder in tiefer gestirnter Nacht auch nur einen einzigen Vers brauchen ... Dieses Einkehren beim Unvermuteten lohnt die Mühe aller Wege, alles Gelesenen, alles Erlernten ... Man muß sich unter denen verlieren, die wir nicht kennen, damit sie das Unsrige auf der Straße auflesen, im Sand, in den in tausend Jahren im selben Wald gefallenen Blättern ... und

diesen Gegenstand, den wir gemacht haben, zärtlich an sich nehmen . . . Erst dann werden wir wahrhaft Dichter sein . . . In diesem Gegenstand wird die Poesie leben . . .

Mit der Sprache leben

Ich bin 1904 geboren. 1921 wurde ein Flugblatt mit einem meiner Gedichte veröffentlicht. Im Jahre 1923 wurde mein erstes Buch *Morgendämmerungen* verlegt. Ich schreibe diese Erinnerungen im Jahre 1973. Fünfzig Jahre sind seit jenem erregenden Augenblick vergangen, da ein Dichter den ersten Schrei der gedruckten, lebendigen, zappelnden Kreatur empfindet, welche Aufmerksamkeit erregen will wie jedes andere Neugeborene.

Man kann nicht ein ganzes Leben mit einer Sprache leben, sie in ihrer ganzen Spannweite handhaben, sie erforschen, sie an Haar und Bauch kratzen, ohne daß diese Vertrautheit eins wird mit dem eigenen Organismus. So erging es mir mit der spanischen Sprache. Die gesprochene Sprache hat andere Dimensionen: die geschriebene Sprache gewinnt eine unvermutete Weite. Mit der Sprache umgehen wie mit einem Kleid und der Haut des Körpers, mit ihren Ärmeln, Flicken, Ausdünstungen, Blut- und Schweißflecken, das macht den Schriftsteller aus. Das ist sein Stil. Ich fand meine Zeit aufgeschreckt von den Revolutionen der französischen Kultur. Sie haben mich immer gelockt, doch in gewisser Weise paßten sie meinem Körper nicht als Kleid. Der chilenische Dichter Huidobro hat die französischen Moden übernommen und seiner Seins- und Ausdrucksweise wunderbar angepaßt. Manchmal schien es mir, als übertreffe er seine Modelle. Etwas Ähnliches geschah auf höherer Ebene mit Rubén Daríos Durchbruch in der spanischen Dichtung. Doch Rubén Darío war ein großer tönender Elefant, der alle Scheiben einer Epoche spanischen Idioms zerschlug, damit die Luft der Welt in ihren Bereich eindringe. Und sie drang ein.

Die spanische Sprache trennt gelegentlich Hispanoamerikaner und Spanier. Vor allem aber ist die Ideologie des Idioms zweigeteilt. Góngoras gefrorene Schönheit paßt nicht in unsere Breitengrade, es gibt keine spanische Dichtung, nicht einmal die jüngste, ohne diesen Beigeschmack gongorinischer Opulenz. Unsere amerikanische Hülle ist aus Steinstaub, aus gemahlener Lava, aus Tonerde und Blut. Wir verstehen es nicht, Kristall zu schneiden. Unsere Manieristen klingen hohl. Ein einziger Tropfen Wein Martín Fierros oder ein Tropfen trüben Honigs der Gabriela Mistral läßt sie unbewegt: erstarrt in Salons wie Vasen mit fremden Blumen.

Die spanische Sprache wurde nach Cervantes golden, gewann höfische Anmut, verlor die wilde Kraft, die sie von Gonzalo de Berceo, dem Hohepriester, mitgebracht hatte, sie verlor die zeugungsfreudige Leidenschaft, die noch in Quevedo brannte. Gleiches geschah in England, in Frankreich, in Italien. Chaucers, Rabelais' Maßlosigkeit wurden kastriert; die preziöse Petrarkisierung brachte die Smaragde, die Diamanten zum Funkeln, doch die Quelle der Größe begann zu versiegen.

Dieser einstige Born entsprang dem ganzen Menschen, seiner Weite, seiner Fülle, seinem Überquellen.
Darin bestand mein Problem, wenn ich es mir auch nicht mit diesen Worten stellte. Wenn meine Dichtung eine Bedeutung hat, so ist es dieser Hang zum Räumlichen, Unbegrenzten, der sein Genüge nicht in einem Zimmer findet. Meine Grenzen mußte ich selber überschreiten, ich hatte mir keine ferne Kultur als Rahmen gesetzt. Ich mußte ich selbst sein, mußte mich mühen, mich auszubreiten, gleich der eigenen Erde, die mich geboren hatte. Ein anderer Dichter desselben Kontinents half mir auf diesem Weg. Ich meine Walt Whitman, meinen Gefährten aus Manhattan.

Die Kritiker müssen leiden

Die Gesänge des Maldoror sind eigentlich ein langes Pamphlet. Man vergesse nicht, daß Isidore Ducasse sein Pseudonym einem Roman des Pamphletschreibers Eugène Sue entnahm: *Latréaumont*, 1837 in Chatenay geschrieben. Doch Lautréamont, wie wir wissen, ging viel weiter als Latréaumont. Ging mehr in die Tiefe, wollte infernalisch sein. Stieg aber auch in größere Höhen, ein verfluchter Erzengel. Maldoror feiert in der Erhabenheit des Unglücks die *Hochzeit von Himmel und Hölle*. Wut, Dithyramben und Todeskampf bilden die vorantreibenden Wogen von Ducasses Rhetorik. Maldoror: Maldolor.
Lautréamont plante eine neue Etappe, schwor seinem düsteren Antlitz ab und schrieb den Prolog zu einer neuen optimistischen Poesie, die er nicht mehr zu schaffen vermochte. Der Tod von Paris raffte den jungen Uruguayer hinweg. Doch dieser verheißene Wechsel in seiner Poesie, dieser Aufschwung zu Güte und Genesung, den er nicht mehr auszuführen vermochte, hat viel Kritik hervorgerufen. Diese feiert ihn in seinem Schmerz und verdammt ihn bei seinem Übergang in die Freude. Der Dichter soll sich quälen, soll leiden, soll verzweifelt leben, soll unablässig sein verzweifeltes Lied schreiben. Das ist die Meinung einer Gesellschaftsschicht, einer Klasse gewesen. Dieser lapidaren Formel gehorchten viele, die sich dem Leiden ungeschriebener, doch deshalb nicht weniger lapidarer Gesetze beugten. Diese unsichtbaren Dekrete verurteilten den Dichter zur Kaschemme, zu zerrissenen Schuhen, zum Hospital und zum Leichenschauhaus. Alle waren zufrieden: das Fest ging nach ein paar vergossenen Tränen weiter. Die Dinge änderten sich, weil die Welt sich änderte. Mit einemmal führten wir Dichter die Rebellion der Freude an. Der unglückliche Dichter, der gekreuzigte Schriftsteller bilden einen Teil des Glücksrituals in der Dämmerstunde des Kapitalismus. Geschickt wurde die Richtung des Geschmacks umgeleitet in der Absicht, das Unglück als Gärstoff großer Schöp-

fungen zu vermehren. Übles Benehmen und Leiden wurden als Rezepte poetischer Zubereitung angesehen. Hölderlin, irrsinnig und unglücklich, Rimbaud, unstet und verbittert, Gérard de Nerval, der sich am Laternenpfahl einer Elendsgasse erhängte – sie schenkten dem Jahrhundertende nicht nur den Taumel der Schönheit, sondern auch den Weg der Qualen. Das Dogma bestimmte, dieser Dornenpfad müsse die Grundbedingung geistigen Schaffens sein. Dylan Thomas ist einer der letzten gelenkten Märtyrer gewesen.

Seltsam, daß diese Ideen des alten, zerzausten Bürgertums noch in einigen Geistern nachwirken. Geister, die den Puls der Welt nicht in der Nase fühlen, dort nämlich fühlt man ihn, denn die Nase der Welt wittert die Zukunft.

Es gibt kürbisartige Kritiker, deren Fühler und Ranken dem letzten Seufzer der Mode nachjagen und Angst haben, ihn zu verlieren. Aber ihre Wurzeln bleiben von der Vergangenheit durchtränkt.

Wir Dichter haben das Recht, glücklich zu sein, denn wir sind unseren Völkern und dem Kampf um ihr Glück eng verbunden.

»Pablo ist einer der wenigen glücklichen Menschen, die ich kennengelernt habe«, sagt Ilja Ehrenburg in einer seiner Schriften. Dieser Pablo bin ich, und Ehrenburg täuscht sich nicht.

Es wundert mich daher nicht, wenn aufgeklärte Wochenblattessayisten sich um mein materielles Wohl sorgen, wobei die Selbstsucht keinen Anlaß zu Kritik geben sollte. Ich verstehe, daß der Verdacht fremden Glücks viele beleidigt. Doch ist es eine Tatsache, daß ich innerlich glücklich bin. Ich habe ein ruhiges Gewissen und einen unruhigen Verstand.

Die Kritiker, die den Dichtern einen höheren Lebensstandard vorzuwerfen scheinen, möchte ich auffordern, stolz darauf zu sein, daß Gedichtbände überhaupt gedruckt und verkauft werden, daß sie ihre Mission, nämlich die Kritiker zu beunruhigen, erfüllen. Sie sollten frohlocken, daß Autorenrechte bezahlt werden und daß zumindest einige Autoren von ihrer verfluchten Arbeit leben können. Diesen Stolz müßte der Kritiker verkünden, statt Haare in der Suppe zu finden.

Als ich daher vor kurzem die Zeilen las, die ein junger brillanter geistlicher Kritiker mir widmete, schien er mir trotz seiner Brillanz nicht weniger auf dem Holzweg.

Ihm zufolge roch meine Dichtung nach Glücklichsein. Er verschrieb mir den Schmerz. Im Einklang mit dieser Theorie würde ein Blinddarm vorzügliche Prosa und eine Bauchfellentzündung womöglich hehre Gesänge erzeugen.

Ich arbeite weiter mit dem Material, das ich habe und bin. Ich bin ein Allesfresser von Gefühlen, Menschenwesen, Büchern, Ereignissen und Schlachten. Ich würde die ganze Erde aufessen. Ich würde das Meer austrinken.

Als aktiver Dichter bekämpfte ich meine eigene Selbstversenkung. Daher entschied sich der Kampf zwischen der Wirklichkeit und meiner Subjektivität in meinem eigenen Sein. Ohne anderen Ratschläge geben zu wollen, könnten meine Erfahrungen eine Hilfe sein. Schauen wir uns zunächst die Ergebnisse an.

Natürlich ist meine Dichtung einerseits dem Richterspruch der hohen Kritik unterworfen, andrerseits der Leidenschaft des Pamphlets ausgesetzt. Das kommt mit ins Spiel. Über diesen Teil der Diskussion habe ich nicht zu bestimmen, habe aber eine Stimme. Für die Kritik des Wesentlichen zählen meine Bücher, mein gesamtes Dichterwerk als Stimme. Für das feindselige Pamphlet habe ich gleichfalls das Recht der Stimmabgabe, und diese besteht gleichfalls in meinem eigenen unablässigen Schaffen.

Wenn das, was ich sage, eitel klingt, so würdet ihr recht haben. In meinem Fall handelt es sich um die Eitelkeit des Handwerkers, der einen Beruf lange Jahre hindurch mit unvergänglicher Liebe ausgeübt hat.

Doch eines bin ich sicher: ich habe auf irgendeine Weise dafür gesorgt, daß zumindest in meinem Vaterland der Beruf des Dichters, die Berufung zur Dichtung geachtet wird.

Zu der Zeit, da ich zu schreiben begann, gab es zwei Dichtertypen. Die einen waren hochherrschaftliche Dichter, die sich mit Hilfe ihres Geldes, das ihre legitime oder illegitime Bedeutung stützte, Achtung verschafften. Die andere Familie von Dichtern war die der militanten Vagabundendichter, der Kneipenriesen, der faszinierenden Verrückten, der gequälten Schlafwandler. Bleibt noch die Lage jener Schriftsteller zu erwähnen, die wie Galeerensträflinge an die Bank der öffentlichen Verwaltung gekettet waren. Ihre Träume erstickten fast immer unter Bergen von Stempelpapier und entsetzlichen Ängsten vor der Autorität und der Gefahr, sich lächerlich zu machen.

Ich stürzte mich ins Leben, nackter als Adam, aber entschlossen, die Unantastbarkeit meiner Dichtung aufrechtzuerhalten. Diese unbeugsame Haltung half nicht nur mir, sondern sorgte auch dafür, daß die Dummköpfe nicht mehr lachten. Wenn dann die genannten Dummköpfe ein Herz hatten und ein Gewissen, so streckten sie als einsichtige Menschen die Waffen vor dem Wesentlichen, geweckt durch meine Verse. Und wenn sie bösartig waren, bekamen sie es mit der Angst.

So wurde die Dichtung geachtet. Und nicht nur die Dichtung, auch die Dichter wurden geachtet. Alle Dichtung und alle Dichter.

Ich bin mir dieses Dienstes an der Bürgerschaft bewußt und lasse mir diese Auszeichnung von niemandem entreißen, denn es macht mir Spaß, sie wie einen Orden zu tragen. Über alles übrige läßt sich streiten; was zählt, ist die runde Geschichte.

Die hartnäckigen Feinde des Dichters werden viele Argumente ins Feld führen, die schon nicht mehr zählen. Mich nannten sie in meiner Jugend eine Hungerleiche. Heute feinden sie mich an, indem sie mich den Leuten als Potentaten hinstellen, als Eigentümer eines fabelhaften Vermögens, das ich nicht besitze, aber unter anderem gerne besäße, um den Leuten noch mehr auf die Nerven zu gehen.

Andere messen die Zeilen meiner Verse, um zu beweisen, daß ich sie in kleine Fragmente teile oder übermäßig in die Länge ziehe. Aber das ist ganz unwichtig. Wer bestimmt, ob die Verse kürzer oder länger sein müssen, schlanker oder breiter, gelber oder röter? Das bestimmt der Dichter, der sie schreibt. Er bestimmt es mit seinem Atem und seinem Blut, mit seinem Wissen oder Unwissen, denn all das geht ein in das Brot der Poesie.

Der Dichter, der nicht realistisch ist, stirbt. Aber der Dichter, der nur realistisch ist, stirbt auch. Der Dichter, der nur irrational ist, wird nur von seinem eigenen Ich und seiner Geliebten verstanden, und das ist ziemlich trostlos. Der Dichter, der nur Rationalist ist, wird sogar von den Eseln verstanden, und auch das ist reichlich trostlos. Für solche Gleichungen gibt es keine Ziffern auf dem Reißbrett, es gibt keine von Gott oder dem Teufel vorgeschriebene Zutaten; diese beiden hochwichtigen Persönlichkeiten führen in der Poesie nur einen unablässigen Kampf, und die Schlacht gewinnt mal der eine, mal der andere, aber die Poesie selbst darf nicht unterliegen.

Natürlich wird der Beruf des Dichters mißbraucht. Es treten so viele neue Dichter und Nachwuchsdichterinnen auf den Plan, daß wir bald alle Dichter sind und die Leser aussterben. Bald werden wir auf Lesersuche gehen müssen mit Expeditionen, die auf Kamelen Sandwüsten durchstreifen oder in Raumschiffen den Himmel durchkreuzen.

Die Urneigung des Menschen ist die Poesie, aus ihr ist die Liturgie, sind die Psalmen entstanden, und auch der Inhalt der Religionen. Der Dichter nahm es mit den Erscheinungen der Natur auf, in den ersten Zeitaltern nannte er sich Priester, um seine Berufung zu wahren. Um seine Dichtung zu rechtfertigen, empfängt daher der Dichter der Moderne die Investitur, die ihm die Straße und die Menschenmenge überreicht. Der bürgerliche Dichter von heute ist und bleibt der des ältesten Priesteramts. Früher paktierte er mit der Finsternis, heute muß er das Licht deuten.

Die Originalität

Ich glaube nicht an die Originalität. Sie ist ein Fetisch mehr, den unsere Zeit des schwindelerregenden Abgrunds geschaffen hat. Ich glaube an die Persönlichkeit in jeder Sprache, in jeder Form, in jedem Sinn künstlerischen Schaffens. Doch die rasende Originalität ist eine moderne Erfindung und ein Wahlschwindel. Es gibt welche, die sich zu Primuspoeten ihres Landes, ihrer Sprache oder der Welt wählen lassen wollen. So rennen sie hinter ihren Wählern her, beschimpfen die, welche glauben, ihnen das Zepter streitig machen zu können, und so wird die Poesie zur Maskerade.

Dennoch ist es notwendig, die innere Richtung zu bewahren und das Wachstum zu überwachen, welches die Natur, die Kultur und das gesellschaftliche Leben dem Dichter zur Entwicklung seiner Gaben stiften.

In alten Zeiten schrieben die edelsten und strengsten Dichter wie Quevedo Gedichte mit dem Hinweis: »Nachdichtung des Horaz«, »Nachdichtung des Ovid«, »Nachdichtung des Lukrez«.

Ich für meinen Teil bewahre meinen eigenen Ton, der durch seine eigene Natur erstarkte, so wie alle lebendigen Dinge wachsen. Fraglos bilden die Emotionen den Hauptteil meiner ersten Bücher, und wehe dem Dichter, der mit seinem Gesang nicht auf die zarten oder wütenden Rufe des Herzens antwortet. Trotzdem glaube ich nach vierzig Jahren Erfahrung, daß das poetische Schaffen zu einer weitgehenden Beherrschung der Emotionen zu gelangen vermag. Ich glaube an die gelenkte Unmittelbarkeit. Dafür sind Reserven notwendig, die der Dichter für den Notfall gewissermaßen in der Tasche bereithalten muß. In erster Linie die Reserve von formalen, virtuellen Beobachtungen, von Wörtern, Lauten oder Figuren, die unsereinen wie Bienen umschwärmen. Diese gilt es sofort zu erhaschen und sie in die Westentasche zu stecken. In dieser Hinsicht bin ich ziemlich faul, weiß aber, daß ich damit trotzdem einen guten Rat erteile. Majakowskij hatte ein Büchlein bei sich und nahm es unablässig zu Hilfe. Es gibt auch die Reserve an Emotionen. Wie bewahrt man diese auf? Indem man sich ihrer bewußt wird, wenn sie sich einstellen. Vor dem weißen Blatt Papier erinnern wir uns an ihre Bewußtmachung lebendiger als an die ursprüngliche Emotion.

Mit einem Gutteil meines Werkes habe ich beweisen wollen, daß der Dichter über das schreiben kann, was sich ihm anbietet, über das, was einer menschlichen Gemeinschaft nottut. Fast alle großen Werke der Antike sind auf Grund streng umrissener Aufträge entstanden. Die *Georgika* sind Reklame für den römischen Ackerbau. Ein Dichter kann für eine Universität oder eine Gewerkschaft schreiben, für Ausschüsse und Berufe. Damit hat noch keiner seine Freiheit verloren. Die magische Inspiration und die Verbindung des Dichters mit Gott sind eigennützige Erfindungen. In Augenblicken höchster Schöpfertrance kann das Erzeugnis teilweise verfremdet sein und beeinflußt von Lektüre und äußerem Druck.

Ich unterbreche diese reichlich theoretischen Betrachtungen, um mich an das literarische Leben meiner Jugendjahre zu erinnern. Maler und Schriftsteller rührten sich dumpf. Herbstlicher Lyrismus herrschte in Malerei und Dichtung. Ein jeder suchte anarchischer, zersetzender, verwirrender zu sein als der andere. Das gesellschaftliche Leben Chiles war in Umwälzung. Alessandri hielt subversive Reden. In der Salpeterpampa organisierten sich die Arbeiter, welche die bedeutendste Volksbewegung des Kontinents stellen sollten. Es waren die sakrosankten Tage des Kampfes. Carlos Vicuña, Juan Gandulfo. Ich vertiefte mich sofort in die anarchistisch-gewerkschaftliche Studentenideologie. Mein Lieblingsbuch war *Sascha Schegulew* von Andrejew. Andere lasen die pornographischen Romane von Arzybachew und schrieben ihnen ideologische Folgen zu, genau wie es heute mit der existentialistischen Pornographie geschieht. Die Intellektuellen flüchteten sich in die Schenken. Der alte Wein brachte das Elend zum Glänzen und ließ es wie Gold bis zum nächsten Morgen leuchten. Juan Egaña, ungewöhnlich begabter Dichter, erschöpfte sich bis ins Grab. Man erzählte, als er ein Vermögen erbte, habe er alle Banknoten auf dem Tisch eines verlassenen Hauses liegenlassen. Die Saufbrüder, die tagsüber schliefen, holten nachts den Wein in Fässern. Dennoch ist dieser Mondstrahl von Juan Egañas Poesie ein unbekanntes Beben unseres »lyrischen Waldes«. Das war der romantische Titel der großen modernistischen Anthologie von Molina Núñez und O. Segura Castro. Es ist ein umfassendes Buch voller Größe und Großmut. Es ist die poetische *summa* einer konfusen Epoche, gezeichnet durch ungeheure Hohlräume und reinsten Glanz. Die Persönlichkeit, die mich am meisten beeindruckte, war der Diktator der jungen Literatur. Heute erinnert sich niemand mehr an ihn. Er hieß Aliro Oyarzún. Er war ein abgezehrter Baudelairianer, ein hochbegabter *décadent*, ein chilenischer Jakob Baradäus, gequält, leichenhaft, schön und wahnsinnig. Mit hohler Stimme sprach er von der Höhe seiner Statur herab. Er erfand die einem bestimmten Teil unserer literarischen Welt eigene hieroglyphische Art, ästhetische Probleme vorzutragen. Er hob die Stimme, seine Stirn glich einer gelben Kuppel des Tempels der Intelligenz. Er sagte zum Beispiel: »Das Zirkulare des Zirkels«, »das Dionysische des Dionysos«, »das Dunkle der Dunklen«. Aber Aliro Oyarzún war mitnichten dumm. Er vereinigte das Paradiesische und das Höllische einer Kultur. Er war ein Kosmopolit, der dem Theoretisieren zuliebe seinen Kern langsam tötete. Es heißt, um eine Wette zu gewinnen, habe er sein einziges Gedicht geschrieben, und ich verstehe nicht, warum dieses Gedicht nicht in allen Anthologien chilenischer Poesie steht.

Weihnachten rückt näher. Jedes Weihnachten, das vorübergeht, bringt uns dem Jahre 2000 näher. Für diese künftige Freude, für diesen Frieden von morgen, für diese weltweite Gerechtigkeit, für diese Glocken des Jahres 2000 haben wir Dichter dieser Zeit gekämpft und gesungen.
Um das Jahr dreißig bat Sócrates Aguirre, jener feine, ausgezeichnete Mann, der mein Chef im Konsulat von Buenos Aires war, mich an einem 24. Dezember darum, in seinem Haus den Sankt Nikolaus oder den Alten Wanderer zu spielen. Ich habe vieles schlecht in meinem Leben gemacht, aber nichts geriet mir so schlecht wie der Weihnachtsmann. Der Baumwollbart fiel mir herunter, und bei der Verteilung brachte ich die Geschenke völlig durcheinander. Und wie meine Stimme verstellen, welche die Natur von Südchile vom zartesten Alter an kehlig, näselnd und unverwechselbar gemacht hat? Ich nahm Zuflucht zu einem Trick: ich wandte mich auf englisch an die Kinder, die aber hefteten mehrere schwarze und blaue Augenpaare auf mich und zeigten mehr Mißtrauen als es wohlerzogenen Kindern geziemt.
Wer hätte mir gesagt, daß unter den Kindern eines war, das eine meiner liebsten Freundinnen werden sollte, die bemerkenswerte Schriftstellerin und Verfasserin einer meiner besten Biographien? Ich spreche von Margarita Aguirre.

In meinem Haus habe ich kleine und große Spielzeuge zusammengetragen, ohne die ich nicht leben könnte. Das Kind, das nicht spielt, ist kein Kind, aber der Mann, der nicht spielt, hat für immer das Kind verloren, das in ihm lebte und das ihm arg fehlen wird. Ich habe mein Haus auch als Spielzeug gebaut und spiele in ihm von morgens bis in die Nacht.
Es sind meine eigenen Spielzeuge. Ich habe sie mein ganzes Leben hindurch gesammelt mit der wissenschaftlichen Absicht, mich allein mit ihnen zu unterhalten. Aber ich werde sie den kleinen Kindern und denen aller Alter beschreiben.
Ich besitze ein Segelschiff in einer Flasche. Eigentlich besitze ich mehr als eines. Eine wahre Flotte. Sie haben ihre Namensaufschriften, ihre Masten, ihre Segel, ihren Bug und ihre Anker. Einige kommen von fern, aus winzigen Meeren. Eines der schönsten wurde mir aus Spanien zugeschickt, statt Bezahlung von Autorenrechten für meinen Odenband. Hoch oben am höchsten Mast hängt unsere Flagge mit ihrem einsamen kleinen Stern. Aber alle anderen wurden von Señor Carlos Hollander hergestellt. Señor Hollander ist ein alter Seemann und hat für mich viele der berühmten majestätischen Schiffe nachgeschaffen, die aus Hamburg, aus Salem, von der bretonischen Küste kamen, um

Salpeter zu laden oder in den Südmeeren auf Walfang zu gehen.
Wenn ich die lange Küstenreise antrete, um in Coronel den alten Seemann zwischen Kohlen- und Regengeruch der Südstadt zu treffen, betrete ich in Wahrheit die kleinste Werft der Welt. Im kleinen Wohnzimmer, im Eßzimmer, in der Küche, im Garten liegen schön geordnet die Elemente gestapelt, die sich in den hellen Flaschen zusammenfügen, aus denen der Pisco geflossen ist. Don Carlos berührt mit seiner magischen Pfeife Bug und Segel, Fockmast und Ruder. Sogar der kleinste Rauch des Hafens gleitet durch seine Hände und verwandelt sich in eine Schöpfung, in ein neues Flaschenschiff, frisch und strahlend, bereit für die Schimärensee.
In meiner Kollektion stechen unter den anderen in Antwerpen oder Marseille entstandenen Schiffen die hervor, die den bescheidenen Händen des Schiffers aus Coronel entsprungen sind. Denn er hat ihnen nicht nur Leben geschenkt, er hat sie auch mit seinem Wissen illustriert, hat ihnen ein Schild aufgeklebt, das den Namen und die Zahl der Leistungen des Modells mitteilt, die Reisen, die es in Wind und Wetter bestanden, die Waren, die es verteilte, über den Pazifik blinzelnd mit seinen Segeln, die wir nun nicht mehr sehen werden.
Ich besitze so berühmte Flaschenschiffe wie die mächtige Potosí und die Magna Prussia aus Hamburg, die 1910 im Ärmelkanal Schiffbruch erlitt. Meister Hollander beglückte mich auch mit zwei Modellen der María Celeste, die, Geheimnis der Geheimnisse, sich 1882 in einen Stern verwandelte.
Ich bin nicht bereit, das Seefahrergeheimnis zu verraten, das in seiner eigenen Transparenz lebt: wie nämlich die winzigen Schiffe in ihre zarten Flaschenhälse schlüpfen. Als hochstapelnder Fachmann habe ich, die Mystifikation beabsichtigend, in einer Ode die langwierige minuziöse Arbeit der mysteriösen Schiffbauer ausführlich beschrieben und erzählt, wie sie die Seeflaschen betreten und verlassen. Aber das Geheimnis besteht weiter.

Meine größeren Spielzeuge sind Galionsfiguren. Wie viele meiner Gegenstände sind diese Figuren in Zeitungen und Zeitschriften abgebildet, sie sind mit Wohlwollen oder Mißgunst besprochen worden. Die, welche sie mit Wohlwollen beurteilen, lachen verständnisvoll und sagen:
»Was für ein Spinner! Was der alles sammelt!«
Die Böswilligen sehen die Dinge anders. Einer von ihnen, verärgert über meine Sammlungen und die von einem weißen Fisch gezierte blaue Flagge, die ich auf meinem Haus in Isla Negra hisse, hat gesagt:
»Ich hisse keine eigene Flagge. Ich habe keine Galionsfiguren.«
Der Ärmste weinte wie ein Kind, das anderen Kindern Kreisel neidet. Währenddessen lächelten meine Seemasken geschmeichelt vom Neid, den sie erweckten.

Eigentlich sollte ich weibliche Galionsfiguren sagen. Es sind Büsten, Seestatuen, Bildnisse des verlorenen Ozeans. Der Mensch, als er seine Seefahrzeuge baute, wollte deren Bug durch einen übergeordneten Sinn erhöhen. Früher befestigte er an seinen Schiffen Vogelfiguren, holzgeschnitzte Totemvögel, Mythentiere. Dann, im neunzehnten Jahrhundert, wurden für die Walfänger Figuren mit Symbolcharakter angefertigt: halbnackte Göttinen oder Republikanermatronen mit Jakobinermütze.

Ich besitze männliche und weibliche Galionsfiguren. Die kleinste ist köstlich, Salvador Allende hat sie mir mehrfach zu entreißen versucht, sie heißt María Celeste. Sie hat einem französischen Schiff kleineren Ausmaßes angehört und möglicherweise nur die Gewässer der Seine befahren. Sie ist von dunkler Farbe, in Steineiche geschnitzt; Jahre und Seefahrt haben sie auf immer geschwärzt. Sie ist eine kleine Frau, die mit den in ihre schönen Gewänder des Zweiten Kaiserreichs geschnitzten Spuren des Windes zu fliegen scheint. Über den Grübchen ihrer Wangen blicken ihre Fayenceaugen zum Horizont. So seltsam es klingt, diese Augen weinen jedes Jahr im Winter. Niemand vermag es sich zu erklären. Vielleicht enthält das gebräunte Holz eine Imprägnierung, welche die Feuchtigkeit anzieht. Fest steht, daß diese französischen Augen im Winter weinen und daß ich alle Jahre die kostbaren Tränen über María Celestes kleines Gesicht rinnen sehe.
Vielleicht erwacht im Menschen ein religiöses Gefühl vor den Bildnissen, mögen sie Christen sein oder Heiden. Eine andere meiner weiblichen Galionsfiguren stand einige Jahre dort, wie es ihr zukam, mit dem Gesicht zum Meer, in ihrer schrägen Stellung, so wie sie auf dem Schiff zur See fuhr. Aber eines Nachmittags, als wir über den Zaun sprangen, so wie die Zeitungsleute es tun, die mich interviewen wollen, entdeckten Matilde und ich etliche gottselige Damen von Isla Negra, die im Garten vor der Galionsfigur knieten, erleuchtet von nicht wenigen Kerzen, die sie vor ihr entzündet hatten. Vielleicht war eine neue Religion entstanden. Doch auch wenn die hohe feierliche Galionsfigur Gabriela Mistral zum Verwechseln ähnlich sah, mußten wir die gläubigen Damen enttäuschen, damit sie nicht in aller Unschuld ein Frauenbildnis anbeteten, das durch die sündigsten Meere unseres sündigen Planeten geschifft war.
Sogleich holte ich sie aus dem Garten, und nun steht sie in meiner Nähe, am Kamin.

Ein armer Büchernarr hat unendlich viel Gelegenheit zum Leiden. Die Bücher entgleiten nicht etwa seinen Händen, sondern entschweben ihm durch die Luft, im Vogelflug, im Flug der Preise.
Trotzdem entspringt nach langer Forschung die Perle.
Ich erinnere mich an das Erstaunen des Buchhändlers García Rico in Madrid als ich ihm im Jahre 1934 vorschlug, eine alte Ausgabe von Góngora in zwanzig Monatsraten abzuzahlen. Sie kostete nur hundert Peseten. Das war wenig Geld, aber ich besaß es nicht. Ich zahlte es pünktlich im Verlauf jenes Semesters. Es war die Ausgabe von Foppens. Dieser flämische Verleger des 17. Jahrhunderts druckte die Werke der spanischen Meister des Goldenen Zeitalters in unvergleichlichen und herrlichen Schriftzeichen.
Quevedo zu lesen, macht mir nur Freude in jenen Ausgaben, in denen die Sonette in Schlachtordnung aufgereiht sind wie trutzige Schiffe. Dann verlor ich mich im Urwald der Buchläden, in den Vorstadtgassen der Antiquariate oder in den Domschiffen der grandiosen Buchhandlungen Frankreichs und Englands. Meine Hände wurden staubig, doch dann und wann grub ich einen Schatz aus oder zumindest die Freude, einen vermutet zu haben.
Literarische Preise in klingender Münze halfen mir, bestimmte Exemplare zu horrenden Preisen zu erwerben. Meine Bibliothek wurde langsam beachtenswert. Die alten Poesiebände darin funkelten, und meine Vorliebe für Naturgeschichte füllte sie mit großartigen Bilderbüchern der Botanik, mit Vogel-, Insekten- oder Fischbüchern. Ich fand in den Weltstädten wunderbare Reisebücher, unglaubliche, bei Ibarra gedruckte Quijote-Ausgaben, Folianten von Dante mit herrlichem Bodonidruck, sogar Molière in seltensten Exemplaren »Ad usum Delphini«, für den Sohn des Königs von Frankreich.
Aber das beste, was ich in meinem Leben gesammelt habe, waren wirklich meine Schnecken. Ihre an Wunder grenzende Struktur machte mir Freude: die mondhafte Reinheit eines geheimnisvollen Porzellans, die sich der Vielfalt der taktilen, gotischen, funktionellen Formen beigesellt.
Tausende von kleinen Unterseetüren taten sich meiner Kenntnis seit dem Tag auf, an dem Don Carlos de la Torre, der berühmte kubanische Malakologe, mir die besten Exemplare seiner Sammlung schenkte. Seither suchte und spähte ich auf meinen Reisen durch die Sieben Meere nach ihnen. Doch muß ich bekennen, daß ich im Meer von Paris zwischen Welle und Welle die meisten Schnecken entdeckte. Paris hatte allen Perlmutt aus Ozeanien in seine Naturforscherläden, auf seine Flohmärkte überführt.
Leichter als die Hände zwischen die Felsen von Veracruz oder Nieder-

kalifornien zu stecken war es, im Beerentang der Weltstadt, zwischen beschädigten Leuchtern und alten Schuhen die erlesene Silhouette der *Oliva Textil* zu finden. Oder die Quarzlanze zu überraschen, die wie ein Vers des Wassers an der *Rosellaria Fusus* wächst. Niemand wird mir das betörende Gefühl nehmen können, aus dem Meer den *Espondylus Róseo* geholt zu haben, einen mit Korallendornen besäten Knochen. Und später den *Espondylus Blanco* halb zu öffnen, mit seinen schneeweißen Stacheln wie Stalagmiten einer gongorinischen Grotte.
Einige dieser Trophäen mochten historischen Wert haben. Ich erinnere mich, daß im Museum von Peking die geheiligste Kiste mit Seemolusken des chinesischen Meers für mich geöffnet wurde, und man mir eins der beiden einzigen Exemplare der *Thatcheria Mirabilis* schenkte. So konnte ich dieses unglaubliche Werk in meinen Schatz aufnehmen, mit dem der Ozean China den Tempel- und Pagodenstil schenkte, der sich in jenen Breitengraden gehalten hat.

Ich brauchte dreißig Jahre, um eine hübsche Anzahl Bücher zusammenzutragen. Meine Regale beherbergten Inkunabeln und andere Bände, die mir besonders wertvoll waren, Quevedo, Cervantes, Góngora in Originalausgaben sowie Laforgue, Rimbaud, Lautréamont. Diese Buchseiten schienen mir den Tastsinn der geliebten Dichter zu bewahren. Ich besaß auch Manuskripte von Rimbaud. Paul Éluard schenkte mir in Paris zum Geburtstag die beiden Briefe Isabelle Rimbauds an ihre Mutter, geschrieben im Spital von Marseille, wo dem Weltenbummler ein Bein abgenommen wurde. Es waren Schätze, denen die Pariser Nationalbibliothek und gierige Bibliophile aus Chicago nachjagten.
Ich bin so viel durch die Welt gereist, daß meine Bibliothek übermäßig anwuchs und die Größenverhältnisse einer Privatbibliothek überstieg. Eines Tages verschenkte ich meine große, in zwanzig Jahren zusammengetragene Schneckensammlung und jene mit größter Liebe in allen Ländern der Welt ausgewählten fünftausend Bände. Ich schenkte sie der Universität meines Vaterlandes. Sie wurden mit den schönen Worten eines Rektors als leuchtende Gabe in Empfang genommen.
Jeder klar denkende Mensch wird annehmen, daß meine Schenkung in Chile mit Freude empfangen wurde. Aber es gibt auch nicht klar denkende Menschen. Ein offizieller Kritiker schrieb wütende Artikel. Er erhob heftigen Einspruch gegen meine Geste. Wann wird dem internationalen Kommunismus endlich Halt geboten? wetterte er. Ein anderer Herr hielt im Parlament eine hitzige Rede gegen die Universität, die meine wunderbaren Kunabeln und Inkunabeln aufgenommen hatte. Er drohte dem staatlichen Institut die bisher bezahlten Subsidien zu streichen. Der Artikelschreiber und der Parlamentarier trieben eisige Wogen über die kleine chilenische Welt. Der Rektor der Universität

brach sich beim Hin- und Herhasten durch die Gänge des Parlaments fast das Genick.
Sicherlich hat in den seither vergangenen Jahren kein Mensch je meine Bücher oder Schnecken zu Gesicht bekommen. Man möchte meinen, alles sei in die Buchläden und in den Ozean zurückgekehrt.

Zerschlagene Scheiben

Vor drei Tagen bin ich nach langer Abwesenheit in mein Haus von Valparaíso zurückgekehrt. Große Risse verunstalteten die Wände. Die zu Scherben zersplitterten Glasscheiben bildeten einen schmerzhaften Teppich auf dem Fußboden der Zimmer. Die gleichfalls zu Boden gestürzten Uhren zeigten trotzig die Stunde des Erdbebens an. Wie viele schöne Dinge, die Matilde jetzt zusammenfegt, wie viele seltene Gegenstände, welche die Erderschütterung in Müll verwandelt hat. Wir müssen säubern, ordnen und von neuem beginnen. Es ist nicht leicht, inmitten des Wirrwarrs Papier zu finden, und noch schwerer fällt es, die Gedanken zu sammeln.
Meine letzten Arbeiten waren eine Übersetzung von *Romeo und Julia* und ein langes Liebesgedicht in altmodischen Rhythmen, ein Gedicht, das unvollendet geblieben war.
Komm, Liebesgedicht, steh auf zwischen den zerbrochenen Fensterscheiben, die Stunde des Gesanges ist gekommen.
Hilf mir, Liebesgedicht, die Unversehrtheit wiederherzustellen, über den Schmerz hinweg zu singen.
Es ist wahr: die Welt wäscht sich nicht rein von Kriegen und Blut, sie legt den Haß nicht ab. Es ist wahr.
Es ist aber gleichfalls wahr, daß allmählich eines offenkundig wird: die Gewalttäter erblicken sich im Spiegel der Welt, und ihr Gesicht ist nicht einmal für sie selber schön.
Ich glaube nach wie vor an die Möglichkeit der Liebe. Ich habe die Gewißheit, daß die Verständigung zwischen den Menschen möglich ist über Schmerzen hinweg, Blut und zerbrochene Scheiben.

Matilde Urrutia, meine Frau

Meine Frau stammt wie ich aus der Provinz. Sie wurde in einer Stadt des Südens, in Chillán geboren, berühmt im Glück für ihre bäuerliche Keramik und im Unglück für ihre schrecklichen Erdbeben. In meinen *Hundert Liebessonetten* habe ich alles über sie und zu ihr gesagt.
Vielleicht erklären diese Verse, was sie mir bedeutet. Die Erde und das Leben haben uns vereint.

Wenn dies auch niemanden interessiert: wir sind glücklich. Gemeinsam teilen wir unsere Zeit während langer Aufenthalte an der einsamen chilenischen Küste. Nicht im Sommer, denn dann wird der von der Sonne ausgedörrte Küstenstreifen gelb und wüstenähnlich. Aber im Winter, wenn er in Regen und Kälte ein sonderbares Blütenkleid anlegt, grün und gelb, blau und purpurn. Manchmal fuhren wir vom wilden einsamen Ozean aus hinauf in die nervöse Stadt Santiago, in der wir beide der komplizierten Existenz der anderen ausgesetzt waren.
Matilde singt mit kräftiger Stimme meine Lieder.
Ich widme ihr alles, was ich schreibe, was ich habe. Es ist nicht viel, aber sie ist es zufrieden.
Ich sehe, wie ihre winzigen Schuhe im Schlamm des Gartens versinken, sehe gleich darauf, wie ihre winzigen Hände in der Pflanzen Tiefe versinken.
Aus der Erde hat sie mir mit Füßen und Händen und Augen und Stimme alle Wurzeln, alle Blumen, alle duftenden Früchte des Glücks gebracht.

Ein Erfinder von Sternen

Ein Mann schlief in seinem Pariser Hotelzimmer. Da er ein alter Nachtschwärmer war, wird es euch nicht wundern, wenn ich sage, daß es bereits zwölf Uhr mittags war, als der Mann immer noch schlief.
Er sollte aufwachen. Plötzlich brach zur Linken die Wand auseinander. Dann stürzte die Stirnwand ein. Es handelte sich um keinen Bombenangriff. Durch die eben geöffneten Stollen drangen schnauzbärtige Arbeiter, Spitzhacke in der Faust, ins Zimmer und herrschten den Schläfer an:
»Los, steh auf! Trink ein Glas mit uns!«
Eine Flasche Champagner wurde entkorkt. Ein Bürgermeister mit dem Ordensband der Trikolore auf der Brust trat ein. Es ertönte eine Fanfare aus den Akkorden der Marseillaise. Was aber war die Ursache solch seltsamen Geschehens? Ausgerechnet unter dem Schlafzimmer des Träumers stießen in diesem Augenblick die beiden Tunnels der damals im Bau befindlichen Pariser Untergrundbahn aufeinander.
Von der Stunde an, als der Mann mir diese Geschichte erzählte, beschloß ich, sein Freund, besser, sein Anhänger, sein Schüler zu sein. Da ihm solch sonderbare Dinge zustießen und ich keines davon versäumen wollte, folgte ich ihm durch mehrere Länder. Federico García Lorca, bezwungen vom Fantasiereichtum der Erscheinung, machte sich eine ähnliche Haltung zu eigen.
Federico und ich saßen im Bierkeller Correos an der Cibeles in Madrid,

als der Schläfer von Paris zu uns stieß. Obwohl er eine glänzende weltläufige Erscheinung war, hatte er etwas Verzerrtes an sich. Wieder war ihm das Unerhörte zugestoßen. Er war in seinem bescheidenen Unterschlupf in Madrid dabei, seine Musiknoten zu ordnen. Wieso habe ich vergessen zu erwähnen, daß unser Held ein magischer Komponist war? Und was war geschehen?

»Ein Wagen hielt vor der Tür meines Hotels. Ich hörte, wie jemand die Treppe heraufkam, wie Schritte das Nachbarzimmer betraten. Daraufhin begann der neue Zimmerbewohner zu schnarchen. Zuerst war es nur ein Raunen. Dann bebte der Raum. Schränke und Wände gerieten unter dem rhythmischen Impuls des großen Schnarchers in Bewegung.«

Es handelte sich fraglos um ein wildes Tier. Als das Schnarchen zum Getöse eines Wasserfalls anschwoll, zweifelte unser Freund nicht mehr: es war der Keilerstier. In anderen Ländern hatte sein Dröhnen Basiliken zum Erzittern gebracht, Straßen verstopft, das Meer in Aufruhr versetzt. Was würde uns diese planetarische Gefahr bescheren, dieses abscheuliche Ungeheuer, das den Frieden in Europa bedrohte?

Jeden Tag erzählte er Federico und mir, Rafael Alberti, dem Bildhauer Alberto, Fulgencio Díaz Pastor und Miguel Hernández neue unheimliche Abenteuer. Wir alle empfingen ihn begeistert und sahen ihn ungern gehen.

Bis er eines Tages mit seinem kugelrunden Gelächter kam und sagte:

»Das entsetzliche Problem ist gelöst. Der deutsche Graf Zeppelin ist bereit, den Keilerstier zu befördern. Er wird ihn über dem brasilianischen Urwald abwerfen. Die großen Bäume werden ihn ernähren. Es besteht keine Gefahr, daß er das Amazonasbecken auf einmal austrinkt. Er wird von dort aus weiterhin die Erde mit seinem schrecklichen Schnarchen lähmen.«

Federico, der ihm mit geschlossenen Augen zuhörte, platzte fast vor Lachen. Nun erzählte unser Freund, wie er einmal ein Telegramm aufgeben wollte und der Telegraphist ihn überredete, nie Telegramme, sondern nur Briefe zu schicken, weil die Leute fürchterlich erschrecken, wenn sie diese geflügelten Depeschen erhalten, und manche sogar am Herzinfarkt sterben, bevor sie eine öffnen. Er berichtete uns, wie er einmal als Neugieriger bei einer Versteigerung reinrassiger Pferde in London zuschaute und die Hand hob, um einen Freund zu begrüßen, worauf der Hammerschwinger ihm eine Stute für zehntausend Pfund zuschlug, die Aga Khan auf neuntausendfünfhundert gesteigert hatte.

»Ich mußte die Stute mit ins Hotel nehmen und sie am nächsten Tag zurückgeben«, endete er.

Nun kann der Fabulierer weder die Geschichte vom Keilerstier noch eine andere mehr erzählen. Hier, in Chile, ist er gestorben. Dieser planetenumkreisende Chilene, Musiker durch und durch, verschwenderischer Erzähler unvergleichlicher Geschichten, hieß im Leben Acario Cotapos. Mir fiel die Aufgabe zu, bei der Beerdigung dieses nicht zu beerdigenden Menschen zu sprechen. Ich sagte nur: »Heute übergeben wir dem Schattenreich ein glänzendes Menschenwesen, das uns jeden Tag einen Stern bescherte.«

Éluard, der Großartige

Mein Genosse Paul Éluard ist vor kurzem gestorben. Er war so ganz, so dicht, daß es mich Schmerz und Arbeit kostete, mich an seinen Tod zu gewöhnen. Er war Normanne, blau und rosa, straff und zart gebaut. Seit dem Krieg von 1914, in dem er zwei Gasvergiftungen erlitten hatte, zitterten seine Hände. Aber Éluard vermittelte mir in jedem Augenblick die Vorstellung von Himmelsfarbe, von tiefem, stillem Wasser, von einer Sanftmut, die ihre Stärke kannte. Seine so reine Dichtung, durchsichtig wie Tropfen eines Frühlingsregens am Fenster, erweckte den Eindruck, als sei Paul Éluard ein apolitischer Mensch, ein gegen die Politik eingestellter Dichter. Doch das war nicht so. Er fühlte sich dem französischen Volk, seinen Regungen und Kämpfen, tief verbunden. Paul Éluard war fest. Eine Art französischer Turm mit jener leidenschaftlichen Luzidität, die nicht dasselbe ist wie die so weitverbreitete leidenschaftliche Stupidität.
Zum ersten Mal, in Mexiko, wohin wir gemeinsam reisten, sah ich ihn am Rande eines düsteren Abgrunds, ihn, der für die Traurigkeit stets ein stilles Plätzchen bereithielt, ein Plätzchen so beflissen wie für die Weisheit.
Er war geknickt. Ich hatte ihn überredet, hatte den Erzfranzosen in diese fernen Länder verschleppt und hier, am Tag, an dem wir José Clemente Orozco begruben, erkrankte ich an einer gefährlichen Thrombo-Phlebitis, die mich vier Monate ans Bett fesselte. Paul Éluard fühlte sich allein, auf düstere Art alleingelassen, wehrlos wie ein blinder Forschungsreisender. Er kannte niemanden, keine Tür öffnete sich ihm. Dazu kam seine Witwerschaft, er war einsam und ohne Liebe. Er sagte: »Wir müssen das Leben in Gesellschaft leben, müssen am Leben in all seinen Schichten teilnehmen. Meine Einsamkeit ist unwirklich, ist verbrecherisch.«
Ich rief meine Freunde und wir zwangen ihn, auszugehen. Zähneknirschend ließ er sich auf Mexikos Wege mitschleppen, und an einer der vielen Kehren fand er die Liebe, seine letzte Liebe: Dominique.

Es fällt mir schwer, über Paul Éluard zu schreiben. Ich sehe ihn noch lebendig vor mir, in seinen Augen glüht die elektrisierende blaue Tiefe, die so weit und aus großer Ferne blickte.

Er entstammte französischem Boden, wo Lorbeer und Wurzeln ihr duftendes Erbe verflechten. Seine Größe war aus Wasser und Stein, uralte Kletterpflanzen umwanden sie, Trägerinnen von Blüten und Blitzen, von Nestern und durchsichtigen Gesängen.
Durchsichtigkeit ist das Wort. Seine Poesie war Kristall aus Stein, Wasser in seiner singenden Strömung zum Stillstand gebracht.

Dichter der Liebe im Zenith, reiner Brand des Mittags, stellte er in Frankreichs verhängnisvollsten Tagen das Herz in die Mitte des Vaterlandes, und ihm entsprühte entscheidendes Feuer für die Schlachten.
So war es natürlich, daß er in die Reihen der Kommunistischen Partei eintrat. Für Éluard hieß Kommunist sein mit seiner Dichtung und seinem Leben die Werte der Humanität und des Humanismus bejahen.
Man glaube nicht, Éluard sei weniger Politiker als Dichter gewesen. Bald erstaunte mich seine Hellsicht und sein fabelhafter dialektischer Verstand. Gemeinsam prüften wir vieles, Menschen und Probleme unserer Zeit, und immer kam mir seine Hellsicht zustatten.
Er verlor sich nie in surrealistischem Irrationalismus, weil er kein Nachahmer war, sondern Schöpfer und als solcher auf den Leichnam des Surrealismus Schüsse von Hellsicht und Einsicht feuerte.
Er war mein Freund eines jeden Tages, und ich habe seine Zärtlichkeit verloren, die Teil meines Brotes war. Niemand wird mir geben können, was er mitgenommen hat, weil seine tätige Brüderlichkeit einer der Luxusartikel meines Lebens war.
Turm Frankreichs, Bruder! Ich beuge mich über deine geschlossenen Augen, die mir weiterhin Licht schenken werden und Größe, Einfachheit und Redlichkeit, die Güte und die Aufrichtigkeit, die du auf Erden gepflanzt hast.

Pierre Reverdy

Ich würde Pierre Reverdys Dichtung nie magisch nennen. Dieses Wort, Gemeinplatz einer Epoche, ist wie der Hut eines Marktschreiers: keine Wildtaube entfliegt seiner Höhlung.
Reverdy war ein stofflicher Dichter, der unzählige Dinge aus Erde und Himmel *benannte und berührte*. Er benannte die Augenscheinlichkeit und den Glanz der Welt.
Seine Poesie war wie eine Quarzader, unterirdisch, prächtig, unerschöpflich. Manchmal leuchtete sie hart, mit dem Gefunkel schwarzen Minerals, der dichten Erdkruste mühsam entrissen. Dann wieder flog sie auf in schillerndem Gesprüh, oder sie verbarg sich in ihrem Stollengang, fern dem Tageslicht und doch an ihre eigene Wahrheit gekettet. Vielleicht wurde er wegen dieser Wahrheit, dieser Identität des

Körpers seiner Dichtung mit der Natur, wegen dieser reverdyschen Ruhe, dieser unverbrüchlichen Echtheit vorzeitig vergessen. Nach und nach wurde er von den anderen als Augenschein, als natürliche Erscheinung, als Haus, Fluß oder altbekannte Straße angesehen, als etwas, das nie das Kleid oder den Ort wechseln wird.
Nun, da er den Ort gewechselt hat, nun, da ein großes Schweigen, größer als sein achtunggebietendes, stolzes Schweigen ihn entführt hat, sehen wir, daß er nicht mehr ist, daß dieses unersetzliche Funkeln dahin ist und begraben in Erde und Himmel.
Ich behaupte, eines Tages wird sein Name wie ein auferstandener Engel die ungerechten Tore des Vergessens aufstoßen.
Ohne Trompeten, nur verklärt vom tönenden Schweigen seiner großen, dauernden Dichtung werden wir ihn beim Jüngsten Gericht sehen, beim Wesentlichen Gericht, und er wird uns betören mit der schlichten Ewigkeit seines Werkes.

Jerzy Borezjha

In Polen wartet Jerzy Borezjha nicht mehr auf mich. Diesem alten Emigranten hat das Schicksal sein Vaterland wiedergeschenkt. Als er nach vielen Jahren der Abwesenheit sein Vaterland als Soldat betrat, war Warschau ein Haufen gemahlener Ruinen. Es gab keine Straßen mehr, keine Bäume. Niemand erwartete ihn. Borezjha, dynamische Erscheinung, arbeitete mit seinem Volk. Aus seinem Kopf kamen gigantische Pläne, und sehr rasch eine ungeheure Initiative: das Haus des Gedruckten Worts. Man baute Stockwerk um Stockwerk, man ließ die größten Rotationsmaschinen der Welt kommen; nun werden dort Tausende und Abertausende von Büchern und Zeitschriften gedruckt. Borezjha war ein unermüdlicher irdischer Umsetzer von Illusionen in Tatsachen. Dank der unglaublichen Vitalität des neuen Polen wurden seine kühnen Pläne Wirklichkeit wie Schlösser in Träumen.
Ich kannte ihn nicht. Ich lernte ihn im Ferienlager kennen, wo er mich im Norden Polens, in der Gegend der Masurischen Seen erwartete.
Als ich aus dem Wagen stieg, sah ich einen schlaksigen, unrasierten, nur mit Shorts von undefinierbarer Farbe bekleideten Mann. Sofort rief er mir mit entfesselter Energie in einem aus Büchern erlernten Spanisch zu: »Pablo, du wirst nicht Müdigkeit haben. Du mußt Ruhe nehmen.« In Wirklichkeit ließ er mich keine »Ruhe nehmen«. Seine Unterhaltung war weitgespannt, vielfältig, unerwartet und von Zwischenrufen unterbrochen. Gleichzeitig erzählte er mir von sieben verschiedenen Bauplänen, vermischt mit der Analyse von Büchern, die neue Deutungen geschichtlicher Tatsachen oder des Lebens brachten. »Der wahre Held war Sancho Pansa und nicht Don Quijote, Pablo.« Für ihn

war Sancho die Stimme des populären Realismus, der wahre Mittelpunkt seiner Welt und seiner Zeit. »Wenn Sancho regiert, macht er seine Sache gut, denn er regiert das Volk.«

Er zerrte mich früh aus dem Bett, schrie immer »Du mußt Ruhe nehmen« und führte mich durch Tannen- und Kiefernwälder, um mir das Kloster einer religiösen Sekte zu zeigen, die vor einem Jahrhundert aus Rußland ausgewandert war und alle ihre Bräuche bewahrt hatte. Die Nonnen empfingen ihn wie einen Segensspruch. Borezjha war voller Feingefühl und Ehrerbietung vor diesen Ordensschwestern.

Er war zartfühlend und tätig. Jene Jahre waren schlimm gewesen. Einmal zeigte er mir den Revolver, mit dem ein Kriegsverbrecher nach einem Schnellverfahren hingerichtet worden war.

Man hatte bei dem Nazi das Büchlein gefunden, in dem er seine Verbrechen sorgfältig notiert hatte. Von seiner Hand gehenkte Greise und Kinder, geschändete junge Mädchen. Er wurde im Dorf seiner Schandtaten gestellt, und mit seinen Zeugen konfrontiert; man las ihm sein belastendes Notizbuch vor. Der herausfordernde Mörder sagte nur einen Satz: »Ich würde es wieder tun, wenn ich von neuem beginnen könnte.« Ich hielt das Büchlein in meiner Hand und jenen Revolver, der das Leben eines grausamen Übeltäters ausgelöscht hatte.

In den ins Unendliche sich vervielfältigenden Masurischen Seen werden Aale gefischt. Früh zogen wir zum Fischfang aus und sahen sie bald zitternd und feucht wie schwarze Gürtel.

Ich machte mich mit diesen Gewässern, ihren Fischen und ihrer eigenartigen Landschaft vertraut. Von früh bis spät hetzte mein Freund mich bergauf und bergab, ich mußte rennen und rudern, mußte Leute kennenlernen und Bäume. Unter unablässigen Rufen wie: »Hier mußt du Ruhe nehmen. Es gibt keinen Ort wie diesen, um auszuruhen.«

Als ich die Masurischen Seen verließ, schenkte er mir einen Räucheraal, den längsten, den ich je sah.

Dieser merkwürdige Prügel machte mir das Leben schwer. Ich wollte ihn essen, denn ich habe eine Vorliebe für Räucheraale, und dieser stammte aus seinem Heimatsee ohne Läden und Zwischenhändler, er war einwandfrei. Doch in jenen Tagen fehlte Aal bei keinem Hotelmenü. So fand ich keine Gelegenheit, meinen Privataal zu verspeisen, weder tagsüber noch abends. Er begann mich zu verfolgen.

Nachts legte ich ihn auf den Balkon, damit er frische Luft schnappte. Manchmal, mitten in interessanten Unterhaltungen, fiel mir ein, daß es schon Mittag war und mein Aal im Freien, in der prallen Sonne lag. Schon verlor ich jedes Interesse am Thema, lief in mein Zimmer hinauf und brachte ihn an einen kühlen Ort, in den Schrank zum Beispiel.

Schließlich fand ich einen Liebhaber, dem ich nicht ohne Gewissensbisse den zartesten, bestgeräucherten aller Aale schenkte.

Nun ruht zum ersten Mal der große Borezjha, schmächtiger, dynamischer Quijote, Bewunderer Sanchos als des anderen Quijote, sensibel und weise, Baumeister und Träumer. Ruht in der Finsternis, die er so sehr liebte. Ruhend schafft er weiter an einer Welt, der er seine lebensvolle Explosivkraft, sein unermüdliches Feuer schenkte.

Somlyo Georgy

An Ungarn liebe ich das Verwobensein von Leben und Poesie, von Geschichte und Poesie, von Zeit und Dichter. Woanders wird dieses Thema mit mehr oder weniger Unschuld, mit mehr oder weniger Ungerechtigkeit erörtert. In Ungarn ist jeder Dichter schon vor seiner Geburt verpflichtet. Joseph Attila, Endre Ady, Gyula Illyés sind Naturerzeugnisse eines mächtigen Pendelns zwischen Pflicht und Musik, zwischen Vaterland und Schatten, zwischen Liebe und Schmerz.
Georgy Somlyo ist ein Dichter, den ich seit zwanzig Jahren mit Sicherheit und Kraft habe heranwachsen sehen. Ein Dichter mit zartem hohem Geigenton, ein Dichter, der sich um sein Leben sorgt wie um das der anderen, ein ungarischer Dichter bis in die Knochen, Ungar in seiner großzügigen Bereitschaft, Wirklichkeit und Träume eines Volkes zu teilen. Dichter entschlossenster Liebe und glühendsten Tatendrangs, bewahrt er in seiner Weltweite den eigenartigen Stempel der großen Dichtung seines Vaterlandes.
Ein junger reifer Dichter, der Beachtung unserer Zeit würdig. Eine stille Dichtung, durchsichtig und berauschend wie der Wein der goldenen Sandflächen.

Quasimodo

Italiens Erbe bewahrt die Stimmen der alten Dichter in ihrem lautersten Kern. Als ich den Boden seines Ackerlands betrat, als ich seine Parks durchschritt, in denen das Wasser glitzerte, als ich über die Sandstrände seines kleinen blauen Ozeans wanderte, schien es mir, als trete ich auf Substanzen aus Diamant, auf geheimes Kristallgut, auf allen Glanz, den die Jahrhunderte bewahrt haben. Italien hat Europas Dichtung Form geschenkt, Tonfülle, Anmut und Kühnheit; es hat sie aus ihrer ersten formlosen Form, aus ihrer mit Wollwams und Rüstung bekleideten Ungeschlachtheit hervorgeholt. Italiens Licht hat die zerlumpten Gewänder der Spielleute und das Eisengeklirr der Heldenlieder in einen wasserreichen Fluß aus geschliffenen Diamanten verwandelt.
Unsere erst jüngst zur Kultur gelangten Dichteraugen, die aus Ländern stammen, wo die Anthologien mit den Dichtern des Jahres 1880 begin-

nen, staunten, als sie in den italienischen Gedichtsammlungen das Datum 1230 entdeckten, das Jahr 1310 oder 1450, und zwischen diesen Daten die betörenden Terzette, den leidenschaftlichen Prunk: die Tiefe und Juwelenpracht der Alighieri, Cavalcanti, Petrarca, Poliziano.

Diese Namen und diese Männer verliehen unserem sanften und machtvollen Garcilaso de la Vega, dem milden Boscán florentinisches Licht, sie erleuchteten Góngora und tönten mit ihrem Schattenpfeil Quevedos Schwermut, sie modellierten die Sonette William Shakespeares aus England, sie entzündeten Frankreichs Grundstoffe und brachten Ronsards und du Bellays Rosen zur Blüte.

In Italien geboren zu sein, ist ein schwieriges Unternehmen für einen Dichter, ein sternenreiches Unternehmen, das zur Aneignung eines Firmaments strahlender Erbschaften verpflichtet.

Ich kenne Salvatore Quasimodo sei Jahren und kann nur sagen, daß seine Poesie dieses Gewissen vertritt, das uns angesichts seiner schweren glühenden Last gespenstisch anmuten könnte. Quasimodo ist ein Europäer, der über die sichere Wissenschaft der Erkenntnis, des Gleichgewichts und aller Waffen der Intelligenz verfügt. Trotzdem hat seine Stellung eines echten Italieners, des gegenwartsnahen Protagonisten eines zeitweiligen, aber unerschöpflichen Klassizismus, ihn nicht zu einem in seiner Festung gefangenen Krieger werden lassen. Quasimodo ist der universelle Mensch *par excellence*, er teilt die Welt nicht streitbar ein in West und Ost, sondern sieht es als absolute zeitgenössische Pflicht an, die Grenzen der Kultur zu verwischen und Dichtung, Wahrheit, Freiheit, Frieden und Freude als unteilbare Elemente zu verankern.

In Quasimodo vereinen sich Farben und Töne einer melancholisch heiteren Welt. Seine Trauer bedeutet nicht Leopardis niederschmetternde Unsicherheit, sondern die keimende Zurückgezogenheit der Welt am Abend, die Andacht, die der Abend erreicht, wenn Düfte, Stimmen, Farben und Glocken die Arbeit der tiefsten Samenkerne beschützen. Ich liebe die gesammelte Sprache dieses großen Dichters, seinen Klassizismus und seinen Romantismus, vor allem aber bewundere ich in ihm sein eigenes Aufgehen in der Dauer der Schönheit wie auch seine Kraft, alles in eine Sprache echter, ergreifender Poesie zu verwandeln.

Über Meer und Ferne hinweg erhebe ich eine duftende Krone aus Araukaniens Blättern und lasse sie durch die Luft fliegen, damit der Wind und das Leben sie hinübertrage und Salvatore Quasimodo auf die Stirn lege. Es ist nicht die apollinische Lorbeerkrone, die wir so oft auf Francesco Petrarcas Bildnissen gesehen haben. Es ist eine Krone aus unseren unerforschten Wäldern, aus Blättern, die noch keinen Namen tragen, getränkt vom Tau australer Morgenröten.

Vallejo überlebt

Ein anderer war Vallejo. Ich werde nie seinen großen gelblichen Kopf vergessen, ähnlich denen, die man in den alten Fenstern Perus sah. Vallejo war ernst und rein. Er starb in Paris. Starb an der schmutzigen Luft von Paris, am schmutzigen Fluß, aus dem so viele Tote geborgen worden sind. Vallejo starb an Hunger und Atemnot. Hätten wir ihn in sein Peru zurückbringen, hätten wir ihm peruanische Luft und Erde zum Atmen geben können, vielleicht lebte er noch und würde singen. Ich habe zu verschiedenen Zeiten zwei Gedichte über meinen geliebten Freund, über meinen guten Kameraden geschrieben. In ihnen, glaube ich, ist die Geschichte unserer uneigennützigen Freundschaft beschrieben. Das erste, *Ode an César Vallejo*, steht im ersten Band von *Elementare Oden.*

In der letzten Zeit, in diesem Kleinkrieg der Literatur, einem von kleinen Soldaten mit wütenden Zähnen geführten Krieg, wurde Vallejo, César Vallejos Schatten, César Vallejos Ferne, César Vallejos Dichtung gegen mich und meine Dichtung ausgespielt. So etwas gibt es überall. Damit will man diejenigen verletzen, die viel gearbeitet haben. Man sagt: »Dieser taugt nichts; Vallejo taugt etwas.« Wäre Neruda tot, man würde ihn gegen den lebenden Vallejo ausspielen.

Das zweite Gedicht, dessen Titel ein einziger Buchstabe, der Buchstabe *V* ist, steht in *Extratouren.*

Um das Unfaßbare zu suchen, Führer oder Faden, der den Menschen mit seinem Werk verbindet, spreche ich von denen, die etwas oder viel mit mir zu tun hatten. Wir haben das Leben streckenweise geteilt, und nun überlebe ich sie. Ich habe kein anderes Mittel, das zu erforschen, was man gemeinhin das poetische Geheimnis nennt und was ich die poetische Klarheit nennen möchte. Es muß eine Beziehung zwischen den Händen und dem Werk, zwischen den Augen, den Eingeweiden, dem Blut des Menschen und seiner Arbeit geben. Doch habe ich keine Theorie dafür. Ich trage kein Dogma unter dem Arm, um es jemandem auf den Kopf fallen zu lassen. Wie fast alle Menschen, so sehe ich alles hell am Montag, sehe alles dunkel am Dienstag und meine, daß dieses Jahr helldunkel ist. Die nächsten Jahre werden von blauer Farbe sein.

Gabriela Mistral

Ich habe an anderer Stelle bereits gesagt, daß ich Gabriela Mistral in meinem Dorf, in Temuco kennenlernte. Von diesem Dorf hat sie sich für immer getrennt. Gabriela stand in der Mitte ihres mühevollen und mühseligen Lebens und war äußerlich nonnenhaft, ähnlich der Oberin einer rechtschaffenen Baumschule.

In jenen Tagen schrieb sie die Gedichte des Sohnes, angelegt in sauberer, durchgearbeiteter, sternenhafter Prosa, denn ihre Prosa war oft ihre überzeugendste Poesie. Da sie in diesen Gedichten des Sohnes die Schwangerschaft beschreibt, Niederkunft und Wachstum, wurde wirres Zeug in Temuco gemunkelt, Ungenaues, ja unschuldig Unzüchtiges, vielleicht waren es derbe Bemerkungen, die sie als alleinstehende Frau verletzten, Redereien von Eisenbahnern und Holzfällern, die ich so gut kenne, ungehobelte, leicht aufbrausende Leute, die Brot Brot und Wein Wein nennen.
Gabriela fühlte sich beleidigt und starb beleidigt.
Jahre später, in der ersten Ausgabe ihres großen Buches, schrieb sie eine lange überflüssige Vorrede gegen das, was man über sie in jenen Bergen am Ende der Welt gesagt und geflüstert hatte.
Anläßlich ihres denkwürdigen Sieges, als ihr Haupt mit dem Nobelpreis geschmückt wurde, mußte sie auf ihrer Reise über Temuco kommen. Die Schulkinder warteten tagtäglich am Bahnhof auf sie. Die kleinen Schulmädchen kamen regenbesprüht, zitternde Copihue-Sträuße im Arm. Die Copihue ist die australe Blume, die schöne wilde Blumenkrone Araukaniens. Nutzloses Warten. Gabriela Mistral richtete es so ein, daß sie nachts durch den Ort kam und wählte einen umständlichen Nachtzug, um nicht Temucos Copihues annehmen zu müssen.
Nun gut, spricht das gegen Gabriela? Es besagt nur, daß die Wunde in ihrer Seelenhaut nicht verheilt war und noch bei der geringsten Reizung aufbrach. Das offenbart, daß in der Seele dieser großen Dichterin wie in jeder Menschenseele Liebe und Groll miteinander hadern.
Für mich hat sie stets ein offenherziges kameradschaftliches Lächeln übriggehabt, ein Lächeln aus Mehl in ihrem Gesicht aus braunem Brot.
Doch was sind die besten Substanzen im Backofen ihrer Arbeiten gewesen? Was war der geheime Bestandteil ihrer immer schmerzlichen Dichtung?
Ich werde es nicht untersuchen, werde es mit Sicherheit nicht erfahren, und wenn ich es erführe, würde ich es nicht sagen.

In diesem September blüht der Raps, das Feld ist ein gelbzitternder Teppich. Hier, an der Küste, wütet seit vier Tagen mit herrlicher Wut der Südwind. Die Nacht ist erfüllt von seiner tönenden Bewegung. Der Ozean ist ein offenes grünes Fenster und zugleich titanisches Weiß.
Komm, Gabriela, geliebte Tochter dieser Rapsfelder, dieser Steine, dieses Gigantenwindes. Wir alle heißen dich freudig willkommen. Niemand wird deine Lieder und deinen Weißdorn, Chiles Schnee, vergessen. Du bist Chilenin. Du gehörst dem Volk. Niemand hat dein »verwünschtes Wort« vergessen. Du bist eine ergreifende Vorkämpferin für den Frieden. Aus diesen und anderen Gründen lieben wir dich.

Komm, Gabriela, zum Raps und zum Weißdorn Chiles. Es ist richtig, daß ich dir das wahre, blühende und rauhe Willkommen schenke, das deiner Größe entspricht und unserer unverbrüchlichen Freundschaft. Die Tore aus Stein und Septemberfrühling tun sich dir auf. Nichts ist meinem Herzen lieber als dein weites Lächeln ins heilige Land einziehen zu sehen, welches Chiles Volk zum Blühen und Singen bringt.
Es kommt mir zu, Wesen und Wahrheit mit dir zu teilen, die dank unserer Stimme und unseren Taten Achtung ernten wird. Möge dein wunderbares Herz ruhen, leben, kämpfen, singen und an die ozeanische und andinische Einsamkeit des Vaterlandes glauben. Ich küsse deine edle Stirn und verehre deine weitgespannte Poesie.

Vicente Huidobro

Der große Dichter Vicente Huidobro, der stets eine verquere Haltung gegenüber allen Dingen einnahm, verfolgte mich mit seinen vielfältigen Streichen, versandte kindische anonyme Briefe gegen mich und bezichtigte mich unablässig des Plagiats. Huidobro ist der Vertreter einer langen Reihe unbußfertiger Egozentriker. Diese Art, sich im widersprüchlichen Leben einer Zeit, die dem Schriftsteller keine Rolle zuwies, zu verteidigen, war charakteristisch für die Jahre unmittelbar vor dem ersten Weltkrieg. Die Ich-herausfordernde Einstellung hallte in Amerika wider als Echo von d'Annunzios Frechheiten in Europa. Dieser italienische Schriftsteller, großer Verschwender und Schänder kleinbürgerlicher Maßstäbe, hinterließ in Amerika eine Spur vulkanischen Messianismus. Der auffallendste und revolutionärste seiner Jünger war Vargas Vila.
Es fällt mir schwer, schlecht von Huidobro zu sprechen, der mich sein ganzes Leben mit seinem spektakulären Tintenkrieg beehrt hat. Er hat sich selbst den Titel »Gott der Poesie« zuerkannt und fand es ungerecht, daß ich, der viel Jüngere, zu seinem Olymp gehörte. Ich habe nie genau erfahren, was es mit diesem Olymp auf sich hatte. Huidobros Leute kreierten, surrealisierten, verschlangen das letzte Stück Papier von Paris. Ich stand so viel niederer, war rettungslos provinziell, ländlich, ein halber Waldschrat.
Es war Huidobro nicht genug, ein außergewöhnlich begabter Dichter zu sein, was er tatsächlich war. Er wollte auch »Superman« sein. Seine Streiche hatten etwas von kindlicher Schönheit. Hätte er bis in unsere Tage gelebt, er hätte sich als unersetzlicher Freiwilliger für die erste Reise zum Mond zur Verfügung gestellt. Ich stelle mir ihn vor, wie er den Gelehrten beweist, daß sein Schädel wegen seiner Form und Geschmeidigkeit der einzige auf Erden wahrhaft begabte und zur

Anpassung an die Raumraketen geeignetste sei.
Einige Anekdoten sind charakteristisch für ihn. Zum Beispiel zeigte er bei seiner Rückkehr nach dem letzten Krieg, schon alt und dem Ende nahe, allen Leuten ein rostiges Telefon und erklärte:
»Ich habe es Hitler persönlich aus der Hand gerissen. Es war das Lieblingstelefon des Führers.«
Einmal wurde ihm eine schlechte Skulptur gezeigt, worauf er bemerkte:
»Wie gräßlich! Die ist ja noch schlechter als die von Michelangelo.«
Auch dieses unglaubliche Abenteuer, das er im Jahre 1919 in Paris erlebte, ist erzählenswert. Huidobro veröffentlichte ein Flugblatt mit dem Titel »Finis Britanniae«, in dem er den bevorstehenden Zusammenbruch des Britischen Weltreichs prophezeite. Da niemand seine Prophezeiung zur Kenntnis nahm, beschloß der Dichter von der Bildfläche zu verschwinden. Die Presse nahm sich des Falles an: »Chilenischer Diplomat auf mysteriöse Weise entführt.« Einige Tage später erschien er wieder auf der Bildfläche, ausgestreckt vor seiner Haustür.
»Englische Pfadfinder haben mich entführt«, erklärte er der Polizei. »Sie haben mich an eine Säule in einem Keller gefesselt. Haben mich gezwungen, tausendmal zu schreien: »Es lebe das Britische Weltreich!«
Dann fiel er von neuem in Ohnmacht. Aber die Polizei prüfte das Päckchen, das er unter dem Arm hielt. Es war ein nagelneuer Pyjama, den Huidobro persönlich drei Tage zuvor in einem Pariser Geschäft gekauft hatte. Alles kam ans Tageslicht. Aber Huidobro verlor einen Freund. Der Maler Juan Gris, der felsenfest an die Entführung geglaubt und Todesqualen wegen des imperialistischen Überfalls auf den chilenischen Dichter ausgestanden hatte, verzieh ihm die dicke Lüge nie.

Huidobro ist ein kristallklarer Dichter. Sein Werk glänzt in all seinen Bestandteilen und verströmt faszinierende Freude. Über allen Gedichten liegt ein europäischer Schimmer, den er kristallisiert und auflöst in einem Spiel aus Anmut und Kunstverstand.
Was mich beim Wiederlesen seines Werks überrascht, ist seine Durchsichtigkeit. Dieser literarische Poet, der allen Moden einer verworrenen Epoche gefolgt ist und es vorzog, die Feierlichkeit der Natur zu überhören, läßt durch seine Poesie einen beständigen Gesang des Wassers fließen, ein Rauschen von Luft und Blättern und eine bedächtige Menschlichkeit, die seine vorletzten und letzten Gedichte durchdringt.
Angefangen bei den entzückenden Künstlichkeiten seiner französierten Poesie bis zu der kraftvollen Macht seiner grundlegenden Verse, herrscht in Huidobro ein Kampf zwischen Spiel und Feuer, zwischen Flucht und Opfermut. Dieser Kampf ist ein Schauspiel, er vollzieht sich bei Tageslicht und bei fast vollem Bewußtsein mit blendender Klarheit.

Es besteht kein Zweifel: unser Vorurteil gegen die Nüchternheit hat uns sein Werk lange entfremdet. Wir sind uns alle einig, daß Vicente Huidobros schlimmster Feind Vicente Huidobro war. Der Tod hat seine widersprüchliche, unweigerlich verspielte Existenz ausgelöscht. Der Tod hat einen Schleier über sein sterbliches Leben gebreitet, hat aber einen anderen Schleier fortgezogen, der seine bezwingenden Gaben für immer aufgedeckt hat. Ich habe vorgeschlagen, ihm neben Rubén Darío ein Denkmal zu errichten. Aber unsere Regierungen sind ebenso sparsam im Errichten von Standbildern für schöpferische Menschen wie freigiebig für sinnlose Denkmäler.

Wir würden an Huidobro nie als politischen Helden denken, trotz seiner flüchtigen Besuche im Haus der Revolution. Mit Ideen ging er inkonsequent um wie ein verwöhntes Kind. Doch all das versank im Staub, und wir selber wären inkonsequent, wollten wir ihm dergleichen ankreiden, denn damit würden wir ihm die Flügel beschneiden. Wir sollten deshalb Huidobros Gedichte auf die Oktober-Revolution und Lenins Tod eher als grundlegenden Beitrag zum Erwachen des Menschengeschlechts werten.

Huidobro starb im Jahre 1948 in Cartagena in der Nähe von Isla Negra, nicht ohne vorher einige der herzzerreißendsten und ernstzunehmendsten Gedichte geschrieben zu haben, die ich in meinem Leben gelesen habe. Kurz vor seinem Tod besuchte er mich in Begleitung meines guten Freundes und Verlegers Gonzalo Losada in meinem Haus in Isla Negra. Huidobro und ich sprachen miteinander als Dichter, als Chilenen und Freunde.

Literarische Feinde

Ich vermute, Streitigkeiten größeren oder kleineren Ausmaßes zwischen Schriftstellern hat es in allen Teilen der Welt gegeben und wird es immer geben.

In der Literatur des amerikanischen Kontinents wimmelt es von großen Selbstmorden. Im revolutionären Rußland wurde Majakowskij von seinen Neidern in den Tod getrieben. Kleine Rankünen können in Lateinamerika den Siedepunkt erreichen. Der Neid wird manchmal zum Beruf. Es heißt, wir hätten dieses Gefühl vom unverschämten Kolonialspanien geerbt. In der Tat begegnen wir bei Quevedo, bei Lope und Góngora häufig den Wunden, die sie einander beibrachten. Trotz seines märchenhaften geistigen Glanzes war das Goldene Zeitalter eine unglückliche Epoche, in welcher der Hunger die Paläste umschlich.

In den letzten Jahren hat der Roman eine neue Dimension in unseren Ländern erreicht. Namen wie García Márquez, Juan Rulfo, Vargas Llosa, Sábato, Cortázar, Carlos Fuentes und Donoso, hört und liest

man überall. Auf einige von ihnen hat man den Ausdruck *boom* angewandt. Auch wird laufend behauptet, sie trieben gemeinsame Selbstwerbung.
Ich habe sie fast alle kennengelernt und finde sie bemerkenswert gesund und großzügig. Ich verstehe – mit täglich zunehmender Klarheit – daß einige aus ihren Ländern emigrieren mußten, um fern von politischem Gezänk und wucherndem Neid in Ruhe arbeiten zu können. Die Gründe für ihr freiwilliges Exil sind unwiderleglich: ihre Bücher sind der Wahrheit und den Träumen unserer amerikanischen Länder zunehmend dichter auf den Fersen.
Ich habe gezögert, von meinen persönlichen Erfahrungen im Extremfall des Neides zu sprechen. Ich möchte nicht egozentrisch und allzu ichbezogen erscheinen. Doch das Los hat mir so hartnäckige und pittoreske Neider beschert, daß es den Bericht lohnt.
Möglich, daß mir diese Verfolgerschatten gelegentlich auf die Nerven gingen. Trotzdem erfüllten sie unfreiwillig eine sonderbare Werbepflicht, als hätten sie eine Sonderagentur für die Verbreitung meines Namens gegründet.

Der tragische Tod eines dieser düsteren Nebenbuhler hat eine Art von Leere in meinem Leben hinterlassen. Er hat alles, was ich tat, in einer Weise befehdet, daß er mir nun geradezu fehlt.
Vierzig Jahre literarischer Verfolgung sind schlechthin ungewöhnlich. Mit gewissem Genuß möchte ich diese einsame Schlacht wiedererwekken, die ein Mensch gegen seinen eigenen Schatten führte, während ich mich nie an ihr beteiligte.
Fünfundzwanzig Zeitschriften veröffentlichte ein beständiger Herausgeber (der er immer war), dazu bestimmt, mich literarisch zu vernichten, mir jede Art von Verbrechen, Verrat, poetische Erschöpfung, öffentliche und geheime Laster, Plagiat, aufsehenerregende geschlechtliche Verirrungen zuzuschreiben. Auch erschienen mit Feuereifer verteilte Pamphlete und nicht einmal humorlose Reportagen, schließlich ein ganzer Band mit dem Titel *Neruda und ich*, ein fettleibiges, von Beleidigungen und Schmähreden strotzendes Buch.
Mein Nebenbuhler war ein chilenischer Dichter, älter als ich, erbitterter Prinzipienreiter, weniger gehaltvoll als gebärdenreich. Diese mit egozentrischem Grimm begabten Schriftsteller gedeihen in amerikanischen Ländern, sie treten in unterschiedlicher Schroffheit und Selbstgefälligkeit auf, doch ihre dannunzianische Herkunft ist wahrhaft tragisch.
In unseren armen Breitengraden trieben wir arg zerlumpte, verhungerte Poeten uns in den mitleidlosen Morgenröten im Auswurf der Säufer, herum. In dieser erbärmlichen Umwelt erzeugte die Literatur ausgefallene Schlägergestalten, Zerrbilder vergangener Schelmenro-

mane. Bodenloser Nihilismus, falscher nietzscheanischer Zynismus verführte viele von uns, Verbrechermasken aufzusetzen. Nicht wenige verfälschten auf diesen Abwegen ihr Leben bis zum Verbrechen oder bis zur Selbstzerstörung.

Mein legendärer Gegner kam von dieser Bühne. Erst versuchte er mich zu verführen, für seine Spielregeln zu gewinnen. Aber das war für mein kleinbürgerliches Provinzlertum unannehmbar. Ich wagte und schätzte es nicht, vom Schmarotzen zu leben. Unser Held hingegen war ein Meisterverwerter günstiger Gelegenheiten. Er lebte in einer Welt des beständigen Schwindels und betrog sich selbst mit der aufgeklebten Maske eines gefährlichen Rowdys, die ihm als Aushänge- und Schutzschild diente.

Nun ist es aber an der Zeit, seinen Namen zu nennen. Er hieß Perico de Palothes. Er war ein starker, behaarter Mensch, der gleichermaßen durch seine Rhetorik wie durch sein Aussehen auffiel. Bei einer bestimmten Gelegenheit, als ich erst achtzehn oder neunzehn Jahre alt war, schlug er mir vor, eine literarische Zeitschrift zu gründen. Die Zeitschrift sollte aus zwei Teilen bestehen: einem, in dem er in unterschiedlichen Prosa- und Metrumtönen bestätigen wollte, daß ich ein kraftvoller und genialer Dichter sei; im anderen sollte ich in alle Winde hinausposaunen, daß er eine absolute Intelligenz und unbegrenztes Talent besitze. Auf diese Weise käme ein jeder zu seinem Recht. Wenn ich auch noch sehr jung war, so schien mir dieses Projekt dennoch übertrieben. Trotzdem fiel es mir schwer, ihn davon abzuhalten.

Er war ein produktiver Herausgeber von Zeitschriften. Es war erstaunlich, mit welcher Geschicklichkeit er Gelder zusammenkratzte, um sein pamphletarisches Dasein zu verlängern.

In den entlegenen winterlichen Provinzen wurde ein genauer Aktionsplan entworfen. Man hatte eine lange Liste von Ärzten, Rechtsanwälten, Zahntechnikern, Diplomlandwirten, Lehrern, Ingenieuren, Abteilungsleitern öffentlicher Ämter und so weiter zusammengestellt. Vom Heiligenschein seiner umfangreichen Publikationen, Zeitschriften, Gesammelten Werke, epischen und lyrischen Pamphleten umstrahlt, trat unser Protagonist als Botschafter der Weltkultur auf den Plan. All das bot man mit strenger Miene den trüben Herren an, die man besuchte, und geruhte gleich darauf ein paar erbärmliche Taler zu kassieren. Vor seinen hochtrabenden Worten schrumpfte das Opfer zur Größe einer Mücke. Gewöhnlich trat de Palothes mit den Talern in der Tasche auf die Straße und überließ die Mücke der Größe der Weltkultur.

Bei anderen Gelegenheiten stellte Perico de Palothes sich als Fachmann für Landwirtschaftswerbung vor und schlug den ungeschlachten Südpflanzern vor, luxuriöse Monographien ihrer Großgrundbesitze mit Fotografien ihrer Besitzer und ihrer Kühe herauszugeben. Es war ein

Spektakel, ihn in Reithosen und Feuerwehrstiefeln, umhüllt von einem großartigen Talar exotischer Herkunft auftreten zu sehen. Zwischen Schmeicheleien und scheelen Drohungen, Nachteiliges zu veröffentlichen, verließ unser Mann mit einigen Schecks die Landgüter. Gutsbesitzer, Knauser, aber Realisten, spuckten die paar Banknoten aus, um ihn loszuwerden.

Das hervorstechende Merkmal von Perico de Palothes, dem nietzscheanischen Philosophen und unverbesserlichen Graphomanen, war sein geistiges und körperliches Rowdytum. Er übte es in Chiles literarischem Leben als Maulheld aus. Viele Jahre hindurch unterhielt er einen kleinen Hofstaat armer Teufel, die ihn feierten. Doch pflegt das Leben diese Zufallsfiguren unbarmherzig zu schröpfen.

Das tragische Ende meines jähzornigen Widersachers – er beging als Greis Selbstmord – ließ mich lange zögern, diese Erinnerungen niederzuschreiben. Nun endlich tue ich es, einer Forderung von Zeit und Ort gehorchend. Eine lange Kordillere des Hasses zieht sich durch die Länder spanischer Zunge, sie untergräbt die Aufgaben des Schriftstellers mit quälender Mißgunst. Die einzige Möglichkeit solch zerstörerische Grausamkeit zu beenden, ist, ihre Auswüchse öffentlich anzuprangern.

Ebenso krankhaft und hartnäckig hat ein Pamphletist, ein zwielichtiger Uruguayer mit dem galizischen Nachnamen Ribero (sofern der Name stimmt) mich und mein Werk literarisch und politisch verfolgt. Seit Jahren veröffentlicht dieser Mensch spanisch und französisch abgefaßte Pamphlete, in denen er mich in Stücke reißt. Aufsehenerregend dabei ist, daß seine Ausfälle nicht nur das von ihm selbst bezahlte Druckpapier bis zum Rand füllen, sondern daß er auch kostspielige Reisen finanziert, die meiner unbarmherzigen Vernichtung dienen sollen.

Dieser merkwürdige Zeitgenosse hat sich zur Universität Oxford aufgemacht, als bekannt wurde, daß mir dort der Ehrendoktor verliehen werden sollte. Bis dorthin rückte der uruguayische Verseschmied mit seinen phantastischen Beschuldigungen vor, entschlossen, mich literarisch vierzuteilen. Die Gastgeber berichteten mir in festlicher Laune von den gegen mich gerichteten Anklagen, während ich nach Überreichung der Ehrenurkunde noch in der scharlachroten Toga dastand und der rituelle Festtrunk herumgereicht wurde.

Noch unbegreiflicher und abenteuerlicher war die Reise desselben Uruguayers im Jahre 1963 nach Stockholm. Damals wurde gemunkelt, ich solle den Nobelpreis bekommen. Schön und gut: der Kerl suchte die Akademiker auf, gab Presse-Interviews und verkündete im Rundfunk, ich sei einer von Trotzkis Mördern. Mit diesem Manöver suchte er mich für den Preis zu disqualifizieren.

Im Laufe der Zeit stellte sich heraus, daß der Mensch stets Pech hatte und wie in Oxford so auch in Stockholm sein Geld und seine Mühe sinnlos vergeudet hatte.

Kritik und Selbstkritik

Ich kann nicht leugnen, daß ich einige gute Kritiker gehabt habe. Ich spreche nicht von Lobreden bei literarischen Banketts, ich meine auch nicht die Schmähungen, die ich ungewollt auslöste.
Ich spreche von anderen Leuten. Unter den Büchern über meine Poesie muß ich außer den Schriften glühender Jünglinge an erster Stelle den Sowjetbürger Lew Ospowat nennen. Dieser junge Mann erlernte die spanische Sprache bis zu ihrer Beherrschung und sah in meiner Dichtung mehr als nur Sinn und Klang: indem er das Nordlicht seiner Welt auf sie richtete, rückte er sie in die Perspektive des Künftigen.
Emir Rodríguez Monegal, ein erstklassiger Kritiker, veröffentlichte ein Buch über mein dichterisches Werk mit dem Titel *Der unbewegliche Reisende.* Man erkennt auf den ersten Blick, daß dieser Doktor nicht dumm ist. Er hat sofort bemerkt, daß ich gerne reise, ohne mich aus dem Haus zu rühren, ohne mein Land zu verlassen, ohne mich aus mir selbst zu entfernen. In dem Exemplar des wunderbaren Detektivromans *Der Mondstein*, das ich besitze, ist ein Stich, der mir besonders gefällt. Er stellt einen alten englischen Gentleman dar, der in seinem Umhang oder Cape oder seiner Pelerine vor dem Kamin sitzt, ein Buch in der einen, die Pfeife in der anderen Hand und zwei schläfrige Hunde zu Füßen. So würde ich immer gerne sitzen, vor dem Feuer, am Meer, zwischen zwei Hunden und, meine Pfeife rauchend, die mühsam zusammengetragenen Bücher lesen.
Amado Alonsos Buch *Pablo Nerudas Dichtung und Stil* ist gültig für viele. Interessant ist sein Schürfen im Schatten, seine Suche nach den Schichten zwischen den Wörtern und der entgleitenden Wirklichkeit. Überdies stellt Alonsos Studie die erste ernsthafte Beschäftigung in unserer Sprache mit dem Werk eines zeitgenössischen Dichters dar. Und das ehrt mich über alle Gebühr.
Beim Versuch, eine Analyse meiner Dichtung zu unternehmen, haben sich viele Kritiker an mich gewandt, unter ihnen der genannte Amado Alonso, der mich mit seinen Fragen bestürmte und mich an die Wand der Helligkeit drückte, an der ich es damals häufig nicht aushalten konnte. Einige halten mich für einen surrealistischen Dichter, andere für einen Realisten, dritte halten mich überhaupt nicht für einen Dichter. Sie alle haben ein wenig Recht und ein wenig Unrecht.
Aufenthalt auf Erden wurde vor dem Höhepunkt des Surrealismus geschrieben, zumindest begonnen, ebenso *Versuch des unendlichen*

Menschen, doch darf man sich nicht auf Jahreszahlen verlassen. Die Luft der Welt befördert die Moleküle der Poesie, leicht wie Pollen oder hart wie Blei, und diese Samenkörner fallen in Furchen oder auf Köpfe, schenken den Dingen Frühlings- oder Schlachtenluft, erzeugen gleichermaßen Blüten und Geschosse.

Was den Realismus betrifft, so muß ich sagen, weil er mir widersteht, daß ich den Realismus hasse, wenn es um Poesie geht. Mehr noch, die Poesie hat keinen Grund, über- oder unterrealistisch zu sein, sie darf jedoch antirealistisch sein. Und dies mit allem Recht, mit allem Unrecht, das heißt, mit aller Poesie.

Mir gefällt das Buch, der dichte Stoff der poetischen Arbeit, der Wald der Literatur, mir gefällt alles, sogar die Rücken der Bücher, jedoch nicht die Etiketten der Schulen. Ich will Bücher ohne Schulen und Klasseneinteilungen wie das Leben.

Der »positive Held« gefällt mir bei Walt Whitman und bei Majakowskij, das heißt bei denen, die ihn ohne Rezept fanden und ihn nicht ohne Leiden in die Intimität unseres körperlichen Lebens stellten, ihn mit uns Brot und Traum teilen ließen.

Eine sozialistische Gesellschaft muß mit der Mythologie einer gehetzten Epoche Schluß machen, in der die Schilder mehr gelten als die Waren, in der das Wesenhafte übergangen wird. Aber die gebieterische Notwendigkeit für Schriftsteller heißt: gute Bücher schreiben. So wie mir der »positive Held« gefällt, den der Nordamerikaner Whitman oder der Sowjetbürger Majakowskij in den wildbewegten Schützengräben der Bürgerkriege findet, hat in meinem Herzen auch der trauervolle Held Lautréamonts Platz, Laforgues seufzender Herr, Charles Baudelaires negativer Soldat. Vorsicht, damit wir nicht diese Apfelhälften der Schöpfung trennen, sonst würden wir vielleicht das Herz durchschneiden und aufhören zu sein. Vorsicht! Wir müssen für den Dichter einen Platz auf der Straße und im Kampf, wie im Licht und im Schatten fordern. Vielleicht sind die Pflichten des Dichters in der Geschichte immer die gleichen gewesen. Die Ehre der Poesie war es, auf die Straße zu gehen, teilzunehmen an diesem und jenem Kampf. Der Dichter erschrak nicht, wenn man Aufständischer zu ihm sagte. Dichtung ist Aufstand. Der Dichter war nicht beleidigt, weil man ihn einen Umstürzler nannte. Das Leben überwindet bestehende Strukturen, neue Gesetzbücher für die Seele entstehen. Überall springt das Samenkorn, alle Ideen sind exotisch, täglich warten wir auf gewaltige Veränderungen, begeistert erleben wie die Wandlung der menschlichen Ordnung: der Frühling ist aufständisch. Ich habe gegeben, was ich hatte. Ich habe meine Poesie in die Arena geworfen, ich habe mich langsam mit ihr verblutet, habe die Agonien erlitten und die Herrlichkeiten gepriesen, die ich erleben und bezeugen sollte. Gelegentlich wurde ich mißverstanden, und das ist nicht einmal von Übel.

Ein ecuadorianischer Kritiker hat gesagt, in meinem Buch *Die Trauben und der Wind* gäbe es nicht mehr als sechs Seiten echter Poesie. Nun hat der Ecuadorianer mein Buch ohne Liebe gelesen, weil es ein politisches Buch ist, so wie andere superpolitische Kritiker *Aufenthalt auf Erden* haßten, weil sie es verinnerlicht und düster fanden. Selbst der so bedeutende Juan Marinello hat es zu anderer Zeit im Namen der Grundsätze verdammt. Ich meine, beide begehen einen Irrtum, der den gleichen Ursprung hat.

Auch ich habe mich einmal gegen *Aufenthalt auf Erden* ausgesprochen. Doch habe ich dabei nicht an die Poesie, sondern an das betont pessimistische Klima gedacht, das mein Buch atmet. Ich kann nicht vergessen, daß vor wenigen Jahren ein junger Mann aus Santiago am Fuß eines Baumes Selbstmord beging, neben sich mein bei dem Gedicht *Bedeutet Schatten* aufgeschlagenes Buch.

Ich glaube, sowohl *Aufenthalt auf Erden*, ein düsteres, wesentliches Buch innerhalb meines Werks, als auch *Die Trauben und der Wind*, ein Buch mit großen Räumen und viel Licht, haben irgendwo Lebensrecht. Ich widerspreche mir nicht, wenn ich das sage.

Ich habe eigentlich eine gewisse Vorliebe für *Die Trauben und der Wind*, vielleicht, weil es mein am wenigsten verstandenes Buch ist oder weil ich mit seinen Seiten ausgezogen bin in die Welt. Straßenstaub ist darin und Flußwasser, Menschen kommen vor, Zusammenhänge und überseeische Orte, die ich nicht kannte und die sich mir während des Wanderns offenbarten. Es ist – ich wiederhole – eines meiner liebsten Bücher.

Von allen meinen Büchern ist *Extratouren* zwar nicht dasjenige, was am meisten singt, aber das, was am besten springt. Seine Verse springen hoch über Ansehen, Achtung, gegenseitige Rücksichten hinweg, Einrichtungen und Verpflichtungen, um respektvolle Mißachtung einzuführen. Wegen seines Mangels an Ehrerbietung ist es mein intimstes Buch. Wegen seiner Spannweite erreicht es Transzendenz innerhalb meiner Dichtung. Mit dem Salzgeschmack der Wahrheit ist es ein tolles Buch, ganz nach meinem Geschmack. In den *Elementaren Oden* habe ich die ursprüngliche Welt gleichsam in Geburtswehen besingen wollen. Ich wollte viele schon besungene, gesagte und wiedergesagte Dinge neu beschreiben. Mein freigewählter Ausgangspunkt sollte der des Kindes sein, das, am Bleistift kauend, einen Pflichtaufsatz über die Sonne, die Schiefertafel, die Uhr oder die menschliche Familie schreiben muß. Kein Thema sollte aus meinem Bannkreis ausgeschlossen sein, ich wollte alles berühren, gehend oder fliegend, und meiner Sprache größte Durchsichtigkeit und Jungfräulichkeit verleihen.

Daß ich ein paar Steine mit Entchen verglich, erregte den Unwillen eines uruguayischen Kritikers. Er verfügte, Entchen seien ebensowenig poetischer Stoff wie sonstiges kleines Getier. Zu diesem Mangel an

Ernst ist das literarische Wortgeplänkel gelangt. Sie wollen die Schöpfer zwingen, nur erhabene Themen zu behandeln. Doch darin irren sie. Wir werden Dichtung machen mit den von den Meistern des guten Geschmacks verachtetsten Dingen.
Das Bürgertum fordert eine der Wirklichkeit zunehmend entfremdete Dichtung. Der Dichter, der das Brot Brot und den Wein Wein zu nennen weiß, ist dem sterbenden Kapitalismus gefährlich. Es gefällt besser, wenn der Dichter, wie Vicente Huidobro gesagt hat, sich für einen »kleinen Gott« hält. Diese Überzeugung oder Haltung stört die herrschenden Klassen nicht. Der Dichter verharrt somit in Ergriffenheit über seine göttliche Isolierung, er braucht nicht bestochen oder zermalmt zu werden. Indes erzittert die Erde auf ihrem Weg, in ihrer Pracht.

Unsere amerikanischen Völker haben Millionen von Analphabeten; die Unkultur wird als vererbte Gegebenheit und Vorrecht des Feudalismus bewahrt. Man könnte sagen: angesichts dieses Hindernisses von siebzig Millionen Analphabeten sind unsere Leser noch nicht geboren. Wir müssen diese Niederkunft beschleunigen, damit sie uns und alle Dichter lesen. Es gilt Amerikas Mutterschoß zu öffnen, um aus ihm das glorreiche Licht zu holen.
Häufig geben Buchkritiker sich dazu her, sich den Vorstellungen der Feudalunternehmer anzupassen. Im Jahre 1961 zum Beispiel, erschienen drei meiner Bücher: *Heldenepos, Die Steine Chiles, Zeremonielle Gesänge*. Im Lauf des ganzen Jahres wurden nicht einmal die Titel von den Kritikern meines Landes erwähnt.
Als mein Gedicht *Die Höhen von Macchu Picchu* zum ersten Mal gedruckt wurde, wagte in Chile auch niemand das Buch zu erwähnen. Der Verleger des Gedichts ging in die Redaktion der größten, seit eineinhalb Jahrhunderten verlegten Tageszeitung *El Mercurio* mit einer bezahlten Verlagsankündigung. Sie wurde nur unter der Bedingung angenommen, daß mein Name unerwähnt blieb.
»Aber Neruda ist doch der Autor«, warf Neira ein.
»Das ist egal«, wurde ihm entgegnet.
Die Höhen von Macchu Picchu mußten in der Anzeige als Buch eines anonymen Autors erscheinen. Was nutzten dieser Zeitung einhundertundfünfzig Jahre Bestehen? In all der langen Zeit hatte das Blatt nicht gelernt, die Wahrheit oder die Tatsachen und schon gar nicht die Dichtung zu respektieren.
Gelegentlich sind die negativen Leidenschaften nicht nur auf einen erbitterten Reflex des Klassenkampfes, sondern auf andere Ursachen zurückzuführen. Obgleich ich vierzig Jahre Arbeit hinter mir habe, mit mehreren literarischen Preisen ausgezeichnet worden bin und meine Bücher in die unvermutetsten Sprachen übersetzt worden sind, vergeht

dennoch kein Tag, ohne daß der mich umgebende Neid mir einen kleinen oder großen Schlag zu versetzen sucht. Da ist der Fall meines Hauses. Ich habe vor mehreren Jahren dieses Haus in Isla Negra, einem verlassenen Ort gekauft, als es dort weder Trinkwasser noch Strom gab. Nach und nach habe ich es zwischen dem einen und dem anderen Buch ausgebaut und ausgestattet. Ich habe geliebte Holzfiguren, Galionsfiguren alter Schiffe, herbeigeschleppt, die in meinem Heim Zuflucht fanden und Ruhe nach langen Reisen.
Doch viele ertragen es nicht, wenn ein Dichter als Frucht seines überall veröffentlichten Werks sich die materielle Zierde erkämpft hat, die alle Schriftsteller, alle Musiker, alle Maler verdienen. Die anachronistischen reaktionären Schreiberlinge, die unablässig Ehrungen für Goethe fordern, verwehren den Dichtern von heute ihr Lebensrecht. Die Tatsache, daß ich einen Wagen besitze, geht ihnen besonders gegen den Strich. Nach ihnen müßte das Auto ausschließlich Vorrecht der Kaufleute, Spekulanten, Bordellbesitzer, der Wucherer und Schieber sein.
Um sie noch mehr in Rage zu versetzen, werde ich mein Haus in Isla Negra dem Volk schenken als Stätte für Gewerkschaftsversammlungen und als Erholungsheim für Bergbau- und Landarbeiter. So wird meine Dichtung gerächt sein.

Ein neues Jahr beginnt

Ein Journalist fragt mich:
»Wie sehen Sie die Welt zu diesem Jahresbeginn?«
Ich antworte:
»In diesem Augenblick, am 5. Januar um neun Uhr zwanzig sehe ich die Welt vollkommen rosig und blau.«
Dies hat keinerlei literarische, politische, subjektive Voraussetzungen. Es bedeutet nur, daß durchs Fenster mein Blick auf unzählige rosa Blumen fällt und weiter entfernt der Pazifik und der Himmel in blauer Umarmung verschmelzen.
Aber ich verstehe, und wir wissen, daß andere Farben im Weltpanorama existieren. Wer kann die Farbe von all dem Blut vergessen, das in Vietnam täglich sinnlos vergossen wird? Wer kann die Farbe der napalmversengten Dörfer vergessen?
Ich beantworte eine zweite Frage des Journalisten. Wie in anderen Jahren werde ich während dieser dreihundertfünfundsechzig Tage ein neues Buch veröffentlichen. Dessen bin ich sicher. Ich liebkose es, mißhandle es, schreibe es jeden Tag.
»Wovon handelt es?«
Was soll ich antworten? Meine Bücher handeln immer von ein und demselben, ich schreibe immer dasselbe Buch. Meine Freunde mögen

mir verzeihen: dies neue Mal, in diesem neuen, mit neuen Tagen angefüllten Jahr kann ich ihnen nur meine Verse, dieselben neuen Verse anbieten.
Das abgelaufene Jahr hat allen Sterblichen Siege gebracht: Siege im Raum und auf den Straßen. Während des Jahres wollten wir Menschen alle fliegen. Wir alle sind in Kosmonautenträumen gereist. Die Eroberung der großen Höhe gehört uns allen, mögen es Nordamerikaner oder Sowjetmenschen gewesen sein, die sich mit dem ersten Mondhof umgürteten und die ersten Mondtrauben aßen.
Uns Poeten gebührt der Löwenanteil an den entdeckten Gaben. Seit Jules Verne, der den alten Traum vom Weltraum in einem Buch meachanisierte bis zu Jules Laforgue, Heinrich Heine und José Asunción Silva (Baudelaire nicht zu vergessen, der sein Unheil entdeckte), ist der bleiche Planet vor allen anderen von uns, den Dichtern, erforscht, besungen und beschrieben worden.

Die Jahre vergehen. Man verbraucht sich, gedeiht, leidet und genießt. Die Jahre nehmen und bringen einem das Leben. Die Abschiede werden häufiger, die Freunde kommen ins Gefängnis, werden wieder entlassen, sie fahren nach Europa, kehren zurück oder sterben einfach.
Wenn einer uns verläßt, wenn man fern ist von seinem Sterbeort, meint man, er sei weniger gestorben; er lebt weiter in uns so wie er vorher war. Ein Dichter, der seine Freunde überlebt, neigt dazu, aus seinem Werk eine Trauer-Anthologie zu machen. Ich führte diese nicht fort aus Angst vor der Monotonie des Todesschmerzes. Man will sich nicht in ein Verzeichnis von Toten verwandeln, auch wenn es die geliebtesten sind. Als ich im Jahre 1928 auf Ceylon nach dem Tod meines Kameraden, des Dichters Joaquín Cifuentes Sepúlveda *Joaquíns Ferne* schrieb, als ich im Jahre 1931 in Barcelona *Alberto Rojas Jiménez naht im Fluge* schrieb, dachte ich, nun würde mir keiner mehr wegsterben. Es sind mir viele gestorben. Gleich nebenan, auf den argentinischen Hügeln von Cordoba, liegt der beste meiner argentinischen Freunde begraben: Rodolfo Aráoz Alfaro, der unsere Chilenin Margarita Aguirre als Witwe hinterließ.
In dem gerade erst zuende gegangenen Jahr hat der Wind Ilja Ehrenburgs zarte Gestalt, den allerliebsten Freund, den heldenhaften Verteidiger der Wahrheit, den titanischen Vernichter der Lüge geholt. Im selben Moskau wurde in jenem Jahr der Dichter Owadij Sawitsch beerdigt, der Gabriela Mistrals und meine Gedichte nicht nur mit Genauigkeit und Schönheit, sondern auch mit strahlender Liebe übertragen hat. Derselbe Todeswind hat meine Dichterbrüder Nazim Hikmet und Semion Kirsanow hingerafft. Es gibt noch andere.
Ein bitteres Geschehen war die offizielle Ermordung Che Guevaras im trostlosen Bolivien. Die Depesche von seinem Tod lief durch die Welt

wie ein heiliger Kälteschauer. Millionen von Elegien besangen im Chor sein heroisch-tragisches Leben. In allen Breitengraden wurden Verse vergeudet, die dem großen Schmerz nicht immer entsprachen. Ich erhielt von einem literarischen Oberst aus Kuba ein Telegramm mit der Bitte um einen Versbeitrag. Bis heute habe ich ihn nicht geschrieben. Mir scheint, eine solche Elegie müßte den sofortigen Protest als auch das tiefe Echo der schmerzlichen Begebenheit enthalten. Ich werde über dieses Gedicht nachdenken, bis es in meinem Kopf und meinem Blut gereift ist.

Es bewegt mich, daß ich in Che Guevaras Tagebuch der von dem großen Guerilla-Führer einzige erwähnte Dichter bin. Ich erinnere mich, daß Che mir einmal in Gegenwart des Sergeanten Retamar erzählte, wie oft er den ersten, bescheidenen und ruhmreichen Bärtigen der Sierra Maestra meinen *Großen Gesang* vorgelesen habe. In seinem Tagebuch steht, aus plötzlicher Eingebung niedergeschrieben, ein Vers aus meinem *Gesang für Bolivar*: »... dein kleiner eines tapferen Hauptmanns Leichnam ...«

Der Nobelpreis

Mein Nobelpreis hat eine lange Geschichte. Viele Jahre hindurch erklang mein Name als Anwärter, ohne daß dieser Klang zu etwas geführt hätte.

Im Jahre 1963 wurde es ernst. Die Rundfunkstationen verkündeten mehrmals, mein Name werde in Stockholm ernstlich in Erwägung gezogen, unter allen Bewerbern auf den Nobelpreis hätte ich die größte Chance. Matilde und ich setzten Hausverteidigungsplan Nummer Drei in die Praxis um. Wir hängten ein großes Vorhängeschloß an das alte Tor von Isla Negra und versahen uns mit Proviant und Rotwein. Ich legte mir etliche von Simenons Kriminalromanen für die bevorstehende Klausur bereit.

Und schon rückten die Journalisten an. Wir hielten sie uns vom Leib. Sie konnten das von einem riesigen, ebenso prachtvollen wie machtvollen Hängeschloß geschützte Hoftor nicht durchschreiten. Wie Tiger umschlichen sie die Außenmauern. Was wollten sie? Was konnte ich über eine Diskussion sagen, an der nur schwedische Akademiker am anderen Ende der Welt beteiligt waren? Trotzdem machten die Journalisten keinen Hehl aus ihrer Absicht, aus einem trockenen Stamm Wasser zu saugen.

Spät hatte sich der Frühling an der Küste des Südpazifiks eingestellt. Jene einsamen Tage ermöglichten mir, mich mit dem Meeresfrühling vertraut zu machen, der, wenn auch spät, sich für sein einsames Fest geschmückt hatte. Im Sommer fällt kein Tropfen Regen, die Erde ist

rissig, rauh, steinig, man sieht keinen grünen Halm. Im Winter entfesselt der Meerwind Wut, Salz, hohen Brandungsschaum; dann, Opfer jener furchtbaren Kräfte, leuchtet die Natur bekümmert.
Der Frühling beginnt mit großer gelber Arbeit. Alles überzieht sich mit zahllosen, winzigen vergoldeten Blüten. Dieses bescheiden machtvolle Keimen umkleidet Hänge, umringt Felsen, greift aus zum Meer und überrascht uns auf unseren Alltagswegen, wie um uns herauszufordern, uns sein Dasein zu beweisen. So lange Zeit führten diese Blumen ein unsichtbares Leben, so lange Zeit unterdrückte die trostlose Verneinung der unfruchtbaren Erde sie, daß sie sich in ihrer gelben Fruchtbarkeit nun nicht genug tun können. Bald verlöschen die kleinen bleichen Blumen, und alles überzieht sich mit dichtem, violettem Blühen. Das Herz des Frühlings ging von Gelb zu Blau und dann zu Rot über. Wie lösten diese kleinen, unbekannten, unendlichen Blumenkronen einander ab? Der Wind schüttelte eine Farbe fort und am nächsten Tag eine zweite, als habe auf den einsamen Hügeln die Flagge des Frühlings gewechselt, als hätten die verschiedenen Republiken ihre Invasorenstandarten gehißt.
In dieser Zeit blühen die Küstenkakteen. Fern von dieser Gegend, auf den Vorläufern der Andenkordillere, ragen die Kakteen riesenhaft, kanneliert und stachlig wie feindselige Säulen. Die Küstenkakteen hingegen sind klein und rund. Ich sah sie mit zwanzig scharlachroten Knospen gekrönt, als habe eine Hand ihren glühenden Tribut Blutstropfen an sie entrichtet. Dann öffnen sie sich. Vor den gewaltigen weißen Schaummassen des Ozeans leuchten Tausende von Kakteen, entflammt in der Fülle ihrer Blüten.
Die alte Agave meines Hauses hat aus der Tiefe ihrer Eingeweide ihre selbstmörderische Blüte hervorgeholt. Diese blau-gelbe, gigantischfleischige Pflanze hat über zehn Jahre vor meiner Haustür ausgehalten und dabei mein Körpermaß überragt. Jetzt blüht sie zum Sterben. Sie hat eine machtvoll-grüne Lanze sieben Meter hoch gereckt, unterbrochen nur durch einen dürren, goldstaubbedeckten Blütenstand. Bald werden alle Riesenblätter der *agave americana* zusammensinken und sterben.
Neben der großen sterbenden Blüte wird gerade eine andere Titanenblume geboren. Niemand außerhalb meines Vaterlandes kennt sie, sie gedeiht nur an diesen antarktischen Gestaden. Sie heißt Chagual (*puya chilensis*). Diese Ahnenpflanze wurde von den Araukanern angebetet. Der uralte Arauco existiert nicht mehr. Blut, Tod, Zeit und Epengesänge Alonso de Ercillas haben die alte Geschichte eines Tonerde-Stamms abgeschlossen, der jäh aus seinem geologischen Schlaf erwachte, um sein überfallenes Vaterland zu verteidigen. Wenn ich ihre Blüten auf Jahrhunderten von dunklen Toten, auf Schichten blutigen Vergessens von neuem erstehen sehe, glaube ich, daß die

Vergangenheit der Erde gegen das anblüht, was wir sind, gegen das anblüht, was wir jetzt sind. Nur die Erde ist, was sie ist und bewahrt ihren Wesenskern.

Aber ich vergaß, sie zu beschreiben.

Es ist eine Bromeliazee mit spitzen Sägeblättern. Sie bricht aus den Wegen wie ein grüner Brand, gleich einer Waffensammlung ihre geheimnisvollen Smaragddegen bündelnd. Doch plötzlich wächst eine einzige gigantische Blüte, eine Traube aus ihrem Gürtel, eine riesige grüne mannshohe Rose. Diese einzigartige Blüte, aus einer Unmenge kleiner Blüten bestehend, die sich zu einem von goldenem Pollen gekrönten Dom zusammenscharen, strahlt im Licht des Meeres. Es ist die einzige grüne Riesenblume, die ich je gesehen habe, das einsame Denkmal der Meereswoge.

Bauern und Fischer meines Landes haben seit langem die Namen der kleinen Pflanzen, der kleinen, nun namenlosen Blumen vergessen. Nach und nach haben sie sie vergessen, und die Blumen haben langsam ihren Stolz verloren. Sie gerieten unansehnlich durcheinander wie die Steine, welche die Flüsse aus dem Andenschnee bis an die unbekannten Küsten mit sich führen. Bauern und Fischer, Bergbauarbeiter und Schmuggler sind ihrer eigenen Rauheit treu geblieben, dem unablässigen Sterben und Auferstehen ihrer Pflichten, ihrer Niederlagen. Düster ist es, Held noch unentdeckter Gebiete zu sein; wahr ist, daß in ihnen, in ihrem Gesang nur das namenloseste Blut leuchtet und die Blumen, die keiner kennt.

Unter diesen ist eine, die mein ganzes Haus überwuchert hat. Es ist eine blaue Blume von langer, stolzer, glänzender und widerstandsfähiger Gestalt. Auf ihrer äußersten Spitze balancieren die vielfältigen kleinen infra- und ultrablauen Blüten. Ich weiß nicht, ob es allen Sterblichen vergönnt sein wird, das erhabenste Blau der Welt zu betrachten. Soll es nur wenigen offenbart bleiben? Wird es verschlossen bleiben, unsichtbar für andere Menschenwesen, denen irgendein blauer Gott diese Betrachtung verwehrt hat? Oder handelt es sich hier um meine eigene Freude, genährt in der Einsamkeit, verwandelt in Stolz und darauf versessen, diesem Blau, dieser blauen Welle, diesem blauen Stern im verlassenen Frühling zu begegnen?

Zuletzt werde ich von den *Docas* sprechen. Ich weiß nicht, ob es diese millionenfach vervielfältigten Kriechpflanzen, die ihre Dreizackfinger durch den Sand schleifen, auch anderswo gibt. Der Frühling füllte diese grünen Hände mit ungewöhnlichen amarantgelben Schmuckringen. Die *Docas* tragen einen griechischen Namen: *Aizoaceae*. Der Glanz von Isla Negra an diesen späten Frühlingstagen sind die *Aizoaceaes*, die sich wie eine Meerinvasion verströmen, wie der Ausfluß der grünen Meergrotte, wie der Saft der Purpurtrauben, die der ferne Neptun in seiner Kellergruft gekeltert hat.

Gerade in diesem Augenblick verkündet das Radio, daß ein guter griechischer Dichter den berühmten Preis gewonnen hat. Die Journalisten sind abgezogen. Matilde und ich haben endlich Ruhe. Feierlich nehmen wir das große Hängeschloß vom alten Hoftor ab, damit jedermann wieder eintreten kann, ohne läuten, ohne sich anmelden zu müssen, wie der Frühling. Gegen Abend kam das schwedische Botschafterehepaar zu Besuch. Es brachte einen Korb mit Flaschen und Delikatessen mit. Sie hatten ihn gefüllt, um mit uns den Nobelpreis zu feiern, der mir in ihren Augen sicher schien. Wir waren nicht traurig und tranken auf Seferis, den griechischen Dichter, der gewonnen hatte. Beim Abschied nahm mich der Botschafter beiseite und sagte:

»Die Presse wird mich sicherlich interviewen, und ich weiß nichts von ihm. Können Sie mir sagen, wer Seferis ist?«

»Ich weiß es auch nicht«, antwortete ich aufrichtig.

In Wahrheit möchte jeder Schriftsteller dieses Erde genannten Planeten irgendwann den Nobelpreis erhalten, einschließlich derer, die es nicht zugeben und derer, die es abstreiten.

In Lateinamerika zumal stellen die Länder ihre Anwärter auf, planen ihre Kampagnen, entwerfen ihre Strategie. Diese ist dafür verantwortlich, daß manch einer, der ihn verdient hätte, ihn nicht bekam. Das ist der Fall von Rómulo Gallegos. Sein Werk ist groß und präsentabel.

Aber Venezuela ist das Land des Petroleums, das heißt, das Land des Geldes, und auf diesem Weg gedachte man den Preis zu bekommen. Man bestimmte einen Botschafter in Schweden, der es als höchstes Ziel ansah, den Preis für Gallegos zu erringen. Er gab unzählige Diners, veröffentlichte die Werke der schwedischen Akademiker in spanischer Sprache, gedruckt in Stockholm selbst. All das muß den empfindlichen, zurückhaltenden Akademikern übertrieben vorgekommen sein. Rómulo Gallegos hat nie erfahren, daß die maßlose Tüchtigkeit eines venezolanischen Botschafters vielleicht die Ursache war, daß er eine so wohlverdiente literarische Ehrung nicht erhielt.

In Paris hat man mir bei einer bestimmten Gelegenheit eine traurige Geschichte mit einem Schuß grausamen Humors erzählt. Es ging um Paul Valéry. Er galt in Frankreich als der aussichtsreichste Kandidat für den Nobelpreis jenes Jahres. An dem Vormittag, als in Stockholm abgestimmt wurde, verließ Valéry, um seine wegen der bevorstehenden Nachricht erregten Nerven zu beruhigen, in Begleitung seines Stocks und seines Hundes früh sein Landhaus.

Gegen Mittag, um die Essenszeit, kehrte er von seinem Ausflug zurück. Kaum hatte er die Tür geöffnet, fragte er seine Sekretärin:

»Irgendein Telefonanruf?«

»Ja, Monsieur. Vor wenigen Minuten wurde aus Stockholm angerufen.«

»Was wurde gesagt?« fragte er, sichtlich erregt.

»Es war ein schwedischer Journalist, der Ihre Meinung über die Frauenemanzipation hören wollte.«
Valéry selbst hat die Anekdote mit einem Anflug von Ironie erzählt. Wahr ist, daß ein so großer Dichter und makelloser Schriftsteller wie er nie den berühmten Preis erhielt.
Was mich betrifft, so wird man mir zugestehen, daß ich sehr vorsichtig gewesen bin. Ich hatte in dem Buch eines chilenischen Gelehrten, der Gabriela Mistral rühmen wollte, die zahlreichen Briefe gelesen, die meine zurückhaltende Landsmännin an viele Stellen richtete, zwar ohne ihre Würde zu verlieren, doch getrieben von dem natürlichen Wunsch, sich dem Preis zu nähern. Das veranlaßte mich, noch zurückhaltender zu sein. Seit ich wußte, daß mein Name als Kandidat genannt wurde (und er wurde ich weiß nicht wie oft erwähnt), beschloß ich nicht wieder nach Schweden zu fahren, in ein Land, das mich seit meiner Jugend angezogen hatte, als Thomás Lago und ich uns zu echten Jüngern eines exkommunizierten Pastors und Trinkers namens Gösta Berling ernannten.
Überdies langweilte es mich, jedes Jahr genannt zu werden, ohne daß die Sache vorankam. Es irritierte mich bereits, meinen Namen auf der alljährlichen Anwärterliste zu wissen, als sei ich ein Rennpferd. Andrerseits fühlten sich die Chilenen, Literaten wie Bürger, durch die Gleichgültigkeit der Schwedischen Akademie verletzt. Es war eine Situation, die gefährlich ans Lächerliche grenzte.
Schließlich, wie jedermann weiß, wurde mir der Nobelpreis zuerkannt. Ich war im Jahre 1971 in Paris und hatte eben meinen Posten als chilenischer Botschafter angetreten, als wiederum mein Name in den Zeitungen auftauchte. Matilde und ich runzelten die Brauen. An die alljährliche Enttäuschung gewöhnt, war unsere Haut unempfindlich geworden. An einem Oktoberabend jenes Jahres trat Jorge Edwards, chilenischer Botschaftsrat und Schriftsteller, ins Eßzimmer unseres Hauses. Mit der Bedachtsamkeit, die ihn charakterisiert, schlug er mir eine höchst vernünftige Wette vor. Bekam ich den Nobelpreis dieses Jahr, sollte ich ihn und seine Frau zu einem Abendessen im besten Restaurant von Paris einladen. Bekam ich ihn nicht, würde er mich und Matilde einladen.
»Einverstanden«, sagte ich. »Wir werden auf deine Kosten fabelhaft zu Abend essen.«
Jorge Edwards Geheimnis, seine abenteuerliche Wette betreffend, lüftete sich am nächsten Tage teilweise. Ich erfuhr, daß eine Freundin ihn aus Stockholm angerufen hatte. Sie war Schriftstellerin und Journalistin. Sie hatte ihm gesagt, man habe alles Menschenmögliche getan, damit Paplo Neruda diesmal den Nobelpreis erhalte.
Die Journalisten begannen aus dem Ausland anzurufen. Aus Buenos Aires, aus Mexiko und besonders aus Spanien. Dort wurde die Verlei-

hung des Preises an mich bereits als Faktum angesehen. Natürlich weigerte ich mich, Erklärungen abzugeben, denn wieder kamen mir Zweifel.

An jenem Abend besuchte mich Artur Lundkvist, der einzige mit mir befreundete schwedische Schriftsteller. Lundkvist war seit drei oder vier Jahren Mitglied der Akademie. Er kam aus seinem Land und befand sich auf der Durchreise nach Südfrankreich. Nach dem Abendessen erzählte ich ihm, wie schwierig es sei, den von Übersee anrufenden Journalisten zu antworten, die mir den Preis zuschrieben.

»Ich möchte dich um etwas bitten, Artur«, sagte ich. »Falls es wahr ist, liegt mir viel daran, es zu erfahren, bevor es in den Zeitungen steht. Ich möchte es vor allen anderen Salvador Allende mitteilen, mit dem ich so viele gemeinsame Kämpfe durchgefochten habe. Er wird sich sehr freuen, die Nachricht als erster zu erfahren.«

Der Dichter und Akademiker Lundkvist blickte mich mit schwedischen Augen todernst an:

»Ich kann dir nichts sagen. Wenn etwas ist, wird es der König von Schweden dem schwedischen Botschafter in Paris telegrafisch mitteilen.«

Das war am 19. oder 20. Oktober. Am Vormittag des 21. begannen sich die Salons der Botschaft mit Journalisten zu füllen. Die Kameraleute des schwedischen, deutschen, französischen Fernsehens und die Fernsehleute der lateinamerikanischen Länder zeigten eine Ungeduld, welche angesichts meiner Stummheit, die nichts als Mangel an Information war, in Meuterei auszuarten drohte. Um elf Uhr dreißig bat mich der schwedische Botschafter telefonisch, ihn zu empfangen, sagte mir aber nicht, worum es sich handelte, was nicht dazu beitrug, die Gemüter zu beruhigen, weil die Unterredung erst zwei Stunden später stattfand. Nach wie vor läuteten hysterisch die Telefone.

In diesem Augenblick sandte Radio Paris einen *flash*, eine »allerletzte Nachricht« und verkündete, der Nobelpreis 1971 sei dem »poète chilien Pablo Neruda« verliehen worden. Sofort ging ich hinunter und stellte mich den lärmenden Vertretern der Medien. Glücklicherweise erschienen in diesem Augenblick meine alten Freunde Jean Marcenac und Aragon. Marcenac, mein Bruder in Frankreich und großer Dichter, schrie vor Freude. Aragon schien glücklicher über die Nachricht als ich. Beide halfen mir bei der schwierigen Aufgabe, die Journalisten in Schach zu halten.

Ich war kurz vorher operiert worden, war blutarm, schwankte beim Gehen und bewegte mich ungern. Abends kamen die Freunde zum Essen. Matta aus Italien, García Márquez aus Barcelona, Siqueiros aus Mexiko, Miguel Otero Silva aus Caracas, Arturo Camacho Ramírez aus Paris, Cortázar aus seinem Versteck. Carlos Vasallo, Chilene, kam aus Rom angereist, um mich nach Stockholm zu begleiten.

Die Telegramme (die ich bis heute weder alle lesen noch beantworten konnte) häuften sich zu kleinen Bergen an. Unter den zahllosen Briefen war einer recht merkwürdig und leicht bedrohlich. Geschrieben von einem Herrn aus Holland, einem korpulenten Mann schwarzer Rasse, nach dem beigelegten Zeitungsausschnitt zu schließen. »Ich vertrete« – so etwa hieß es in dem Brief –, »die Antikolonialbewegung von Paramaribo, Britisch-Guayana. Ich habe um eine Eintrittskarte für die Preisverleihung in Stockholm gebeten. In der schwedischen Botschaft hat man mir erklärt, für diesen Anlaß sei Gesellschaftskleidung, also Frack vorgeschrieben. Ich habe kein Geld, um einen Frack zu kaufen und werde nie einen Leihfrack anziehen, da es für einen freien Amerikaner eine Demütigung wäre, gebrauchte Kleidung zu tragen. Ich teile Ihnen daher mit, daß ich mit dem wenigen Geld, das ich zusammenkratzen kann, nach Stockholm reisen und dort ein Presseinterview geben werde, um den imperialistischen und volksfeindlichen Charakter dieser Zeremonie zu rügen, die stattfinden soll, um den antiimperialistischen und volkstümlichsten der universellen Dichter zu ehren.«

Im November reisten Matilde und ich nach Stockholm, begleitet von einigen alten Freunden. Wir waren in dem prachtvollen Grand Hotel untergebracht. Von unseren Fenstern aus konnten wir die schöne kalte Stadt und den Königlichen Palast sehen. Im selben Hotel logierten auch die anderen Preisträger jenes Jahres, die der Physik, Chemie, Medizin und so weiter. Verschiedengeartete Persönlichkeiten, die einen redselig und umständlich, andere einfach und ländlich wie Mechaniker, die zufällig aus ihren Werkstätten gekommen waren. Der Deutsche Willy Brandt wohnte nicht im Hotel, er sollte seinen Nobelpreis, den des Friedens, in Norwegen entgegennehmen. Das war schade, unter allen Preisträgern hätte ich ihn am liebsten kennengelernt und gesprochen. Ich sah ihn nur später bei den Empfängen, getrennt durch drei oder vier andere Personen.
Für die große Zeremonie war eine Probe nötig, die das schwedische Protokoll uns im Festsaal absolvieren ließ. Es war ein wirklich komisches Schauspiel: ernsthafte Menschen mußten sich zu einer bestimmten Stunde aus ihren Betten erheben und das Hotel verlassen, mußten pünktlich vor einem leeren Gebäude erscheinen, mußten, ohne sich zu verirren, Treppenhäuser hinaufsteigen, in Reih und Glied nach links und nach rechts marschieren, auf dem Podium Platz nehmen, und zwar genau in den Sesseln, die wir am Tag der Preisverteilung einzunehmen hatten. Und all das vor den Fernsehkameras in einem riesigen leeren Saal, in dem die gleichfalls melancholisch leeren Thronsessel des Königs und der Königlichen Familie zu sehen waren. Ich habe mir nie erklären können, aus welcher Laune heraus das schwedische Fernsehen diese von so schlechten Schauspielern bestrittene Theaterprobe filmte.

Der Tag der Preisüberreichung fiel auf das Santa Lucía-Fest. Ich erwachte von Stimmen, die sanft in den Hotelgängen sangen. Dann traten skandinavische blonde, blumenbekränzte und von brennenden Kerzen beleuchtete junge Mädchen ins Zimmer. Sie brachten das Frühstück und als Geschenk ein großes, schönes Meerbild.
Später am Tag gab es einen Vorfall, der Stockholms Polizei auf die Beine brachte. Beim Hotelempfang wurde mir ein Brief ausgehändigt, unterschrieben von demselben wütenden Antikolonialisten aus Paramaribo, Britisch-Guayana. »Ich bin soeben in Stockholm angekommen«, begann er. Es sei ihm nicht gelungen, eine Pressekonferenz einzuberufen, doch habe er als Mann der revolutionären Aktion seine Maßnahmen ergriffen. Es gehe nicht an, daß Pablo Neruda, der Dichter der Erniedrigten und Unterdrückten, den Nobelpreis im Frack empfange. Folglich habe er eine grüne Schere gekauft, mit der er mir in aller Öffentlichkeit »die Frackgehänge oder sonstiges Gehänge« abschneiden würde. »Ich erfülle nur meine Pflicht, indem ich Sie warne. Wenn sie einen Farbigen sehen, der mitten im Saal aufsteht, bewaffnet mit einer großen grünen Schere, so wissen Sie, was Ihnen bevorsteht.«
Ich reichte den sonderbaren Brief dem jungen Diplomaten, Vertreter des schwedischen Protokolls, der mich bei all meinen Obliegenheiten begleitete. Ich sagte lachend, in Paris hätte ich einen ersten Brief desselben Wirrkopfes erhalten, meiner Ansicht nach sollten wir ihn nicht ernst nehmen. Der junge Schwede war nicht meiner Meinung. »In dieser Zeit der Revolten muß man auf alles gefaßt sein. Es ist daher meine Pflicht, die Stockholmer Polizei zu benachrichtigen«, entgegnete er und eilte davon, um das zu erfüllen, was er für seine Pflicht hielt.
Ich muß bemerken, daß unter meinen Reisebegleitern der Venezolaner Miguel Otero Silva war, ein großer Schriftsteller und sprühender Dichter, der für mich nicht nur ein bedeutendes amerikanisches Bewußtsein darstellt, sondern auch ein unvergleichlicher Kamerad ist. Es fehlte nur noch eine Stunde bis zur Feierlichkeit. Während des Mittagessens erwähnte ich, wie ernst die Schweden den Vorfall mit dem Protestbrief genommen hatten. Otero Silva, der mit uns zu Mittag aß, schlug sich mit der flachen Hand gegen die Stirn:
»Aber diesen Brief habe ich doch mit eigener Hand geschrieben, um dich aufzuziehen, Pablo. Was machen wir nun mit der Polizei, die einen Briefschreiber sucht, den es nicht gibt?«
»Du kommst ins Kittchen. Wegen deines schlechten Witzes eines Wilden von der Karibe wirst du die für den Mann aus Georgetown bestimmte Strafe bekommen«, sagte ich.
In diesem Augenblick nahm mein junger schwedischer Adlatus, der soeben die Behörden benachrichtigt hatte, an unserem Tisch Platz. Wir klärten ihn auf:

»Es handelt sich um einen schlechten Scherz. Der Urheber ißt hier mit uns zu Mittag.«

Wieder flog er von dannen. Doch inzwischen hatte die Polizei sämtliche Hotels von Stockholm nach einem Neger aus Paramaribo oder irgendeiner ähnlichen Gegend durchsucht.

Die Vorsichtsmaßnahmen wurden aufrechterhalten. Beim Betreten des Festsaals und beim Verlassen des Ballsaals fiel es Matilde und mir auf, daß statt der üblichen Saaldiener vier oder fünf junge Männer uns überstürzt betreuten, stämmige, blonde, gegen Scherenschnitte gefeite Leibwächter.

An der rituellen Zeremonie des Nobelpreises nahm ein riesiges, stilles, diszipliniertes Publikum teil, das gemessen und höflich applaudierte. Der greise Monarch reichte einem jeden von uns die Hand, übergab uns Diplom, Medaille und Scheck; wir schritten zu unserem Platz des Bühnenbilds zurück, das nicht mehr trostlos aussah wie bei der Probe, sondern angefüllt war mit Blumen und besetzten Plätzen. Man sagt (oder man sagte Matilde, um sie zu beeindrucken), der König habe sich bei mir länger aufgehalten als bei den anderen Preisträgern, habe mir länger die Hand gedrückt, sei mir mit offensichtlicher Sympathie entgegengetreten. Vielleicht war das eine Reminiszenz an alte Palasthöflichkeit gegen Minnesänger. Jedenfalls hat mir kein anderer König je die Hand gegeben, weder lang noch kurz.

Die mit so strengem Protokoll durchgeführte Zeremonie war fraglos von angemessener Feierlichkeit. Vielleicht wird die für bedeutende Gelegenheiten verwendete Feierlichkeit in der Welt überleben. Womöglich bedarf der Mensch ihrer. Trotzdem kam mir die Ähnlichkeit zwischen diesem Aufmarsch hervorragender Preisträger und der Preisverteilung in einer Provinzstadtschule komisch vor.

Chile Chico

Ich kam aus Puerto Ibáñez, überwältigt von dem großen General Carrera-See, überwältigt von den metallischen Wassermassen, ein Taumel der Natur und nur vergleichbar dem türkisfarbenen Meer von Varadero in Kuba oder unserem Petrohué. Dazu der wilde Wasserfall des Rio Ibáñez, eine einzige Masse in seiner niederschmetternden Größe. Ich war auch erschüttert von der Abgeschlossenheit und Armut der Dorfbewohner jener Gegend. Sie waren Nachbarn der gigantischen Energiemasse, hatten aber kein elektrisches Licht, sie lebten zwischen den endlosen Herden der Wollschafe, trugen selbst aber nur Lumpen am Leib. Bis ich nach Chile Chico kam.

Dort erwartete mich die große Abenddämmerung. Der unablässige Wind zerriß die Quarzwolken. Flüsse blauen Lichts trennten einen

großen Block, den der Wind zwischen Erde und Himmel in der Schwebe hielt.
Weide- und Ackerland, das unter dem Polardruck des Windes kämpfte. Rings um das Land ragten mit den harten Türmen der Roca Castillo scharfe Spitzen, gotische Fialen, natürliche Granitzinnen. Die eigenwilligen Berge von Aysén, rund wie Kugeln, hoch und glatt wie Tische, zeigten beschneite Rechtecke und Dreiecke.
Und der Himmel schuf seine Dämmerung mit Tintenbaumwolle und Metall: Gold leuchtete in der Höhe, getragen wie ein riesiger Vogel vom reinen Raum. Alles veränderte sich jäh, verwandelte sich in das Maul eines Wals, in einen glühenden Leoparden, in abstrakte Festbeleuchtung.
Ich empfand die Riesenhaftigkeit, die sich über meinem Kopf entfaltete, mich zum Zeugen aufrief des betörenden Aysén mit seinen Bergklüften, seinen Kaskaden, seinen Millionen von toten und verbrannten Bäumen, Ankläger seiner uralten Menschenmorde, im Schweigen einer Welt aus Geburtswehen, in der alles bereitsteht: die Zeremonien des Himmels und der Erde. Doch es fehlt der Schutz, die kollektive Ordnung, die Erbauung, der Mensch. Wer in solch harter Einsamkeit lebt, braucht eine Solidarität, die so groß ist wie die Weite seines Raums.
Ich wandte mich zum Gehen, als die Dämmerung erlosch und die Nacht einbrach, überraschend und blau.

Septemberfahnen

Der September im Süden des lateinamerikanischen Kontinents ist ein weithin blühender Monat. Außerdem ist dieser Monat voller Fahnen.
Zu Beginn des vergangenen Jahrhunderts, im September des Jahres 1810 begannen oder verstärkten sich die Aufstände gegen die spanische Herrschaft in zahlreichen Gebieten Südamerikas.
In diesem Septembermonat erinnern wir Südamerikaner uns an die Freiheitsbewegung, wir feiern ihre Helden und erfreuen uns eines strahlenden Frühlings, der die Landenge von Magallanes überzieht und bis nach Süd-Patagonien, bis zum Kap Horn hin blüht.
Die zyklische Revolutionskette, die von Mexiko aus bis nach Argentinien und Chile übergriff, ist für die Welt von großer Bedeutung gewesen.
Die Caudillos waren unterschiedlich. Bolívar, Krieger und Höfling mit prophetischem Ruhm ausgestattet, San Martín, genialer Organisator eines Heeres, das die höchsten und feindseligsten Bergketten des Planeten überquerte, um in Chile die Entscheidungsschlachten für dessen Befreiung zu schlagen, José Miguel Carrera und Bernardo O'Hig-

gins, Gründer der ersten chilenischen Streitkräfte und der ersten Drukkereien, Urheber der ersten Gesetze gegen die Sklaverei, die in Chile viele Jahre früher als in den Vereinigten Staaten abgeschafft wurde.
José Miguel Carrera entstammte wie Bolívar und einige andere Befreier der Kreolenaristokratie. Die Interessen dieser Klasse standen in heftigem Gegensatz zu den spanischen Interessen in Amerika. Das Volk als organisierte Einheit gab es nicht, außer als unförmige Sklavenmasse im Dienst der spanischen Herrschaft. Männer wie Bolívar und Carrera, Leser der Enzyklopädisten, ehemalige Studenten aus Spaniens Militärakademien, mußten die Mauern der Absonderung und Unwissenheit durchbrechen, um den Nationalgeist aufrühren zu können.
Carreras Leben war kurz und leuchtend wie ein Blitz. *Glückloser Husar* betitelte ich ein altes Erinnerungsbuch, das ich vor einigen Jahren veröffentlichte. Seine faszinierende Persönlichkeit sammelte die Konflikte über seinem Haupt wie ein Blitzableiter die Einschläge.
Schließlich wurde er in Mendoza von den Regierenden der jüngst ausgerufenen Republik Argentinien erschossen. Sein verzweifelter Wunsch, die spanische Herrschaft zu stürzen, hatte ihn an die Spitze der wilden Indios aus den argentinischen Pampas gestellt. Er belagerte Buenos Aires und hätte es auch beinahe im Sturm genommen. Doch sein Wunsch war, Chile zu befreien, und in dieser Absicht löste er überstürzt Bürgerkrieg und Kleinkrieg aus, was ihm das Genick brach. Die Revolutionswirren jener Jahre fraßen einen ihrer begabtesten und tapfersten Söhne. Die Geschichte schiebt die Schuld für diese Bluttat O'Higgins und San Martín zu. Doch die Geschichte dieses Monats September, des Frühlings- und Fahnenmonats, bedeckt mit ihren Flügeln die Erinnerung an jene drei Hauptpersonen dieser Befreiungskämpfe auf der weiten Bühne der endlosen Pampas und des ewigen Schnees.
O'Higgins, ein anderer von Chiles Befreiern, war ein bescheidener Mann. Sein Leben wäre unauffällig und still verlaufen, wäre er nicht in London, als er kaum siebzehn Jahre alt war, einem alten Revolutionär begegnet, der alle Höfe Europas besuchte und sie um Hilfe für die Sache der amerikanischen Befreiung bat. Er hieß Francisco de Miranda. Unter seinen Freunden erfreute er sich der mächtigen Zuneigung der Kaiserin Katharina von Rußland. Er kam mit einem russischen Paß in Paris an und ging bei allen europäischen Botschaften ein und aus.
Es ist eine romantische Geschichte, so sehr von der Epoche geprägt, daß sie fast einer Oper gleicht. O'Higgins war der natürliche Sohn eines spanischen Vizekönigs, eines Glücksritters irischer Abstammung, der Gouverneur von Chile wurde. Miranda machte es sich zur Aufgabe, O'Higgins Abstammung nachzuprüfen, als er begriff, wie nützlich der junge Mann für den Aufstand von Spaniens amerikanischen Kolonien

sein konnte. Man kennt den Augenblick, in dem er dem jungen O'Higgins das Geheimnis seiner Herkunft enthüllt und ihn zur aufständischen Aktion anstachelt. Der junge Revolutionär sinkt in die Knie, umarmt Miranda schluchzend und verpflichtet sich, sofort in sein Vaterland Chile aufzubrechen und sich an die Spitze der Aufständischen gegen die spanische Macht zu stellen. O'Higgins war derjenige, der die Endsiege gegen das Kolonialsystem erfocht, weshalb er als Gründer unserer Republik angesehen wird.
Miranda, Gefangener der Spanier, starb in dem fürchterlichen Zuchthaus La Carraca in Cádiz. Der Leichnam dieses Generals der Französischen Republik und Lehrers von Revolutionären wurde in einen Sack gewickelt und von den Zuchthauszinnen ins Meer gestürzt.
San Martín, von seinen Landsleuten verbannt, starb alt und einsam in Boulogne in Frankreich.
O'Higgins, der Befreier Chiles, starb in Peru, fern von allem, was er liebte, geächtet vom kreolischen Großgrundbesitz, der die Revolution sofort an sich riß.
Als ich vor kurzem nach Lima kam, fand ich im Historischen Museum von Peru einige von General O'Higgins in seinen letzten Jahren gemalte Bilder. Alle diese Bilder behandeln chilenische Themen. Er malte Chiles Frühling, die Blätter und Blumen des Monats September.
In diesem Monat September habe ich mich wieder an die Namen, Fakten, an die Liebschaften und Schmerzen jener Zeit der Aufstände erinnert. Ein Jahrhundert später regen sich die Völker von neuem, und eine stürmische Strömung aus Wind und Wut bewegt die Fahnen. Alles hat sich seit jenen fernen Jahren verändert, doch die Geschichte geht ihren Weg weiter, und ein neuer Frühling bevölkert die endlosen Räume unseres Amerika.

Prestes

Kein Kommunistenführer Amerikas hatte ein so gefährliches, eindrucksvolles Leben wie Luis Carlos Prestes. Als militärischer und politischer Held Brasiliens, hat er mit seiner Wahrheit und seiner Legende längst die ideologischen Schranken überwunden und sich in eine lebendige Verkörperung der alten Helden verwandelt.
Als ich daher in Isla Negra eine Einladung nach Brasilien erhielt, um Prestes kennenzulernen, nahm ich diese sofort an. Ich erfuhr, daß kein anderer ausländischer Gast zugegen sein würde, und das freute mich. Ich fühlte, daß ich gewissermaßen an einer Auferstehung teilnehmen würde.
Prestes war kurz vorher nach mehr als zehnjähriger Haft freigelassen worden. Diese langen Haftzeiten sind in der »Freien Welt« nichts

Außergewöhnliches. Mein Genosse, der Dichter Nazim Hikmet, hatte dreizehn oder vierzehn Jahre in einem türkischen Gefängnis verbracht. Nun, da ich diese Erinnerungen schreibe, sind seit bereits zwölf Jahren sechs oder sieben Kommunisten Paraguays lebendig begraben, ohne jede Verbindung mit der Außenwelt. Prestes' Frau deutscher Abstammung wurde von der brasilianischen Diktatur an die Gestapo ausgeliefert. Die Nazis sperrten sie in ein Schiff, das sie ins Martyrium entführte. Sie gebar eine Tochter, die heute beim Vater lebt, den Klauen der Gestapo von Dona Leocádia Prestes, der unermüdlichen Mutter des Kommunistenführers, entrissen. Bald nachdem sie in einem Gefängnishof niedergekommen war, wurde Luis Carlos Prestes Frau von den Nazis enthauptet. All diese Märtyrerleben bewirkten, daß Prestes während seiner langen Haftjahre nicht vergessen worden war.

Ich war in Mexiko, als seine Mutter, Dona Leocádia Prestes, starb. Sie war durch die Welt gereist, um die Befreiung ihres Sohnes zu erwirken. General Lázaro Cárdenas, früherer Präsident der Republik Mexiko, telegraphierte dem brasilianischen Diktator und erbat einige Tage Freiheit für Prestes, damit dieser der Beerdigung seiner Mutter beiwohnen könne. Präsident Cárdenas persönlich verbürgte sich in seiner Depesche für Prestes' Rückkehr ins Gefängnis. Getúlio Vargas' Antwort war negativ.

Ich teilte die Empörung der ganzen Welt und schrieb ein Gedicht zu Ehren von Dona Leocádia in Erinnerung an ihren fernen Sohn und als Fluch auf den Tyrannen.

Ich las es am Grab der edlen Senhora, die vergeblich an die Tore der Welt geklopft hatte, um ihren Sohn befreit zu sehen. Mein Gedicht begann gemessen:

Senhora, groß, größer hast du unser Amerika gemacht.
Du hast ihm einen reinen Fluß gigantischer Wasser geschenkt:
hast ihm einen großen Baum mit unendlichen Wurzeln geschenkt:
einen Sohn, seines tiefen Vaterlands würdig.

Doch je mehr das Gedicht fortschritt, desto heftiger wurde es gegen den brasilianischen Despoten.

Ich las es überall; auf Flugblättern und Postkarten reiste es durch den ganzen Kontinent.

Einmal, auf der Durchreise in Panama, schloß ich es in eine Lesung ein, nachdem ich meine Liebesgedichte vorgetragen hatte. Der Saal war voll, und die Hitze der Landenge trieb mir den Schweiß aus den Poren. Ich begann meine Schmähungen gegen Präsident Vargas zu lesen, als ich Trockenheit in der Kehle spürte. Ich hielt inne und streckte die Hand nach einem in Reichweite stehenden Glas aus. In diesem Augenblick sah ich einen weißgekleideten Mann hastig auf die Tribüne zukommen. Im Glauben, es sei ein kleiner Saalwärter, reichte ich ihm das Glas, damit er mir es fülle. Doch der Weißgekleidete wies es empört

zurück und schrie nervös den Zuhörern entgegen: »Ich bin der brasilianische Botschafter. Ich protestiere, denn Prestes ist ein ganz gewöhnlicher Verbrecher . . .«
Bei diesen Worten unterbrach das Publikum ihn mit einem tosenden Pfeifkonzert. Ein junger farbiger Student, massig wie ein Schrank, tauchte aus der Mitte des Saals auf und, die Hände bedrohlich nach der Kehle des Botschafters ausgestreckt, bahnte er sich einen Weg zur Tribüne. Ich lief, um den Diplomaten zu beschützen und konnte ihn bewegen, den Saal ohne weiteren Schaden für seine Amtsperson zu verlassen.
Nach diesen Vorgängen kam meine Reise von Isla Negra nach Brasilien, um an dem Jubel des Volkes teilzunehmen, den Brasilianern ganz natürlich vor. Ich war überwältigt, als ich die Menge sah, die das Stadium Pacaembú in São Paulo füllte. Es heißt, über einhundertdreißigtausend Menschen seien versammelt gewesen. Die Köpfe in dem weiten Rund waren Punkte. Neben mir wirkte Prestes, winzig von Wuchs, auf mich wie ein jüngst aus dem Grabe erstandener Lazarus, für die große Gelegenheit schick und geschniegelt. Er war schmächtig und weiß bis zur Durchsichtigkeit, von jenem sonderbaren Weiß der Gefangenen. Sein durchdringender Blick, seine tiefen dunklen Augenränder, seine zarten Züge, seine ernste Würde, all das mahnte an den langen Opfergang seines Lebens. Doch er sprach mit der Ruhe eines siegreichen Generals.
Ich las ein Gedicht zu seinen Ehren, das ich wenige Stunden vorher geschrieben hatte. Jorge Amado änderte nur das Wort »albañiles« – »Maurer« – in das portugiesische »pedreiros«. Trotz meiner Befürchtungen wurde mein spanisch vorgetragenes Gedicht von der Menge verstanden. Bei jeder Zeile meiner langsamen Lesung toste der Beifall der Brasilianer. Dieser Beifall fand großen Widerhall in meiner Dichtung. Ein Dichter, der seine Verse vor hundertdreißigtausend Menschen liest, bleibt nicht derselbe, er kann nach dieser Erfahrung nicht weiterschreiben wie bisher.

Endlich stehe ich dem legendären Luis Carlos Prestes von Angesicht zu Angesicht gegenüber. Er erwartet mich im Haus einer seiner Freunde. Alle seine Züge, seine kleine Gestalt, seine Schlankheit, seine Blässe, die wie durchsichtiges Papier ist, verleihen ihm die Feinheit einer Miniatur. Auch seine Worte, ja vielleicht sein Denken scheinen sich seinem Äußeren anzupassen.
Im Rahmen seiner Zurückhaltung ist er sehr herzlich zu mir. Diese liebevolle Behandlung, die uns Dichtern oft entgegengebracht wird, gleicht jener halb zärtlichen, halb schüchternen Herablassung, die Erwachsene beim Sprechen mit Kindern annehmen.
Prestes lud mich für einen Tag der darauffolgenden Woche zum Mittag-

essen ein. Und nun passierte eine jener Katastrophen, die ich nur dem Schicksal oder meiner Verantwortungslosigkeit zuschreiben kann. Die portugiesische Sprache, obwohl sie einen Samstag und einen Sonntag hat, bezeichnet die Wochentage nicht mit Montag, Dienstag, Mittwoch und so weiter, sondern mit verteufelten Namen wie »segunda feira«, »terça feira«, »quarta feira«, wobei sie die »primeira feira« überspringt. Ich verhedderte mich vollständig in diesen »feiras«, ohne zu wissen, um welchen Tag es sich handelte.

Ich verbrachte ein paar Stunden mit einer schönen brasilianischen Freundin am Strand und dachte jeden Augenblick daran, daß Prestes mich am nächsten Tag zum Mittagessen eingeladen hatte. Am »quarta feira« wurde mir klar, daß Prestes mich am »terça feira« vergeblich bei gedecktem Tisch gerade zu der Zeit erwartet hatte, als ich am Strand von Ipanema war. Er suchte mich überall, ohne erfahren zu können, wo ich mich herumtrieb. Der asketische Hauptmann hatte mir zu Ehren ausgezeichnete Weine bestellt, die in Brasilien schwierig zu bekommen sind. Wir wollten ganz allein zu Mittag essen.

Jedes Mal, wenn ich mich an diese Geschichte erinnere, möchte ich vor Scham sterben. Alles in meinem Leben konnte ich lernen, nur nicht die Namen der Wochentage auf portugiesisch.

Codovila

Als ich Santiago verließ, erfuhr ich, daß Vittorio Codovila mich sprechen wollte. Ich ging zu ihm. Ich habe immer gute Freundschaft mit ihm gehalten. Bis zu seinem Tod.

Codovila war ein Vertreter der III. Internationale gewesen und mit allen Fehlern der Zeit behaftet. Er war ein Persönlichkeitsfanatiker, autoritär und glaubte, immer recht zu haben. Er verstand sein Urteil durchzusetzen und drang in den Willen der anderen ein wie ein Messer in die Butter. Er kam hastig zu Versammlungen und machte stets den Eindruck, als habe er bereits alle Probleme durchdacht und gelöst. Er wirkte, als höre er fremde Meinungen nur aus Höflichkeit und mit halber Geduld an, um gleich darauf seine unwiderruflichen Anweisungen zu erteilen. Seine Arbeitskraft war riesig, seine Fähigkeit des Zusammenfassens verblüffend. Er arbeitete ohne zu ermüden und zwang seinen Rhythmus den Kameraden auf. Mir schien er immer wie eine Großmaschine des politischen Denkens jener Zeit.

Mir kam er immer mit besonderem Verständnis und mit Nachgiebigkeit entgegen. Dieser ausgewanderte und im bürgerlichen Leben berechnende Italiener war überströmend menschlich und besaß großes künstlerisches Einfühlungsvermögen, was ihn befähigte, die Irrtümer und Schwächen von Kulturmenschen zu verstehen. Das hinderte ihn

nicht, im politischen Leben unerbittlich und gelegentlich verhängnisvoll zu sein.
Er machte sich – wie er mir sagte – Sorgen wegen Prestes' Fehleinschätzung der peronistischen Diktatur. Codovila hielt Perón und seine Bewegung für eine Verlängerung des europäischen Faschismus. Kein Antifaschist konnte Peróns Wachstum oder etwa sein wiederholt repressives Verhalten passiv hinnehmen. Codovila und die argentinische Kommunistische Partei dachten zu jener Zeit, die einzige Antwort an Perón sei der Aufstand.
Codovila wünschte, daß ich das Thema mit Prestes besprach. Es handelte sich nicht um eine Mission, sagte er, doch merkte ich, daß er trotz seiner charakteristischen Selbstsicherheit besorgt war.
Nach der Kundgebung im Pacaembú-Stadion sprach ich ausführlich mit Prestes. Man hätte sich kaum zwei verschiedenere, gegensätzlichere Männer vorstellen können. Der Italo-Argentinier, massig und überströmend, schien immer den ganzen Raum, den ganzen Tisch, die ganze Umgebung zu füllen. Prestes, mickrig und asketisch, wirkte so schwächlich, daß man meinen konnte, der leiseste Windstoß würde ihn zum Fenster hinausfegen.
Trotzdem fand ich, daß die beiden Männer hinter ihrer Erscheinung gleich hart waren.
»Es gibt keinen Faschismus in Argentinien; Perón ist ein Caudillo, aber kein Faschistenführer«, antwortete Prestes auf meine Frage. »Wo sind die Braunhemden? Die Schwarzhemden? Die faschistischen Milizen?«
»Überdies irrt Codovila. Lenin sagt, man soll nicht mit dem Aufstand spielen. Man kann auch keinen Krieg ohne Soldaten erklären, wenn man nur mit den Freiwilligen rechnen kann.«
Diese beiden so verschiedenen Männer waren im Grunde unbeugsam. Einer von ihnen, vermutlich Prestes, hatte in diesen Dingen recht, doch der Dogmatismus der beiden großartigen Revolutionäre schaffte langsam eine Atmosphäre um sie, die ich unerträglich fand.
Ich muß hinzufügen, daß Codovila ein vitaler Mensch war. Mir gefiel sein Kampf gegen die Scheinheiligkeit und den Puritanismus einer kommunistischen Epoche. Unser großer Chilene der alten Parteizeiten, Lafertte, war ein besessener Alkoholgegner. Der alte Lafertte wetterte ebenfalls alle Augenblicke gegen Liebschaften und Liebeleien, die sich außerhalb des Standesamts zwischen Parteigenossen und -genossinnen abspielten. Codovila schlug unseren beschränkten Schulmeister mit seiner Vitalität weit aus dem Feld.

Viele Leute haben geglaubt, ich sei ein bedeutender Politiker gewesen. Ich weiß nicht, welchem Umstand ich diese berühmte Legende verdanke. Ich sah einmal mit ehrlicher Überraschung ein briefmarkengroßes Bild von mir auf zwei Seiten von *Life*, auf denen diese Zeitschrift ihre Leser mit den Führern des Weltkommunismus bekanntmachte. Mein Konterfei zwischen Prestes und Mao Tse-tung kam mir vor wie ein gelungener Spaß, doch ich habe mich nicht dazu geäußert, denn ich kann Berichtigungsbriefe nicht ausstehen. Überdies entbehrte es nicht der Komik, daß die CIA trotz ihrer über die Welt verstreuten fünf Millionen Agenten irrte.

Der längste Kontakt, den ich mit einem Führer der sozialistischen Welt hatte, war während meines Besuchs in Peking. Er bestand aus einem Trinkspruch, den ich mit Mao Tse-tung im Verlauf einer Zeremonie tauschte. Beim Anstoßen mit unseren Gläsern sah er mich mit lächelnden Augen an, mit breitem, halb freundlichem, halb ironischem Lächeln. Er hielt meine Hand in der seinen und drückte sie ein paar Sekunden länger als üblich. Dann ging ich an den Tisch zurück, von dem ich aufgestanden war.

Ich habe während meiner langen Besuche in der UdSSR weder Molotow noch Wischinski, oder Berija gesehen, nicht einmal Mikojan oder Litwinow, wobei die letztgenannten Persönlichkeiten geselliger und weniger geheimnisvoll waren als die ersten.

Stalin habe ich von ferne mehr als einmal, immer an derselben Stelle gesehen: auf der Tribüne am Roten Platz, die sich jedes Jahr am 1. Mai und 7. November mit hohen Führern füllt. Ich habe lange Stunden im Kreml verbracht, als Mitglied des sogenannten Stalin-Preiskomitees, ohne daß Stalin mir je auf einem Gang begegnet wäre, ohne daß er uns während unserer Beratungen oder Mittagessen besucht oder uns zu einer Begrüßung gerufen hätte. Die Preise wurden immer einstimmig vergeben, freilich nicht ohne vorausgegangene scharfe Diskussion über den zu wählenden Anwärter. Ich hatte immer den Eindruck, daß jemand aus dem Jury-Sekretariat vor der Schlußentscheidung mit den Beschlüssen fortrannte, um festzustellen, ob der große Mann sie abzeichnen würde. Ich erinnere mich aber auch nicht, daß je ein Einwand seinerseits bekanntgeworden wäre, ich erinnere mich genausowenig, daß er trotz seiner augenscheinlichen Nähe unsere Gegenwart wahrgenommen hätte. Stalin kultivierte fraglos das Geheimnis als System, oder er war der große Schüchterne, der Gefangene seiner selbst. Möglicherweise hat diese Eigenschaft zu dem überwiegenden Einfluß beigetragen, den Berija auf ihn ausübte. Berija war der einzige, der in Stalins Gemächer ohne Anmeldung ein- und ausging.

Trotzdem habe ich bei einer bestimmten Gelegenheit mit dem geheimnisvollen Mann des Kreml eine unerwartete Beziehung gehabt, die mir bis heute ungewöhnlich erscheint. Wir fuhren mit den Aragons, Louis und Elsa, nach Moskau zur Teilnahme an der Versammlung, die in jenem Jahr die Stalin-Preise vergeben sollte. Schwerer Nebel hielt uns in Warschau auf. Wir würden keinesfalls rechtzeitig eintreffen. Einer unserer sowjetischen Begleiter übernahm es, die Namen der Anwärter, für die Aragon und ich stimmten und die von der Versammlung sicherlich gutgeheißen werden würden, auf russisch nach Moskau zu übermitteln. Das Merkwürdige an dem Fall jedoch ist, daß der Sowjetbürger, der die telefonische Antwort erhielt, mich beiseite rief und zu meiner Überraschung sagte:
»Ich beglückwünsche Sie, Genosse Neruda. Genosse Stalin, als ihm die Liste der möglichen Preisträger vorgelegt wurde, rief aus: ›Und warum ist Neruda nicht unter diesen Namen?‹«
Im nächsten Jahr erhielt ich den Stalin-Preis für Frieden und Freundschaft zwischen den Völkern. Möglicherweise hatte ich ihn verdient, doch frage ich mich, wie der allem so entrückte Mann von meiner Existenz wußte.
Ich erfuhr zu jener Zeit von anderen ähnlichen Eingriffen Stalins. Als die Kampagne gegen den Kosmopolitismus stärker wurde, als die Sektierer des »steifen Kragens« Ehrenburgs Kopf forderten, läutete eines Morgens das Telefon im Haus des Autors von *Julio Jurenito*. Luba nahm den Hörer auf. Eine ihr vage unbekannte Stimme fragte:
»Ist Ilja Gregoriewitsch da?«
»Kommt drauf an«, entgegnete Luba. »Wer sind Sie?«
»Hier Stalin«, sagte die Stimme.
»Ilja, ein Spaßvogel für dich«, sagte Luba zu Ehrenburg.
Kaum hatte der Schriftsteller den Hörer aufgenommen, erkannte er Stalins allbekannte Stimme:
»Ich habe meine letzte Nacht damit verbracht, Ihr Buch *Der Fall von Paris* zu lesen. Ich habe Sie angerufen, um Ihnen zu sagen, Sie sollen weiterhin so interessante Bücher wie dieses schreiben, lieber Ilja Gregoriewitsch.«
Vielleicht ermöglichte dieser unerwartete Anruf das lange Leben des großen Ehrenburg.
Ein anderer Fall. Majakowskij war bereits tot, aber seine starrsinnigen und reaktionären Feinde wüteten mit Zähnen und Krallen gegen die Erinnerung an den Dichter, um ihn von der Landkarte der Sowjetliteratur zu fegen. Dann geschah etwas, was diese Pläne vereitelte. Seine Geliebte Lily Brick schrieb einen Brief an Stalin, in dem sie ihn auf die Schamlosigkeit dieser Angriffe hinwies und sich leidenschaftlich für die Verteidigung von Majakowskijs Dichtung einsetzte. Die Angreifer glaubten sich im Schutz ihrer gemeinsamen Mittelmäßigkeit vor Strafe

sicher. Sie zogen den kürzeren. Stalin schrieb an den Rand von Lily Bricks Brief: »Majakowskij ist der beste Dichter der Sowjet-Ära.«
Von diesem Augenblick an schossen Museen und Monumente zu Majakowskijs Ehren aus dem Boden, die Auflagen seiner ungewöhnlichen Dichtung mehrten sich. Dieser Trompetenstoß Jehowas traf seine Gegner wie ein Blitz und lähmte sie für immer.
Ich erfuhr auch, daß bei Stalins Tod unter seinen Papieren eine von seiner Hand geschriebene Liste mit der Aufschrift »Nicht anrühren« gefunden wurde. Oben auf der Liste stand der Komponist Schostakowitsch, dann folgten andere berühmte Namen: Eisenstein, Pasternak, Ehrenburg und so weiter.

Viele haben mich für einen überzeugten Stalinisten gehalten. Faschisten und Reaktionäre haben mich als einen lyrischen Exegeten Stalins hingestellt. Nichts dergleichen regt mich sonderlich auf. In einer teuflisch wirren Zeit sind alle Schlußfolgerungen möglich.
Für uns Kommunisten war die Einsicht, daß der Feind in manchen Aspekten des Problems Stalin recht hatte, eine private Tragödie. Dieser erschütternden Enthüllung folgte ein schmerzhafter Bewußtseinszustand. Einige fühlten sich getäuscht, machten sich erbost den Standpunkt des Feindes zu eigen und gingen mit fliegenden Fahnen zu ihm über. Andere dachten, die beim 20. Parteitag unbarmherzig enthüllten Tatsachen seien dazu angetan, die Rechtschaffenheit einer Kommunistischen Partei zu beweisen, die, überlebend, der Welt die historische Wahrheit zeigte und ihre eigene Verantwortung auf sich nahm.
Wenn es wahr ist, daß die Verantwortung uns alle betraf, so schenkte die Tatsache, daß jene Verbrechen angeprangert wurden, uns die Selbstkritik und die Analyse – wesentliche Elemente unserer Lehre – wieder und gab uns die Waffen in die Hand, um die Wiederholung solch schrecklicher Dinge zu verhindern.
Meine Position ist folgende gewesen: aus der mir unbekannten Finsternis der stalinistischen Ära tauchte vor meinen Augen der erste Stalin auf, naiver Prinzipienreiter, nüchtern wie ein Einsiedler, titanischer Verteidiger der russischen Revolution. Überdies wuchs dieser kleine Mann mit dem gewaltigen Schnauzbart im Kriege zum Riesen an; seinen Namen auf den Lippen griff die Rote Armee die Festung der Hitlerdämonen an und legte sie in Schutt und Asche.
Trotzdem widmete ich nur ein einziges Gedicht dieser machtvollen Persönlichkeit, und zwar anläßlich seines Todes. Es ist in jeder Ausgabe meiner Gesammelten Werke. Der Tod des Zyklopen aus dem Kreml fand ein kosmisches Echo. Der Wald der Menschen erzitterte. Mein Gedicht suchte jene irdische Panikstimmung einzufangen.

Lehre der Einfachheit

Gabriel García Márquez berichtete mir gekränkt, in Moskau habe man einige erotische Stellen seines großartigen Buchs *Hundert Jahre Einsamkeit* gestrichen.
»Das ist sehr schlimm«, sagte ich zu den Verlegern.
»Das Buch büßt dabei nichts ein«, wurde mir entgegnet, und ich überzeugte mich davon, daß es nicht böswillig beschnitten worden war. Aber es war eben beschnitten.
Wie sind solche Dinge zu regeln? Ich fühle mich immer weniger als Soziologe. Abgesehen von den allgemeinen Grundsätzen des Marxismus, abgesehen von meiner Antipathie gegen den Kapitalismus und meinem Vertrauen in den Sozialismus verstehe ich immer weniger von den hartnäckigen Widersprüchen der Menschheit.
Wir Dichter dieser Zeit haben wählen müssen. Unsere Wahl war nicht auf Rosen gebettet. Die furchtbaren, ungerechten Kriege, der ständige Druck, der Vormarsch des Geldes, alle Ungerechtigkeiten liegen immer deutlicher auf der Hand. Die Lockmittel des veralteten Systems sind die bedingte »Freiheit«, die Sexualität, die Gewalt und die in bequemen Monatsraten abzahlbaren Freuden gewesen.
Der Dichter der Gegenwart hat einen Ausweg aus dieser Sackgasse gesucht. Einige haben sich in den Mystizismus geflüchtet oder in den Traum der Vernunft. Andere fühlen sich von der spontanen, zerstörerischen Gewalt der Jugend fasziniert, sie sind Augenblicksmenschen geworden, ohne zu bedenken, daß dieser Versuch in der heutigen kriegerischen Welt immer zu Repression und fruchtloser Qual geführt hat.
Ich habe in meiner Partei, der Kommunistischen Partei Chiles, eine große Gruppe einfacher Menschen gefunden, die persönliche Eitelkeit, Caudillismus, materielle Interessen weit von sich gewiesen haben. Ich war glücklich, ehrbare Leute kennenzulernen, die für die gemeinsame Achtbarkeit, das heißt, für die Gerechtigkeit kämpften.
Ich habe nie Schwierigkeiten mit meiner Partei gehabt, die mit ihrer Bescheidenheit außerordentliche Siege für das Volk von Chile, für mein Volk, errungen hat. Was kann ich noch sagen? Ich wünsche nur so einfach zu sein wie meine Genossen, so beharrlich und unbezwinglich wie sie es sind. Man lernt nie genug von der Bescheidenheit. Der individualistische Stolz, der sich hinter Skeptizismus verschanzt, um sich mit menschlichem Leiden nicht solidarisch erklären zu müssen, hat mich nie etwas gelehrt.

Zwei Wochen nach seinem siegreichen Einzug in Habana kam Fidel Castro zu einem kurzen Besuch nach Caracas. Er kam, um Venezuelas Regierung und Volk für die ihm geleistete Hilfe zu danken. Diese Hilfe hatte in Waffenlieferungen für seine Truppen bestanden, und diese waren natürlich nicht von (dem kürzlich gewählten Präsidenten) Betancourt gekommen, sondern von seinem Vorgänger, dem Admiral Wolfgang Larrazábal. Larrazábal war Freund der venezolanischen Linken einschließlich der Kommunisten gewesen und hatte die aus Kuba erbetene Solidaritätsleistung erfüllt.
Ich habe selten einen so begeisterten politischen Empfang gesehen wie den, welchen die Venezolaner dem jungen Sieger der kubanischen Revolution bereiteten. Fidel sprach vier Stunden ohne Unterbrechung auf dem großen Platz »El Silencio«, im Herzen von Caracas. Ich war einer von zweihunderttausend Menschen, die stehend und ohne sich zu mucksen die lange Rede anhörten. Für mich wie für viele waren Fidels Reden eine Offenbarung. Als ich ihn vor jener Menschenmenge sprechen hörte, begriff ich, daß eine neue Zeit für Lateinamerika angebrochen war. Mir gefiel die Neuheit seiner Sprache. Die besten Politiker und Arbeiterführer kauen Formeln wieder, deren Inhalt gültig sein mag, deren Wörter aber verbraucht und durch die Wiederholung kraftlos geworden sind. Fidel gab sich mit solchen Formeln nicht zufrieden. Seine Sprache war natürlich und didaktisch. Es schien, als lerne er selbst, während er sprach und lehrte.
Präsident Betancourt war nicht anwesend. Der Gedanke, sich der Stadt Caracas zu stellen, wo er nie populär gewesen war, schreckte ihn. Jedes Mal, wenn Fidel Castro ihn in seiner Rede nannte, ging sofort ein Pfeif- und Buhkonzert los, das Fidel mit seinen Händen zum Verstummen zu bringen suchte. Ich glaube, an jenem Tag wurde die endgültige Feindschaft zwischen Betancourt und dem kubanischen Revolutionär besiegelt. Fidel war zu jener Zeit weder Marxist noch Kommunist, seine eigenen Worte wichen stark von dieser politischen Position ab. Mein Eindruck war, daß Fidels Rede, seine ungestüme, brillante Persönlichkeit, die durch ihn geweckte Begeisterung der Menge, die Leidenschaft, mit der das Volk von Caracas ihm zuhörte, Betancourt, einen Politiker alten Stils, der Rhetorik, der Ausschüsse und geheimen Zusammenkünfte, betrübten. Seitdem hat Betancourt alles mit unerbittlicher Wut verfolgt, was ihm von nahe oder fern nach Fidel Castro oder der kubanischen Revolution riecht.
Am Tag nach der Versammlung, als ich bei einem sonntäglichen Picknick auf dem Lande war, kamen plötzlich Motorradfahrer, die mir eine Einladung in die kubanische Botschaft brachten. Sie hatten mich den ganzen Tag gesucht und meinen Aufenthaltsort schließlich entdeckt.

Der Empfang sollte am gleichen Nachmittag stattfinden. Die Gäste waren so zahlreich, daß sie Salons und Gärten überfluteten. Draußen drängte sich das Volk, und es war schwierig, die zur Residenz führenden Straßen zu überqueren.
Wir schritten durch menschenwimmelnde Räume, durch einen Stollen aus Armen mit hochgehaltenen Cocktailgläsern. Jemand führte uns durch eine Reihe von Gängen und Treppen in ein anderes Stockwerk. Dort, zu unserer Überraschung, erwartete uns Celia, Fidels Freundin und Privatsekretärin. Matilde blieb bei ihr. Ich wurde in das Nachbarzimmer geführt. Ich fand mich in einem einfachen Schlafzimmer, etwa dem eines Gärtners, eines Chauffeurs. Es stand nur ein Bett da, aus dem gerade jemand hastig aufgestanden war, die Laken waren zerwühlt, ein Kissen lag auf dem Boden. In der Ecke ein Tischchen, mehr nicht. Ich dachte, von dort würde ich zur Begegnung mit dem Kommandanten in einen hübschen kleinen Salon gebracht werden. Keineswegs. Plötzlich ging die Tür auf und Fidel Castro füllte den Rahmen mit seiner massigen Gestalt.
Er war einen Kopf größer als ich. Trat mit raschen Schritten auf mich zu.
»Hallo, Pablo!« sagte er, und ich versank in einer langen, festen Umarmung.
Mich überraschte seine zarte, fast kindliche Stimme. Selbst sein Aussehen stimmte mit dem Ton seiner Stimme überein. Fidel machte mir nicht den Eindruck eines großen Mannes, sondern eines großen Kindes, dem man plötzlich die Beine langgezogen, aber sein Kindergesicht und seinen spärlichen Jünglingsbart gelassen hat.
Jäh brach er seine Umarmung ab. Blieb wie elektrisiert stehen. Machte kehrt und ging entschlossen auf eine Ecke des Zimmers zu. Ohne daß ich es gemerkt hatte, war ein Pressefotograf hereingeschlichen und richtete aus dieser Ecke seine Kamera auf uns. Fidel war mit einem Satz bei ihm. Ich sah, daß er ihn am Kragen gepackt hatte und schüttelte. Die Kamera fiel zu Boden. Ich ging auf Fidel zu und ergriff seinen Arm, entsetzt über den Anblick des kleinen Fotografen, der sich vergebens wehrte. Aber Fidel stieß ihn zur Tür und hinaus. Dann drehte er sich lächelnd zu mir um, hob die Kamera vom Boden auf und warf sie aufs Bett.
Wir sprachen nicht mehr von dem Vorfall, sondern von den Möglichkeiten einer Presseagentur für ganz Amerika. Ich glaube, aus dieser Unterhaltung ging *Prensa Latina* hervor. Dann kehrten wir, jeder durch seine Tür, zurück zum Empfang.
Eine Stunde später, als Matilde und ich aus der Botschaft fortgingen, kamen mir das entsetzte Gesicht des Fotografen und die instinktive Schnelligkeit des Guerilla-Chefs wieder in den Sinn, der die plötzliche Anwesenheit des Eindringlings im Rücken gespürt hatte.

Das war meine erste Begegnung mit Fidel Castro. Warum wollte er nicht, daß wir fotografiert würden? Enthielt seine Weigerung ein politisches Geheimnis? Bis heute habe ich nicht begriffen, warum unsere Unterredung geheimgehalten werden sollte.

Ganz anders verlief meine erste Begegnung mit Che Guevara. Sie kam in Habana zustande. Gegen ein Uhr morgens bekam ich ihn auf seine Einladung hin im Ministerium für Wirtschaft und Finanz zu sehen, ich erinnere mich deutlich. Obwohl er mich für Mitternacht bestellt hatte, kam ich zu spät. Ich hatte an einer endlosen offiziellen Amtshandlung teilgenommen, deren Vorsitz ich führen mußte.
Che trug Stiefel, Felduniform und Pistolen im Gürtel. Sein Aufzug paßte nicht zur Bankluft des Büros.
Che war brünett, sprach bedächtig, mit unverkennbarem argentinischem Akzent. Er war ein Mann für Unterhaltungen im Freien, in der Pampa zwischen einem und dem nächsten Mate. Seine Sätze waren kurz und endeten mit einem Lächeln, als lasse er den Kommentar in der Luft hängen.
Was er über meinen *Großen Gesang* sagte, freute mich. Er las ihn gewöhnlich seinen Guerilleros vor, nachts, in der Sierra Maestra. Nun, viele Jahre danach, zittere ich bei dem Gedanken, daß meine Gedichte ihn in den Tod begleiteten. Ich weiß von Régis Debray, daß er in den Bergen von Bolivien in seinem Rucksack bis zum letzten Augenblick zwei Bücher mitführte: ein Arithmetikheft und meinen *Großen Gesang*.
In jener Nacht sagte Che mir etwas, was mich ziemlich verwirrte, aber vielleicht erklärt dies teilweise sein Schicksal. Sein Blick wanderte von meinen Augen zum dunklen Fenster des Bankraums. Wir sprachen von der Möglichkeit eines nordamerikanischen Überfalls auf Kuba. Ich hatte an den strategischen Punkten von Habanas Straßen Sandsäcke verteilt gesehen. Plötzlich sagte er:
»Der Krieg . . . der Krieg . . . Wir sind immer gegen den Krieg, aber wenn wir einmal Krieg geführt haben, können wir nicht mehr ohne Krieg leben. Wir wollen alle Augenblicke zu ihm zurückkehren.«
Er dachte laut nach, für sich und für mich. Ich hörte mit ehrlichem Entsetzen zu. Für mich war der Krieg eine Bedrohnis und kein Schicksal.
Wir verabschiedeten uns, ich sah ihn nie wieder. Bald darauf folgte sein Kampf im bolivianischen Busch und sein tragischer Tod. Ich aber sehe Che Guevara noch immer als meditativen Menschen, der in seinen heroischen Schlachten der Poesie stets ein Plätzchen neben seinen Waffen ließ.

Lateinamerika gefällt das Wort »Hoffnung«. Wir hören uns gerne den »Kontinent der Hoffnung nennen. Die Anwärter auf Abgeordneten-,

Senatoren-, Präsidentenposten geben sich selbst den Titel »Anwärter auf die Hoffnung«.

In Wirklichkeit ist diese Hoffnung so etwas wie der verheißene Himmel, ein Zahlungsversprechen, dessen Erfüllung auf die nächste Legislaturperiode, aufs nächste Jahr oder das nächste Jahrhundert verschoben wird.

Als die kubanische Revolution ausbrach, erlebten Millionen von Südamerikanern ein jähes Erwachen. Sie trauten ihren Ohren nicht. Das stand nicht in den Büchern eines Kontinents geschrieben, der im Gedanken an die Hoffnung hoffnungslos gelebt hatte.

Und nun packt plötzlich Fidel Castro, ein Kubaner, den vorher kein Mensch kannte, die Hoffnung an Händen und Füßen, läßt sie nicht entfliegen, sondern holt sie zu sich an den Tisch, das heißt an den Tisch und ins Haus der Völker von Amerika.

Seither sind wir auf dem Weg der Wirklichkeit gewordenen Hoffnung ein gutes Stück weitergekommen. Doch unser Leben hängt an einem Faden. Ein Nachbarland, sehr mächtig und sehr imperialistisch, will Kuba zermalen mitsamt seiner Hoffnung und allem übrigen. Amerikas Massen lesen jeden Tag die Zeitung, hören jeden Abend Radio. Und seufzen vor Genugtuung. Kuba existiert. Ein Tag mehr. Ein Jahr mehr. Ein Jahrfünft mehr. Unsere Hoffnung ist nicht geköpft worden. Sie wird nicht geköpft werden.

Der Brief der Kubaner

Seit langem drangen die peruanischen Schriftsteller, unter denen ich viele Freunde besaß, in ihrem Land darauf, daß ich dort eine offizielle Auszeichnung erhielt. Ich gestehe, Orden sind mir immer etwas lächerlich vorgekommen. Die wenigen die ich besaß, waren mir ohne Liebe an die Brust geheftet worden, für ausgeübte Funktionen, für konsularische Tätigkeiten, das heißt, für Pflicht- oder Routineübungen. Ich kam einmal durch Lima, und bei dieser Gelegenheit bestand Ciro Alegria, der große Romancier der *Hungrigen Hunde*, damals Präsident der peruanischen Schriftsteller, darauf, daß ich in seinem Vaterland einen Orden erhielt.

Mein Gedicht *Die Höhen von Macchu Picchu* war Teil des peruanischen Lebens geworden, vielleicht war es mir in diesen Versen gelungen, Empfindungen auszudrücken, die wie die Steine der großen Bauten geschlummert hatten. Überdies war der peruanische Präsident, Architekt Belaúnde, mein Freund und mein Leser. Wenn auch die Revolution, die ihn später gewaltsam aus dem Lande vertrieb, Peru eine für die Wege der Geschichte unerwartet aufgeschlossene Regierung schenkte, glaube ich nach wie vor, daß Architekt Belaúnde einerseits ein Mann von makelloser Ehrlichkeit, andrerseits ziemlich schimärischen Aufgaben verpflichtet war, die ihn schließlich von der furchtbaren Wirklichkeit entfernten, ihn von seinem Volk trennten, das er so innig liebte. Ich war mit der Auszeichnung einverstanden, freilich nicht für Konsulatsdienste, sondern für eines meiner Gedichte. Überdies, und das ist nicht das wenigste, gab es zwischen den Völkern von Chile und Peru noch Wunden zu schließen. Nicht nur Sportler und Diplomaten sollten sich dafür einsetzen, daß das Blut der Vergangenheit gestillt wird, sondern auch und mit mehr Grund Dichter, deren Seelen weniger Grenzen haben als die anderer Sterblicher. Zu jener Zeit machte ich eine Reise in die Vereinigten Staaten. Es handelte sich um einen Kongreß des internationalen Pen Clubs. Unter den Geladenen waren meine Freunde Arthur Miller, die Argentinier Ernesto Sábato und Victoria Ocampo, der uruguayische Kritiker Emir Rodríguez Monegal, der mexikanische Schriftsteller Carlos Fuentes. Auch Schriftsteller fast aller sozialistischen Länder Europas nahmen teil.

Bei meiner Ankunft erfuhr ich dann, die kubanischen Schriftsteller seien gleichfalls eingeladen worden. Im Pen Club war man überrascht, daß Carpentier nicht gekommen war und bat mich, den Fall aufzuklären. Ich wandte mich an den Korrespondenten der *Prensa Latina* in New York, der sich erbot, Carpentier eine Nachricht zukommen zu lassen.

Die durch *Prensa Latina* übermittelte Antwort lautete: Carpentier konnte nicht abreisen, weil die Einladung zu spät eingetroffen war und das amerikanische Visum nicht mehr rechtzeitig ausgestellt werden konnte. Hier log jemand: die Visa waren vor drei Monaten erteilt worden, auch wußten die Kubaner schon seit drei Monaten von der Einladung und hatten sie angenommen. Aus alldem war ersichtlich, daß in letzter Minute auf höchster Ebene eine Ausrede vereinbart worden war.

Ich erfüllte meine üblichen Aufgaben. Ich gab meine erste Dichterlesung in New York, bei der ein solcher Andrang herrschte, daß außerhalb des Theaters Fernseher plaziert werden mußten, damit einige tausend Personen, die keinen Platz bekommen hatten, zuhören konnten. Das Echo, das meine betont antiimperialistischen Gedichte bei dieser nordamerikanischen Menschenmenge hervorriefen, bewegte mich tief. Ich verstand dort vieles, in Washington und Kalifornien, als die Studenten und das gewöhnliche Publikum meinen den Imperialismus verdammenden Worten zustimmten. Ich stellte aus nächster Nähe fest, daß die nordamerikanischen Feinde unserer Völker gleichfalls Feinde des nordamerikanischen Volkes waren.

Ich mußte einige Interviews geben. Die von in den USA ansässigen Lateinamerikanern herausgegebene *Life* auf spanisch verdrehte und verstümmelte meine Ansichten. Sie kamen meiner Bitte um Richtigstellung nicht nach. Denn es sei nichts Schwerwiegendes. Was sie

gestrichen hatten, war ein Absatz, in dem ich den Vietnamkrieg verurteilte, und einen weiteren über einen in jenen Tagen ermordeten Negerführer. Erst Jahre später bezeugte der Journalist, der das Interview redigiert hatte, daß es zensiert worden war.
Ich erfuhr während meines Besuchs – und das gereicht meinen nordamerikanischen Schriftstellerkollegen zur Ehre –, daß diese heftigen Druck ausgeübt hatten, damit mir das Einreisevisum in die Vereinigten Staaten gewährt wurde. Es scheint, sie drohten dem State Department sogar mit einer Rüge des Pen Club, wenn mir die Einreise weiterhin versagt bliebe. In einer öffentlichen Versammlung, in der die geachtetste Persönlichkeit in der nordamerikanischen Dichtung, die greise Dichterin Marianne Moore, die viele Monate später starb, eine Auszeichnung erhielt, ergriff diese das Wort und gab ihrer Freude darüber Ausdruck, daß es den gemeinsamen Bemühungen der Dichter gelungen war, meine legale Einreise zu erwirken. Man berichtete mir, ihre schwungvollen und ergreifenden Worte hätten ihr eine Ovation eingebracht.
Fest steht und unerhört ist, daß ich bald nach meiner Rückkehr von dieser auf rein poetisch-politische Wirkung ausgerichteten Reise, die ich weitgehend zur Verteidigung und Unterstützung der kubanischen Revolution benutzt hatte, in Chile den berühmten böswilligen Brief der kubanischen Schriftsteller erhielt, die mir nichts Geringeres als Unterwerfung und Verrat vorwarfen. Ich erinnere mich der Ausdrucksweise meiner Ankläger nicht mehr. Doch ich muß sagen, daß sie sich zu Schulmeistern der Revolutionen aufwarfen, zu Paukern der Normen, welche die Schriftsteller der Linken lenken sollten. Mit Anmaßung, Unverschämtheit und Genüßlichkeit glaubten sie meine poetische, soziale und revolutionäre Tätigkeit korrigieren zu müssen. Mein Orden für *Macchu Picchu* und die Teilnahme am Kongreß des Pen Club, meine Erklärung und Lesungen, meine dem nordamerikanischen System entgegengesetzten und in der Höhle des Löwen artikulierten Worte und Handlungen – all das wurde von den genannten Schriftstellern in Frage gestellt, verfälscht oder verleumdet, wobei viele erst jüngst ins revolutionäre Lager gelangt, viele zu Recht oder Unrecht vom neuen kubanischen Staat bezahlt waren.
Dieser Sack voller Beleidigungen wurde mit Unterschriften und mehr Unterschriften aufgebläht, die mit verdächtiger Spontaneität von den Tribünen der Schriftsteller- und Künstlergesellschaften herab gesammelt worden waren. Beauftragte liefen kreuz und quer durch Havanna auf der Suche nach Unterschriften ganzer Verbände von Musikern, Tänzerinnen und Bildenden Künstlern. Es sollten auch die zahlreichen Künstler und Schriftsteller unterzeichnen, die als Gäste des großzügigen Kuba die Luxushotels füllten. Einige der Schriftsteller, deren Namen unter dem ungerechten Schriftstück gedruckt waren, ließen mir

später geheime Nachrichten zukommen wie: »Ich habe es nie unterschrieben, ich erfuhr von dem Inhalt erst, nachdem ich meine Unterschrift sah, die ich nie darunter gesetzt habe.« Ein Freund von Juan Marinello hat mir einreden wollen, daß es ihm so ergangen ist, obwohl ich es nie überprüfen konnte. Ich habe es bei anderen überprüfen können.
Der Fall ist ein Knäuel, ein Ball aus Schnee oder ideologischer Veruntreuung, der um jeden Preis zur Lawine werden sollte. In Paris und anderen Hauptstädten wurden Sonderagenturen eingerichtet, welche den Lügenbrief in Massen versenden mußten. Zu Tausenden gingen diese Briefe, zumal von Madrid aus, in Bündeln zu zwanzig oder dreißig Exemplaren an jeden Empfänger. Es war ein sinistrer Spaß, diese mit der Franco-Briefmarke versehenen Umschläge zu erhalten, in denen Pablo Neruda als Konterrevolutionär angeklagt wurde.
Es ist nicht meine Sache, die Beweggründe dieser Anwandlungen zu ergründen: politische Falschmünzerei, ideologische Schwächen, literarischer Groll und Neid oder sonstige Halbgefühle mögen diese Schlacht so vieler gegen einen entfesselt haben. Man hat mir nachher erzählt, die enthusiastischen Redakteure, Promotoren und Unterschriftenjäger seien die Schriftsteller Roberto Fernańdez Retamar, Edmundo Desnoes und Lisandro Otero gewesen. Ich erinnere mich nicht, Desnoes und Otero persönlich gekannt oder gelesen zu haben. Retamar ja. In Havanna und in Paris verfolgte er mich eifrig mit seinen Schmeicheleien. Er sagte mir, er habe endlose Einführungen und Lobeshymnen über mein Werk veröffentlicht. Ich hingegen habe in ihm nie einen wertvollen Menschen gesehen, sondern einen unter vielen politischen und literarischen Emporkömmlingen unserer Epoche.
Vielleicht bildeten sie sich ein, sie könnten mich als militanten Revolutionär schädigen oder vernichten. Doch als ich in die Calle Teatinos von Santiago de Chile kam, um zum ersten Mal vor dem Zentralkomitee der Partei über den Fall zu verhandeln, hatte dieses zumindest von der politischen Seite aus gesehen eine feste Meinung.
»Es war der erste Angriff auf unsere chilenische Partei«, wurde mir gesagt.
In jener Zeit gab es ernste Konflikte. Die Kommunisten Venezuelas, Mexikos und weiterer Länder stritten ideologisch mit den Kubanern. Später spalteten sich auch die bolivianischen Kommunisten unter tragischen Umständen ab.
Die Kommunistische Partei Chiles beschloß, mir in einem öffentlichen Akt die jüngst für ihre besten Kämpfer geschaffene Recabárren-Medaille zu verleihen. Das war eine nüchterne Erwiderung. Die chilenische Kommunistische Partei hat diese Zeit der Meinungsverschiedenheiten mit Intelligenz überwunden und an ihrem Prinzip festgehalten, unsere Unstimmigkeiten intern zu analysieren. Mit der Zeit ist

jeder Schatten eines Mißverständnisses gewichen, und zwischen den beiden bedeutendsten Parteien Lateinamerikas herrscht klare Verständigung und brüderliche Beziehung.
Was mich betrifft, so bin ich der geblieben, der *Heldenepos* schrieb. Es ist ein Buch, das mir weiterhin gefällt. Ich kann deswegen nicht vergessen, daß ich der erste Dichter war, der ein ganzes Buch dem Ruhme der kubanischen Revolution gewidmet hat.
Ich verstehe natürlich, daß Revolutionen und besonders ihre Männer dann und wann dem Irrtum und der Ungerechtigkeit verfallen. Die ungeschriebenen Gesetze der Menschheit schließen gleichermaßen Revolutionäre wie Konterrevolutionäre ein. Niemand entgeht dem Irrtum. Ein blinder Punkt, ein kleiner blinder Punkt in einem Prozeß hat keine große Bedeutung im Hinblick auf eine große Sache. Ich habe nicht aufgehört, die kubanische Revolution, ihr Volk und ihre edlen Hauptakteure zu besingen, zu lieben und zu achten.
Doch jeder hat seine Schwächen. Ich habe viele. Zum Beispiel verzichte ich ungern auf den Stolz, den ich wegen meiner unbeugsamen Haltung eines revolutionären Kämpfers empfinde. Vielleicht weigere ich mich aus diesem Grunde oder weil ich kleinlich bin, und werde mich auch in Zukunft weigern, irgendeinem von denen die Hand zu geben, die jenen Brief, den ich nach wie vor als Infamie betrachte, bewußt oder unbewußt unterschrieben haben.

12

Süßes, hartes Vaterland

Häufig ziehen sich die alten Anarchisten – dasselbe geschieht morgen mit den Anarchistenfreunden von heute – auf eine bequemere Position zurück, den Anarcho-Kapitalismus, einen Bau, in den auch politische Freischärler, Linksliebäugler und falsche Unabhängige flüchten. Der repressive Kapitalismus sieht seinen Erzfeind in den Kommunisten und dessen Visier verfehlt das Ziel so gut wie nie. All diese individualistischen Rebellen werden auf die eine oder andere Weise vom Scharfsinn oder von der Schmeichelei der Reaktion gehätschelt, die sie als heroische Verteidiger geheiligter Prinzipien ansieht. Die Reaktionäre wissen, daß die Gefahr von Veränderungen in einer Gesellschaft nicht in individualistischen Rebellionen liegt, sondern in der Organisation der Masse und einem ausgeprägten Klassenbewußtsein.
All das habe ich in Spanien während des Krieges sehr deutlich gesehen. Gewisse antifaschistische Gruppen führten vor Hitlers und Francos auf Madrid marschierenden Streitkräften ein karnevaleskes Maskenspiel auf. Dabei lasse ich natürlich unbeugsame Anarchisten aus wie Durruti und seine Katalanen, die in Barcelona wie Löwen kämpften.
Tausendmal schlimmer als die Extremisten sind die Spione. Unter die Kämpfer der revolutionären Parteien schmuggeln sich dann und wann gegnerische Agenten, Polizeisöldner reaktionärer Parteien oder ausländischer Regierungen. Einige von ihnen erfüllen Sondermissionen der Provokation, andere solche geduldiger Beobachtung. Klassisch ist die Geschichte Azeffs. Vor dem Sturz des Zarentums nahm er an zahlreichen terroristischen Attentaten teil und wurde mehrfach inhaftiert. Die nach der Revolution veröffentlichten Erinnerungen des Chefs der zaristischen Geheimpolizei erzählen in allen Einzelheiten, wie Azeff in jedem Augenblick ein Agent der Ochrana war. Im Kopf dieses seltsamen Menschen, der neben anderen Attentaten den Tod eines Großherzogs verursachte, fallen Terrorist und Denunziant zusammen.
Eine andere merkwürdige Begebenheit spielte sich in Los Angeles, San Francisco und einer weiteren kalifornischen Stadt ab. Während der wütenden MacCarthy-Welle wurden sämtliche Aktivisten der örtlichen Kommunistischen Partei festgenommen. Es waren fünfundsiebzig Personen, die bis in ihre geringsten Intimitäten hinein numeriert, katalogisiert und inventarisiert waren. Kurz und gut, die fünfundsiebzig Personen erwiesen sich als Polizeiagenten. Das FBI hatte sich den Luxus geleistet, seine eigene kleine »Kommunistische Partei« mit Individuen zu bestücken, die sich untereinander nicht kannten, um sie gleich darauf verfolgen und sich sensationelle Triumphe über nicht vorhandene Feinde zuschreiben zu können. Das FBI kam auf diesem Weg zu so grotesken Episoden wie der jenes Kohlkopfs, in dem ein

gewisser Chalmers, ein mit schweren Dollars von der Polizei gekaufter Exkommunist, die explosivsten internationalen Geheimnisse verwahrte. Das FBI leistete sich unter anderen Fürchterlichkeiten auch die Hinrichtung des Ehepaars Rosenberg, welche die Menschheit besonders empörte.

In der Kommunistischen Partei Chiles, einer Organisation mit langer Geschichte und ausschließlich proletarischen Ursprungs, war der Eintritt solcher Agenten immer sehr erschwert. Die Guerilla-Theorien Lateinamerikas hingegen öffneten allen Arten von Denunzianten Tür und Tor. Die Unmittelbarkeit und Jugend dieser Organisationen erschwerte die Entdeckung und Entlarvung von Spionen. Daher sahen sich die Guerillaführer, die sich sogar vor ihren eigenen Schatten in acht nehmen mußten, stets von Zweifeln begleitet. Der Kult des Risikos wurde in gewisser Weise von der romantischen Feurigkeit und der krausen Guerilla-Theoretisierung, die Lateinamerika überschwemmte, nur ermuntert. Diese Epoche endete vielleicht mit Ernesto Guevaras Ermordung und Heldentod. Doch lange Zeit hindurch sättigten die theoretischen Verfechter einer Taktik den Kontinent mit Thesen und Dokumenten, welche die revolutionäre Volksregierung der Zukunft nicht etwa den vom Kapitalismus ausgebeuteten Klassen, sondern den bewaffneten Aufständischentrupps zuwiesen. Das Laster dieser Schlußfolgerung ist ihre politische Schwäche: mag sein, daß der große Guerillero gelegentlich mit einem machtvollen politischen Kopf ausgestattet ist wie im Fall Che Guevaras, doch das wird immer ein Zufall oder Einzelfall sein. Die Überlebenden einer Guerilla können einen Proletarierstaat nicht dadurch führen, daß sie nur mutiger sind, mehr Glück gegenüber dem Tod oder mehr Treffsicherheit gegenüber den Lebenden hatten.

Nun werde ich eine persönliche Erfahrung berichten. Ich war damals gerade aus Mexiko nach Chile zurückgekehrt. In einer der politischen Versammlungen, die ich besuchte, kam ein Mann auf mich zu und begrüßte mich. Ein Herr mittleren Alters, Abbild des modernen Gentleman, sehr sorgfältig gekleidet und mit jener Brille ausgestattet, die so viel Respekt einflößt, einem randlosen Zwicker. Er erwies sich als höchst liebenswürdige Persönlichkeit:

»Don Pablo, ich habe nie gewagt, mich Ihnen zu nähern, auch wenn ich Ihnen das Leben verdanke. Ich bin einer der Flüchtlinge, die Sie aus den Konzentrationslagern gerettet haben und aus den Gasöfen, als Sie uns mit der »Winnipeg« nach Chile verfrachteten. Ich bin Katalane und Freimaurer. Ich habe mir hier eine feste Stellung geschaffen. Ich arbeite als Verkäufer sanitärer Artikel für die Gesellschaft Sowieso, die bedeutendste in Chile.«

Er erzählte mir, er bewohne ein gutes Appartement im Zentrum Santiagos. Sein Nachbar sei ein berühmter Tennismeister namens Iglesias, der mein Schulkamerad gewesen war. Sie hätten oft von mir gesprochen und endlich beschlossen, mich einzuladen und zu feiern. Darum sei er gekommen.

Das Appartement des Katalanen bewies den Wohlstand unseres Kleinbürgertums. Tadellose Möbel, eine goldbraune, üppige Paella. Iglesias aß mit uns zu Mittag. Wir lachten bei der Erinnerung an Temucos altes Gymnasium, in dessen Kellergeschoß die Schwingen der Fledermäuse uns streiften. Gegen Ende des Essens sagte der gastfreie Katalane ein paar Worte und schenkte mir zwei großartige Fotos: eines von Baudelaire und ein zweites von Edgar Poe. Blendende Dichterköpfe, die ich natürlich noch heute in meiner Bibliothek aufbewahre.

Eines Tages streckte eine Lähmung unseren Katalanen nieder. Ohne sprechen oder sich regen zu können, lag er im Bett. Nur seine Augen bewegten sich angstvoll, als wolle er seiner Frau etwas sagen, einer hervorragenden spanischen Republikanerin mit einwandfreier Vergangenheit, oder seinem Nachbarn Iglesias, meinen Freund und Tennismeister. Doch der Mann starb, ohne gesprochen oder sich bewegt zu haben.

Als die Wohnung sich mit Tränen, Freunden und Kränzen füllte, erhielt der Nachbar und einstige Tennisspieler einen mysteriösen Anruf: »Wir kennen die enge Freundschaft, die Sie mit dem verstorbenen katalanischen Herrn unterhalten haben. Er wurde nicht müde, Sie zu rühmen. Wenn Sie dem Andenken Ihres Freundes einen wichtigen Dienst leisten wollen, öffnen Sie den Kassenschrank und holen Sie dort eine verwahrte Kassette heraus. Ich rufe in drei Tagen wieder an.«

Die Witwe wollte von dergleichen nichts wissen, sie litt unsäglich und wollte von der Sache nichts hören. Sie gab die Wohnung auf und zog in eine Familienpension in der Calle Santo Domingo. Der Pensionseigentümer war ein politisch gestählter Jugoslawe aus dem Widerstand. Die Witwe bat ihn, die Papiere ihres Mannes zu untersuchen. Der Jugoslawe fand das Metallkästchen und öffnete es unter Schwierigkeiten. Der Inhalt erwies sich als große Überraschung. Die aufbewahrten Dokumente enthüllten, daß der Verstorbene sein Leben lang ein faschistischer Agent gewesen war. Die Briefkopien enthielten die Namen Dutzender von Emigranten, die nach ihrer heimlichen Rückkehr nach Spanien inhaftiert oder hingerichtet worden waren. Es befand sich sogar ein von Francisco Franco eigenhändig unterschriebener Brief darunter, der ihm für die geleisteten Dienste dankte. Andere Hinweise des Katalanen dienten der Nazi-Marine zur Versenkung von Frachtdampfern, die beladen die chilenische Küste verlassen hatten. Eines dieser Opfer war unsere schöne Fregatte, der Stolz der chilenischen Marine, die altgediente »Lautaro«. Sie sank im Krieg mit ihrer Salpeterladung, als sie unseren Hafen Tocopilla verließ. Der

Schiffbruch kostete siebzehn Seekadetten das Leben. Sie ertranken oder verbrannten.
Dies waren die verbrecherischen Taten eines lächelnden Katalanen, der mich eines Tages zum Mittagessen einlud.

... es sind einige Jahre vergangen, seit ich in die Partei eingetreten bin ... Ich bin zufrieden ... Die Kommunisten sind eine gute Familie ... Sie haben ein dickes Fell und ein gestähltes Herz ... Überall beziehen sie Prügel ... Nur sie beziehen Prügel ... Es leben die Spiritisten, die Monarchisten, die Abweichler, die Verbrecher verschiedener Grade ... Es lebe die Philosophie des Rauchs ohne Gerüst ... Es lebe der Hund, der bellt und beißt, es leben die lüsternen Astrologen, es lebe die Pornographie, es lebe der Zynismus, es lebe der Heuchler, es lebe die ganze Welt, nur nicht die Kommunisten ... Es leben die Keuschheitsgürtel, es leben die Konservativen, die sich seit fünfhundert Jahren nicht ihre ideologischen Füße gewaschen haben ... Es leben die Läuse der armen Bevölkerungen, es lebe das kostenlose Massengrab, es lebe der Anarchokapitalismus, es lebe Rilke, es lebe André Gide mit seinem kleinen Corydon, es lebe jeder Mystizismus ... All das ist gut ... Alle sind heldenhaft ... Alle Zeitungen müssen erscheinen ... Alle dürfen veröffentlicht werden, nur nicht die kommunistischen ... Alle Politiker dürfen ohne Ketten in Santo Domingo einreisen ... Alle sollen den Tod des Bluthundes Trujillo feiern, nur nicht die, welche ihn am härtesten bekämpft haben ... Es lebe der Karneval, die letzten Tage des Karneval ... Es gibt Masken für alle ... Masken für den christlichen Idealisten, Masken der äußersten Linken, Masken der wohltuenden Damen und der wohltätigen Matronen ... Doch Vorsicht, laßt nicht die Kommunisten ein ... Verschließt gut die Tür ... Damit es keine Mißverständnisse gibt ... Sie haben auf nichts ein Recht ... Beschäftigen wir uns mit dem Subjektiven, mit dem Wesen des Menschen, mit dem Wesen des Wesens ... So werden wir alle zufrieden sein ... Wir haben Freiheit ... Wie groß ist die Freiheit! ... Sie respektieren sie nicht, sie kennen sie nicht ... Die Freiheit, sich mit dem Wesen zu beschäftigen ... Mit dem Wesentlichen der Wesenhaftigkeit ...

... So sind die letzten Jahre vergangen ... Es kam der Jazz, es kam Soul, wir erlitten Schiffbruch mit den Postulaten der abstrakten Malerei, der Krieg erschütterte und tötete uns ... Hier blieb alles beim Alten ... Oder tat es das nicht? ... Nach so vielen Reden über den Geist und so viel Prügel auf den Kopf lief etwas schlecht ... Sehr schlecht ... Die Rechnungen gingen nicht auf ... Die Völker organisierten sich ... Guerilla und Streik gingen weiter ... Kuba und Chile machten sich unabhängig ... Viele Männer und Frauen sangen die Internationale ... Wie merkwürdig ... Wie trostlos ... Nun sangen sie sie auf chinesisch, auf bulgarisch, auf hispano-amerikanisch ... Da muß sofort etwas unternommen werden ... Man muß sie verbieten ... Man muß mehr vom Geist sprechen ... Mehr die Freie Welt rühmen ... Muß mehr Prügel geben ... Muß mehr Dollar geben ... Das kann so nicht weiter-

gehen ... Zwischen der Freiheit der Prügel und der Angst des Germán Arciniegas ... Und nun Kuba ... In unserer eigenen Hemisphäre, auf der Hälfte unseres Apfels diese Bärtigen mit demselben Lied ... Und was nutzt uns Christus? . . . Was haben uns die Priester genützt? . . . Schon kann man niemandem mehr trauen . . . Nicht mal mehr den Priestern ... Sie sehen nicht unsere Gesichtspunkte ... Sie sehen nicht, wie die Kurse unserer Aktien sinken ...

... Währenddessen klettern die Menschen im Sonnensystem herum ... Schuhspuren bleiben auf dem Mond ... Alles Kampf um zu verändern, nur nicht die alten Systeme ... Das Leben der alten Systeme wurde aus riesigen mittelalterlichen Spinnweben geboren ... Spinnweben, härter als eiserne Maschinenteile ... Trotzdem gibt es Menschen, die an Veränderung glauben, die Veränderung praktiziert haben, die der Veränderung zum Triumph, zur Blüte verholfen haben ... Caramba! ... Der Frühling ist unerbittlich!

Ich habe fast das ganze Jahr 1969 in Isla Negra verbracht. Schon früh am Morgen wächst das Meer auf fantastische Weise. Es scheint ein endlos langes Brot zu kneten. Weiß wie Mehl ist der verschüttete Schaum, getrieben von der kalten Hefe der Tiefe.

Der Winter ist statisch und nebelig. Seinem ländlichen Zauber fügen wir täglich das Feuer des Kamins hinzu. Das Weiß des Sandes am Strand schenkt uns eine immer einsame Welt wie damals, als es im Land noch keine Bewohner oder Sommergäste gab. Doch ich glaube nicht, daß ich die sommerliche Menschenmenge verabscheue. Kaum naht der Sommer, nähern sich die Mädchen dem Meer, Männer und Kinder wagen sich behutsam in die Wellen und springen vor der Gefahr zurück. So vollführen sie den tausendjährigen Tanz des Menschen vor dem Meer, der vielleicht der erste Tanz des Menschen war.

Im Winter umhüllt die Dunkelheit der Nacht die Häuser von Isla Negra. Nur das meine ist erleuchtet. Manchmal meine ich, im Haus gegenüber sei jemand. Ich sehe ein erleuchtetes Fenster. Nur eine Spiegelung. Es ist niemand im Haus des Kapitäns. Es ist das Licht meines Fensters, das sich in dem seinen spiegelt.

Jeden Tag des Jahres schrieb ich in meiner Arbeitsecke. Es ist nicht leicht dorthin zu kommen, auch nicht, dort zu bleiben. Zunächst gibt es etwas, das meine zwei Hunde, Panda und Tschu Tu, anzieht. Es ist ein Tigerfell aus Bengalen, das als Teppich in dem kleinen Zimmer dient. Ich habe es vor vielen Jahren aus China mitgebracht. Es hat Krallen und Haare gelassen. Abgesehen von der Mottenplage, die Matilde und ich zu bannen suchen.

Meine Hunde strecken sich gerne auf dem alten Feind aus. Als seien sie als Sieger aus einem Kampf hervorgegangen, schlafen sie erschöpft vom Toben sofort ein. Sie legen sich quer vor die Tür, als wollten sie mich zwingen, nicht fortzugehen, sondern weiterzuarbeiten.

Jeden Augenblick geschieht etwas im Haus. Das ferne Telefon übermittelt eine Botschaft. Was soll geantwortet werden? Ich bin nicht da. Bald wird eine andere Botschaft übermittelt. Was soll geantwortet werden? Ich bin da.

Ich bin nicht da. Ich bin da. Ich bin da. Ich bin nicht da. Das ist das Leben eines Dichters, für den der ferne Winkel von Isla Negra nicht mehr fern ist.

Immer wieder werde ich besonders von Journalisten gefragt, woran ich gerade arbeite. Immer hat mich die Frage wegen ihrer Oberflächlichkeit überrascht. Denn die Wahrheit ist die: ich arbeite immer am Gleichen. Ich habe nie aufgehört, das Gleiche zu tun. Dichten.

Ich habe erst viel später gemerkt, daß das, was ich schon immer tat,

Dichten war. Ich habe mich nie für Definitionen, für Etiketten interessiert. Ästhetische Diskussionen langweilen mich zu Tode. Ich unterschätze nicht die, welche dergleichen verfechten, ich fühle mich nur der Geburtsurkunde wie dem Nachruf des literarischen Schaffens gleichermaßen fremd. »Möge nichts Äußeres mich beherrschen«, sagte Walt Whitman. Das Beiwerk der Literatur darf trotz all seiner Meriten nicht die nackte Schöpfung ersetzen.

Ich habe mein Schreibheft mehrmals im Jahr gewechselt. Aufgestapelt liegen die grünverschnürten Hefte mit meiner Schönschrift. Ich habe viele von ihnen gefüllt, die Bücher geworden sind, als seien sie von einer Metamorphose zur anderen übergegangen, von der Unbeweglichkeit zur Bewegung, von der Larve zum Leuchtkäfer.

Das politische Leben riß mich wie ein Donnerschlag aus meiner Arbeit. Wieder einmal bin ich zu den Menschen zurückgekehrt.

Die Menschenmenge ist die Lehre meines Lebens gewesen. Ich mag zu ihr kommen mit der angeborenen Schüchternheit des Dichters, mit der Scheu des Schüchternen, doch kaum bin ich in ihrer Mitte, fühle ich mich verwandelt. Dann bin ich Teil der wesenhaften Mehrheit, bin ein Blatt mehr des großen menschlichen Baums.

Einsamkeit und Menschenmenge werden immer die elementaren Pflichten des Dichters unserer Zeit sein. In der Einsamkeit hat der Wellenkampf der chilenischen Küste mein Leben bereichert. Ich fühle mich leidenschaftlich angezogen von den kämpfenden Wassern und den bekämpften Felsen, von der Vervielfältigung des ozeanischen Lebens, der makellosen Gestalt der »schweifenden Vögel«, dem Glanz des Meeresschaums.

Doch ich habe viel mehr von der großen Flut der Leben gelernt, von der Zärtlichkeit, die ich in Tausenden von gleichzeitig auf mich gerichteten Augen sah. Nicht alle Dichter mögen die gleiche Botschaft empfangen haben, doch wer sie gefühlt hat, wird sie in seinem Herzen bewahren, wird sie in seinem Werk entwickeln.

Denkwürdig und herzbewegend für den Dichter ist es, für viele Menschen eine Minute lang die Hoffnung verkörpert zu haben.

Präsidentschaftskandidat

Eines Morgens im Jahre 1969 kamen der Generalsekretär und andere Genossen zu meinem Meerversteck, meinem Haus in Isla Negra. Sie boten mir eine Teilkandidatur auf die Präsidentschaft der Republik an, eine Kandidatur, die sie den sechs oder sieben Parteien der Volksfront vorschlagen wollten. Sie hatten alles ausgearbeitet: Programm, Art der Regierung, künftige Notmaßnahmen und so weiter. Bis zu diesem Augenblick hatten alle diese Parteien ihren eigenen Kandidaten gehabt, und jede wollte ihren auch behalten. Nur wir Kommunisten hatten keinen. Wir hatten beschlossen, den einzigen von den Linksparteien bestimmten, das heißt den Kandidaten der Volksfront zu unterstützen. Doch es war keine Entscheidung gefallen, und die Dinge konnten so nicht weitergehen. Die Kandidaten der Rechten waren aufgestellt und warben bereits. Wenn wir uns nicht zu einer gemeinsamen Wählerinitiative zusammenschlossen, mußten wir eine spektakuläre Niederlage erleiden.

Nur wenn die Kommunisten einen eigenen Kandidaten aufstellten, konnte die Einheit rasch erreicht werden. Als ich die von meiner Partei geforderte Kandidatur angenommen hatte, wurde die kommunistische Position deutlich. Unsere Unterstützung sollte dem Kandidaten gelten, der mit dem Wohlwollen der anderen rechnen konnte. Sollte diese Übereinstimmung nicht zu erzielen sein, würde meine Kandidatur bis zum Schluß aufrechterhalten bleiben.

Es war ein heroisches Mittel, die anderen zur Zustimmung zu zwingen. Als ich dem Genossen Corvalán sagte, ich nähme an, tat ich dies in der Einsicht, daß mein künftiger Verzicht gleichfalls angenommen, in der Überzeugung, daß mein Verzicht unvermeidlich sein würde. Es war so gut wie ausgeschlossen, daß man sich auf einen Kommunisten einigen würde. Praktisch gesprochen brauchten uns alle zu ihrer Unterstützung (einschließlich einiger Kandidaten der Christlichen Demokraten), doch niemand brauchte uns, um uns zu unterstützen.

Aber sobald meine Kandidatur an jenem Meermorgen von Isla Negra beschlossen war, schlug sie ein wie der Blitz. Es gab kaum einen Ort, wohin ich nicht gebeten wurde. Mich rührten die Hunderte oder Tausende von Männern und Frauen aus dem Volk, die mich fast erdrückten, mich küßten, und weinten. Bewohner der Vorstädte von Santiago, Bergleute aus Coquimbo, Männer des Kupfers und der Wüste, Bäuerinnen, die mit ihren Säuglingen im Arm stundenlang auf mich warteten, schutzlose Leute, angefangen beim Fluß Bío Bío bis jenseits der Landenge von Magallanes, zu ihnen allen sprach ich, ihnen las ich meine Gedichte im strömenden Regen vor, im Kot der Straßen und Wege, im Australwind, der die Menschen erschauern ließ.

Ich wurde warm bei der Arbeit. Jedesmal kamen mehr Leute zu meinen Versammlungen, jedesmal mehr Frauen. Fasziniert und entsetzt dachte ich: was werde ich tun, wenn ich tatsächlich zum Präsidenten der ungezähmtesten Republik gewählt werde, der auf dramatischste Weise unheilbaren, der verschuldetsten und womöglich undankbarsten. Die Präsidenten wurden während des ersten Monats bejubelt und während der übrigen fünf Jahre und elf Monate zu Recht oder Unrecht gequält.

In einem glücklichen Augenblick kam die Nachricht: Allende wurde als möglicher Kandidat der gesamten Volksfront genannt. Mit dem Einverständnis meiner Partei zog ich rasch meine Kandidatur zurück. Vor einer riesigen fröhlichen Menschenmenge sprach ich über meinen Verzicht und Allende über seine Bewerbung. Die große Versammlung fand in einem Park statt. Die Menschen füllten den ganzen sichtbaren Raum und auch die Bäume. Aus dem Geäst schauten Beine und Köpfe. Nichts gleicht diesen abgehärteten Chilenen.

Ich kannte den Kandidaten. Ich hatte ihn bereits dreimal begleitet und dabei auf Chiles geamtem jäh wechselnden, endlosen Gebiet Gedichte aufgesagt und Reden gehalten. Dreimal nacheinander, alle sechs Jahre, war mein streitbarer Gefährte Präsidentschaftskandidat gewesen. Dieses sollte das vierte und siegreiche Mal sein.

Arnold Bennet oder Somerset Maugham erzählt (ich weiß nicht mehr, wer von beiden), er habe einmal (so erzählt er) im selben Zimmer mit Winston Churchill geschlafen. Das erste, was dieser gewaltige Politiker, kaum daß er die Augen aufschlug, getan habe, war die Hand ausstrecken, eine Riesenzigarre vom Nachttisch greifen und sie mir nichts, dir nichts rauchen. So etwas kann nur ein gesunder Höhlenmensch tun mit mineralischer Steinzeitgesundheit.

Allendes Widerstandskraft ließ die all seiner Begleiter hinter sich. Er beherrschte eine Churchills würdige Kunst: er schlief, wann er Lust hatte. Manchmal fuhren wir durch endloses dürres Land in Nordchile. Allende schlief fest in der Ecke des Wagens. Plötzlich tauchte am Wege ein kleiner roter Punkt auf, der sich beim Näherkommen in eine Gruppe von fünfzehn oder zwanzig Männern mit ihren Frauen, ihren Kindern und Fahnen verwandelte. Der Wagen hielt. Allende rieb sich die Augen, um sich der lotrechten Sonne und dem kleinen singenden Trupp auszusetzen. Man stellte sich zu ihnen und sang mit ihnen die Nationalhymne. Dann sprach er, lebhaft, rasch und beredt. Der Wagen fuhr vor, und wir rollten auf den nicht enden wollenden Straßen Chiles weiter. Wieder tauchte Allende in den Schlaf, mühelos. Alle fünfundzwanzig Minuten wiederholte sich der Auftritt: eine Gruppe Menschen, Fahnen, Gesang, Rede und Rückkehr in den Schlaf.

Als er bei zahllosen Kundgebungen vor Tausenden und Abertausenden von Chilenen auftrat, vom Auto in den Zug wechselte, vom Zug ins Flugzeug, vom Flugzeug ins Schiff, vom Schiff aufs Pferd, bewältigte Allende ohne zu wanken das gewaltige Pensum jener erschöpfenden Monate. Fast alle Mitglieder seines Gefolges blieben auf der Strecke. Später, als er wohlbestallter Präsident von Chile war, verursachte seine unerbittliche Tüchtigkeit vier oder fünf Infarkte unter seinen Mitarbeitern.

Botschaft in Paris

Als ich Leiter unserer diplomatischen Mission in Paris wurde, sagte ich mir, daß ich meiner Eitelkeit einen hohen Tribut würde zahlen müssen. Ich hatte diesen Posten ohne lange Überlegungen angenommen und mich wieder einmal dem Getriebe des Lebens überlassen. Mir gefiel der Gedanke, eine Volksregierung zu vertreten, die sich nach so vielen Jahren mittelmäßiger, verlogener Regierungen siegreich durchgesetzt hatte. Was mich im Grunde vielleicht doch lockte, war die neue Würde, mit der ich das chilenische Botschaftsgebäude betrat, in dem ich so viele Demütigungen hatte einstecken müssen, als ich die Einwanderung spanischer Republikaner nach Chile organisiert hatte. Jeder der vorigen Botschafter hatte an meiner Verfolgung mitgearbeitet, hatte dazu beigesteuert, mich zu verleumden und zu verletzen. Der Verfolgte würde somit auf dem Sessel des Verfolgers sitzen, würde an seinem Tisch essen, in seinem Bett schlafen und die Fenster öffnen, damit die neue Luft der Welt in die alte Botschaft einzöge.

Das Schwierigste war, die Luft einziehen zu lassen. Der schwüle Salonstil drang mir in Nasenflügel und Augen, als Matilde und ich im März 1971 unser Schlafzimmer betraten und uns in die hochwohllöblichen Betten legten, in denen sanft oder gequält etliche Botschafter und Botschafterinnen gestorben waren.

Das Schlafzimmer ist geeignet, einen Krieger und sein Pferd zu beherbergen, es gibt Platz genug, um das Pferd zu füttern und dem Reiter Ruhe zu spenden. Die Zimmerdecken sind haushoch und verziert. Die Möbel sind Plüschgebilde von der Farbe unbestimmten Herbstlaubs, verziert mit erstaunlichen Quasten, ein Stilgemisch, das Zeichen von Reichtum aufweist und zugleich Spuren des Verfalls. Die Teppiche mögen vor sechzig Jahren schön gewesen sein. Nun haben sie die unbezwingbare Farbe von Fußtritten angenommen und den Mottengeruch konventioneller Totenunterhaltungen.

Zu allem Überfluß hatte das nervöse Personal, das uns erwartete, an alles gedacht, nur nicht ans Heizen des gigantischen Schlafgemachs. Gliedersteif verbrachten Matilde und ich unsere erste diplomatische Nacht in Paris. In der zweiten Nacht funktionierte die Heizung, sie war sechzig Jahre im Gebrauch und die Filter waren abgenutzt. Die Heizluft des veralteten Systems verströmte nur Kohlendioxyd. Wir hatten kein Recht, uns über die Kälte zu beschweren wie in der vergangenen Nacht, zitterten und bebten dafür aus Angst vor Vergiftung. Wir mußten die Fenster öffnen, um die Winterkälte einzulassen. Vielleicht rächten sich so die alten Botschafter an einem Emporkömmling, der sie jetzt ohne die Verdienste des Beamtentums und die Insignien des Stammbaums ablöste.

Wir dachten: wir müssen uns ein Haus besorgen, wo wir mit den Blättern, dem Wasser, mit den Vögeln, mit der Luft atmen können. Dieser Gedanke wurde mit der Zeit zur Besessenheit. Wie freiheitshungrige Gefangene suchten und suchten wir die frische Luft außerhalb von Paris.

Botschafter zu sein war für mich etwas Neues und Unbequemes. Doch brachte es auch eine Herausforderung mit sich. Chile hatte eine Revolution erlebt. Eine Revolution auf chilenische, viel analysierte und viel diskutierte Weise. Die Feinde von innen und außen warteten nur darauf, sie zu vernichten. Einhundertundachtzig Jahre lang hatten in meinem Land die gleichen Regierenden mit verschiedenen Etiketten einander abgelöst. Alle hatten das gleiche getan. Die Lumpen waren geblieben, die unwürdigen Wohnbedingungen, die Kinder ohne Schulen und Schuhe, die Fesseln und Knebel für mein armes Volk.
Nun konnten wir aufatmen und singen. Und das gefiel mir an meiner neuen Lage.
Eine diplomatische Ernennung erfordert in Chile die Bestätigung durch den Senat. Die chilenischen Rechte hatten mich unablässig als Dichter umschmeichelt, hatten sogar Reden zu meinen Ehren gehalten. Freilich hätten sie diese Reden lieber bei meiner Beerdigung gehalten. Bei der Senatsabstimmung zur Bestätigung meines Botschafterpostens kam ich mit drei Stimmen Mehrheit durch. Die von der Rechten und einige christliche Heuchler hatten mit den weißen und schwarzen Kügelchen geheim gegen mich gestimmt.
Der vorige Botschafter hatte seine Wände mit den Fotografien seiner Amtsvorgänger ohne Ausnahme zuzüglich des eigenen Konterfeis tapeziert. Es war eine eindrucksvolle Kollektion hohler Persönlichkeiten mit Ausnahme von zwei oder drei, darunter der berühmte Blest Gana, unser kleiner chilenischer Balzac. Ich ordnete die Abnahme der Gespensterporträts an und ersetzte sie durch solidere Figuren: durch fünf Stiche der Helden, die Chile seine Flagge, seine Nationalität und seine Unabhängigkeit geschenkt haben, außerdem drei Fotografien von Zeitgenossen: Aguirre Cerda, fortschrittlicher Präsident der Republik, Luis Emilio Recabárren, Gründer der Kommunistischen Partei und Salvador Allende. So sahen die Wände ungleich besser aus.
Ich wußte nicht, was die Botschaftssekretäre, fast ausschließlich Rechtsgerichtete, dachten. Seit hundert Jahren hatten die reaktionären Parteien die Verwaltung des Landes inne. Es war kein Hausmeister ernannt worden, der nicht konservativ oder monarchistisch gewesen wäre. Die christlichen Demokraten ihrerseits, die sich selbst »Revolution in Freiheit« nannten, legten eine den alten Reaktionären ebenbürtige Gefräßigkeit an den Tag. Später sollten die Parallelen fast zu einer einzigen Geraden zusammenlaufen.
Die Bürokratie, die Inselreiche der öffentlichen Gebäude, alles füllte

sich mit Beamten, Inspektoren und Assessoren der Rechten, als hätten in Chile nie Allende und die Volksfront triumphiert, als wären jetzt die Staatsminister nicht Sozialisten und Kommunisten.
Aus diesen Gründen bat ich darum, daß der Posten des Botschaftsrats in Paris mit einem meiner Freunde, einem Karrierediplomaten und Schriftsteller von Rang besetzt würde. Es handelte sich um Jorge Edwards. Obgleich er der oligarchischsten und reaktionärsten Familie meines Landes angehörte, war er ein Mann der Linken ohne Parteizugehörigkeit. Was ich vor allem brauchte, war ein intelligenter Beamter, der seinen Beruf kannte und vertrauenswürdig war. Edwards war bis zu diesem Augenblick Geschäftsträger in Havanna gewesen. Es war mir zu Ohren gekommen, daß er in Kuba Schwierigkeiten gehabt hatte. Da ich ihn seit Jahren als einen Mann der Linken kannte, maß ich der Sache keine größere Bedeutung bei.
Mein neuer Botschaftsrat kam recht nervös aus Kuba und erzählte mir seine Geschichte. Ich hatte den Eindruck, daß beide Seiten und keine von beiden recht hatten, wie das bisweilen im Leben geht. Nach und nach beruhigten sich Jorge Edwards zerschlissene Nerven, er nagte nicht mehr an den Fingernägeln und arbeitete mit offensichtlicher Sachkenntnis, Intelligenz und Loyalität mit mir zusammen. In jenen zwei Jahren harter Botschaftsarbeit war mein Referent mein bester Kamerad und ein, vielleicht der einzige in dieser großen Kanzlei, politisch einwandfreier Beamter.
Als die nordamerikanische Gesellschaft das Embargo des chilenischen Kupfers forderte, lief eine Welle der Erregung durch ganz Europa. Nicht nur die Zeitungen, die Fernseh- und Rundfunkanstalten nahmen sich des Falles besorgt an, auch die Mehrheit des Volkes verteidigte uns wieder einmal ganz bewußt.
Frankreichs und Hollands Stauer weigerten sich, das Kupfer in ihren Häfen zu löschen, um damit ihre Empörung über die Aggression zu bezeugen. Diese großartige Geste bewegte die Welt. Solche Geschichten der Solidarität lehren mehr über die Geschichte unserer Zeit als die Lehrstühle einer Universität.
Ich erinnere mich auch an bescheidenere, wenn auch ergreifendere Situationen. Am zweiten Tag des Embargos schickte uns eine einfache französische Frau aus einer kleinen Provinzstadt einen Hundertfrankenschein, Frucht ihrer Ersparnisse, um zur Verteidigung des chilenischen Kupfers beizusteuern. Dabei lag ein warmherziger Sympathiebrief, unterzeichnet von allen Bewohnern des Städtchens, dem Bürgermeister, Gemeindepfarrer, der Arbeiter, Sportler und Studenten.
Aus Chile trafen Botschaften von Hunderten von Freunden ein, von Bekannten und Unbekannten, die mir zu meiner Stellungnahme gegen die internationalen Piraten in Verteidigung unseres Kupfers gratulierten. Von einer Frau aus dem Volk erhielt ich ein Päckchen, das ein

Kürbis-Matégefäß enthielt, vier Avokados und ein halbes Dutzend grüne Pfefferschoten.
Zur gleichen Zeit hatte Chiles Name einen helleren Klang bekommen. Wir waren ein Land geworden, das *existierte*. Bis dahin waren wir in der Masse der Unterentwickelten unbemerkt untergegangen. Nun hatten wir zum ersten Mal ein eigenes Gesicht, und niemand auf der Welt wagte es, die Größe unseres Kampfes am Aufbau eines nationalen Schicksals zu übersehen.
An allem, was in unserem Vaterland geschah, nahm Frankreich und ganz Europa leidenschaftlich Anteil. Volksversammlungen, Studententreffen, Bücher, die in allen Sprachen verlegt wurden, untersuchten uns, prüften uns, porträtierten uns. Ich mußte die Journalisten in Schach halten, die jeden Tag alles und viel mehr über alles wissen wollten. Präsident Allende war ein allseitig gebildeter Mann. Die Disziplin und Standhaftigkeit unserer Arbeiterklasse wurde bewundert und gerühmt.
Die glühende Sympathie für Chile vervielfältigte sich nur durch die Konflikte, die sich aus der Nationalisierung unserer Kupfervorkommen ergaben. Überall begriff man, daß dies ein Riesenschritt auf den Weg von Chiles neuer Unabhängigkeit war. Ohne jede Ausflucht besiegelte die Volksregierung unsere endgültige Souveränität durch die Zurückeroberung des Kupfers für unser Vaterland.

Rückkehr nach Chile

Bei meiner Rückkehr nach Chile empfing mich neues Wachstum in Straßen und Parks. Unser wunderbarer Frühling hatte das Blattwerk der Bäume grün bemalt. Unserer alten grauen Hauptstadt fehlen die grünen Blätter genauso wie die Liebe dem menschlichen Herzen. Ich atmete die Frische dieses jungen Frühlings. Wenn wir fern des Vaterlands sind, erinnern wir uns nie an seine Winter. Die Entfernung verwischt die Leiden des Winters, schutzlose Bevölkerungsschichten, die in der Kälte barfüßigen Kinder. Die Kunst der Erinnerung führt uns nur grüne Weiden vor Augen, gelbe und rote Blumen, den blaugefärbten Himmel der Nationalhymne. Diesmal fand ich die schöne Jahreszeit vor, die so oft ein Bild aus der Ferne gewesen war.
Eine andere Vegetation färbte die Mauern der Stadt. Die Flechten des Hasses überzogen sie. Antikommunistische Plakate verspritzten Unverschämtheiten und Lügen; Plakate gegen Kuba; antisowjetische Plakate, Plakate gegen Frieden und Menschlichkeit; blutrünstige Plakate, die Gemetzel und Djakartas voraussagten. Das war die neue Vegetation, welche die Mauern der Stadt erniedrigte.
Ich kannte Tonfall und Sinn dieser Propaganda aus Erfahrung. Ich

hatte das Europa vor Hitler gekannt. Genau das war der Geist der Hitlerpropaganda gewesen: eine Lügenkampagne mit vollen Segeln, ein Kreuzzug der Drohungen und Einschüchterungen, die Entfaltung aller Waffen des Hasses gegen die Zukunft. Ich fühlte, daß diese Leute die Essenz unseres Lebens ändern wollten. Ich konnte mir nicht erklären, daß es Chilenen gab, die unseren Nationalgeist derart beleidigten.

Als der Terrorismus sich für die reaktionäre Rechte als notwendig erwies, setzte diese ihn bedenkenlos ein. General Schneider, Oberbefehlshaber des Heeres, ein geachteter und achtbarer Mann, der sich einem Staatsstreich mit dem Ziel, Allende den Zugang zur Präsidentschaft der Republik zu verwehren, widersetzt hatte, wurde ermordet. Eine gemischte Meute von Bluthunden schoß ihn in der Nähe seines Hauses hinterrücks nieder. Die Operation wurde von einem aus dem Heer ausgestoßenen Exgeneral geleitet. Die Schlägerbande bestand aus jungen Gecken und Berufsverbrechern.

Der des Verbrechens überführte und inhaftierte geistige Urheber wurde vom Kriegsgericht zu dreißig Jahren Gefängnis verurteilt. Aber die Haftzeit wurde vom Obersten Gerichtshof auf zwei Jahre herabgesetzt. Ein armer Teufel, der aus Hunger ein Huhn stiehlt, bekommt in Chile die doppelte Strafe, die dem Mörder des Oberbefehlshabers des Heeres auferlegt wird. Das ist die klassische Anwendung der von der herrschenden Klasse festgelegten Gesetze.

Allendes Triumph war für diese herrschende Klasse ein schauriger Schrecken. Zum ersten Mal schwante ihnen, daß die so sorgfältig fabrizierten Gesetze sich gegen sie selbst richten könnten. So verließen sie mit ihren Aktien, ihren Juwelen, ihren Banknoten, ihren Goldmünzen fluchtartig das Land. Gingen nach Argentinien, Spanien, einige wanderten sogar nach Australien aus. Das Entsetzen des Volkes hätte sie leicht bis zum Nordpol gejagt.

Später sollten sie zurückkehren.

Frei

Der auf allen Seiten durch teuflische und legale Hindernisse beengte chilenische Weg war in jeder Instanz streng konstitutionell. Währenddessen flickte die Oligarchie ihr durchlöchertes Gewand notdürftig zusammen und verwandelte sich in eine faschistische Parteibande. Der nordamerikanische Block wurde auf Grund der Nationalisierung des Kupfers noch unerbittlicher. Die I.T.T. trieb die *Democracia Cristiana* in Übereinstimmung mit dem Expräsidenten Frei der neuen faschistischen Rechten in die Arme.

Die jeweiligen und gegensätzlichen Persönlichkeiten von Allende und

Frei haben Chile unablässig beschäftigt. Vielleicht eben weil sie so verschiedene Männer sind, Caudillos auf ihre Weise in einem Land ohne Caudillismus, ein jeder mit seinen Vorsätzen und mit seinem fest abgegrenzten Weg.

Ich glaube, Allende gut gekannt zu haben, er hatte nichts Rätselhaftes an sich. Was Frei betrifft, so war ich sein Kollege im Senat der Republik. Er ist ein merkwürdiger, höchst bedächtiger und von Allendes Unmittelbarkeit weit entfernter Mann. Dennoch bricht er oft in heftiges Lachen, in schrilles Gelächter aus. Mir gefallen Leute, die in Gelächter ausbrechen (mir fehlt diese Gabe). Doch gibt es Gelächter und Gelächter. Freis Lachen kommt aus einem besorgten, ernsten Gesicht, das wachsam die Nadel beobachtet, mit der er seinen politischen Lebensfaden näht. Es ist ein plötzliches Gelächter, das leicht erschreckt wie das Gekrächz gewisser Nachtvögel. Im übrigen ist seine Haltung meist unverbindlich und eher kühl.

Sein politischer Zickzackkurs hat mich oft bedrückt, bevor er mich völlig enttäuschte. Ich erinnerte, wie er mich einmal in meinem Haus in Santiago besuchte. Damals lag die Idee einer Verständigung zwischen Kommunisten und christlichen Demokraten in der Luft. Diese nannten sich noch nicht so, sondern *Falange Nacional,* eine fürchterliche Bezeichnung, übernommen unter dem Eindruck, den der junge Faschist Primo de Rivera bei ihnen hinterlassen hatte. Nach Beendigung des Spanienkriegs beeinflußte Maritain sie, sie bekehrten sich zu Antifaschisten und änderten ihren Namen.

Meine Unterhaltung mit Frei war vage aber herzlich. Uns Kommunisten lag daran, uns mit allen Menschen und Menschengruppen guten Willens zu verständigen, isoliert konnten wir nie vorankommen. Im Rahmen seines ausweichenden Naturells bestätigte mir Frei seine damalige offensichtliche Linkshaltung. Er verabschiedete sich von mir mit dem Geschenk einer jener Lachsalven, die ihm wie Steine aus dem Mund fallen. »Wir sprechen uns wieder«, sagte er. Doch zwei Tage später begriff ich, daß unsere Unterhaltung für immer beendet war.

Nach Allendes Triumph hielt Frei, ein ehrgeiziger, kalter Politiker, eine reaktionäre Allianz für die einzige Möglichkeit, um wieder an die Macht zu gelangen. Das war bare Selbsttäuschung, der erstarrte Traum einer politischen Spinne. Sein Netz wird nicht überleben, nichts wird ihm der Staatsstreich nutzen, den er begünstigt hat. Der Faschismus duldet keinen Kuhhandel, nur Gefolgschaft. Freis Gestalt wird jedes Jahr düsterer werden. Und sein Andenken wird sich eines Tages der Verantwortung für das Verbrechen stellen müssen.

Die christlich-demokratische Partei hat mich von ihrer Entstehung an, seit sie den unzulässigen Namen Falange aufgab, sehr interessiert. Sie entstand, als eine kleinere Gruppe katholischer Intellektueller eine Elite aus Maritainisten und Tomisten bildete. Dieses philosophische Gedankengut beschäftigte mich nicht; ich bin von Natur aus gleichgültig gegenüber Theoretikern der Poesie, der Politik, des Geschlechts. Die praktischen Folgen jener kleinen Bewegung machten sich auf eigenartige, unerwartete Weise bemerkbar. Ich konnte einige junge Führer bewegen, bei den großen Versammlungen, die ich nach meiner Rückkehr aus dem kämpfenden Madrid organisierte, zugunsten der Spanischen Republik zu sprechen. Diese Beteiligung war ungewöhnlich; die von der Konservativen Partei aufgestachelte kirchliche Hierarchie war nahe daran, die neue Partei aufzulösen. Nur der Eingriff eines bahnbrechenden Bischofs rettete sie vor dem politischen Selbstmord. Die Erklärung des Prälaten von Talca ermöglichte das Überleben der Gruppe, die mit der Zeit zu Chiles zahlenmäßig stärkster politischer Partei wurde. Ihre Ideologie wandelte sich mit den Jahren grundlegend.
Nach Frei ist der wichtigste Mann unter den christlichen Demokraten Radomiro Tomic gewesen. Ich habe ihn während meiner Tätigkeit als Parlamentarier gekannt, zwischen Streiks und Wahlreisen im Norden Chiles. Die christlichen Demokraten von damals verfolgten uns (Kommunisten), um an unseren Versammlungen teilzunehmen. Wir waren (und sind) die beliebtesten Leute in der Salpeter- und Kupferwüste, das heißt, unter den opferwilligsten Arbeitern des amerikanischen Kontinents. Von dort war Recabarren ausgegangen, dort waren die Arbeiterpresse und die ersten Gewerkschaften entstanden. Nichts von all dem hätte es ohne die Kommunisten gegeben.
Tomic war zu jener Zeit nicht nur die größte Hoffnung der christlichen Demokraten, er war auch persönlich am anziehendsten, sein Wort am beredtesten.
Vieles hatte sich 1964 geändert, als die christliche Demokratie die Wahlen gewann und Frei zur Präsidentschaft der Republik verhalf. Die Kampagne des Kandidaten, der über Allende siegte, war mit unerhörter antikommunistischer Hetze in Szene gesetzt und mit Presse- und Rundfunkmeldungen orchestriert worden, welche die Bevölkerung einzuschüchtern suchten. Diese Propaganda war haarsträubend: die Nonnen würden erschossen, die Kinder würden von fidel-ähnlichen Bärtigen auf Bajonette gespießt, die kleinen Mädchen würden ihren Eltern entrissen und nach Sibirien verschleppt werden. Später wurde durch Erklärungen vor der Sonderkommission des nordamerikanischen Senats bekannt, daß der CIA für diese schaurige Schreckenskampagne zwanzig Millionen Dollar ausgegeben hatte.

Sobald Frei zum Präsidenten gesalbt war, machte er seinem einzigen großen Parteirivalen ein Danaergeschenk: er ernannte Tomic zum Botschafter Chiles in den Vereinigten Staaten. Frei wußte, daß seine Regierung wieder mit den amerikanischen Kupfergesellschaften verhandeln würde. In diesem Augenblick forderte das ganze Land die Nationalisierung. Wie ein erfahrener Zauberer vertauschte Frei den Ausdruck durch »Chilenisierung« und besiegelte die Übergabe der Haupteinnahmequellen unseres Landes an die mächtigen Konsortien Kennecot und Anaconda Copper Company durch neue Abmachungen. Die wirtschaftlichen Folgen für Chile waren katastrophal. Die politischen Folgen für Tomic waren trostlos: Frei hatte ihn von der Landkarte gewischt. Ein chilenischer Botschafter in den USA, der bei der Übergabe des Kupfers mitgearbeitet hatte, konnte keine Unterstützung beim Volk finden. Bei den nächsten Präsidentschaftswahlen nahm Tomic mit knapper Not den dritten Platz unter drei Kandidaten ein.
Bald nachdem Tomic Anfang 1969 seinen Botschafterposten in den USA niedergelegt hatte, besuchte er mich in Isla Negra. Er war unlängst aus dem Norden gekommen und noch nicht offiziell Präsidentschaftskandidat. Unsere Freundschaft hatte sich durch die politischen Stürme hindurch erhalten und hält sich noch heute. Doch damals konnten wir uns schwerlich verstehen. Er wünschte eine umfassendere Allianz der progressiven Kräfte als Ersatz für unsere Volksfrontbewegung unter der Bezeichnung »Volksunion«. Ein derartiger Vorschlag erwies sich als undurchführbar, seine Teilnahme an den Kupferverhandlungen entwertete seine Kandidatur der politischen Linken gegenüber. Überdies waren die beiden großen maßgeblichen Parteien der Volksbewegung, die kommunistische und die sozialistische, bereits mündig und imstande, die Präsidentschaft einem Mann aus den eigenen Reihen zu sichern.
Bevor Tomic, sicherlich enttäuscht, mein Haus verließ, machte er mir eine Enthüllung. Der christlich-demokratische Finanzminister Andrés Zaldívar hatte ihm den wirtschaftlichen Bankrott des Landes schwarz auf weiß bewiesen.
»Wir werden in einen Abgrund stürzen«, sagte Tomic. »In vier Monaten sind wir am Ende. Das ist eine Katastrophe. Zaldívar hat mir alle Einzelheiten unseres unvermeidlichen Konkurses vorgelegt.«
Einen Monat nach Allendes Wahl zum Staatspräsidenten, aber noch vor seinem Amtsantritt verkündete derselbe Minister Zaldívar öffentlich den bevorstehenden wirtschaftlichen Zusammenbruch des Landes; doch diesmal schrieb er ihn den von Allendes Wahl ausgelösten internationalen Auswirkungen zu. So wird Geschichte geschrieben. Wenigstens schreiben sie so die heimtückischen, opportunistischen Politiker vom Schlage Zaldívars.

Mein Volk ist das am meisten betrogene dieser Zeit gewesen. In den Salpeterwüsten, in den unterseeischen Kohlenbergwerken, auf den schrecklichen Höhen, wo das Kupfer liegt, das die Hände meines Volkes in unmenschlicher Arbeit fördern, entstand eine Befreiungsbewegung von grandiosem Ausmaß. Diese Bewegung legte die Präsidentschaft Chiles in die Hände eines Mannes mit Namen Salvador Allende, damit dieser dringlichste Reformen und Maßnahmen der Gerechtigkeit durchführe, damit er unseren nationalen Reichtum ausländischen Klauen entreiße.

Wo immer ich war, auch in den fernsten Ländern, bewunderten die Völker den Präsidenten Allende und rühmten den außerordentlichen Pluralismus unserer Regierung. Seit dem Bestehen der Vereinten Nationen war in New York nie eine Ovation gehört worden, wie die Abgeordneten der ganzen Welt sie dem Präsidenten Chiles darbrachten. Hier, in Chile, wurde unter ungeheuren Schwierigkeiten eine wahrhaft gerechte Gesellschaftsordnung aufgebaut, errichtet auf der Grundlage unserer Souveränität, unseres Nationalstolzes, des Heldentums der besten Einwohner Chiles. Auf unserer Seite, auf der Seite der chilenischen Revolution, waren die Verfassung und das Gesetz, die Demokratie und die Hoffnung.

Auf der anderen Seite fehlte nichts. Dort hatten sie Harlekine und Hanswurste, Possenreißer en gros, Terroristen mit Pistole und Kette, falsche Mönche und verkommene Militärs. Die einen wie die anderen fuhren auf dem Amtskarussell spazieren. Sie kreisten Hand in Hand mit dem Faschisten Jarpa und seinen Neffen von »Vaterland und Freiheit«, entschlossen, allem Lebenden Kopf und Seele zu brechen, um damit den von ihnen Chile genannten Großgrundbesitz zurückzugewinnen. Mit ihnen, um dem Schmierentheater ein Glanzlicht aufzusetzen, tanzte ein leicht blutbefleckter Großbankier und Ballettmeister, der Rumbachampion González Videla, der vor Zeiten rumbatanzend seine Partei den Feinden des Volkes ausgeliefert hatte. Nun war es Frei, der seine christlich-demokratische Partei denselben Feinden des Volkes darbot, der nach ihrer Pfeife und überdies mit dem Ex-Oberst Viaux tanzte, als Komplize dessen Untat. Das waren die Hauptakteure der Komödie. Sie hielten den Hamsterproviant bereit, die »Miguelitos«, die Knüppel und die gleichen Kugeln, die gestern unser Volk in Iquique tödlich verwundet hatten, in Ranquin, in Salvador, in Puerto Montt, in José María Caro, in Frutillar, in Puente Alto und in so vielen anderen Orten. Hernan Merys Mörder tanzten mit denen, die sein Andenken hätten verteidigen sollen. Tanzten mit aller Natürlichkeit, scheinheilig. Fühlten sich gekränkt, daß man ihnen diese »Bagatellen« vorwarf.

Chile hat eine lange bürgerliche Geschichte mit wenigen Revolutionen und vielen beständigen Regierungen, konservativen und mittelmäßigen. Mit vielen kleinen Präsidenten und nur zwei großen Präsidenten: Balmaceda und Allende. Es ist merkwürdig, daß beide dem gleichen Milieu entstammten, dem wohlhabenden Bürgertum, das sich hier Aristokratie nennen läßt. Als Männer von Grundsätzen, entschlossen, ein von der mittelmäßigen Oligarchie herabgesetztes Land groß zu machen, kamen beide auf die gleiche Weise zu Tode. Balmaceda wurde zum Selbstmord getrieben, weil er sich weigerte, den Salpeterreichtum den ausländischen Gesellschaften auszuliefern.

Allende wurde ermordet, weil er den anderen Reichtum des chilenischen Bodens, das Kupfer, nationalisiert hatte. In beiden Fällen hatte die chilenische Oligarchie blutige Revolutionen angestiftet. In beiden Fällen hatten die Militärs die Meute gestellt. Bei Balmaceda waren es die englischen, bei Allende die nordamerikanischen Gesellschaften, die diese Militärbewegungen förderten und unterstützten.

In beiden Fällen wurden die Häuser der Präsidenten auf Befehl unserer distinguierten »Aristokraten« geplündert. Balmacedas Salons wurden mit Axthieben zerstört. Allendes Haus wurde dank dem Fortschritt der Welt von unseren heldenhaften Fliegern aus der Luft bombardiert.

Jedoch waren diese beiden Männer sehr verschieden. Balmaceda war ein fesselnder Redner. Er besaß ein gebieterisches Naturell, das ihn mehr und mehr zum Alleinherrscher machte. Er war sich des Edelmuts seiner Absichten gewiß. In jedem Augenblick sah er sich von Feinden umringt. Seine Überlegenheit gegenüber dem Milieu, in dem er lebte, war so groß, und so groß war seine Einsamkeit, daß er sich schließlich ganz in sich selbst verschloß. Das Volk, das ihm helfen sollte, war als Kraft nicht vorhanden, das heißt, es war nicht organisiert. Dieser Präsident war dazu verurteilt, sich wie ein Erleuchteter aufzuführen, wie ein Träumer: sein Traum von Größe blieb Traum. Nach seiner Ermordung nahmen die raubgierigen ausländischen Händler den Salpeter in Besitz: für die Ausländer das Eigentum und die Konzessionen, für die Kreolen die Konkubinen. Nach Auszahlung der dreißig Silberlinge kehrte alles zur Normalität zurück. Bald trocknete das Blut von einigen Tausend Männern aus dem Volk auf den Schlachtfeldern. Die ausgebeutetsten Arbeiter der Welt, die aus Chiles Nordgebieten, hörten nicht auf, ungeheure Mengen englischer Pfund Sterling für die Londoner City zu produzieren.

Allende war nie ein großer Redner. Und als Staatsmann war er ein Regierungschef, der alle seine Maßnahmen gründlich bedachte. Er war der Antidiktator, der bis ins kleinste Detail grundsätzliche Demokrat. Ihm fiel ein Land zu, das nicht mehr Balmacedas unerfahrenes Volk war; er fand eine mächtige Arbeiterklasse vor, die Bescheid wußte. Allende war ein Kollektivdirigent, ein Mann, der, ohne der Arbeiterklasse zu entstammen, ein Produkt des Kampfes dieser Klassen gegen Stagnation und Korruption ihrer Ausbeuter war. Aus all diesen Gründen übertrifft das von Allende in so kurzer Zeit verwirklichte Werk das Balmacedas noch, es ist das bedeutendste in der Geschichte Chiles. Allein die Nationalisierung des Kupfers war ein gigantisches Unternehmen. Und die Zerstörung der Monopole, die tiefgreifende Agrarreform und viele zusätzliche Ziele, die unter seiner ihrem Wesen nach kollektiven Regierung erreicht wurden.

Allendes Werke und Taten von unauslöschlichem nationalem Wert erzürnten die Feinde unserer Befreiung. Den tragischen Symbolgehalt dieser Krise offenbart die Bombardierung des Regierungspalastes; sie erinnert an den Blitzkrieg der Naziluftwaffe gegen schutzlose ausländische Städte, spanische, englische, russische. Nun geschah das gleiche Verbrechen in Chile; chilenische Piloten griffen im Sturzflug den Palast an, der zwei Jahrhunderte lang der Mittelpunkt des bürgerlichen Lebens des Landes gewesen war.

Ich schreibe diese raschen Zeilen für meine Memoiren drei Tage nach den empörenden Ereignissen, die zum Tod meines großen Gefährten, des Präsidenten Allende, führten. Seine Ermordung wurde vertuscht; er wurde heimlich begraben; nur seine Witwe durfte den unsterblichen Leichnam begleiten. Die Version der Angreifer lautet: sein lebloser Körper wurde mit sichtlichen Zeichen des Selbstmords gefunden. Die im Ausland veröffentlichte Fassung lautet anders. Gleich nach dem Luftbombardement traten Panzerwagen in Aktion, viele Panzerwagen, um furchtlos gegen einen einzigen Mann zu kämpfen: den Präsidenten der Republik Chile, Salvador Allende, der sie in seinem Arbeitszimmer erwartete, ohne weitere Gesellschaft als sein großes Herz, umgeben von Rauch und Flammen.

Sie mußten eine so schöne Gelegenheit nutzen. Sie mußten ihn mit Maschinengewehrfeuer niedermähen, weil er nie seinen Posten aufgegeben hätte. Sein Leichnam wurde irgendwo heimlich beerdigt. Dieser Leichnam, der zur Beerdigung fuhr, begleitet von einer einzigen Frau, die allen Schmerz der Welt in sich trug, diese ruhmreiche tote Gestalt war durchlöchert und zerfetzt von den Kugeln der Maschinengewehre der Soldaten Chiles, die Chile wieder einmal verraten hatten.

Nachwort

Ursprünglich war für den 12. Juli 1974 ein großes Fest geplant gewesen: Pablo Nerudas siebzigster Geburtstag.
Salvador – der Freund, der häufig im Hubschrauber in Isla Negra gelandet war, um Pablo und Matilde zu überraschen – Salvador Allende hatte den Dichter rechtzeitig um eine Liste der Freunde gebeten, die dieser eingeladen sehen wollte. Es sollten Gäste aus vielen Ländern kommen. Pablo selbst hatte eine Überraschung beisteuern wollen, die er mit seinem Verleger Gonzalo Losada aus Buenos Aires besprochen hatte: die Veröffentlichung von acht neuen Gedichtbänden und seine Erinnerungen. Seit geraumer Zeit arbeitete er unabhängig, aber gleichzeitig an diesen Büchern. Die Memoiren waren ziemlich weit fortgeschritten, Matilde Urrutia und Miguel Otero Silva aus Caracas, Lyriker und Romancier (ein Briefgedicht aus dem Jahr 1948 an den Freund findet sich in *Dichtungen* 1), waren damit beschäftigt, die einzelnen Teile zu sichten und chronologisch zu ordnen.
Das war lange vor dem 11. September 1973 gewesen, dem Tag, an dem die Regierung der chilenischen Volksfront gestürzt wurde. Zu jener Zeit wohnten die Nerudas in Isla Negra, der Dichter arbeitete gutgelaunt und in bester Verfassung. Er wußte nicht, daß er Krebs hatte. Keiner der häufigen Besucher ahnte es. Der Arzt hatte seiner Frau versichert, Pablo habe noch mindestens sechs Jahre zu leben und würde womöglich gar nicht am Krebs, der unter Kontrolle stehe, sterben. Das bösartige Geschwür war bei einer Prostataoperation 1971 in Paris, kurz vor der Verleihung des Nobelpreises, entdeckt worden. Seither tat ihm die Hüfte weh, er ging schwerfällig, am Stock, Reisen war ihm lästig geworden. Jorge Edwards, dem chilenischen Diplomaten und Erzähler, der in Paris dabei war, als Botschafter Neruda dem Präsidenten Pompidou sein Beglaubigungsschreiben überreichte und dabei seine Brüder, Éluard und Aragon, pries, war aufgefallen, daß sein Landsmann das Bein nachzog.
Am 11. September schaltete Neruda um sieben Uhr morgens das Radio ein. Er war Frühaufsteher, das Ehepaar frühstückte um halb acht, dann wurden alle Zeitungen gelesen; von elf bis zwei wurde gearbeitet, Mittagessen um halb drei, danach Siesta; später kamen Freunde, ein jeder trieb sich nach Belieben im Haus oder Garten herum; Neruda liebte lange Lektüren, gegen Abend gemeinsamer Apéritif, Abendessen, ausgedehnte Gespräche; Nachtruhe nicht vor zwei Uhr. Neruda war Feinschmecker, er aß, trank, lachte gern, Matilde war eine erfinderische Kochkünstlerin. Nichts, niemand konnte Neruda bei der Arbeit stören, das Haus wimmelte von Tieren, Federvieh, Hunden. Frühmor-

gens sangen im Schlafzimmer die Kanarienvögel. »Schreiben ist für mich eine Arbeit wie Schuhemachen, man tut sie nie besser, nie schlechter.«

Als er Matilde kennenlernte, Anfang der fünfziger Jahre, begann sie seine handgeschriebenen Gedichte abzutippen, seine Manuskripte waren meist druckfertig und wiesen so gut wie keine Verbesserungen auf. Sein Schreibtisch stand am Fenster, eingerahmt von Büchern, das Haus ertrank förmlich in Büchern und tausenderlei Gegenständen, auf zahllosen Reisen gesammelt, darunter Walzähne, von jenen Pottwalen, seinen Lieblingen, die vor seinen Augen in die südlichen warmen Gewässer wanderten. Lesen war für ihn Arbeit wie Schreiben, er las viel und vieles, Reisebücher, Werke der Geschichte, Botanik, Geographie, aber auch Gedichte, vor allem Gedichte, endlich Detektivromane, auf Reisen trug er stets welche in der Tasche.

An jenem 11. September also begann das Ende. Neruda hörte Allendes letzte Rede. Bald waren Pablo und Matilde isoliert, abgeschnitten von der Hauptstadt, das Haus überwacht, die Freunde geflohen, verhaftet. Der Arzt verbot dem Schriftsteller Nachrichten zu hören, doch er, bereits fiebrig, klammerte sich an die Einzelheiten des Verhängnisses; über Radio Mendoza erfuhr er von Allendes Tod. Am 18. wurde er mit hohem Fieber ins Krankenhaus nach Santiago geschafft, behindert durch die »carabineros«, die Grenzpolizei, welche die Straßen abgesperrt hatte. Dort funktionierte nichts mehr, der Arzt in Todesangst – wie alle anderen, sagte Matilde –, es fehlte an Antibiotica, Krankenschwestern fielen aus. Endlich, am 20. September, überbrachte der mexikanische Botschafter das Angebot des Präsidenten Echeverria, Neruda mit einer Sondermaschine auszufliegen. Neruda weigerte sich, das Land zu verlassen – er, der nie einen Leibwächter nötig gehabt hatte: ganz Chile hatte ihn beschützt, das Volk war sein Freund. Um ihn zur Abreise zu bewegen, mußte Matilde ihm gestehen, daß sein Wagen beschlagnahmt, sein Fahrer verhaftet, sein Haus in Santiago verwüstet sei.

Sie fuhr nach Isla Negra, packte zwei Koffer; als sie zurückkam, ging es ihm wesentlich schlechter; er delirierte »Man mordet sie, man mordet sie«. Er, der übermenschliche Kräfte besessen hatte, war durch den Tod des Freundes moralisch gebrochen. Nach einem leichten Beruhigungsmittel schlief er eine Nacht und einen Tag hindurch. Am 23. abends, gegen elf Uhr, setzte das Herz aus, und er glitt vom Schlaf hinüber in den Tod. General Pinochet ordnete dreitägige Staatstrauer an; eine Stunde später erfuhr Matilde Urrutia telefonisch, daß man ihr Haus in Valparaíso zerstört hatte.

Dem privaten Leichenzug folgten einige Freunde, darunter Nicanor Parra, Botschafter; Arbeiter strömten aus den Straßen, gespannte Gesichter, Gebärden der Wut, des Schmerzes; auch Polizisten waren dabei. Am Grab sprach ein Student, ein Schriftsteller, ein Akademiker, diese drei. Das Volk, sobald es den Friedhof betrat, rief: »Pablo Neruda, Presente!« Und sang die Internationale.

Neruda hat seine Erinnerungen *Ich bekenne, ich habe gelebt*, ein abenteuerliches Buch, das Buch seines Lebensabenteuers, meist in Isla Negra einem Sekretär oder einer Sekretärin, nie auf Tonband diktiert – sitzend, stehend. Er hat nie Tagebuch geführt, nie einen Zettelkasten angelegt. Vermutlich gehorchte die Niederschrift einem Schema im Geist des Dichters – wie Miguel Otero Silva meint –, in der Praxis jedoch diktierte er alles so, wie es ihm in den Sinn kam, getrieben vom poetischen Atem oder angeregt von humoristischen oder politischen Impulsen. Es gab große Pausen in der Niederschrift, mitunter ruhte die Arbeit jahrelang. Als Matilde und Miguel Otero Silva das Buch zusammenstellten, fehlte eine wichtige Epoche in seinem Leben. Als er starb, war die Arbeit fertig. Einige Fragmente sind als Vorträge konzipiert, die ersten Fassungen seiner Kindheits- und Jugenderinnerungen waren in Zeitschriften, der chilenischen *Ercilla*, dem brasilianischen *Cruzeiro* erschienen. Das Hauptstück ist unveröffentlicht, im Rückblick entstanden, aus dem Brunnen des Gedächtnisses geschöpft. Erinnerung als Kern der Erfahrung, Mark des Gelebten, Moral der Geschichte – im Wortsinn. Nirgends Ornament, Schnörkel, rhetorische Zutat. Miguel Otero Silva legte Wert darauf, daß die deutsche Fassung sich so nahe wie möglich an das spanische Original halte. Was für Neruda gilt, ist das, was *ex-stat*, heraussteht: Existenz. Sein Tonfall, je nach Stoff und Thema bald bissig, bald lyrisch, bald feierlich, ist immer unmittelbar, als erzähle er einem Zuhörer, einem Freund. Seine Sprache ist ungleich, unbeständig wie die Laune des Wetters, wie Stimmungen in einem Menschenleben. Sein Buch ist Bericht, Abrechnung, Chronik, lyrischer Aufschwung, Anrufung der Freunde, Beschwörung der Vergangenheit und der Zukunft, lauter konkrete Dinge – Neruda ist »aus der Wahrheit der fünf Sinne«. Das Buch ist aber auch politisches Glaubensbekenntnis, Bestandsaufnahme des lateinischen Amerika, poetische Landnahme, Deutung eines Kontinents, Deutung also des eigenen Lebens und seiner Schaffensperioden: *apologia pro vita sua*.

Neruda hat die Drucklegung seines Buches nicht mehr erlebt, hat keine Fahnen mehr gelesen. Daher manche Wiederholung, eine Ungereimtheit da und dort. So, wenn er in Madrid nach dem Krieg in seine Wohnung hinaufsteigt, einmal in den fünften, wenige Seiten später in den siebten Stock. Oder wenn der gereizte Malraux auf dem Bahnsteig Huidobro anherrscht: »Je vous emmerde!« statt zu sagen »Vous m'emmerdez!«

»Ich kann nicht leben, ohne mein Vaterland mit Füßen, Händen und Ohren zu berühren«, schreibt dieser Araukaner. Araukanien, seine südpolare Heimat, sie steht ihm für Klarheit, Reinheit, vulkanische

Kraft. Bindung, Verbindung – könnte man sagen – sind die Grundlage seiner Dichtung. Die Erfahrung seiner Begegnung mit Rafael Alberti zur Zeit des Spanienkrieges lautet: »Dichtung ist stets ein Akt des Friedens. Der Dichter wird aus dem Frieden geboren wie das Brot aus dem Mehl geboren wird«. Und als er kurz vor Pearl Harbour Miguel Angel Asturias in Guatemala besucht, notiert er: »Wir begriffen, daß wir als Brüder geboren waren ...«

Es ist das Tellurische, aus dem er Kraft schöpft zum Leben, zum politischen Kampf, zum Schreiben, jene Wurzelkraft, die Ilja Ehrenburg, der Gefährte gemeinsamer Reisen durch Rußland, durch China, bemängelt: »Zuviel Wurzel, zu viele Wurzeln in deinen Versen . . .« Aber gerade das treibt ihn zum anderen, zur Gemeinschaft – man lese *Holzfäller, wach auf!* (1948) –, nachdem er die Jugendphase süchtiger Einsamkeit überwunden hat, das macht Neruda zum dichtenden Kämpfer, der als zwanzigjähriger Student in Santiago sein politisches Debut gibt, der mit den antifaschistischen Schriftstellern der Welt die spanische Republik im Bürgerkrieg unterstützt, der als Senator die Minenarbeiter der chilenischen Salpeterpampa politisch aufklärt und schult. Das macht sein Glück aus: »Wir Dichter haben das Recht, glücklich zu sein, denn wir sind unseren Völkern und dem Kampf um ihr Glück verbunden«. Das macht ihn zum Hoffenden in der drohenden Gefahr eines Atomkrieges: »Doch das trübt meine Hoffnung nicht. In diesem kritischen Augenblick wissen wir, daß das Licht schließlich doch durch die halbgeöffneten Augen dringen wird. Wir werden uns alle verstehen. Wir werden gemeinsam fortschreiten. Wir streben einer großen Zärtlichkeit entgegen.«

Jürgen Becker, ich glaube in seinem Buch *Ränder*, schreibt: »Wir verinseln immer mehr.« Wenn wir wollten, könnte Pablo Neruda für sich und seinesgleichen uns eines besseren belehren. Jedenfalls liest sich sein Erinnerungsbuch so, wie man einen kräftigen Landwein trinkt, der den Geist nachhaltig berauscht, weitet, aber nicht trübt. Die Lektüre könnte auch eine Entdeckung vermitteln, deren wir seit langem bedürfen: daß wir Lateinamerika vielleicht nötig haben, um jene Sünde wider den Geist zu bekämpfen – diese Verinselung.

Nerudas Buch lehrt aber auch, was menschlicher Wille ist und vermag – nicht zu vergleichen mit der mechanischen europäischen Energie. Man könnte sagen: im Lauf seines Lebens wird Neruda zum Abbild der Natur, jener »feierlichen Natur«, die nur fruchtbar sein will. Das ist ihre Wahrheit. Und für Neruda ist – wie für Goethe – nur das Fruchtbare wahr. So überwindet sein im Rhythmus der Natur lebender Wille von Stufe zu Stufe alle inneren und äußeren Bedingtheiten, denen wir Europäer immer mehr erliegen, und wird ein Mensch des Willens, mit dem er seine Existenz und sein Werk formt, gewissermaßen im Gleichklang. Hindernisse, Hürden, Gegnerschaften, kurz: Saturn ist nurmehr dazu da, ihn zu steigern, ihm das reine Maß seiner Kräfte zu leihen, Maß, in dem Natur und Geist einander die Waage halten eines, der »ein ruhiges Gewissen hat und einen unruhigen Verstand«. Und so siegt noch im Sterben, im Sterben ringsum im Land sein Wille, der im letzten Atemzug zu sagen scheint: Ich habe einen guten Kampf gekämpft.

Curt Meyer-Clason

Pablo Neruda bei Luchterhand

Dichtungen 1919–1965
Neuausgabe. Herausgegeben und übertragen von Erich Arendt. 880 Seiten. Leinen.

Letzte Gedichte
spanisch-deutsch. Herausgegeben und aus dem Spanischen übertragen von Fritz Vogelgsang. 209 Seiten. Sammlung Luchterhand Band 201

Liebesgedichte
spanisch-deutsch. Aus dem Spanischen von Fritz Vogelgsang. 236 Seiten. Sammlung Luchterhand Band 236

Viele sind wir
Späte Lyrik von „Extratouren“ bis „Memorial von Isla Negra“. Herausgegeben, übertragen und eingeleitet von Erich Arendt. 275 Seiten. Sammlung Luchterhand Band 73.